第13辑

中国盐文化

Zhongguo
Yan Wenhua

曾凡英 ◎ 主 编

西南交通大学出版社
·成 都·

图书在版编目（CIP）数据

中国盐文化. 第13辑 / 曾凡英主编. —成都：西南交通大学出版社，2020.12
ISBN 978-7-5643-7894-3

Ⅰ. ①中… Ⅱ. ①曾… Ⅲ. ①盐业史 – 研究 – 中国
Ⅳ. ①F426.82

中国版本图书馆 CIP 数据核字（2020）第 245305 号

Zhongguo Yan Wenhua
中国盐文化（第 13 辑）
曾凡英　主编

责任编辑　罗俊亮
封面设计　曹天擎

出版发行　西南交通大学出版社
（四川省成都市金牛区二环路北一段 111 号
西南交通大学创新大厦 21 楼）
邮政编码　610031
发行部电话　028-87600564　028-87600533
官网　http://www.xnjdcbs.com
印刷　四川煤田地质制图印刷厂

成品尺寸　185 mm × 260 mm
印张　15.75
字数　350 千
版次　2020 年 12 月第 1 版
印次　2020 年 12 月第 1 次
定价　58.00 元
书号　ISBN 978-7-5643-7894-3

《中国盐文化》（第13辑）编委会

目 录

盐业历史

盐政 · 盐务 · 盐法

盐业经济

盐文化与旅游发展

盐业遗迹与地方文化

盐业历史

金代食盐产地考证①

任长幸②

摘　要： 金代地域辽阔，盐业资源丰富，海盐和池盐兼而有之。丰富的盐业资源，不仅保障了百姓生活所需，而且促进了北方经济的发展，为金国政权的生存与发展提供了财政支撑。本文结合相关史料，对金代海盐和池盐产地进行考证。

关键词： 金代；食盐产地；考证

截至目前，与金代食盐产地相关的成果主要有：郭正忠《中国盐业史·古代编》（人民出版社，1997 年）、吉成名《汉代食盐产地》（《盐文化研究论丛》第二辑 2008 年）和《论宋代池盐产地》（《四川理工学院学报·社会科学版》2008 年第 6 期）。这些研究都依据文献对金代食盐产地进行了梳理罗列，对其具体位置却未能进行翔实考证。笔者结合前人研究成果，对金代食盐产地的地理区位做详尽考察，希望业界专家学者予以斧正！

女真，唐朝时称其为靺鞨，五代时有完颜部等部落，臣属于渤海国。天显元年（926 年）辽兼并渤海国以后，南方的女真族归附辽国，称为熟女真，北方则是生女真。辽朝晚期朝政腐败，国力日衰，女真首领完颜阿骨打乘机竖起反辽旗帜。于 1115 年在会宁府（今哈尔滨市阿城区）建都立国，国号“大金”，建元“收国”，是为金太祖。随即展开了对西、对南的扩张，1125 年联合北宋灭辽国，两年后挥师中原，于 1127 年再灭北宋。1153 年金迁都中都（今北京）时，其版图已奄有华北地区以及秦岭、淮河以北的广大地区。使南宋、西夏与漠北塔塔儿、克烈等政权臣服而称霸东亚逾一个世纪之久。金宛如一头沉睡数百年的雄狮，一朝猛醒，其势不可挡，短短十年间，便以雷霆之势先后征服了辽、北宋两个强大政权，使周边民族谈金色变，望风而逃，创造了民族征服史上的奇迹。

金朝自金太祖立国以来，接连不断对周边的辽朝、宋朝、西夏与高丽发动侵略战

① 基金项目：四川省哲学社会科学重点研究基地——四川轻化工大学中国盐文化研究中心项目“西夏盐池地理分布考证（课题编号：YWHY17-11）”的阶段性成果；黔南民族师范学院引进高层次人才 2017 年研究专项项目“西夏盐池分布考证（项目编号：QNSYRC201723）”的阶段性成果。

② 作者简介：任长幸（1973—），河南南阳人，黔南民族师范学院副教授，西夏学博士，研究生导师，主要从事西夏史的研究工作。

争。极盛时其版图东到混同江下游吉里迷、兀的改等族的居住地，直抵日本海；北到蒲与路（今黑龙江克东县）以北三千多里的火鲁火疃谋克（今俄罗斯外兴安岭南博罗达河上游一带），西北到河套地区，与蒙古部、塔塔儿部、汪古部等大漠诸部落为邻；西沿泰州附近界壕与西夏毗邻。南部与南宋以秦岭淮河为界，西以大散关为界与南宋接壤。在金朝广阔的疆域内，经济发展存在很大差异性。建国之初，女真族仍以渔猎为生，亦有少量农耕的混和制度。但在其控制的汉地，农业经济却高度发展。在熙宗和章宗统治期间，金国相对稳定，社会经济得到了恢复和发展，甚至较辽时又有了一定程度的提高。

金朝建国后，女真铁骑驰骋东亚，先后灭辽和北宋两个强大政权，不但尽有契丹土地，而且占领了北宋秦岭到淮河以北的广大区域。在这片辽阔的区域内，盐产地众多，资源丰富，为金国提供了稳定的财政支持。金国境内，海盐和池盐兼而有之。

（一）海盐产地

金代有众多的海盐产地，主要分布在上京路[①]、东京路、北京路、中都路、河北东路，以及山东东路。

1. 速频路

“初，辽、金故地滨海多产盐，上京、东北二路食肇州盐，速频路食海盐，临潢之北有大盐泺，乌古里石垒部有盐池，皆足以食境内之民，尝征其税。”[②]从文献中“速频路食海盐”判断，速频路是濒临日本海的辽、金故地，辖区当产海盐。速频路治所亦称速频路，其大部分区域位于今俄罗斯境内，位于苏滨水（今绥芬河）下游，与俄罗斯乌苏里斯克隔河相望。

2. 广宁府广宁县

“是时，窝斡乱后，兵食不足，诏（梁）肃措置沿边兵食。移牒肇州、北京、广宁盐场，许民以米易盐，兵民皆得其利。”[③]广宁府属北京路，广宁盐场当是北京路广宁府盐场。另据《金史·地理志》载，“广宁府，散，下，镇宁军节度使。本辽显州奉先军，汉望平县地，天辅七年升为府，因军名置节度。天会八年改军名镇宁。天德二年隶咸平，后废军隶东京。泰和元年七月来属。户四万三千一百六十一。县三、旧有奉玄县，天会八年改为钟秀县。镇六、寨四。镇二欢城、辽西。广宁旧名山东县，大定

① 金朝的行政区域采用路（府）、州、县三级管理，共设有五京十九路，“路”相当于现代的省，是金代地方最高最大的行政区，有都总管府，以及都转运司、按察、盐使等三司的监司官。路府则成平行机构，下辖州、县二级。金朝的州分为节度州、防御州和刺史州三类。县则以县令掌治，分成七等。此外尚有部落之官，千夫长的猛安，百夫长的谋克，合称猛安谋克。以上京路为例，其治所在会宁府，辖三州五路：三州，即肇州、隆州、信州；五路，即蒲与路、合懒路、速频路、曷苏馆路、胡里改路。

②〔元〕脱脱：《金史·食货四》，北京：中华书局，1977 年，第 1093 页。

③〔元〕脱脱：《金史·梁肃传》，北京：中华书局，1977 年，第 1982 页。

二十九年更名。”[①]广宁县，即今天辽宁北镇市，是海盐产地。北京路的锦州、瑞州亦有海盐产地。

3. 清州靖海县

清州属河北东路。“泰和元年九月，省臣以沧、滨两司盐袋，岁买席百二十万，皆取于民。清州北靖海县新置沧盐场，本故猎地，沮洳多芦，宜弛其禁，令民时采而织之。”[②]靖海县即今天的天津市静海区，为金代新设盐场，属沧州盐使司管辖。

4. 沧州无棣、盐山二县

据《金史·食货志》所载，大定十三年（1173年），“二月，并榷永盐为宝坻使司，罢平、滦盐钱。沧州旧废海阜盐场，三月，州人李格请复置，诏遣使相视。有司谓：‘是场兴则损沧盐之课，且食盐户仍旧，而盐货岁增，必徒多积而不能售。’遂寝其议。”[③]宣宗贞祐三年（1215年）四月，单州刺史颜盏天泽言：

> 守御之道，当决大河使北流德、博、观、沧之境。今其故堤宛然犹在，工役不劳，水就下必无漂没之患。而难者若不以犯沧盐场损国利为说，必以浸没河北良田为解。臣尝闻河侧故老言，水势散漫，则浅不可以马涉，深不可以舟济，此守御之大计也。若日浸民田，则河徙之后，淤为沃壤，正宜耕垦，收倍于常，利孰大焉。若失此计，则河南一路兵食不足，而河北、山东之民皆瓦解矣！[④]

依文献中“沧州旧废海阜盐场”及“沧盐场”判断，在沧州除沧盐场外还有废弃的海盐场。金时沧州辖清池、无棣（今山东无棣县西北）、盐山（今河北黄骅市旧城区）、南皮（今河北南皮县）与乐陵（今属山东省德州市）五县，临海的只有无棣和盐山二县，且均为北宋时的海盐产地，金代当沿用之。

5. 莒州、海州、密州、莱州、宁海州

> 其行盐之界，各视其地宜：山东、沧州之场九，行山东、河北、大名、河南、南京、归德诸府路，及许、亳、陈、蔡、颍、宿、泗、曹、睢、钧、单、寿诸州。莒之场十二，涛洛场行莒州，临洪场行赣榆县，独木场行海州司候司、朐山、东海县，板浦场行涟水、沐阳县，信阳场行密州，之五场又与大盐场通行沂、邳、徐、宿、泗、滕六州。西由场行莱州录事司及招远县，衡村场行既墨、莱阳县，之二场钞引及半袋小钞引，听本州县鬻之。宁海州五场皆鬻零盐，不用引目。黄县场行黄县，巨风场行登州司候司、蓬莱县，

①〔元〕脱脱：《金史·地理上》，北京：中华书局，1977年，第559-560页。
②〔元〕脱脱：《金史·食货四》，北京：中华书局，1977年，第1101页。
③〔元〕脱脱：《金史·食货四》，北京：中华书局，1977年，第1095页。
④〔元〕脱脱：《金史·河渠》，北京：中华书局，1977年，第681页。

福山场行福山县，是三场又通行旁县栖霞。宁海州场行司候司、牟平县，文登场行文登县。[①]

文献中对山东、沧州二盐司所辖盐场的销售区域进行了细分，从中可以得知，莒州有盐场十二，即涛洛场（今山东日照涛雒镇）、临洪场（今江苏东海县临洪村）、独木场、板浦场（今江苏灌云县板浦镇）、信阳场（今山东青岛市黄岛区信阳镇）、西由场（今山东莱州市西由镇）、衡村场（今山东海阳县行村镇）、黄县场（今山东龙口市城关镇）、巨风场（今山东蓬莱市）、福山场（今山东烟台市福山镇）、宁海州场（今烟台市古观镇）、文登场（今山东威海市文登区）。

6. 滦　州

大定二十四年七月，上曰："先滦州诸地亦尝令民煮盐，后以不便罢之，今岂可令民自沽耶？"[②]"刑部尚书郭邦杰等则谓："平、滦濒海及太原卤地可依旧干办"。[③]"煮盐"，即煮水为盐，滦州临海，应是煮海水无疑。滦州治所在今天的河北乐亭县，位于滦州南部，临渤海湾，当是金代的海盐产地。

（二）池盐产地

除却众多的海盐产地，在金国辽阔的疆域内，还有大量的池盐产地，主要有：

1. 大盐泺

依《金史》所载，"临潢之北有大盐泺"[④]，大定十三年时，"大盐泺设盐税官"。[⑤]大盐泺很可能是辽代的广济湖，今内蒙古东锡林郭勒盟乌珠穆沁旗达布苏盐池。

2. 乌古里石垒部

依据《金史》，"乌古里石垒部有盐池"。[⑥]世宗大定十一年，"四月，以乌古里石垒民饥，罢其池盐税"。[⑦]大定十三年，"复免乌古里石垒部盐池之税"。[⑧]"边堡，大定二十一年三月，世宗以东北如讨司十九堡在泰州之境，及临潢路旧设二十四堡障参差不齐，遣大理司直蒲察张家奴等往视其处置。于是东北自达里带石堡子至鹤五河地分，临潢路自鹤五河堡子至撒里乃，皆取直列置堡戍。"[⑨]这里的乌古里石垒部其实是乌古里部与石垒部的简称，在《金史·地理上》有"乌古里部族节度使，石垒部

①〔元〕脱脱：《金史·食货四》，北京：中华书局，1977年，第1094-1095页。
②〔元〕脱脱：《金史·食货四》，北京：中华书局，1977年，第1096页。
③〔元〕脱脱：《金史·食货四》，北京：中华书局，1977年，第1098页。
④〔元〕脱脱：《金史·食货四》，北京：中华书局，1977年，第1093页。
⑤〔元〕脱脱：《金史·食货四》，北京：中华书局，1977年，第1095页。
⑥〔元〕脱脱：《金史·食货四》，北京：中华书局，1977年，第1093页。
⑦〔元〕脱脱：《金史·食货四》，北京：中华书局，1977年，第1095页。
⑧〔元〕脱脱：《金史·食货四》，北京：中华书局，1977年，第1095页。
⑨〔元〕脱脱：《金史·地理上》，北京：中华书局，1977年，第563页。

族节度使”[①]的记述，两部族领地位置大概在石堡子至鹤五河之间，即今内蒙古呼伦贝尔市一带。“泰州九堡、临潢五堡之地斥卤。”[②]依上述文献，该地当有盐池，很有可能是著名的珠尔博特盐池。

3. 天山盐场

“亨嗣字继祖，以荫补阁门祗候，内供奉。调同监平凉府醋务，改同监天山盐场。”[③]另据《金史·地理上》所载，“净州，下，刺史。大定十八年以天山县升，为丰州支郡，刺史兼权讥察。北至界八十里户五千九百三十八。县一：天山旧为榷场，大定十八年置，为倚郭。”[④]天山盐场附近，曾开设榷场。其位置在今内蒙古四子王旗库伦图城卜子村古城。

4. 宝山狗泺盐池

据《金史》所载，“昌州，天辅七年降为建昌县，隶桓州。明昌七年以狗泺复置，隶抚州，后来属。户一千二百四十一。县一：宝山有狗泺，国言曰押恩尼要。”[⑤]昌州司西京路。世宗大定十一年正月，“用西京盐判宋俣言，更定狗泺盐场作六品使司，以俣为使，顺圣县令白仲通为副，以是岁入钱为定额。”[⑥]狗泺盐池，在今内蒙古太仆寺旗九连城诺尔。

5. 肇　州

“初，辽、金故地滨海多产盐，上京、东北二路食肇州盐。”[⑦]依此记载，肇州属上京路，所产食盐可供上京、东北二路食用，可见其产量当是相当可观，当为金代重要食盐产地。肇州治所在今天黑龙江肇源市茂兴县哈什吐村。

（大定）二十四年七月，上在上京，谓丞相乌古论元忠等曰：“会宁尹蒲察通言，其地猛安谋克户甚艰。旧速频以东食海盐。蒲与、胡里改等路食肇州盐，初定额万贯，今增至二万七千。若罢盐引，添灶户，庶可易得。”元忠对曰：“已尝遣使咸平府以东规画矣。”上曰：“不须待此，宜亟为之。”[⑧]

6. 开封府，郑州

开封府与郑州是北宋时重要产盐区。金代开封府与郑州属南京路，据《金史》载：

宣宗贞祐二年十月，户部言：“阳武、延津、原武、荥泽、河阴诸县饶碱

①〔元〕脱脱：《金史·地理上》，北京：中华书局，1977年，第570页。
②〔元〕脱脱：《金史·地理上》，北京：中华书局，1977年，第563页。
③〔元〕脱脱：《金史·列传十三》，北京：中华书局，1977年，第1717页。
④〔元〕脱脱：《金史·地理上》，北京：中华书局，1977年，第566页。
⑤〔元〕脱脱：《金史·地理上》，北京：中华书局，1977年，第567页。
⑥〔元〕脱脱：《金史·食货四》，北京：中华书局，1977年，第1093页。
⑦〔元〕脱脱：《金史·食货四》，北京：中华书局，1977年，第1093页。
⑧〔元〕脱脱：《金史·食货四》，北京：中华书局，1977年，第1096页。

卤，民私煎不能禁。”遂诏置场，设判官、管勾各一员，隶户部。既而，御史台奏：“诸县皆为有力者夺之，而商贩不行。”遂敕御史分行申明禁约。①

阳武、延津、原武、荥泽、河阴皆多产碱卤，民众多私煎食盐。阳武治所在今河南原阳县东南、延津治所在今河南延津县、原武治所在今河南原阳县原武镇、荥泽治所在今河南郑州市古荥镇北、河阴治所在今河南郑州市西北任庄。

7. 桓　州

泰和四年（1202年）十月，“西北路有犯花碱禁者，欲同盐禁罪，宰臣谓：‘若比私盐，则有不同。’诏定制，收碱者杖八十，十斤加一等，罪止徒一年，赏同私矾例”。②西北路即西北路招讨司，治所在西京路桓州，即今天内蒙古正黄旗北回郎城。

8. 绥德州

兴定二年（1218年）六月，

以延安行六部员外郎卢进建言：“绥德之嗣武城、义合、克戎寨近河地多产盐，请设盐场管勾一员，岁获十三万余斤，可输钱二万贯以佐军。”三年，诏用其言，设官鬻盐给边用。③

金时绥德州鄜延路嗣武城即今陕西榆林市无定河东岸、义合（寨）即今陕西绥德县义合镇、克戎寨即今陕西子洲县东北，均为食盐产地。

金国境内，盐产地星罗棋布。随着生产技术的发展，食盐在满足国内需求的同时，金国还将大量余盐用于对外贸易牟利，尤其是与南宋边民进行贸易，以换取谷麦等生活必需品。金国通过盐业开采和贸易，使资源优势转化为经济实力，解决了群众的生计，增加了财政收入，促进了社会的经济发展水平，为其政权的巩固和发展提供了物质保障。

综上所述，考证金代盐业资源的地理分布，对于研究金国社会的经济发展、宋金关系、中国盐业发展史，乃至于今天华北地区盐业资源的开发、生产，都是大有裨益的。

①〔元〕脱脱：《金史·食货四》，北京：中华书局，1977年，第1104页。
②〔元〕脱脱：《金史·食货四》，北京：中华书局，1977年，第1102页。
③〔元〕脱脱：《金史·食货四》，北京：中华书局，1977年，第1104-1105页。

安宁盐井的兴衰沉浮

——以安宁盐井的历史发展为视角[①]

冯一祥[②]

摘　要：云南安宁有着两千多年的产盐历史，纵观盐井的兴衰演变，由汉晋开发，到唐宋鼎盛繁荣，至明前期依然居于滇盐之首，自明末开始日渐衰微，到1953年，由于产量锐减，一度萧条，被正式裁废，1980年后又进入了盐业发展的新时期，其发展历程呈现出一种波浪式的趋势。其又因特殊的地理位置和丰富的盐矿资源，成为历史上多个时期中央政府和各方势力角逐和博弈的主要对象，其中尤以唐时最为突出。

关键词：安宁盐井；历史变迁；博弈；盐利

“天生曰卤，人生曰盐”[③]，食盐是人们日常生活中必不可少的调味品，也是维持人体正常新陈代谢的重要物质之一，所以被称为“百味之祖”“食肴之将”。随着社会经济发展，人口数量不断增加，食盐需求量日益提高，统治者对食盐的控制也日益加强，并通过食盐达到控制民众、增加财政的战略目的，可以说，在古代，食盐是重要的战略物资。

云南作为中国井盐的重要产地，盐成为古代云南地方经济发展的重要支柱，“云南物产，锡铜而外，当以盐为大宗。盐井遍于三迤，取用不竭”[④]。由于滇盐与云南地方社会经济关系甚密，多有学者著文考究。目前学术界对于安宁盐井的研究[⑤]则稍显薄弱，

---

① 基金项目：四川省高校人文社会科学重点研究基地——中国盐文化研究中心资助青年项目“‘资源型’市镇发展模式研究——以云南盐业历史发展为中心的考察（编号：YWHQ20-01）”；“云南省科学技术史研究”（项目编号：2018RD002）的阶段性成果。

② 作者简介：冯一祥（1993—），男，云南曲靖人，云南大学历史与档案学院专门史（经济史）硕士研究生，研究方向：中国古代经济史。

③〔汉〕许慎撰，〔清〕段玉裁注：《说文解字注》，上海：上海古籍出版社，1981年，第145页。

④ 周钟岳等撰，牛鸿儒等点校：《新纂云南通志 · 盐务考一》，昆明：云南人民出版社，2007年，第143页。

⑤ 方国瑜：《连然（安宁）盐井兴衰》，摘自《方国瑜文集第四辑》，昆明云南教育出版社，2001年；朱霞：滇南盐法图 · 安宁井的图形与技术文献志研究》，《西北民族研究》2010年第4期；贾磊：《安宁盐矿“失踪”近400年之谜》，云南政协报，2017-07-28（007）；段金书：《昆明安宁盐矿建设中的环境问题》，《云南环保》1988年第1期。

对于滇盐研究主要集中于黑盐井、白盐井、诺邓盐井。赵小平在《近八十年来云南盐业研究综述》中认为，目前滇盐的研究“研究区域较窄，研究对象多集中在黑盐井、白盐井、诺邓盐井，重点虽然突出，但全面性不够，无法呈现滇盐发展的全貌”。[①]因此，本文以在云南历史上最早设置盐官，并曾经引发唐王朝、南诏政权、吐蕃政权围绕盐利而进行过系列政治博弈的主要对象——安宁盐井为考察重点，有一定的学术价值。

一、盐井的产生及历史变迁

云南是仅次于四川的井盐产区，盐矿资源丰富，素有“盐宫”之美誉。远古时期，云南是一个凹形内陆湖，随着千百万年的地质运动变化，内陆湖的深层不断下倾，致使含有盐分的物质逐渐下沉积聚，最终形成埋藏于地表之下的岩盐层[②]。根据现代的地质勘查资料证明：“滇中地区的矿床是典型的陆相沉积，滇西、滇西南（思茅、西双版纳地区的滇南稍偏东地带）‘三江’地区的矿床，陆相沉积物质来源有多种渠道，并受断裂带有关的深层卤水补给影响，即形成‘内陆盆地、深层卤水补给’盐类矿床”[③]。云南盐层“除昆明安宁盐矿点属中侏罗系外，26 个矿区（点）均属上白垩统——古新统”。[④]其地质特点为“矿床属于陆上硫酸盐、氯化钠型，但不含有泥砾；岩体由石盐、钙芒硝、石膏及少量泥沙夹层相间，形成多层结构，呈平缓稳定的层状，构造简单；矿床厚度，储量巨大；品味高”。[⑤]正是这种得天独厚的地质条件，为安宁盐井在云南盐业历史发展中的重要地位奠定了坚实基础。

安宁井位于今天的安宁市[⑥]，是距离省城昆明最近的盐井，仅有 30 公里，而且也是云南历史上发现最早的盐井，谈到滇盐产盐的历史，首先就得从安宁井开始。元封二年（公元前 109），武帝平滇，滇王常羌（庄蹻之后）归附西汉王朝，改滇国为益州郡，在今安宁始置连然县。《汉书·地理志》：“益州郡……连然（今安宁），有盐官。”[⑦]据此推算安宁盐井约有两千年的历史。西汉在全国产盐量较高的二十八郡县设置盐官，而安宁井便为其中之一，以此可推断此时的盐业生产已初具规模，产量大，盐井重要，由此实行“盐铁官营”。

三国时期，国家分裂割据，蜀汉占据西南地区，诸葛亮平定南中后，利用管理两

① 赵小平、肖仕华：《八十年来云南盐业史研究综述》，《盐业史研究》2014 年第 3 期，第 150 页。

② 黄培林、钟长永：《滇盐史论》，成都：四川人民出版社，1997 年，第 19 页。

③ 云南省地质局第十六地质队：《三江矿产志·云南盐类矿床概述四：矿床类型及成因》，转引黄培林、钟长永主编《滇盐史论》，成都：四川人民出版社，1997 年，第 19-20 页。

④ 黄培林、钟长永主编：《滇盐史论》，成都：四川人民出版社，1997 年，第 20 页。

⑤ 黄培林、钟长永主编：《滇盐史论》，成都：四川人民出版社，1997 年，第 94 页。

⑥ 安宁市的历史沿革：汉武帝元封二年（前 109 年），西汉王朝设置连然县；唐武德四年（621 年），称安宁县；元至元十二年（1275），称安宁州；民国二年（1913），复称安宁县；1995 年设立县级安宁市。

⑦〔汉〕班固：《汉书·地理志》，北京：中华书局，1964 年，第 1601 页。

汉以来滇盐已开发的产区（连然、比苏、姑复和青蛉），以盐作为国用物资，“收取金银盐布，以益军储”[①]。

晋代，随着盐井产量的日益增长，安宁井供应着多个区域的食盐需求。《华阳国志·南中志》记载：“连然县（今安宁市），有盐泉，南中共仰之。”[②]当时的南中四郡为益州郡（郡城在今云南昆明晋宁区东）、永昌郡（郡城在今云南保山市）、牂柯郡（郡城在今贵州福泉市）、越嶲郡（郡城在今四川西昌市东南），以此足见安宁井盐的运销和供应范围之广，其盐井产量旺盛。

经历了汉晋时期的开发后，唐宋时期是安宁盐井的重要发展期。唐时，樊绰《蛮书》卷七：“安宁城中皆石盐井，深八十尺。城外又有四井，劝百姓自煎。……升麻、通海以来，诸爨蛮皆食安宁井盐。”由此可看出：第一，樊绰对安宁盐井的深度做了最早的记录，深“八十尺”，即二十多米，这说明此时的开采技术发生变化，改变了汉晋时期限于地表刮盐和粗放式挖坑集卤的采汲方式，“井盐生产方式具备了从井提卤煎制食盐的含义，井的形式应用于食盐生产方式才完成”[③]；第二，“城外又有四井”，可知安宁盐井数量有五口，数量较多；第三，“劝百姓自煎”，可看出此时的安宁盐井已经改变了汉晋“盐铁官营”形式，实行民“自煎自食”，盐税也被取消；第四，“升麻、通海以来，诸爨蛮皆食安宁井盐”，足见安宁盐井的供应逐渐向滇南延伸，范围继续扩大。并且在《唐十道图》中，用安宁盐井位置来标注安宁市镇，以此可以看出安宁井在整个市镇发展中的核心地位。

元代，设置云南行省，盐井的管理较之前进一步加强。《元史·英宗本纪》记载：“（至治）三年（1325）五月辛卯（朔），设大理路白盐城榷税官，秩正七品。中庆路榷税官，秩从七品。”[④]中庆路相当于今天的昆明地区，辖安宁州（即汉连然县、唐安宁县）。榷税官主要职责为收缴食盐赋税，负责监管盐井生产，身兼生产与税务二职，由此可见安宁盐井又从“百姓自煎”恢复到了“盐务官营”。意大利人马可·波罗游历云南时记载“其地（安宁州）有盐井而取盐于其中，其地之人皆恃此盐为活，国王赖此盐收入甚巨”。[⑤]安宁盐井的生产已经具有一定的规模，当地人依靠盐业维持生计，形成了盐业生产的传统延续，而当地官员也从中获取了巨额的盐利。

明初，安宁井是云南最著名的大井，其产量和名声都远超黑井，上缴盐税在云南盐税总额中也占有重要比重。[⑥]随着移民大量涌入云南，盐业需求不断增长，随之也带来了更加先进的盐业生产技术和管理政策。明朝政府较之于元来说，对滇盐的管理进一步加强。明初时期，云南共设了4个盐课提举司，即安宁、黑井、白井、五井，下

①〔后晋〕刘昫：《旧唐书·张柬之传》，北京：中华书局，1975年，第2939页。
②〔晋〕常璩撰、刘琳校注：《华阳国志·南中志》，成都：巴蜀书社，1984年，第399页。
③ 董咸庆：《云南食盐产地沿革与变迁》，《盐业史研究》1986年第0期，第127页。
④〔明〕宋濂等：《元史·英宗本纪》，北京：中华书局，1976年，第630页。
⑤［意大利］马可·波罗著，冯承钧译：《马可·波罗游记》，石家庄：河北人民出版社，1999年，第429页。
⑥ 朱霞：《〈滇南盐法图·安宁井〉的图形与技术文献志研究》，《西北民族研究》2010年第4期，第119-127页。

设12个盐课司。《明实录·太祖实录》记载："……其安宁井，月课盐六万三千斤，宜设提举一人，同提举一人，副提举一人，吏目一人。"[①]《景泰云南图经志书》载："安宁盐课提举司，在州治之西，洪武十六年建置，有吏目厅。所属盐课司在提举司之西。"[②]明《滇史》卷十亦载："十六年（洪武十六年），设云南各盐井提举司。安宁州盐课提举司，在州西古阿宁地。"[③]明政府也沿袭了元代对滇盐设置专门的榷税官的管理办法，在安宁井设盐课提举司，对盐税进行征缴和收纳，并管理日常盐业的生产，并适时变化，调整管理的策略。《明实录·太祖实录》卷一百五十记载：洪武十五年（1382），"丙申，户部奏定安宁盐井中盐法，凡募商人于云南、临安二府输米三石，乌撒、乌蒙二府输米二石八斗，沾益州、东川府输米三石五斗，曲靖府输米二石八斗，普安输米一石八斗者，皆给安宁盐二百斤"。[④]由此可见，为解决卫所制下的军粮物资短缺问题，明朝对安宁盐井实行了"开中法"，用盐换取粮食供应军民府，而商人以此获得食盐，转而进行买卖获利。

明代，安宁盐井额数量增加，生产规模也进一步扩大。《景泰云南图经志书》卷一："安宁盐井，其井有四：曰大井，在盐课司；曰考才井，在提举司；曰石井，在善政坊；曰大界井，即阿宁取土得之者。其泉皆卤，煮以为盐，今置司课之。"到了明嘉靖时期，又新开了一井，共五井。明崇祯时期，徐霞客的《滇游日记》亦载：

> 安宁城入其东门，……有巨井在门左，其上累木横架为梁，栏上置辘轳以汲，乃盐井也。其水咸苦，而浑浊殊甚。有监者，一日两汲而煎焉，安宁一州，每日夜煎盐千五百斤。城内盐井四，城外盐井二十四。每井大者煎六十斤，小者煮四十斤，皆以桶担汲而煎于家。[⑤]

由此可知：第一，安宁井由原来的五井扩大到了二十八井的规模，城内分布着"旧四井"，城外是新开的二十四井，规模进一步扩大，数量也是迅猛增加；第二，其汲卤方式发生变化，运用了辘轳提升，而运卤则选用桶装担运，这些生产方式的改变，很大程度上是受到外来技术的影响；第三，其"每日夜煎盐千五百斤"，若以一年来推算，不加闰月，大致岁煎盐五十五万斤，而《明会典》记载："洪武间，安宁盐井盐课提举司岁办盐七十七万二千六百八十斤零，弘治间岁办无定数。"[⑥]两者对比一下，数量差距将近二十多万斤，尽管崇祯时期增加了二十四井，但产量差距明显，这也能够印证天启三年（1623年）五月，"改安宁提举司为琅井提举司，驻琅井，安宁盐课附州征解"的史实。万历《云南通志·赋役志》记载了当时的盐课额："安宁盐课提

---

①《明实录·太祖实录》，北京大学图书馆藏影印本，第2370页。

②〔明〕陈文修，李春龙、刘景毛校注：《景泰云南图经志书校注》，昆明：云南民族出版社，2002年，第54页。

③〔明〕诸葛元声著，刘亚朝校点：《滇史》，德宏：德宏民族出版社，1994年，第284页。

④《明实录·太祖实录》，北京大学图书馆藏影印本，第2370页。

⑤〔明〕徐弘祖著，朱惠荣等整理：《徐霞客游记》，北京：中华书局，2009年，第454页。

⑥ 方国瑜主编：《云南史料丛刊（第十二卷）》，昆明：云南大学出版社，2001年，第581页。

举司岁办课银元闰年四千一百两，万历六年云南盐课岁办定额无闰年三万五千五百四十七两，安宁井只占百分之十一强”[①]。可知安宁盐井到明末时赋税占比已经逐步下降。不再是明初最著名的大井，其名声和产量逐渐被黑井、琅井等超越，地位在云南盐井中迅速下降。

清代，由于盐井生产技术没有革新，开采历时太久，安宁盐井因卤淡等原因迅速减产，其井口数量、产量规模都进一步缩减。《大清一统志·云南府·盐井》记载“在安宁州西，有大井、石井、河中井、大界井、新井，俱产盐”[②]。与明代相比，少了秀才井，多了河中井和新井。《安宁州志》卷十对安宁井的记载较为详细：“大界井，在裕德门外；石井，在裕德门外；鹅井，在裕德门外。以上三井因卤水淡，长期封闭。洪源井，在洪源门内，宽四丈，深五丈余，东南北三面皆赤黯石结就，石底如釜，卤水从石壁隙涌出，其西用石甃嵌，以隔淡水。此井久经封闭，乾隆三年，知州何齐圣祥宪复开。新开盐井一口，名新河井（又名新井），在煮海门外，螳螂川中，卤水从石壁隙中涌出，以石罩管定，外用石甃筑高基，以隔四周川水。”[③]由此看，虽然安宁盐井的数量仍然不算少，但真正持续产盐的并不多，而且废弛之井数量也与日俱增，此时的安宁井盐“销盐供本县以外，只补昆明、宜良两县之不敷，已无盐岸行销”[④]。乾隆《云南通志》亦载“安宁州旧有洪源井、石井、鹅井、大界井、新河井五井，今惟新河井开煎，余四井无卤，久经封闭”，乾隆四年（1739年），“大界井、石井、鹅井三井，以卤淡久封闭，又洪源井亦久封闭”[⑤]，说明乾隆四年（1739 年），安宁五井中只有新河井在生产了。道光年间，安宁井的卤水开始大幅减少，资源枯竭，卤水短缺，产量下降，因而官员一再请求减少课额。《清实录·宣宗实录》记载：“道光八年（1828 年）七月癸亥，谕内阁阮元等奏：盐井煎不足额，酌拟照案在于旺井代征抵补一折。云南安宁井额征课银二万八千四百四十六两零，曾于上年奏准酌减银一万三千八百六十三两零。所减银两，即自道光七年为始，在各旺井抵补，作为代征，入册造报。该井仍应征银一万四千五百八十三两零。现据该督等查明，该井卤水短绌，煎盐仍不能足额，恳再行酌减课银。”[⑥]由此可知，安宁盐井的产量降低，影响力大不如前。

民国时期，政府采用场署的方式管理云南盐务，并在安宁井设分场署。由于安宁盐井卤水缩缺，产量日益减少，安宁分场署于1926年被撤销，改为招商包办的形式。在1937年，又改为官办，成立盐务管理局。1953年，由于安宁井产量锐减，一度萧条，

①〔明〕邹应龙修，〔明〕李元阳纂，刘景毛等点校：《云南通志·赋役志》，北京：中国文联出版社，2013年，第48页。

② 《大清一统志·云南府·盐井》，张元济等辑《四部丛刊续编》，第43册，上海：上海书店，1984年，第2324页。

③ 方国瑜主编：《云南史料丛刊（第十二卷）》，昆明：云南大学出版社，2001年，第582页。

④〔清〕鄂尔泰修，〔清〕靖道谟纂：《（乾隆）云南通志·课程·盐法》，乾隆刻本，第1624页。

⑤〔清〕鄂尔泰修，〔清〕靖道谟纂：《（乾隆）云南通志·课程·盐法》，乾隆刻本，第1624页。

⑥〔清〕《清实录·宣宗实录》，北京：中华书局，1987年，第139-140页。

最终被正式裁废，渐渐淡出了人们视野。①

二、盐井衰退与重新开发

自汉至20世纪中期停产以来，安宁盐井一直持续产盐将近两千年，是滇盐的重要产地，由汉晋的开发而初具规模，到唐宋迎来了鼎盛繁荣，明前期依然居于滇盐之首，自明末开始，每况愈下，日渐衰微，至民国纳入黑井场署的体系之中，中华人民共和国成立后而正式裁废。其盐井衰退的原因大致如下：

一是卤水淡化、盐质变差。道光盐课大使李蕊言："滇之盐井有八，其课之重曰黑盐井、曰白盐井、曰琅盐井、曰安宁井。安宁盐最古，溯自前汉，迄今已二千余年，然卤淡盐劣，工本倍费，虽销行五州县，而灶炉赔累不堪，计其不得不论者：一曰卤淡，二曰薪远，三曰难煎，四曰费繁。"②这说明安宁盐井衰微的主要原因在于卤水淡化。

二是制盐成本高。由于卤水淡，熬制食盐需要大量燃料，"煎盐无煤炭，无荡草，全以木柴供烧，则工本重"③，且"灶炉赔累不堪"，落后的制盐技术，进一步加重了煎盐费时费柴的状况，因而柴价不断增加。

三是盐课重。因为云南盐课是以官四灶六进行计卤算课，所以成本愈高，盐课愈重，进而将盐课转嫁到盐价上。云南巡抚王继文说滇盐在井，"已办课银一分六厘，加以煎熬、运工本脚费价，前定每百斤卖四两六钱，委无浮冒。"④

四是盐井竞争。明清以来，随着大量移民的涌入，盐业的市场需求增加，一大批盐井得到开发，诸如乔后井、阿陋猴井等，逐渐形成了滇中、滇西和滇南三大产盐片区，安宁盐井在诸多新兴盐井中，竞争力逐渐衰微。

五是加派陋规丛生。云南盐务衙门庞大，自巡盐御史、盐道、盐课提举司到井场的盐课司，人员众多，开支较大。管理盐务官员和地方有司，往往利用对盐业的控制，多方敲诈。

六是灶户抽逃自己生产的井盐，致使缴纳之盐不敷，井场最后被衙门关闭。

七是私盐的行销。一方面是来自邻省的川盐和粤盐，另一方面是从缅甸或越南过境而来的境外私盐，与滇盐展开了市场竞争，以其低廉的价格逐渐占据了市场份额。

八是战乱的破坏。三藩之乱时，"清兵四面围攻省垣，安宁、罗次、富民一带，俱有大兵驻在，安宁盐井因之而废，而红盐井更为大兵破坏，战事平息，盐务竟不能恢

① 朱霞：《〈滇南盐法图·安宁井〉的图形与技术文献志研究》，《西北民族研究》，2010年，第4期，第126页。

② 转引自窦光华、李成章主编：《安宁县志》，昆明：云南人民出版社，1997年，第71页。

③ 张茂炯等编：《清盐法志》，民国九年铅印本，参见何珍如《康熙时期的云南盐政》，《中国历史博物馆馆刊》，1983年第5期。

④ 张茂炯等编：《清盐法志·云南八·征榷门》，民国九年铅印本，第103页。

复。”咸丰、同治年间，“回民困城，长毛下坝”，清军与杜文秀起义军的拉锯战，致使盐井受损惨重，安丰井毁于动乱中，安宁、景东、恩耕、香盐等大井口卤淡产减，日趋式微而退出了正井之列。云贵总督岑毓英向朝廷递呈的奏折说：“滇省军兴二十余载，兵燹之后，继以瘟疫，各属田地，多有荒芜，城市萧索，乡民衣服褴褛，不能蔽体，民食多用包谷，糊口维艰，凋敝情形，深堪悯恻。”[①]可见，战乱成为摧毁安宁盐井发展又一个重要因素。

安宁盐井的衰退只是短暂的休憩，在技术条件的支持下，又迎来了它的新发展。1982 年，云南省地质局地质一大队钾盐分队对安宁地区的盐矿进行勘测，钻探结果表明“在约 60 平方公里范围内，发现特大型岩盐与钙芒硝共存矿床，储量极为丰富，品位亦高”[②]，平均品位达 58.8%，且全境盐矿储量为 136 亿吨，约等于原已探明的全省食盐总储量，居全国内陆型盐矿第二，仅次于青海，安宁盐迎来了发展新阶段。现如今，安宁盐矿的年产量已经占到了全省盐总产量的 90%以上，是滇中食盐最重要的供应地。1990 年，昆明盐矿在安宁市太平杨梅山破土动工，1993 年试车成功，标志着云南盐业生产迈入了世界先进行列。安宁盐井在这片“螳川宝地，连然金方”的土地上，继续延续着盐业开采史，实乃叨天之幸！

既然安宁有如此巨大储量的盐矿，为何在清代以后出现卤水渐淡，甚至陆续被封井的境况？这主要与安宁的地质环境及其开采技术水平有很大关系。从汉代以来就一直进行开采的安宁盐井，主要是基于存在于地表浅层的盐卤，而盐卤到清代几乎已经开采殆尽。至于埋藏在地下深层的盐矿资源，由于受限于开采技术，在当时的历史条件下还没有发现。从云南许多盐井发现的传说来看，许多盐井是由于发现了显露于地表的卤水（即自然冒头）而进行开采，正如清人王守基在《盐法议略·云南盐务议略》中说：“滇、蜀之盐皆产于井，蜀井凿于人，滇井则成于天焉。”[③]20 世纪以来，随着科学技术的发展，地质勘探技术的进步为盐业资源的发掘提供了技术支持，机械掘井为深层采汲和盐矿开采提供了可能。

三、历史上围绕安宁盐井的博弈

盐业，在历史上一直是各方势力争夺的重要资源。安宁，由于其特殊的地理位置和占有丰富的盐业资源，也是各方势力争夺的重要区域。

唐时，安宁地理位置非常重要，“安宁雄镇，诸爨要冲，山对碧鸡，波环碣石”，“势连戎僰”。除地理位置重要之外，安宁盐利也颇丰。唐代诸盐井中，由于安宁盐井盐产

---

①〔清〕岑毓英：《裁革夫马筹款支销以苏民困摺》，《岑襄勤公奏稿》卷 18，转见《昆明市志长编》卷 6，第 39 页。

② 徐辅东：《云南安宁盐矿开发盐碱联产技术拟建纯碱厂》，《纯碱工业》1985 年第 6 期，第 59 页。

③〔清〕王守基：《盐法议略·云南盐务议略》，北京：中华书局，1971 年，第 4 页。

富饶，“盐池鞅掌，利及牂欢”，因而安宁发展成为繁华之地，“城邑绵延，远近因依，闾阎栉比”。于是统治者“乃置城监”，加强对此地的管理和控制。[①]据《蛮书》载：“其盐出处甚多，煎煮则少。安宁城中皆石盐井，深八十尺。城外又有四井，劝百姓自煎。……升麻（今云南寻甸、嵩明一带）、通海（今云南通海）已来，诸爨蛮皆食安宁井盐。”[②]正是由于其盐产特别旺盛，呈现“南中共仰之”的繁荣景象，供应滇东、滇南、黔西地区。唐开元、天宝年间，爨氏集团、南诏、唐王朝三方势力陆续在安宁地区围绕盐井展开剧烈争夺，试图占有此地，通过控制食盐来控制民众，并从中攫利，达到其巩固政权和增加财赋的目的。

在上述三方势力中，爨氏自东晋以来就骤然成势，称霸南中，其家族分统各地，一直接受着中原王朝的授封，唐开元年间，“爨归王为南宁州都督，居石城（今曲靖）”，其侄子“（爨）日进、日用在安宁城左”[③]。爨氏长期以来控制着连然盐井的生产，垄断着盐利。

然而，随着中央政府对西南地区控制的加强，唐王朝与以爨氏为首的地方政权间的矛盾日益升级。时任剑南节度使章仇兼琼“不量成败，妄奏是非”[④]，于天宝四年（745）派遣越嶲都督竹灵倩“开步头路，筑安宁城”[⑤]。竹灵倩不断加重对当地人民的剥削，控制安宁井盐，致使当地“赋重役繁，政苛人弊”[⑥]，进而引发“群蛮骚动”，以爨归王为首的诸爨首领合力反抗，“陷煞竹灵倩，兼破安宁”。于是“玄宗诏蒙归义讨之。师次波州，归王及崇道兄弟千余人泥首谢罪，赦之”[⑦]。

后来，随着南诏的崛起，爨氏政权与南诏政权、唐王朝与南诏政权间相继发生一系列战事，安宁盐井仍然是几方争夺的焦点。首先是爨氏内部起纷争，“（爨）崇道杀日进及归王，诸爨乱”[⑧]，南诏阁罗凤乘机消灭诸爨，占领了安宁城。此时，“安宁城有五盐井，人得煮鬻自给”。之后唐王朝征讨南诏，天宝八年（749），“玄宗诏特进何履光以兵定南诏境，取安宁城及井”，[⑨]“将盐井置于唐朝的保护与管理之下”[⑩]。此后又于天宝十年（751）和天宝十二年（753），唐王朝先后两次兵伐南诏，即“西洱河战争”。然而，最终唐朝损兵折将二十万，在兵败的同时也失去了对盐井的控制。南诏称

---

① 方国瑜主编，徐文德、木芹录校定：《云南史料丛刊·南诏德化碑》，昆明：云南大学出版社，1998年，第380页。

②〔唐〕樊绰、向达校注：《蛮书校注·云南管内物产》，北京：中华书局，1962年，第187页。

③〔唐〕樊绰、向达校注：《蛮书校注·明类第四》，北京：中华书局，1962年，第188页。

④ 方国瑜主编，徐文德、木芹录校定：《云南史料丛刊·南诏德化碑》，昆明：云南大学出版社，1998年，第378页。

⑤〔唐〕樊绰、向达校注：《蛮书校注·云南管内物产》，北京：中华书局，1962年，第188页。

⑥ 方国瑜主编，徐文德、木芹录校定：《云南史料丛刊·南诏德化碑》，昆明：云南大学出版社，1998年，第378页。

⑦〔宋〕欧阳修：《新唐书·南蛮传》，北京：中华书局，1975年，第126页。

⑧〔宋〕欧阳修：《新唐书·南蛮传》，北京：中华书局，1975年，第128页。

⑨〔宋〕欧阳修：《新唐书·南蛮传》，北京：中华书局，1975年，第128页。

⑩ 方铁、方慧：《中国西南边疆开发史》，昆明：云南人民出版社，1997年，第145页。

强后，"（赞普钟）十四年春，命长男凤迦异于昆川置拓东城，居二诏佐镇抚"[1]，安宁镇成为统治要地的重镇。南诏重点控制安宁城，一个很重要的目的就是要控制安宁盐井，并通过控制安宁盐井来强化对当地民众的管控，同时也增强了对抗外部势力的经济基础。后来，大理段氏也对安宁盐井展开争夺。"唐初置安宁县，隶昆州。阁罗凤叛唐后，乌、白蛮迁居。蒙氏终，善阐酋孙氏为安宁城主，及袁氏、高氏互有其地。"[2]

纵观各方势力对安宁盐井争夺的实质，是各方势力想要通过占有食盐产地，垄断食盐产销，从而达到控制民众，使人民屈服其统治的政治目的，利用高价销盐，从中攫利，作为财赋和军费开支的重要来源。自汉至唐，安宁井一直都是产盐大井，产量旺盛，"且为滇东、滇南、黔西广大地区唯一产盐之处"[3]。通过煎熬和出产井盐，使其成为云南地区重要的"政治据点"。在唐开元、天宝的三十年里，爨氏、南诏、唐王朝三方势力，为争夺安宁城这块战略要地不断爆发战争，每次都以占领盐井为焦点。这也从一个侧面体现了安宁盐井在当时云南历史发展中的重要地位。

四、结　语

清《滇海虞衡志》记载："滇南大政，惟铜与盐。"因此，井盐生产是云南最重要的经济活动之一，盐税在云南是仅次于田赋的第二大税种。在云南盐业发展史中，安宁井是"古滇九井"[4]之一，有着特殊而重要的历史地位。

纵观安宁盐井的历史演进，从汉至明前期，一直是云南产盐的大区，政府对安宁盐的管理也不断在强化，甚至围绕安宁盐井爆发了多方政治势力的角逐，究其原因，无疑与安宁特殊的地理位置以及安宁盐井丰富的资源和丰厚的盐利有关。而清代安宁多处盐井关闭直至 1953 年的废止，仍然与当时条件下可供开采的盐卤锐减、卤淡等原因有直接或间接关系。安宁在历史上久负盛名，主要是因安宁盐井的存在，可以说盐与安宁市城市形成和发展有着紧密的关系，即盐井是安宁城镇发展和形成的内在驱动力。

今天，安宁盐业发展步入了新阶段，重新成为云南重要的盐产地。然而，安宁的盐业历史遗迹已经基本消失，独特的井盐文化在当前的城市发展中未曾体现。但安宁盐井和井盐文化是安宁城市发展历史脉络中的重要记忆，是云南盐业史发展中不可或缺的重要组成部分。如何让安宁盐井的历史广为流传，仍然是我们需要认真思考的问题。

---

① 方国瑜主编，徐文德、木芹录校定：《云南史料丛刊·南诏德化碑》，昆明：云南大学出版社，1998 年，第 379 页。

②〔明〕宋濂等撰：《元史·地理志》，北京：中华书局，1976 年，第 147 页。

③ 方国瑜：《连然（安宁）盐井兴衰》，转引自《方国瑜文集第四辑》，昆明：云南教育出版社，2001 年，第 436 页。

④ "古滇九井"分别为：黑井、白井、琅井、云龙井、安宁井、阿陋猴井、景东井、弥沙井、只旧草溪井。

论近代川盐运输工具[①]

董清平　董正平[②]

摘　要： 四川地形复杂，水系丰富，陆路不便。在近代，境内的重要盐场一般依附在河流附近，便捷的水路条件，使盐船成了川盐运输的“主力”。因各河流和河段的水运通航能力所限，盐船形态各有差异。在水运不便的情况下，只好通过陆运进行运输。随着四川近代化的发展，盐商及政府当局亦筹划和推动火车和汽车运盐，因铁道路轨修建很少，汽车数量又不多，所以大量的盐运不得不依赖传统的人力或畜力运输。这也反映出四川近代化程度较为落后。

关键词： 川盐；盐场；运输工具

“盐为民食所必需，无论何地，均应销盐，而盐不能随地皆产，惟赖以济销”[③]。四川境内盐产丰富，而临近省份，如贵州、湖北、湖南却几乎不产盐。在近代，川盐不仅供给省内之需，而且还运销到鄂、湘、黔、滇等省区。食盐从盐场生产出来之后，要达到运销之目的，相应的运输工具是必不可少的。就目前学界对近代川盐方面的研究来看，虽然成果丰富，但鲜有专门性系统研究近代川盐运输工具的成果，即使相关成果对近代川盐的运输工具有所探讨，但就区域来说，较为集中地讨论了川江流域川盐的运输工具[④]，对其他地方的关注较少。其次，从背夫或盐夫的角度探讨了川盐陆运的情况[⑤]。鉴于此，本文在借鉴既有成果的基础上，通过梳理盐法志、报刊等文献史料，

---

① 基金项目：四川省哲学社会科学重点研究基地——四川轻化工大学中国盐文化研究中心资助项目（项目编号：YWHQ18-02）；四川省社会科学规划青年资助项目（项目编号：SC19C042）；四川省哲学社会科学重点研究基地——四川轻化工大学中国盐文化研究中心项目（YWHQ19-06）之阶段性成果。

② 作者简介：董清平（1984—），男，西华师范大学历史文化学院讲师，历史学博士；董正平（1986—），男，四川轻化工大学人文学院讲师。

③ 吴炜：《四川盐政史》卷五，四川盐运使署，1932 年，第 1 页。

④ 可参阅谭刚：《清末民初川江轮船运输的兴起与济楚川盐运输近代化》，《盐业史研究》2006 年第 2 期；邓晓：《川江流域的物产、木船与船工生活》，《重庆师范大学学报》2005 年第 4 期；迟香花：《抗战时期川江的木船运输》，西南大学 2008 年硕士学位论文等。

⑤ 可参阅李浩、李林照：《清代川黔古盐道上的盐夫初探》，《贵州文史丛刊》2020 年第 2 期；吴海波：《川鄂古道上的盐夫群体》，载自贡市盐业历史博物馆编《川盐文化卷研究：川盐古道与区域发展学术研讨会论文集》，北京：文物出版社，2016 年；杨亭：《清代民国时期川鄂盐运群体及其盐业贸易》，《盐业史研究》2016 年第 2 期；满黎、杨亭：《消失的背夫：对巴盐古道盐运主体的人类学考察》，《四川理工学院学报》2014 年第 2 期等。

对近代川盐运输工具作一较为系统的探讨，尚祈学界教正。

一、川盐产区的地理分布

四川产盐的历史久远，其最早开采始于战国时期，据记载：“秦孝文王以李冰为蜀守。又识察水脉，穿广都盐井、诸陂池，蜀于是盛有养生之饶焉。”[①]川盐历代之产区，多有变更。秦时仅三县，汉晋增至十六县。清雍正九年（1731）题定川省产盐有四十州县[②]。到民国有四十余县。可分为东、西、南、北四大产区。见图 1。

即东区为大宁、巫山、秀山、奉节、云阳、万巴及璧山、大足等县，西区为邛崃、简阳、盐源等县，南区为富顺、荣威、乐山、犍为、宜宾、屏山、井研、资中、雷波、马办等县，北区为南部、射洪、西充、蓬溪、盐亭等县。据国民政府财政部盐务署 1929 年调查，四川盐场名称位置如表 1。

表 1　四川产盐区域表

区别	川　东	川　南	川西	川　北
场名	云 大 开 彭 奉 大 忠 万 阳 宁 县 水 节 足 县 县	井 资 邓 富 犍 乐 盐 井 仁 中 关 荣 为 山 源	绵 简 阳 阳	三 南 射 射 乐 蓬 蓬 西 南 中 台 阆 蓬 洪 至 中 遂 盐 盐 江
县属	云 巫 开 彭 奉 大 忠 万 阳 溪 县 水 节 足 县 县	井 资 富 富 犍 犍 盐 研 顺 为 仁 荣 乐 寿 州 顺 县 为 山 源	绵 简 阳 阳	三 南 射 射 乐 蓬 蓬 西 南 中 部 洪 溪 溪 充 部 阆 蓬 中 遂 盐 盐 台 中 溪 洪 至 江 宁 亭 亭 江

资料来源：《四川盐业概况》，载《建设（南京 1928）》1932 年第 13 期。此表中盐场共有 27 处。而据《调查：四川盐产概况》（载《工商半月刊》1930 年第 13 期）所说，“与全川共有盐场二十六处”有出入，在该调查中，指出属川北盐区的有九处，分别为南充、西充、三台、射洪、蓬遂、射蓬、蓬中、乐至、中江（胖镇）。而在表 1 中川北盐区有 10 处。本文以表 1 为准。

在民国，四川盐场共有 27 场，民初，归四川盐运使直接管辖者 15 场，属川南者有 7 场，属川东者有 8 场。[③]归川北运副分辖者 12 场，属川北者有 10 场，属川西者有 2 场。[④]其具体场名均见表 1。在 1940 年，为应付战时盐业需要，国民政府又将四川盐务重新划分为川康、川北、川东三区。[⑤]

①〔晋〕常璩：《华阳国志》卷 3《蜀志》，济南：齐鲁书社，2010 年，第 31 页。

② 中华民国盐务署：《清盐法志》卷二百四十四，盐务署，1920 年，第 1 页。

③ 盐务署盐务稽核总所编：《中国盐政实录》，台湾：文海出版社，1933 年，第 808 页。

④ 盐务署盐务稽核总所编：《中国盐政实录》，台湾：文海出版社，1933 年，第 934 页。

⑤ 盐务署盐务稽核总所编：《中国盐政实录》，台湾：文海出版社，1933 年，第 404 页。

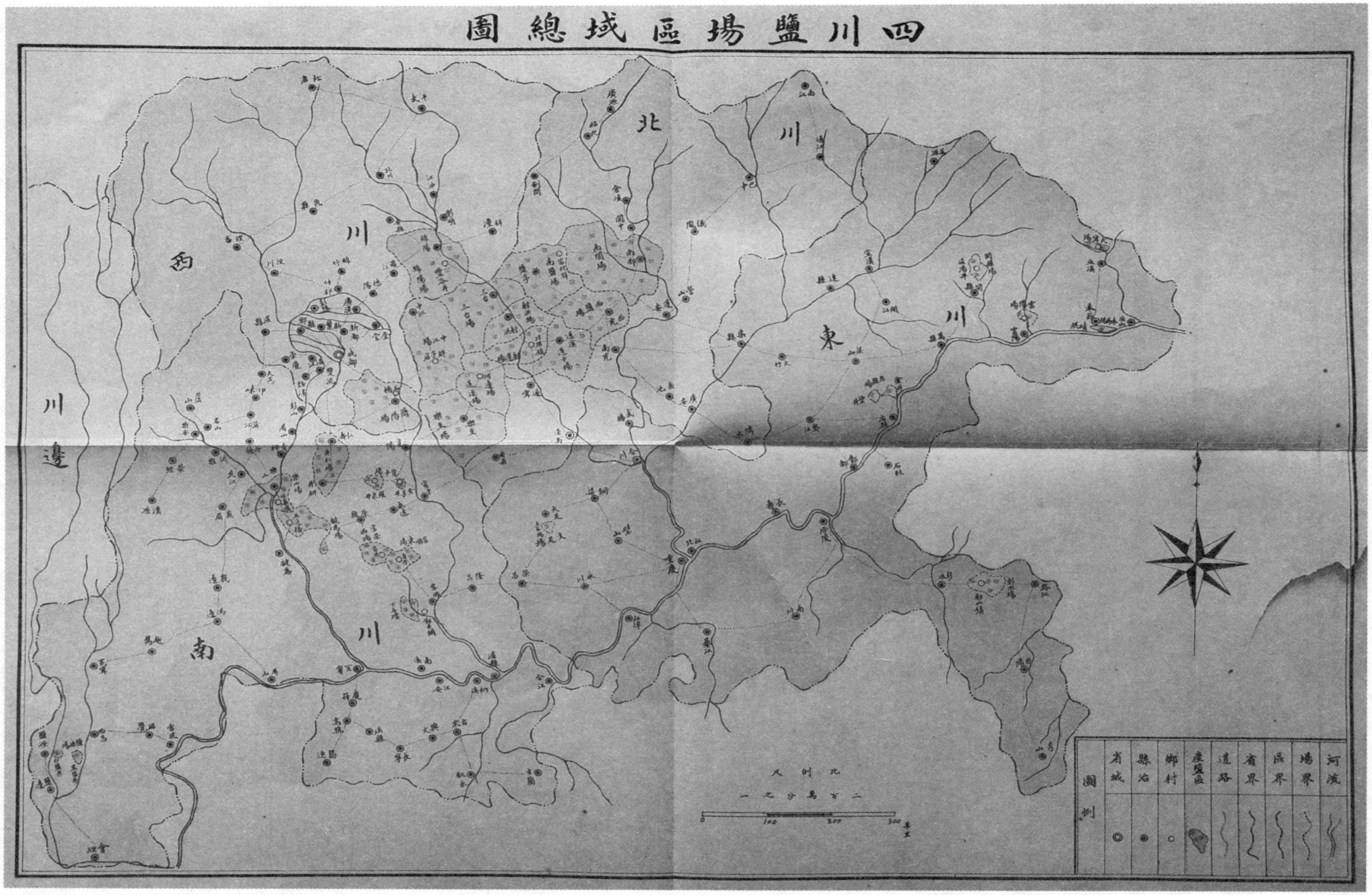

图 1　四川盐场区域总图　　图片来源：《四川盐政史图册第 3 卷》

川东盐区，由财政部川东盐务管理局管理，辖有奉节县之漆坝、云阳县之云安镇、开县之温塘井、巫溪县之大宁、万县之盐井沟等产地。此区之卤水皆来自大冶石灰岩。巫溪大宁的卤水由石灰岩缝内流出。奉节、云阳、开县等地则由浅井内汲取。该区卤水离地面太近，淡水混杂过多，故浓度特低。又以其自石灰岩岩内汲流而出，所含沙杂质甚少，常呈白水，故名“白卤”，以资与其他黑卤及黄卤相区别。

就其地理位置而言，1. 奉节场位于奉节县城东二里许，场临长江北岸，盐产运输大部分利用舟楫。制盐煤井来自奉节县城北 20 里龙滩沱一带，由小河船运至盐场，交通情况极为便利。有大盐井、小盐井、草白井及南井等 4 眼，三井位于八卦沙洲上，一井位于长江南岸。2. 云阳场设于云安镇，汤溪河两岸，云安镇南离云阳县城约 30 里。由此至小洞之间，汤溪河可通小舟。小洞至云阳县有 15 里，盐斤运输，则赖骡马。该场共有井 60 眼。五眼位于汤溪河北岸，余皆位于汤溪河北岸。3. 开县场位于开县以北 60 里之温塘井，清江流经其间，交通较为便利。清江流至开县与临江汇流而为小江，由小江镇流入长江。该场于 1938 年有井 4 眼，1939 年后增加 5 眼，1 眼在江南，余 4 眼在江北。①4. 大宁场位于巫溪县北 20 里，盐井在巫溪河与其支流小河汇流之处。宁厂有灶七十余间，冬春之际，万商云集，肩挑背负，接踵而往者，日以千计。其间小河，水程二百一十里而汇大江，盐舟熙攘。②5. 彭水场场署在彭水县之郁山镇，全场共有 11 眼盐井，分三区，后井 4 眼、老井 2 眼、中井 5 眼。6. 大足场场署在大足县之王家场，1915 年设盐井委员，其产区分三处：王家场、回龙场、明江河，共有盐井 41 眼。7. 忠县场在忠县属之干井，共有盐井 16 眼：干井 10 眼、涂井 6 眼。③8. 万县盐场因场小产盐少，仅就近销售井场周围，未设场署。

川南盐区，包括自贡井区和五通桥盐区。自贡井区历属川南盐务分局辖制，地跨富顺、荣县边界。产盐地域一为自流井，一为贡井。该区皆有公路或石板大路以资运输，东南沿盐井河至富顺县邓井关约四十五公里，可通舟楫。由邓井关沿沱江而下至泸县，船运便利。五通桥区，按财政部盐务局之规划，辖有犍为、乐山、井仁及盐源四场。此区交通尚称便利，陆有川中公路，东至自流井、内江与成渝路接，北可直达成都。水路有岷江之便，上至成都，下至宜宾与长江会合，终年可通航运。④

属川南盐区者有七。1. 富荣场，系富顺县属自流井与荣县属贡井之总称，场区分东场、西场，东场属自流井，在富顺县之西北，距富顺城九十里。西场属贡井，在荣县之东南，距荣县城一百零五里。本场东西相距约四十三里，南北相距约十七八里。本场产地有 8 个，火井 199 眼，水井 1004 眼。2. 邓关场，在富顺县西北，东西距离约二十里，南北距离约四十里，全场只井 3 眼，1937 年以产少质劣，予以封闭。3. 犍为场，场署在犍为县五通桥，正东三里交荣县界，东北十里交荣县、井研两县界，西北

① 白家驹：《第七次中国矿业纪要》，《地质专报》1945 年丙种。

②《巫溪大宁场盐业概况》，《四川月报》1937 年第 2 期。

③ 宁德、林振翰：《中国盐政纪要》下，1930 年，第 106-110 页。

④ 白家驹：《第七次中国矿业纪要》，《地质专报》1945 年丙种。

跨乐山县界，正西、正南均为犍为境内，共分七区，产地 20 个，引盐井 2235 眼。4. 乐山场，场署在乐山县牛华谿，南至乐山青衣坝，北与犍为盐场毗连，均在牛华谿附近数里，东至乐山河洱坎四十五里，西至犍为观榜场六十里，产地 10 个，井盐数 847 眼。5. 井仁场，场署在井研县城，其产盐区跨井研、仁寿二县。井厂东北连仁寿，南连荣县、犍为，西至乐山，北连青神。仁厂东界中坝井，南界杨泗井，西界井厂，北界城北。产地 7 个，有盐井 1227 眼。6. 盐源场，坐落盐源县白盐井，东至大冲河，系至小盐井，南至罗家村，北至黑盐塘，产地 3 个，班井 3 眼，硝井 1 眼，卤井 1 个。7. 资中场，场署在资中县罗泉井，产地 2 个，有盐井 836 眼。[①]

川北盐区，隶属川北盐务管理局管辖，分布区域至广，计有遂宁、蓬溪、中江、乐至、西充、盐亭、射洪、南部、阆中、三台、蓬安、绵阳、简阳等县。跨踞沱江、涪江、嘉陵江之间。川北盐区产盐，有旺月衰月之分，冬春二季，天气晴朗宜于制盐，产量较多，为之旺月。及至夏秋，天时阴雨，于制盐不利，各灶大都停煎，产量不多，为之衰月。[②]

该区盐场较多：① 三台场，场署设三台县内，盐场区域东至塔子山，南至下观音桥，西至黄泥井，北至拦河堰，盐井有 2893 眼。② 南阆场，场署在南部县城内，产盐区域地跨南部、阆中两县，东界仪陇，西界盐亭，南界南充，北界阆中，有盐井 12328 眼。③ 射蓬场，场署在射洪县属洋溪镇，产盐区域地跨射洪、蓬溪两县。东南与蓬中连界，西北与射洪场连界。有盐井 15356 眼。④ 射洪场，场署在射洪县城内，盐场区域东至文星场，南至太和镇，西至香山场，北至太平场，有盐井 744 眼。⑤ 乐至场，场署在乐至县城，盐场区域东至遂宁县境，南至安岳县境，西至简阳县境，北至中江县境，有盐井 30248 眼。⑥ 蓬中场，场署设蓬溪县城内，产盐区域地跨蓬溪、南充两县，东至南充县三汇场，南至蓬溪县属大桥，西至蓬溪县长乐场，北至蓬溪县锣锅场，有盐井 11856 眼。⑦ 蓬遂场，场署设蓬溪县河边场，产盐区域原跨蓬溪、遂宁两县，东至遂宁白马场，南至遂宁县洛阳桥，西至蓬溪县地凤井，北至蓬溪县曾子坝，有盐井 11604 眼。⑧ 西盐场，场署在西充县城内，盐场区域东至碾垭与南阆场交界，南至南充县，西至文井与蓬中场交界，北至盐亭毛公、两河，地跨西充、盐亭两县，有盐井 2762 眼。⑨ 中江场，场署在中江县胖子店，盐场区域东至蓬溪县玉峰场，西至本县太安场，南至乐至县大佛场，北至三台县千子坟，有火井 270 眼，水井 2472 眼。⑩ 绵阳场，场署在绵阳丰谷井，产盐区域东至沉香铺，南至泡桐树，西至石人嘴，北至小枧沟，有盐井 1415 眼。⑪ 简阳场，场署在简阳县石桥镇，产盐区域东至射洪坝，南至麻柳林，西至杨柳店，西北至海井湾，西南至老君井，有盐井 260 眼。[③]

从上述可知，尽管在过去，四川由于复杂的地理条件，陆路不便，“蜀道难，难于上青天”是其形象描述。但四川境内水系丰富，水路较为发达，其境内共有大小河流

① 宁德、林振翰：《中国盐政纪要》下，1930 年，第 101-106 页。
② 白家驹：《第七次中国矿业纪要》，《地质专报》1945 年丙种。
③ 宁德、林振翰：《中国盐政纪要》下，1930 年，第 110-113 页。

540 条，总长 4.4 万公里，其中通航河流 90 余条。[①]由于这种特殊的地理条件，四川境内的重要盐场，一般也依附在河边附近。盐场的这种分布，既可以利用水运较为便捷地大规模向异地运销，又可以节省运输成本，并为制盐物资的供给也提供了便利。因而，在过去，川盐的运销多走水路，运输工具亦多为船只。

二、装运工具与各河段盐船形态

过去，川盐根据形态可分为花盐和巴盐，花盐是用方圆锅和平锅煮制而成，其质如雪花，取出置于竹篾中，粒匀而色白。巴盐是用原始的、古老的制盐工艺将卤水放入小锅内，锅下加火煎熬干，用铲将“巴盐”铲出。这种不同的盐状形态，使得它们的转运工具也有差异。

花盐在转运时装在篾包里，捆起，如图 2 第一图、第二图。每包净盐重 200 斤，皮重 8 斤。所谓皮者是指因篾包之轻重，殊不一致，每个约计四五斤。因花盐易化，所以在交易时，有个不成文的规定是，8 斤以上之包，由运商出资购备，然后交灶方装盛，或由灶方代购，于交盐后照价付还。巴盐呈大块，盐质甚坚，一般是装在透明的簕子内，亦不致脱出，且借簕子通风卤质易干，惟沿途搬运不免跌碎损耗，其形见图 2 第三图。每簕净盐重 160 斤，皮重 6 斤，系粗篾装就，重量与规定之数不差上下，仍由商自备，其办理方法与花盐相同[②]。

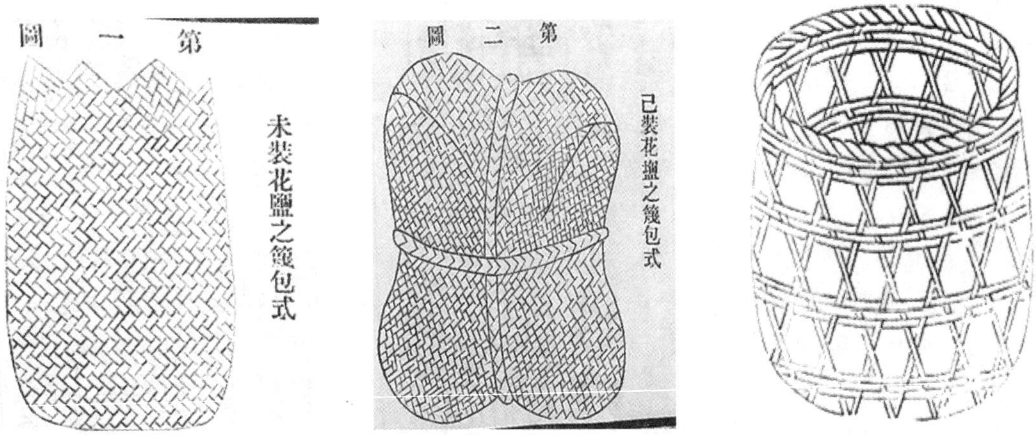

图 2　花盐、巴盐包装工具

左图为未装花盐之篾包图，中图为已装花盐之篾包图，右图为巴盐簕子图。[③]

食盐在生产出来后，花盐装包由人力抬，巴盐由骡马驮，运之码头，然后再用不

① 王笛：《跨出封闭的世界——长江上游区域社会研究（1644-1911）》，北京：中华书局，2006 年，第 33 页。

② 吴炜：《四川盐政史》卷五，四川盐运使署，1932 年，第 48 页。

③ 吴炜：《四川盐政史》卷五，四川盐运使署，1932 年，第 48 页。

同类型的船运销到各销区。清代是“凡花盐成包荷以人，巴盐入篰驮以羸马，运至码头，由官役验后，入船载运各岸。其船官商皆有，以行楚、滇、黔各岸”。在四川盐场中，“沿江各厂近以富顺为大，邓井关设有官运船行，由委员验船之坚朽，犍为、大河坝亦盛，云宁等场次之”[①]。

到了民国“在场区宽阔，难得适中之地，修建官仓，故就井灶团聚之处，设立公仓，灶户出资自办，稽花、巴，用自备篰子篾包将盐装封完固，称放之后，按其距河远近，大致最远者，二十余里，近者数里而已，或用是“人力抬，或用马驮运至河边”[②]。

随着四川近代化的发展和公路的修建，川盐的运输在1930年以后有时也借助汽车来运输，但汽车运输也只是一种补充性的运输工具，盐船运输仍是“主力”。“川盐运输历代十九均行水路，运具多为木船”[③]。

在富荣盐场，因釜溪河较浅，则用拨船（见图3左）装盐10~20包，运至距场2里的关外，经稽核处盘吊后，再交井河橹船（见图3中），可装盐100包上下。橹船结构只适合釜溪河运行，不能外运沱江，每5只为一单，每单共装盐一载，运行约67公里到邓关，洪水期约需二、三日到达，枯水期较慢，须半月才能到。盐船到邓关后，即入沱江改装大船（见图3右），有三板、五板之称，五板较三板稍大，但因江水浅、险滩多，不能装够船载量，五板船可装盐200余包，两船装一载，运行93公里，抵泸县与长江会合。长江水深，遂按船的载重能力添装盐包，谓之圆载。每船装一载或一载半。然后分运至各到岸地点卸载。[④]

图3　近代盐船图

左图为自流井拨盐船图，中图为井河橹船图，右图为运盐木船图。[⑤]

如边岸之盐在富荣者分仁、綦、涪三处。仁岸盐到合江县即为到岸，由川商将盐销售给黔商，改装小船，约装五六十包，由小河运至綦江始为到岸，再由黔商接买运行，亦有小河可通。松坎因为水险滩多，且系逆流，不能运得过重，每船装盐不过十包，并须节节盘滩，其虽殊甚，但船的形式与橹船相等，就是稍微小些而已。

---

①〔清〕丁宝桢：《四川盐法志》卷二，清光绪年间（1875—1908），第81页。

② 吴炜：《四川盐政史》卷五，四川盐运使署，1932年，第51页。

③ 四川交通厅航运局内河航运史志编辑室：《四川省内河航运史料汇集》（建国前的四川航运），1984年，第58页。

④ 参见四川交通厅航运局内河航运史志编辑室：《四川省内河航运史料汇集》（建国前的四川航运），1984年，第58页；四川省地方志编纂委员会：《四川省志·盐业志》，成都：四川科学技术出版社，1995年，第121页。

⑤ 吴炜：《四川盐政史》卷五，四川盐运使署，1932年，第51页、第52页、第52页。

涪岸盐到涪陵，改装小船，分为两种，大的叫作厚板木船，每船约载重六七十包，小的形状较长，叫作蛇船，约载四五十包，由小河逆流运至龚滩，然后销售给黔商。此河极为汹恶，洪水时，船户不敢行进；枯水时，又没法行驶，因此每年只有二、三、九、十月可以运盐。然而又滩形甚陡，船到滩时，须乘水势倾跌而下，惟运盐则系逆流而上，所以其船尾歪斜，俗名叫作歪屁股船（见图 4 左）。歪屁股船与富荣盐场井河的橹船相似。这种船在清代官运时及民国四年公司专运时，由商人自备，所以承运涪边之盐，需要资本多才能周转开来，因此一般盐商畏怕运销到此岸。而济楚之盐，在 1926 年未改轮船运盐之前，运到重庆后，则改装广船（见图 4 右）。广船可装盐二载之多。[①]

除了富荣盐场多用盐船运销外，四川其他重要的盐场亦主要靠盐船运输。犍为盐场濒岷江，由五通桥下河装船。船即三板或五板，又叫南货船，每只载巴盐 200~800 担，顺流至宜宾，计 360 里。行销湘楚的食盐在纳溪河换装长船，下放渝、万。行销滇岸者即换小船入云南小河。乐山盐场亦濒岷江，在牛华溪公仓抬至河下装船，船有半头船，可装盐 50 包，还有中板船，可转盐 100~150 担。云阳盐场距大江约 30 里，有小溪名为汤溪，可通至洞口，计程 15 里。运输云阳场盐的船有：篷船（每船约装盐 60 包）、东瓜小船（每船约装盐 40 包）等。大宁盐场到巫山才能接大江，其中有条小河可通，名叫大宁河。在大宁河行驶的小船叫辰驳船，每船可装 20 包，行 210 里，运抵巫山入大江，改装拐子船，可装 200 包。射洪盐场濒临涪江，其运输盐船分为三种：一为斗载船，约装盐 50 包；一为安岳船，约装盐 100 包；还有一种为老鸦船，约装盐 300 包。简阳场盐由沱江装方头船，可载盐四五十包，直接运到岸，中途并不转载。[②]

图 4　近代盐船图

左图为歪屁股船[③]，　左图为楚盐广船图[④]。

① 吴炜：《四川盐政史》卷五，四川盐运使署，1932 年，第 53 页。

② 吴炜：《四川盐政史》卷五，四川盐运使署，1932 年，第 54-55 页。

③ 转自张体珍：《乌江川盐入黔要道——沿河》，载自贡市盐业历史博物馆编《川盐文化卷研究——川盐古道与区域发展学术研讨会论文集》，北京：文物出版社，2016 年，第 314 页。

④ 吴炜：《四川盐政史》卷五，四川盐运使署，1932 年，第 53 页。

值得一提的是，20 世纪以来，随着川江轮运的日益增多，食盐运输现代化的问题逐步提到议事日程。1920 年，北洋政府盐务署，鉴于江船运输稽迟，缓不济急。经核定湘鄂西之岸每年共办轮运盐斤三百票，并得增加至五百票，以资兼顾。[①]四川盐务当局眼看“查楚川盐自前年（1921 年），军事发生，运道梗阻数月，无盐到岸”，而淮商“乘机崛起，借运芦盐倾销，楚岸利权丧失，无法制止”[②]，导致“川岸几于丧失”。因而对此十分忧虑，从而提出补充办法，决定“拟改办轮船运盐”。在四川盐务当局看来，“边楚岸为川盐命脉”，而“楚岸因木船运盐困难百倍”：一是不安全，“一遇匪警即不能行，且损失极大”，二是“运费较昂”[③]。

而官方意图改办轮运，却遭到了民船帮的激烈反对，甚至“曾演出捣毁轮船之举”。因为“济楚一岸为川盐销路之大宗，向由民船转运”，而改成轮运势必“妨碍其生计”。四川盐运使怕立即改办轮运操之过急，终非善策，而轮运政策又关系极大。于是提出折中办法，即：“以每年运济楚岸之盐，共计一千一百载，轮船与民船各运五百五十载，再于轮运盐斤中，每载提四十五元津贴”[④]。之后，四川盐运使鉴于木船运盐“每船装盐难及千担”，而且“渝宜往返一次，需时半年”。在这种情况下，还出现“现有木船既不敷运”。于是又于民船帮磋商，达成“于年销一百万担之内，提出六十五万担，仍归木船装运，并归于轮运之盐，每载提出洋四十五元俾资津贴，计轮运盐五百载（即四十五万担），共可提洋二万二千五百元，款由装轮盐商按载拨付，期其得沾实惠，是未装轮之盐，木船之旧业仍存，提装轮运之盐，木船亦得巨款资助”。在这规定出台之后，“木船此次对于轮运，并无丝毫反对之表示”[⑤]。

在改办轮运的时机较为成熟之后，1926 年，四川盐运使署规定济楚川盐全部改用轮运。这是因为：其一，轮运相比航行于渝宜段之间的木船，运量大，轮船载量最大的载重 1600 担，约合 95 吨，最小的轮运载重 200 担，比传统的木船运输运量一般大十倍以上；其二，轮运速度快，比木船运输更为安全；其三，随着川江轮船的日益增多，其运费也日益下跌，比木船运输在运盐成本上更为划算。[⑥]但轮船运输需要水量大，在川江上，木船盐运适宜于平水、枯水季节，洪水期适宜于较大的轮船，枯水季节须换小轮船航行。全面抗战时期，济楚盐量大增，轮运不足。因此，又去邓关抽调长船 100 只，参加渝宜段航运。抗战结束后，航运更紧，又安排长船到泸县接载，直达宜昌。据统计 1947 年全年共运 2142 载，其中木船运输约占三分之二。[⑦]

---

① 丁长清：《民国盐务史稿》，北京：人民出版社，1990 年，第 207 页。
② 邓锡侯：《四川省长行署训令总字第二七八号》（1924 年 9 月），《四川政报》1924 年第 1 期。
③ 吴炜：《四川盐政史》卷一，四川盐运使署，1932 年，第 22 页。
④《记事：川盐近状汇闻》，《盐政杂志》1924 年第 41 期。
⑤《专件：四川盐运使署川盐济楚轮运筹备处对于川盐楚岸存失之关系及筹办轮运之必要说明书》，《四川政报》1924 年第 1 期。
⑥ 谭刚：《清末民初川江轮船运输的兴起于济楚川盐运输近代化》，《盐业史研究》2006 年第 2 期。
⑦ 四川省地方志编纂委员会：《四川省志 · 盐业志》，成都：四川科学技术出版社，1995 年，第 123 页。

三、近代川盐的陆运方式

在过去，川盐利用水运运输虽然较为便捷，但在无法用水运时，只好通过陆运运销。陆运运盐方式，传统上主要依靠人力肩挑、背负或畜力驮运。后随着四川近代化的发展，一些地方开始修建铁路、公路，意图依靠火车、汽车运输。

在未修建铁路、公路的道路上，条件允许的时候川盐可用骡马驮运，每一匹每次可驮盐约100~150斤。人力运输用篾箩、板凳儿和背篼。人力负盐每人负约80~100斤，特别强健者可负100斤以上。篾箩一人挑两个，有底有盖，制作坚固，可盛多次，且有以麻布口袋装者，然以篾箩为多也。其形见图5左，篾箩肩挑，通常适用于短途。板凳儿，上边两根主木弯曲成弧形支撑成架，上端四根木柱装于一块木板上，底端四周嵌上小木板，成一小木盒，盒内可放置碎块盐自食，或置其他食物、物件于内。底端木板，用以歇息时放背子。板凳儿四根木柱，前两根长，为贴背面，后两根短，上置一横木板，作为放置盐巴的地方①。

背篼又称背篓，竹制工具，上大下小，背篓口和背篓底端用两根竹篾辫子相连，用来挎在两个肩膀上。由于背远不如挑来得省力，因此，背夫需要准备一弯杵（又称拐把子）。拐把是用硬木制作而成，呈"T"形，上端横木成弯弧形，中间厚而宽，到两头逐渐薄而窄，上表面是平的，便于搁稳盐背篼。之所以准备拐把子，是由于背夫（或力夫）负盐较重，一路上需要不停地休息，再加背盐路上路况复杂，不可能路边时时都有合适的歇台，从而自备拐把子用来休息，同时又作拄路棍。拐把子下端用跌箍箍紧，在下端中央顺着柱杆钉入一个倒四菱锥形的小铁锥。这些小铁锥接触面积小，压强大，钉在石板上起到防止打滑的作用。②背夫在崎岖的路上行走，走几步就需歇气，一般是上七下八平九，然后继续前行。背夫一般三五成一伙，结伴而行，以路上相互照应，见图5右。

需说明的是，人力运输或畜力驮运，各盐场陆运至附近县份的票盐，其运赴各乡镇农村的路线，并无定规。运输工具，视具体的交通条件而定。有的地方即使路途遥远，在水运无法运输时，只能依靠人力或畜力，或者人力、畜力混用运输，以表2为例。

从表2可知，乐山场至永川，中间经过丹山镇，小路有225公里，因水运不便，只有通过马驮。而射蓬场到潼南，中间经过遂宁，两地相距105公里，虽然其距离不到乐山场至永川距离的一半，但因这两地有较为便利的涪江，因而其运输主要依靠船运。大足场至大足，以及大足本县境内，在水运不便的地方，人挑、人背便是主要的运盐方式。

① 赵斌、田永国：《贵州明清盐运史考》，成都：西南财经大学出版社，2014年，第248页。

② 陈石、文梓光：《盐帮往事：消失在历史里的"背老二"》，《环球人文地理》2013年第12期。

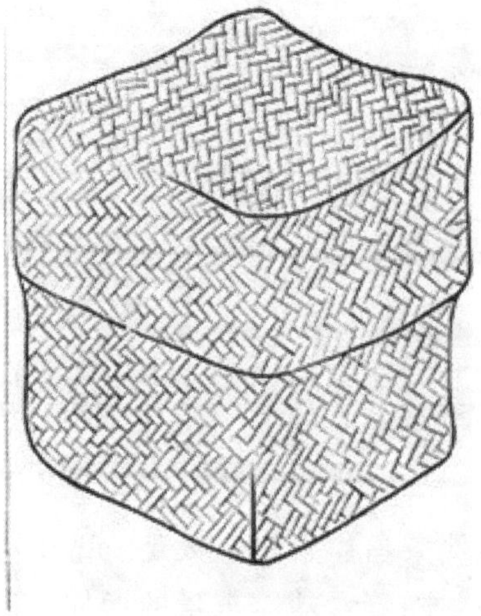

图 5　左图为挑贩装运盐的篼篓①，右图为背夫运盐图②。

表 2　大足、乐至、蓬遂、射蓬场票盐票盐陆运路线及运具③

起点	到达地	由场至岸经过地点	运具
大足场	大足	本县境内销售	人挑、人背
乐至场	永川	小路 225 公里　丹山镇	马驮
乐至场	铜梁	小路 170 公里　丹山镇	
乐至场	大足	小路 112.5 公里　安岳	
蓬遂场	潼南	小路 100 公里　石洞寺	
蓬遂场	合川	小路 210 公里　东禅寺	
蓬遂场	大足	小路 165 公里　国庆寺	
射蓬场	合川	距 330 公里　康家渡	涪江船运
射蓬场	潼南	距 105 公里　遂宁	涪江船运
射蓬场	铜梁（安居）	距 230 公里　潼南	涪江船运
射蓬场	璧山（澄江口）		

需指出的是，即使盐场附近有较为便利的水运条件，因运销地点，不在水运的辐射范围之内，因此，只能依靠人力运输或畜力运输。以富荣盐场为例，富荣盐场附近虽然有滏溪河，水运较为便利，但富荣盐场运往各地的食盐并不是都通过水运运输。

① 吴炜：《四川盐政史》卷五，四川盐运使署，1932 年，第 49 页。
②〔清〕丁宝桢：《四川盐法志》卷六，清光绪年间（1875-1908），第 148 页。
③ 重庆市盐务管理局编纂：《重庆市志·盐业志》（上卷），重庆：西南师范大学出版社，2009 年，第 89 页。

对此，可以通过表3一窥大概。

表3　富荣场票盐陆运路线及运具[①]

起点	到达地	由场至岸经过地点	运具
自流井	荣昌	柑子坳、仙滩、新店铺、牛佛镇、王家场、龙市镇、隆昌、李市镇、烧酒坊（安富镇）、广顺场	人挑、人背、马驮
自流井	永川	荣昌、峰高铺、石盘铺、邮亭铺、双石铺	同上
自流井	大足	荣昌、漏孔河、由溪镇	人挑、人背
自流井	璧山	永川、茶店场、大安场、马坊桥、丁家坳、来凤驿	马驮

上述通过人挑、人背、马驮等方式运盐，虽然使荣昌、永川、大足、璧山等地也可供给到食盐，但毕竟人力或畜力的运盐能力有限。随着食盐需求量的增加，以及四川近代化的发展，盐商及政府当局亦筹划和推动火车和汽车运盐。

清末时期，光绪三十二年（1906年），富顺人孙树南在泸州为官时，曾与缉私部队安定营军官樵甫商议修筑井（自流井）邓（邓井关）铁路，并著说明书呈四川总督锡良，未得结果。[②]

其后，鉴于"自流井每年输出水运引盐约三千载"，自流井至邓井关之井河，是其必经之路，河道延长，虽只有一百八十余里，然而，"滩多水浅"，并且"每年春冬枯水时期，须经数日，水量稍深，始行开放"。由此导致"盐船由井运行，多则月余，少亦十余日，始能到邓井关"。这种运输方式不仅耗时费力，而且"不肖船夫，偷盗盐井，又属事所恒有"。为了避免这方面的弊端，节省运盐成本，便利民众的交通往来。1919年，四川盐运使张英华（即张月笙）便极力提倡集款修筑井邓铁路[③]。后因经费、勘测等原因，"即行停办"，井邓铁路因此也未建成[④]。

全面抗战爆发之后，沿海产盐区相继沦陷，为了接济民食，充裕税源，国民政府下令川盐增产赶运。自贡盐产由战前的200余万担，猛增到40年代初的500余万担[⑤]。盐井河与井邓公路也已不能满足运盐需要。因而，四川盐务当局再次启动投资修筑井邓轻便铁路。该铁路从1939年11月开始铺轨，同年12月竣工，因钢材供应困难，仅铺至沿滩。这段铁路从1940年1月起营业，日开车50~80辆，从东兴寺运盐约1200担到黄天坝官仓，再返回运煤145包（每包250公斤）。到1942年因签溪河船闸陆续建成，航运能力加大，井沿铁路便被拆除了[⑥]。

井邓铁路可谓命运多舛，一些运盐铁路在未修建便被扼杀，井泸铁路就是一例。

① 重庆市盐务管理局编纂：《重庆市志·盐业志》（上卷），重庆：西南师范大学出版社，2009年，第88页。
② 自贡市盐务管理局编：《自贡市盐业志》，成都：四川人民出版社，1995年，第209页。
③ 林振翰编：《川盐纪要》，商务印书馆，1916年，第274页。
④ 自贡市盐务管理局编：《自贡市盐业志》，成都：四川人民出版社，1995年，第210页。
⑤ 张作儒：《抗日时期自贡地区公路船闸的兴建》，《自贡文史资料选辑第14辑》，1984年，第158页。
⑥ 四川省地方志编纂委员会编纂：《四川省志·盐业志》，成都：四川科学技术出版社，1995年，第186页。

1922 年杨森在四川省盐运使张英华的建议下，决定修建自贡到泸州的铁路。准备向洋商借款，依照京津路的办法，规定期间，本利还清。为了尽快借到外款，准备先修自贡到富顺一段铁路，还成立了“井富民业轻便铁路公司”，得到了北洋政府的支持，北洋政府交通部为公司颁发了执照。这个消息一传出，便引起了相关人士的异议和反对。因社会舆论纷纷，加之当年杨森联合刘湘，向熊克武开战，战败后逃到宜昌，由此导致杨森准备修建井泸铁路之事不了了之[①]。

从上述可看到，在近代，川盐依靠铁路运盐，不论在时间上还是地域上都是极为有限的。

在公路方面，从 1926 年开始修筑的从贡井，经自流井、邓关至富顺的马路，即井邓公路（又称井富民业马路），是近代四川修的较早的运盐公路。之后，在川南盐区、川北盐区陆续有公路修建。

1936 年，由四川盐运使署、四川省建设厅、公路局会商盐区公路建设提出以川南盐区公路以自流井为中心，修筑井内（自流井至内江）、井邓（自流井至邓关）、井贡（自流井至贡井）、井桥（自流井至五通桥）、井威（自流井至威远）、荣桥（荣县至五通桥）和川北盐区以三台为中心，修筑三射（三台至射洪）、射太（射洪金华至太和镇）、太遂（太和镇至遂宁）、三阆（三台至阆中）、西（西充）、南（南部）、简西（简阳至西充）、绵三（绵阳至三台）等 14 条公路线的设想，并相继开工。

上述公路的修建完工，改善了交通条件，方便了食盐的运输，但由于汽车的昂贵，购置困难，大量的盐运不得不依赖人力、畜力[②]。在运盐上，有公路的地方，基本上能用上胶轮马车、板车、黄包车等当时认为是先进的交通工具。但是，没有公路的地方，物资器材包括食盐的短途运输，还是靠人力挑抬和畜力驮运，汽车很少，用来载货的更少[③]。这就表明，在民国时期，尽管当局，修建了一些公路，但真正用汽车运盐的情况还是不多，在陆路上大都还是依靠传统的方式运盐。

四、结　语

近代，川盐的运输工具之所以以盐船为“主力”，尤其木船运输在很长时间占据着重要地位。首先，这与四川较为便捷的水运条件密切相关，因水运相比陆运的人负、畜驮，运量大、速度快、节约运输成本。其次，因政治影响、经济条件所限，四川在铁路、公路建设方面较为落后，虽然做了一定的努力，但总体而言，成效不大。一是铁路修建路段太少，且使用时间短。二是经费所限，汽车很少。三是由于官民利益纠葛，无论是杨森决定修建井泸铁路，还是在川江流域使用轮运方面，在官民利益无法

① 冯金声：《中国西南铁路纪事》，成都：西南交通大学出版社，2017 年，第 87 页。
② 四川省地方志编纂委员会编纂：《四川省志・盐业志》，成都：四川科学技术出版社，1995 年，第 185 页。
③ 张作儒：《抗日时期自贡地区公路船闸的兴建》，《自贡文史资料选辑第 14 辑》，1984 年，第 159 页。

达成平衡的情况下，受到阻力就在所难免。综上，从侧面反映了四川近代化进程较为缓慢，在新中国未成立之前，其运盐条件并未有大的改观。

实际上，运输工具的先进与否，制约着运输成本，从而一定程度上影响着商品在市场上的竞争力。在近代，尽管食盐的买卖受制于国家的严格管控，但商品的价值规律在盐业市场上也有体现。以川盐为例：过去，尽管川盐的成本高，但在楚岸它之所以具有竞争力，除了靠它的优质之外，还因为有运输上的优越条件，即顺长江而下比逆流而上，其运输成本低，所需时间亦短。然而，有轮船之后，上水下水已不复为重要问题，川盐却仍无变化，仍用木船运输，这样一来，其运输成本与生产成本均无法与淮盐竞争[①]。同样，川盐在清末民初“楚岸缩小”，与依靠火车运输的芦盐也难以竞争，导致芦盐在楚岸混销，楚岸川盐，销路大减。针对此情况，四川盐务当局除在20世纪20年代初，提出川盐改办轮运外，一度还引发川军为全军饷源命脉计（川军大宗军饷全恃盐款），1921年发动攻鄂之战争[②]。又如，有学者研究指出，芦盐自1906年改用铁路运输之后，便不断倾销潞盐和淮盐的引地，这是由于芦盐凭借火车运量大、速度快、受自然条件影响小等优势，大大提高了运输效率，降低了运盐成本，芦盐价格随之下降。而此时的淮盐和潞盐依然采取传统的运输方式，因此芦盐相较淮盐和潞盐而言具有极大的竞争优势，从而芦盐不断地侵占潞盐和淮盐的市场[③]。这表明了，近代中国盐市格局的变迁，除了受引地等政治性因素、盐质优劣影响外，很大程度上还受制于运盐工具的先进与否。这也表明了，近代中国社会从传统向近代的转型，一定程度上也是技术革新的转型。

① [日]森纪子：《川盐楚岸流通问题》，载彭泽益、王仁远主编《中国盐业史国际学术讨论会论文集》，成都：四川人民出版社，1991年，第223-224页。

② 彭洪铸：《川鄂战争纪略》，《时事月镌》1921年第10期。

③ 郑伟斌：《铁路与近代河南盐业市场的的嬗变》，河南大学2013年硕士学位论文。

盐政·盐务·盐法

试论中国历代盐税的征榷与管理

邹迎曦[①]

摘　要： 盐税作为历代封建王朝财政收入的重要支柱，关乎国计民生，是影响社会稳定极其重要的因素。因此，中国古代产盐之利归于官府擅有以来，历代统治者无不以专卖、重税的理财手段，对食盐生产、贩运、销售等环节加以严格控制。春秋战国时期管仲提出的“官山海”可谓中国盐政之祖。此后，历代封建王朝都在此基础上演变与发展：如两汉的盐铁专卖、唐代的榷盐法、宋代的钞盐法、元朝的折中法、明代的开中法和纲盐法、清代的纲盐法、票盐法、循环转运，等等。可见，历代统治者为制定治盐政策、控制盐利和盐税，可谓煞费苦心。

本文以史实为依据，对历代封建王朝的治税方略、税制演变、征税机构、盐税征榷、征税定额等，进行梳理、整合、研究、分析。

关键词： 盐文化；盐税；征榷；管理

盐是维系人体机能运作的重要元素，是人类生活的必需品，具有不可替代性。而盐税作为古代中国财政收入的半壁江山，更是关乎国计民生，是影响社会稳定极其重要的因素，与国家的政治、经济、社会、文化有着密切的关系。

从夙沙氏煮海成盐开辟盐文化的先举后，盐便成了人类不可缺失的依附，光泽辉映过唐宋，税赋支撑起元明清，坎坎坷坷，风云跌宕，演绎着千古传奇，咸涩的墨迹书写着虞衡盐事的不绝史诗。在璀璨的华夏文明史上，盐文化是这条悠久历史长河中的闪光的一脉分支，盐税文化更是盐文化中一枝独秀，从四千年前的夙沙煮海为盐开始，盐就划时代地开始了它对中华民族的巨大贡献。

一、盐税制度的沿革与演变

二三千年以来，随着历史的演变和朝代的更迭，中国盐政变化繁多，但归纳起来

① 作者简介：邹迎曦（1937—），男，江苏大丰人，中国盐文化研究中心客座研究员，中国海盐博物馆专家顾问，海盐“非遗”传承人，研究方向盐文化、盐垦文化。

可分为五个时代：

（1）贡税时代。据史料记载，食盐在黄帝、虞舜之间，既不征税，亦无法治，盐民自产自卖，任其自然，甚为自由。至夏禹王时，贡盐兴。盐民、盐商均需以盐向国王进贡，称为贡税，此为盐税之始。盐税率轻微，贸易自由，仍无法治。

（2）征税时代。周代开始改贡为课，即按产量征税。征税于盐民、盐商。东汉、东晋、宋、齐、梁、陈、南北朝、隋、唐等朝代，均取征税制；明、清至民国均采行引岸、引票制，其实为重征税制。盐税比率逐年增加。

（3）专产专卖时代。始于春秋战国。齐桓公用管仲兴渔盐之利，将全国盐产变为官产，此为盐政之始。所谓“禁北海之民，无得聚众煮盐，募民给费，用官器作煮盐”，即为此法。该法沿用至秦，汉又复用此法，后因人民不满而废除。

（4）专卖时代。汉朝中叶“废私煮之禁”，但初时仍保持专卖制，以后听任自由贩卖。主要办法是在产盐区设官征税，此为就场征税之始。东汉末年至三国时期，因战事连年，军饷开支均依赖盐利，于是恢复专卖。

（5）特许专卖时代。宋代修改唐代刘晏盐法，变就场官卖为民制官收商运，就场征税，自由贸易。结果盐商互相争利，大商吞小商，运权逐渐为豪门巨富所把持。故索性改为特许专卖制。

数千年来，中国盐税制度代有变更，或因时而异法，或因地而殊制，复杂纷纭。大要言之，可分为无税、征税、专卖三种形式。

尧、舜、禹三代以来，时而由无税而征税而专卖，自汉迄隋，又时而由专卖而征税而无税。

北周大定元年（581）二月，北周王室外戚杨坚（541—604）夺取宇文氏政权，登上皇位，建立隋朝，定都长安。开国之初的隋王朝，尚依北周之制，禁止百姓私制食盐，盐业完全由官府垄断。但从开皇三年（583）起，隋文帝下诏令官府放开盐禁，任由百姓取卤煮盐，朝廷不征收盐税。“通盐池盐井，与百姓共之，远近大悦”（《隋书·食货志》）。隋朝初期，将国家利益与百姓共享，自然赢得了人民的拥戴，因此也稳固了政权。从表面上看，隋代实行无税的盐业状况，与远古时期的夏、商、周三代之前的无税时期非常相似。但细究下去，却可发现事实上两者之间的区别很大。远古的三代以前时期，地广人稀，官府与百姓共享山泽之利，属于一种纯粹的自然状态。而隋代开皇三年（583）开始的无税状态，则是因为统治阶级实施轻徭薄赋、与民休息的政策时才可能会出现的情况。隋文帝自从开国之后，尤其是在开皇九年（589）南下灭陈，实现了全国统一之后，开放盐禁，免除了相关赋税，与民休息，实际上起到了赢得百姓支持拥戴、巩固新建政权的作用。使得隋朝成为“我国盐政史上值得纪念之一大时期”（见曾仰丰《中国盐政史》第一章“盐制”第一节“无税制”）。

唐以后，复由无税而变为征税。起初唐朝沿隋旧制，盐不实行专卖，也不收盐税。然而到了唐肃宗初，第五琦“请于江淮置租庸使，吴盐、蜀麻、铜冶皆有税”（《新唐书·食货志》）。唐代中、后期，任命盐铁使主管盐、铁、茶专卖及征税之职，并成为固定职官。唐肃宗乾元元年（758），第五琦以度支郎中兼御史中丞为诸道盐铁使，其为设盐铁置使之始。第五琦立盐铁法。从此，征税变为专卖，政府收入大增。第五琦推行的是“榷盐法”，全国所产之盐，都由朝廷统销。天宝、至德年间，盐价每斗十钱。第五琦任盐铁使之后，“尽鬻天下盐，斗加时价百钱而出之，为钱一百一十”。榷盐法自琦创行，其效果明显。盐价陡涨十一倍，榷盐之利每年收入金额在60万缗（缗，穿铜钱的绳子，每缗1000文）左右，对当时国家财政极度紧张的状况有了很大的缓解，而以扬州为中心的江淮盐利就达到40万缗，占全国的60%。唐代宗期间（763—779），刘晏任吏部尚书、同中书门下平章事，不久罢相，但仍领度支、盐铁、转运租庸使等职。在刘晏任职期间，唐代的食盐专卖在他手中得到整顿。并创造出一种新的形式，由民制、官收、官运、官销的直接专卖改为民制、官收、商运、商销的间接专卖制（就场专卖制）。刘晏开始管理盐铁时，每年政府的盐利收入才40万缗，到大历末年已增至600余万缗。“天下之赋，盐利居半，宫闱服御军饷，百官禄奉皆仰给焉”（引自《新唐书·食货志》）。刘晏改革的榷盐法，获得了巨大的成功。刘晏不仅是中国历史上一位杰出的理财家、经济改革的实践者，同时也是一位出色的经济思想家。

北宋中叶，范祥取法于前朝刘晏，创造了钞盐法。范祥审时度势，对解盐进行妥善措置，因切中时弊，合乎当时的迫切需要，所以钞盐改革终于取得了成功。解决了过去官卖与入中时所存在的两大问题（运輂之劳、虚估之损），筹划细致，做法巧妙。经他之手处理后，“榷货务缗钱不复出”。“其后岁入虽盈缩不常”，“量入计出，可助边费十分之八”。改革以前的庆历六年（1046），全国卖盐岁入仅147万贯，是年榷贸务所出的缗钱却达480万贯，从数字的对比可以看出范祥钞盐制的成效了。蔡京（1047—1126）当权后，行邀宠固恩之法，抓住盐利，大变盐法，政令屡更，花样常翻，务求入纳之广，不顾商民之困。崇宁二年（1103），蔡京实行“换钞法”，以“贴纳”“对带”和“循环”等方式，不断扩大新旧盐钞兑换比值的差额，以此增加国家的财政收入。政和三年（1113），蔡京又创行“引法”，其法为用官袋盐包来装盐，一袋为一引，每引四百斤或七百斤不等。编立运引目号簿，商人缴纳盐款和税金之后，可领引到盐场支盐运销。商人如买“短引”，只能在本路内销盐，期限为一个季度；若买“长引”，则可运往他地行销，期限为一年。到期后如盐未销完，即行废引，盐没收归官。蔡京运用各种聚敛手段，获取十倍于北宋前期的东南盐利，造成的后果非常恶劣，商人破产，人民负担由此大大加重，官逼民反，“民力因以扰匮，而盗贼滋焉”（《宋史·食货志·盐法》）。可见，蔡京执政权要为行邀宠固恩之法，名为政权推行改革变法，实行捞钱满足私欲之实。

明初，整顿了元末紊乱不堪的盐政。为巩固边防，解决九边供需问题，于洪武三年（1370），实行盐政与边政相结合，创行召商纳粮边地偿以食盐的“开中”制度。明朝中后期，随着明王朝统治阶级的日益腐败，权宦势要见持有盐引有利可图，纷纷奏讨盐引，转卖于盐商，从中牟利，史称“占窝”。且愈演愈烈，破坏了开中制度，也严重影响了明王朝的财政收入，盐引壅积，商人困守支，私盐盛行。弘治五年（1492），叶淇为户部尚书，改开中法为折色纳银法。召商纳银，以卖盐引。叶淇的变法，既利官又便商。开中纳银是封建王朝政府针对盐商报中不前、盐货堆积不售所采取的补救措施，适应了明中后期社会商品经济的发展，为明后期盐业中资本主义萌芽提供了条件，为清代的官督商收商销即商转卖制的盐业制度奠定了基础。万历四十五年（1617），为疏销积引，明王朝采纳户郎中盐法道袁世振建议，废开中法，立“纲法”。以纲法行盐，疏通积引，凡纲册有名者，始准运盐，政府向盐商课税，是为专商之始。政府把收盐运销之权都交给盐商，为民制、商收、商运、商销，史称“商专卖制”。从此，专商垄断了盐引和引岸的一切权力。袁世振实施的纲盐法，不仅使国家增加收入，国力增强，而且给扬州盐商带来了极大的利益，“有功德于淮扬”。因此，“盐策起家”的徽商对袁世振尊重有加、感恩不已。

清代循明旧制，各地基本推行晚明的专商世袭卖引法——“纲法”。盐业之利，专擅于商，税率漫无标准，不惟省与省之间，畸轻畸重，即或一省之内或邻省之县，亦复参差不齐，课税名目竟有 700 余种之多。顺治元年（1644），两淮盐税收入占全国盐税总数的 62%，顺治十年（1653）占 56.3%。到了康熙十八年（1679），两淮盐税征收额比顺治十年（1653）增加了 100 万两，比顺治十四年（1657）增加 88.9 万两，比顺治十五年（1658）增加 89.3 万两。康熙中叶开始，国家统一，社会稳定，经济发展，人口增长。食盐市场容量扩大。各地加斤加课所征之银有先后几次的减免。在恤商恤灶的政策下，商人们“生意年年俱好，获利甚多”。清代盐政至道光时期，已积弊丛生，面临不改则亡的境地。道光十一年（1831），两江总督陶澍兼管两淮盐政后，立即着手“废除纲法，改行票法”。道光十二年先在淮北改行“票法”。实践证明，纲改票后，不仅繁荣了经济，又保障了盐课。自道光十二年至道光二十五年（1832—1845）的十三年间，按原来纲盐制规定，淮北盐区例行纲盐 310 余万引，应征盐课 300 余万两。然而，陶澍废纲改票的改革后，共行销票盐 610 余万引，征税款达 1112 万余两，比规定年征税额多 2.6 倍。道光三十年（1850），复将淮南亦改“票法”。从此，两淮盐场由“商疲、丁困、引积、课悬”的危困局面，转变为“盐销、课裕、商利、民便”的兴盛形势。“国朝久治安，两淮足财赋”。陶澍的盐务改革成效显著，赢得了全国上下的一片赞许。此后，曾国藩的纲参于票中，名曰“票法新章”；李鸿章的“循环给运”美其名曰“参纲法于票法之中”，等等，似乎是走回头路，盐制虽仍称票法，与纲法已无实质区别。

二、征税机构的设置与嬗变

汉武帝元狩四年（前 119），于广陵（扬州）设置盐官，征收盐税。郡有盐官者，随事广狭，置令长及丞。《后汉书·百官志》曰：“凡郡县出盐多者，置盐官主盐税。”

泰州税碑亭

汉武帝元鼎二年（前 115），桑弘羊试办均输，在广陵（扬州）等地设置均输官、监卖盐官、司盐校尉、盐监都尉、总监等官员，隶属国家大农令、司盐都尉管理，主要职责是管理盐业生产和运销。

东汉时，光武帝废盐专卖之法，解私煮之禁，自由贩运，则在淮南设监卖盐官，就场征税。在建安元年（196）后的一百多年间，对盐业由专卖制改征税制，并于广陵（扬州）设监卖机构，负责监治盐务及销盐事宜。

唐开元年间（713—741），盐税征收由州、县官兼理，不另设盐官。唐玄宗开元二十二年（734），江淮转运使裴耀卿“置输场、盐仓，以收淮盐”。在扬州设转运院，专门运销淮南道扬州、楚州等盐场生产的食盐。乾元、宝应年间（758—763），第五琦、刘晏先后于淮南地区设置海陵监与扬州巡院，收榷亭户盐货。

宋初，于淮南通、泰地区设置海陵监、丰利监，各监都设买纳官，掌出纳诸场盐课。雍熙年间（984—987）以后，于京师设榷货务，边塞置折博务，受理商人纳粟帛（或银钱）折换盐货。南宋时，于建康（南京）等地设务场，受理商人输钱买淮南盐钞。赵开改变盐法，置合同场收引税钱，引课之法盖始于此。

南宋朝廷的第一个中央专卖机构设在真州（今扬州仪征）。其名称，先为“提领措置真州茶盐司”，后改称“真州榷货务”。

元代，于扬州设两淮都转运盐司，受理盐商纳钱买引。于各盐场设场司，主管灶户缴纳盐课。至元十四年（1277），两淮都转运盐使司衙门由海陵（泰州）迁至扬州。大德四年（1300），设批验所于真州（仪征），辖盐场29个。

明洪武二十五年（1392），分别在两淮30个盐场设立盐课司署，负责盐的生产、运销、征税、缉私，以及户籍、草荡等的管理。万历四十五年（1617）九月，户部郎中以按察使署理两淮盐政，任盐法道的袁世振到扬州，提出了"纲运法"（盐政纲法）。同时在扬州古街东关街西，设立查验场盐的稽合机构批验所。盐商凭引从盐场提盐，运扬入仓，等候稽合，然后始可转运各岸销售。

清顺治二年（1645）起，于扬州设两淮巡盐御史（或称盐课监察御史、盐政御史）巡视两淮盐课，统辖江南、江西、湖广、河南各省、州、府、县额定引盐的销售，监督户部所属运司、分司、盐课司及场灶生产运输管理，查缉私盐等。道光十五年（1835），林则徐出任江苏巡抚（次年两次升任两江总督），巡查泰州，在泰州滕坝树起《扬关奉永禁滕包各坝越漏南北货税告示牌》，以震慑不法盐商，警示后世之人，保证盐税等课税准时、足额上缴。同治八年（1869），淮盐总栈搬迁至仪征十二圩，更名为"两淮盐务扬子总栈"。两淮盐务扬子总栈下设浦委厅、淮盐掣放局、淮盐批验所、查舱局、毛盐局、盐务警察总局等，机构十分庞大。

三、课税征收的对象与方法

历代盐税的征榷以灶户和盐商为对象。以灶户为纳税人的称灶课，其中一部分为官拨卤地草荡的地租，一部分为盐丁承担的徭役；以盐商为纳税人的称商课或引课，实即政府的专卖利益。灶课多纳实物（盐货），商课多纳粮钱。

东汉，一度废除专卖制，改征盐税。"盐税"名称自此始。章帝时（76—88），民家出盐一斛以为赋，郡有盐官者，随事广狭，置令长及丞。曰："凡郡县出盐多者，置盐官主盐税。"就场征税之法，盖始于此。

唐开元元年（713），榷收盐令州县依式收纳，如有落账欺没，由按察使纠察奏闻。宝应年间，官府征收亭户之盐，加入榷税（专卖利益）后转卖给商人，寓盐税于场价（仓价）之中，商人缴价之后，方得领盐运销。

宋代，商人向官府纳粮（或银）买取盐钞（或钞引），然后支盐运销，钞价（或引价）即为国家盐课收入。在产区，于催煎官之下设总辖、灶头催征盐课。

元代，商人买引于运司，运司所得引价即为国家盐课收入。

明代各场额设总催，负责催征盐课。其时，大丰境各盐场总催情况是：丁溪场50人，小海场10人，草堰场40人，白驹场30人，刘庄场50人。商人行盐，按户部开中则例，至边寨纳粟，或至运司纳银，换取盐引，然后凭引支盐运销。于时粟银即为国课。一年终了，由运司将当年办课结果如目奏报户部。为防亏欠国课，对总催、商人及各级盐务官吏订有处罚办法。《盐法条例》规定：“各运盐司总催名下该管盐课纳完者，方许照名填给通关，若总催买嘱官吏并覆盘委官，指仓指囤，扶同作弊者，俱问发边卫充军。”《盐法律条》规定：“凡民间周岁，额办盐税诸色课程年终不纳齐足者，计不足之数以十分为率，按分杖笞，追课纳官；若运司、盐场及税务等官不用心办课，年终比附上年课额亏兑者，亦以十分论，按分杖笞，所亏课程著落追补还官；若有隐瞒侵欺借用者，并计赃以监守自盗论。”成化四年（1468）定例，两淮各场每至年终选差有同官查盘盐课，每三年由巡盐御史亲诣各场盘查盐课。

2001年在江苏泰州发现的宋庆历七年铸造的税务铜印。

税务铜印

由唐末至明万历年间，淮南灶户纳课皆缴盐货，谓之“本色”。万历四十五年（1617）以后，改征银两，谓之“仓盐折价”。

清康熙年间（1662—1722），实行“摊丁入亩”，将灶户应缴代役丁银（人头税——编者注）并入地租征收，固定税额，以荡地面积为征收对象。荡地例分数类，承袭明代旧额者称原额荡地，所征灶课称“折价银”；清代堪升者称沙荡，所征灶课称“沙荡银”；各场明代遗留废置盐仓基地，亦清丈征银，名曰“仓基银”；又有灶户居属场境而离荡窎远，或外来人户流寓盐场，二者不谙煎盐，均依灶户派盐例而征其折价，名曰“水乡银”。此外尚有“续升”“续拨”“续复”“新升”荡地种种名色，一概按亩派盐，按盐起科征银。定例每年由场司刊刻《灶课由单》，申送分司、运司核明后印发每灶户一份。由单上载明某场原额草荡、沙荡及仓基等地若干亩，额办本色盐若干引，应纳折价银若干两，并载明某灶户草荡亩数及应办盐数、折征盐数，以凭征纳。灶户售盐于垣商，即以所获之桶价银钱向场司缴纳完课，由场汇解运司。各场新淤荡地，凡能长草者，例由运司委员随时勘明报部，匀派现煎亭撇领煎，增添灶课原额；其查出灶地升科各官，比照“查出地丁银粮”例议叙奖励。运商行盐，照例先赴运司纳课买引，引课有正项、杂项、外支、带款等名目。如有军国大事，或战争需饷，或工程需费，户部于盐课正额之外另有加引加课，则由运司随时摊入通纲带征。由清初至嘉庆年间（1644—1820），盐课缴纳程序渐趋烦琐。道光三十年（1850），改引票法，各商所有正杂钱粮同时并纳，由运司遴派总办委员设局核收。

咸丰年间（1851—1861），通、泰各场商课改行就场征税。继改设卡抽税，继改设局投税。同治以后，于泰州设招商局（后移扬州），商人赴局纳课领引，然后到栈买盐运销。于时商人缴纳引课之外，尚需纳厘金，而厘金重于课；惟课纳于扬（扬州），在办运之先，厘纳于岸（在销岸）。在售盐之后，历年淮南盐课立有奏报核销制度，无论灶课商课，例须年完年额，年清年款。一纲终了，由运司综计一年实征课银分项报部奏销。盐课例无豁免，如场产实欠灶课缺额，或销区壅滞商课缺额，例由巡盐御史奏准缓征，摊入下纲带征；非奉皇帝“恩诏”，不得蠲免丝毫。为确保国家盐课收入，对灶户、盐商、盐官订有亏课处罚办法。《盐法事例》规定：灶户抗税不完，欠四分以下者板责，五分以上者板责枷号。商人亏欠盐课，欠五分以下者，板责枷号，扣限完课；限尽未完者，将该商革退，所欠课项俱以引窝变抵。欠六至十分者，由官锁禁，严查家产，扣限全完。逾期不完，即将该商杖责发配，所欠课项著落引窝，家产变抵。分司、大使等官催征盐课不力，欠五分以下者停其升转，罚俸降职，责令戴罪督催，完日开复，欠六分以上者革职。盐官被参后，扣限全完亏欠，否则比照县官按“地丁银钱”例处分。分司运判、盐场大使新旧交替，定例比照州县官限两个月交代清楚，由巡盐御史取具册结呈报户部。盐官任内盐课未完者不准离任；御史准其离任者，将御史降二级调用。

四、征收课税的税种与税额

盐税是国家的重要财政收入，历代政府都非常重视盐税的征收。盐税中又分商税（专卖利益）和灶课（人头和地租），不同的历史时期，有不同的税目和税额。总之，盐税是历代封建王朝的主要财政收入，一般占国家财政收入的 50%，元代盐税最重，占全国财政收入的 50%~80%。

“自古煮盐之利，重于东南，而两淮为最”，这是千百年来人民对于两淮盐利的一致评价。雍正《扬州府志·盐法》载：“吴王濞封广陵，煮海为盐，国无赋而用饶，此两淮盐利见于载籍之始。”唐宋以后，盐利之巨，竟居天下赋税之半。《宋史·食货志》云：“唐乾元初，第五琦为盐铁使，变盐法，刘晏代之，当时天下之赋，盐利居半。”北宋元祐间（1086—1094），淮盐与解池等，岁六百万缗，占唐天下之赋三分之二。南宋绍兴末年（1162），泰州海陵一监，支盐三十余万席，为钱六七百万缗，海陵一州之数过唐举天下之数。由明至清，两淮盐业更达到极盛时代。嘉庆《两淮盐法志》载：“天下六运司，惟两淮盐运司为雄，治莅三分司，惟泰州分司为最。商灶渊薮，盐利甲东南之富。”嘉庆《两淮盐法志》序所称：“伏念我国家列圣相承，……而佐司农之储者，盐课居赋税之半，两淮盐课又居天下之半，山海天地之藏，其有关于国计民生者，与农桑等。”

（一）商税（以淮南通、泰盐为例）

宋代，商人行销淮南通、泰盐，实行以引计课，其课目之繁，税率之重，甲于全国。

元代，世祖至元十三年（1276），依宋旧例办课，每引（300斤）其价为中统钞8两。大德四年（1300），设关防之法，凡盐商经批验所发卖者，所官收批引牙钱，其不经批验所者，本仓就收之。

明代，商人支取淮南盐1引（200斤），洪武初年（1368），需纳课银8分；洪武三年（1370），改于山西大同等仓纳米1~1.3石；永乐年间（1403—1424），改于各边寨纳米2.5斗或粟4斗；成化年间（1465—1487），改于两淮运司输银4钱；嘉靖六年（1527），改为8钱。万历年间（1573—1620），改定每引400斤（称大引），商人给引价银5钱，余课银8钱。明末，因军薪饷急，加斤加引加课，所加浮课相当于正课额七成以上。

清代，顺治元年（1644），下诏将明末加派杂课名色尽行蠲免，只照万历年间正额按引征课，商人则运淮南通、泰盐。顺治二年（1645），每引（200斤）纳课银0.675两。其后陆续加斤加引加课，至嘉庆年间（1796—1820），淮南纲岸每引（374斤），纳正课银1.173两，附正课银0.243两；食岸每引（重量同纲盐）征正课银0.981两，附正课银0.146两；此外还有应征杂款42项，皆按每纲核定银数，纳入通纲带征。道光三十年（1850），改行票法，商人每引（此时每引改为600斤）纲盐纳正课银1.15两、杂课银1.93两、经费银0.658两；食盐正课与纲盐同，杂课、经费减半交纳。咸丰年间（1851—1861），改行就场征税，商人运盐百斤纳税钱300文或交银0.15两；于时行盐经过各处另行加抽盐厘以为军饷。同治年间（1862—1874），整顿盐法，定例每盐百斤在扬州纳课银0.15两，计每引（600斤）纳课银0.90两；运至销岸售贩得价后，在销岸完纳厘金：湖广每引11.98两，江西9.42两，安徽4.4两，外江食岸4两；内河食岸亦酌收厘钱以济淮扬防费。

以上事实可见不同历史时期的商税之名目多、税种繁，国家虽然增收，但百姓遭难。

（二）灶课（以大丰境各盐场为例）

灶课，是灶民使用的官拨荡地和亭场的地租，同时也有盐丁承担的各种徭役（人头费）在内。

1. 明代分盐课和田粮两项征收

（1）弘治十二年（1499），大丰境各场纳课情况如下：

白驹场盐课：岁办大引盐11 245引，折小引22 490引，存积8996引，常股13 494引。田粮，官民田地125顷18亩，夏粮税小麦64石1斗7升2合，秋粮税674石8斗2合，黄豆47石7斗4升2合。

刘庄场盐课：岁办大引盐 14 348 引，因临洪等场灶丁逃亡，增盐 1800 引。成化十五年（1479），巡按御史刘魁奏准添盐 1620 引，通旧额共大引盐 17 768 引。田粮，有官民田地 648 顷 78 亩，夏粮税小麦 462 石 4 斗 4 升 6 合，秋粮税米豆共 3440 石 2 斗 2 升 2 合。

丁溪场盐课：岁办大引盐 12 294 引，折小引盐 24 588 引，存积 9835 引 40 斤，常股 14 752 引 160 斤。田粮，有官民田地 51 顷 87 亩，夏粮税小麦 170 石 1 斗 8 升 2 合，秋粮税 143 石 2 斗 1 升 3 合，黄豆 219 石。

草堰场盐课：岁办大引盐 9234 引，折小引盐 18 468 引，存积 7387 引 40 斤，常股 11 080 引 160 斤。田粮，有官民田地 13 顷 29 亩，夏税小麦 51 石 3 斗 8 升 9 合。秋税黄豆 78 石 6 斗另 8 合。

小海场盐课：岁办大引盐 4313 引，折小引盐 8626 引，存积 3450 引 80 斤，常股 5175 引 120 斤。田粮，有官民田地 16 顷 82 亩，夏税小麦 94 石 1 斗，秋税米 5 石 5 斗 4 升 8 合，黄豆 120 石 9 斗 6 升 7 合。

（2）嘉靖十三年（1534），大丰境各场盐课、田粮亦有变化，分述如下：

丁溪场盐课：额盐 24 588 引，水乡 400 引，征银 80 两，常股 9017 引 196 斤，存积 15 170 引 4 斤。征田赋：麦 78 石另 7 升 6 合，豆 113 石 8 斗 5 升 6 合，米 284 石 8 斗 1 升 3 合。

草堰场盐课：额盐 18 468 引，水乡 110 引，征银 22 两，常股 6844 引 77 斤，存积 11 513 引 123 斤。征田赋：麦 51 石 3 斗 8 升 9 合，豆 78 石 6 斗另 8 合，米无。

小海场盐课：额盐 8626 引，水乡 280 引，征银 56 两，常股 3111 引 125 斤，存积 5234 引 75 斤。征田赋：麦 94 石 1 斗，豆 120 石 9 斗 6 升 7 合，米 5 石 5 斗 4 升 8 合。

白驹场盐课：额盐 22 490 引，水乡 140 引，征银 28 两，常股 8332 引 143 斤，存积 14 017 引 57 斤。征田赋：麦 64 石 1 斗 7 升 2 合，豆 47 石 7 斗 4 升 2 合，米 674 石 8 斗 8 升 2 合。

刘庄场盐课：额盐 35 536 引，水乡 261 引 100 斤，征银 52 两 3 钱，常股 13 151 引 67 斤，存积 22 123 引 33 斤。征田赋：麦 462 石 4 斗 4 升 6 合，米豆共 3440 石 2 斗 2 升 2 合。

2. 清代灶课名目繁多，有新淤沙荡升科、荡地倾亩计算应办盐额折征银两等

（1）因沙荡新淤升课等原因，增加较多。顺治十四年（1657），巡盐御史白尚登题复场灶故籍一案，“查前朝沿海草荡分给灶户烧盐，荡皆有课，丁皆有引，岁煎交仓，听商支领。至万历四十五年（1617），因盐壅商困，灶有逃亡，始改征折价，责灶户照引输纳”。顺治十六年（1659），巡盐御史高尔位题准通州分司查出新淤沙荡 463 顷 64 亩（1 顷等于 100 亩，下同），泰州分司查出新淤沙荡 1360 顷 39 亩，淮安分司查出新淤沙荡 731 顷 88 亩。自顺治十六年（1659）起，共升课 2781 两 4 钱 1 分 5 厘。乾隆二十四年（1759）4 月，盐政高恒呈准户部议复，泰属丁溪、小海、刘庄、新兴 4 场，

共新升从前抵办水乡荡地 153 顷 71 亩，共应升折价银 159 两 3 钱 1 分。其时，丁溪场余荡 35 顷 21.8 亩，升银 45 两 5 分 3 厘；小海场余荡 59 顷 50 亩，升银 56 两；刘庄场余荡 16 顷 99.7 亩，升银 8 两 4 钱 9 分。乾隆二十六年（1761）12 月，户部议复江苏巡抚陈宏谋等令题范公堤外，乾隆十年（1745）以前，旧垦熟地 6404 顷 5 亩，内除伍佑一场全行放荒，仍照本额报完折价外，其余熟地悉照梁垛场折价起科，每亩征银 2.5 分。自乾隆二十七年（1762）为始，按年照数征收，造入奏销册内，具题核查，如遇潮涨卤浸不堪耕种之年，仍准其报明委勘放荒，除粮照本场科则完纳折价，倘嗣后敢有后垦者，即照例分别究处，其丁溪等七场堤外夹杂民田，既经一概令其放荒，仍照原粮完办。经运司查明丁溪、草堰、小海、刘庄等 11 场实计熟地 6391 顷 52 亩 6 分，除梁垛仍照原额征收，其余各场除原额外，实共加升银 8131 两，取具各册结详送盐政咨部。

（2）清代淮南通、泰灶课，先按各场荡地顷亩计算，每年应办盐额，然后按应办盐额折征银两。各场计征标准不尽一致，一场之中不同地亩计征标准也不一样。丁溪、小海、草堰、白驹、刘庄、何垛、伍佑 7 场计征标准都不相同，每引盐配煎草荡，上下悬殊甚大。各场每引配煎草荡，最多的小海场 27.96 亩，而最少的白驹、刘庄场只有 6.5 亩。灶课以引不以亩计征，每引征折银 0.2 两。沙荡配引各场也不相同，一般为 10~20 亩供盐 1 引，每引征沙荡银 0.2 两。

如光绪三十年（1904），大丰境各场灶课征榷情况分述如下：

何垛场灶课：原额草荡每 15.68 亩，供盐 1 引，实办本色盐 13 406 引 79 斤，每引征折价银 2 钱，共银 2681 两 2 钱 7 分 9 厘，内古熟地 258 顷 75.5 亩，每亩照梁垛场折价 2.5 分升课，共银 646 两，除原额折银价 331 两，应加升课银 316 两，又每引加增部缺银 3 毫 8。沙荡每 23.52 亩，供盐 1 引，共办盐 1971 引 151 斤，每引征沙荡银 2 钱，共银 394 两 3 钱。续升沙荡，共办盐 426 引 142 斤，每引征沙荡银 2 钱，共银 85 两 3 钱 4 分。又续升沙荡，共办盐 371 引 133 斤，每引征沙荡银 2 钱，共银 74 两 3 钱。仓基每亩征银 1 钱，共银 3 两 1 钱 7 分。新淤沙荡每亩征折价银 8.5 厘，共银 218 两 2 钱 1 分 9 厘。何垛场总计征银 3778 两 7 钱 3 分。

丁溪场（小海并入）灶课：原额草荡每 15.634 亩，供盐 1 引，实办本色盐 18 480 引 73 斤，每引征折价银 2 钱，共银 3681 两，内古熟地 614 顷 74 亩，每亩折价 2.5 分升课，共银 1536 两 8 钱，除原额折价银 786 两 4 钱，应加升课银 754 两，又每引加增部缺银 3 毫 8，共银 7 两 1 钱 5 分。以上共银 4439 两 2 钱。沙荡每 12.65 亩，供盐 1 引，共办盐 2915 引 86 斤，每引征沙荡银 2 钱，共银 583 两另 8 分。续升沙荡每 12.65 亩，供盐 1 引，每引征折价银 2 钱，共银 269 两 6 钱 5 分。续升荡地毗连草荡则例，每荡 15.63 亩，配盐 1 引，纳折价银 2 钱，共银 45 两另 5 分 3 厘。新淤沙荡每亩征折价银 1.58 分，共银 215 两 5 钱 8 分。原丁溪场总计征银 5552 两 6 钱 4 分。

又小海并场灶课：原额草荡每 27.968 亩，供盐 1 引，实办本色盐 6326 引 172 斤，每引征折价银 2 钱，共银 1265 两 3 钱 7 分，内古熟地 73 顷 87.2 亩，每亩折价 2.5 分升课，共银 184 两 6 钱 8 分，除原额折价银 52 两，应加升课银 138 两 8 钱，又每引加增部缺银 3 毫 8，共银 2 两 4 钱 5 分。以上共银 1399 两 6 钱 8 分。沙荡每 21.25 亩，供盐 1 引，共办盐 1758 引 196 斤，每引征沙荡银 2 钱，共银 351 两 7 钱 9 分 6 厘。续升沙荡每 21.25 亩，供盐 1 引，共办盐 32 引 64.5 斤，每引征沙荡银 2 钱，共银 6 两 4 钱 6 分 5 厘。仓基每亩征银 1 钱，共银 1 两 3 钱 3 分。又续升沙荡，每 21.25 亩，供盐 1 引，每引征折银 2 钱，共银 455 两，又续升荡地照毗连沙荡则例，每荡 21.25 亩，配盐 1 引，纳折价银 2 钱，共银 56 两。新淤沙荡每亩征折价银 9 厘，共银 620 两另 6 分 2 厘。原小海场共征银 2890 两 3 钱 4 分 9 厘。

丁溪合小海共征银 8442 两 9 钱 8 分 9 厘。

草堰场（白驹场并入）灶课：原额草荡，每 15.67 亩，供盐 1 引，实办本色盐 13 985 引 173 斤，每引征折价银 2 钱，共银 2797 两 1 钱 7 分。内古熟地 71 顷 7.9 亩，每亩照 2.5 分折价升课，共银 177 两 6 钱 9 分 7 厘，除原额折价银 90 两 7 钱，应加升课银 86 两 9 钱，又每引加增部缺银 3 毫 8，共银 5 两 4 钱 3 分。以上共银 2889 两 6 钱。沙荡每 11.94 亩，供盐 1 引，共办盐 1271 引 135 斤，每引征沙荡银 2 钱，共银 254 两 3 钱 3 分。续升沙荡，每 11.94 亩，供盐 1 引，又续涨淤荡，每 20 亩，供盐 1 引，两项共办盐 390 引 97.5 斤，每引征沙荡银 2 钱，共银 78 两另 9 分 7 厘，又续升沙荡，每 11.94 亩，供盐 1 引，共办盐 21 引，每引征沙荡银 2 钱，共银 4 两 3 钱 1 分 7 厘。仓基每亩征银 1 钱，共银 2 两 3 钱 4 分 3 厘。又续升沙荡，每 28 亩，供盐 1 引，每引征折价银 2 钱，共银 139 两 8 钱 9 分 1 厘。新升港西淤荡按照归并白驹场科则，每亩征银 5 厘，共应升折价银 754 两。新升港东淤荡，每亩征银 5 厘，共应升折价银 77 两 9 钱 4 分。原草堰场计共征银 4200 两 9 钱 4 分。

又白驹场归并灶课：原额草荡每 6.5 亩，供盐 1 引，实办本色盐 18 765 引 134 斤，每引征折价银 5 分 9 丝 9 忽，共银 940 两。内古熟地 125 顷 18 亩，每亩照 2.5 分升课，共银 312 两 9 钱，除原额折价银 96 两，应加升课银 216 两，以上共银 1156 两。沙荡每亩征银 5 厘，共银 5 两 6 钱。仓基每亩征银 2.5 分，共银 2 钱。原白驹场计共征银 1162 两 5 钱 1 分。

草堰合白驹共征银 5363 两 4 钱 5 分 9 厘。

刘庄场灶课：原额草荡，每 6.5 亩，供盐 1 引，实办本色盐 35 275 引，每引征折银 1 钱 5 分 3 厘，共银 5305 两 2 钱。内古熟地 166 顷 31 亩，每亩照 2.5 分折价升课，共银 415 两 7 钱 8 分，除原额折价银 384 两 7 钱 9 分 8 厘，应加升课银 30 两 9 钱 8 分 4 厘，以上共银 5336 两。沙荡每亩征银 5 厘，共银 294 两 6 钱 7 分。续升沙荡每亩征银 5 厘，共银 20 两 1 钱 5 分。又续升沙荡每亩征银 5 厘，共银 2 两 7 钱 8 分。仓基每亩征银 2.5 分，共银 4 钱 3 分 2 厘。又续升沙荡，每亩征折价银 5 厘，共银 86 两 7 钱。续升荡地照毗连沙荡则例，每亩纳折价银 5 厘，共银 8 两 4 钱 9 分 8 厘。刘庄场计共征银 5749 两 2 钱 4 分 9 厘。

伍佑场灶课：原额草荡，每 12.91 亩，供盐 1 引，实办本色盐 21 473 引，每引征折价银1钱5分4厘6毫，共银3321两2钱5分9厘。沙荡每亩征银5厘，共银40两6钱2分7厘。续升沙荡，每亩征银5厘，共银16两9钱1分5厘。又续升沙荡，每亩征银5厘，共银18两5钱5分。又续升沙荡，共银13两6钱5分。又续升沙荡，共银21两另6分。又续升沙荡，共银4两2钱6分。仓基每亩征银2.5分，共银2钱4分。又续升沙荡，每亩征折价银5厘，共银593两另4分。又摊升公樵地，每亩征折价银5厘，共银161两。新淤沙荡，每亩征折价银5厘，共银475两4钱7分。又新淤沙荡，每亩征银5厘，共银425两6钱。伍佑场计共征银5091两6钱8分4厘。

灶课，由唐末至明万历年间，淮南灶户纳课皆缴盐货，谓之“本色”。万历四十五年（1617）以后，改征银两，谓之“仓盐折价”。清康熙年间（1662—1722）盐课的名目繁多，一是实行“摊丁入亩”，将灶户应缴代役丁银（人头税）并入地租征收，固定税额，以荡地面积为征收对象。荡地例分数类，承袭明代旧额者称原额荡地，所征灶课称“折价银”；清代堪升者称沙荡，所征灶课称“沙荡银”；各场明代遗留废置的盐仓基地，亦清仓征银，名曰“仓基银”；又有灶户居属场境而离荡窎远，或外来人户流寓盐场，二者不谙煎盐，均依灶户派盐例而征其折价，名曰“水乡银”。此外尚有“续升”“续拨”“续复”“新升”荡地种种名色，一概按亩派盐，按盐起科征银。另外，境内的古熟地也要征税，每亩同样按2.5分计征。总之，税种频多、税率又高，国家是增收了，灶民却苦不堪言。

◇参考文献◇

[1] 戴裔煊. 宋代钞盐制度研究[M]. 北京：商务印书馆，1957.

[2] 高树林. 元朝盐户研究[A]. 中国史研究[J]. 1996（4）.

[3]〔明〕史载德，郑仲达. 两淮运司志[M]. 弘治十二年（1499）.

[4]〔明〕陈暹，史起蛰，张矩. 两淮盐法志[M]. 嘉靖三十年（1551）.

[5]〔清〕周右. 单壮图. 东台县志[M]. 嘉庆二十二年（1817）.

[6]〔清〕张可立. 兴化县志[M]康熙二十三年（1684）.

[7]〔清〕汪兆璋. 淮南中十场志[M]. 康熙十二年（1673）.

[8]〔清〕林正青. 小海场新志[M]. 乾隆元年（1736）.

[9]〔清〕崔华，谢开宠. 两淮盐法志[M]. 康熙三十六年（1697）.

[10]〔清〕噶尔泰. 两淮盐法志[M]. 雍正六年（1827）.

[11]〔清〕吉庆. 两淮盐法志[M]. 乾隆十三年（1784）.

[12]〔清〕佶山. 两淮盐法志[M]. 嘉庆七年（1802）.

[13]〔清〕王安定，魏光焘. 两淮盐法志[M]. 光绪十五年（1889）.

[14] 唐仁粤主编. 中国盐业史（地方编）[M]. 北京：人民出版社，1997.

[15] 张荣生. 南通盐业志[M]. 南京：凤凰出版社，2012.
[16] 邹迎曦. 大丰盐政志[M]. 北京：方志出版社，1999.
[17] 李兆贵，王申筛. 泰州税文化[M]. 北京：中国文联出版社，2002.
[18] 徐顺荣. 汉唐清扬州盐税与扬州社会经济[M]. 扬州：广陵书社，2017.
[19] 曾凡英. 中国盐业现代化的早期探索[A]，盐文化研究论丛（2）[C]. 成都：巴蜀书社，2009.
[20] 陈仕祥，邹迎曦. 盐韵大丰[M]. 南京：凤凰出版社，2015.

舆论引导与利益调适：新盐法通过前后国民政府的舆论应对探究[①]

陈开江[②]

摘　要：新盐法通过前后，国民政府积极引导民众舆论，与民众舆论展开互动，兼以施压旧盐商，威慑地方势力。但新盐法出台后旧盐商通过报效政府赢得了国民政府的认同与支持，国民政府转而悬置新盐法，对民众舆论委与虚蛇。这使民众舆论对国民政府灰心失望，其舆论引导成效为之而备受影响，权力合法性建构因此而大打折扣。

关键词：国民政府；新盐法；民众舆论；舆论引导

自南京国民政府诞生以后，制定与实施新盐法逐渐成为其一大施政目标。因为通过出台与实施新盐法不仅可以名正言顺地剥夺旧盐商在此前所承袭的引地利权，有效地增加财税收入，还可集地方财权于中央，获得民众拥戴，增添国民政府的权力合法性底色。在新盐法改革前后，民众为了摆脱在旧的专商引岸制下受宰割压迫的窘境，多方发声，汇合成舆论洪流；民众舆论希望国民政府能体察民意，在盐法变革中充分考虑和有效维护民众利益。旧盐商则竭力利用金钱优势操控媒体，进行舆论误导和阻扰，企图继续操纵社会舆论，影响国民政府，维护其既得利益。南京国民政府则挟民众舆论之威，纵横捭阖，施压旧盐商，威慑地方势力，试图通过舆论引导来实现其政府利益的最大化。

此处民众主要指国民政府控制地域下的普通民众、精盐盐商、同情和支持新盐法改革的盐政专家和知识分子，尚不包括中国共产党建立的红色革命根据地治下的革命群众。

① 基金项目：四川省哲学社会科学重点研究基地——四川轻化工大学中国盐文化研究中心资助项目“舆论博弈视域下的南京国民政府新《盐法》改革研究”（编号：YWHY17-04）的阶段性成果。

② 作者简介：陈开江（1977—），男，重庆工商大学融智学院思政部副教授，硕士，从事马克思主义中国化、近现代中国问题研究。

一、国民政府舆论引导的原因

（一）掌控新盐法改革的舆论话语权

有清一代我国盐政改革的舆论话语权长期被旧盐商所掌控，清末民初民众舆论兴起后民众舆论日渐左右盐法改革的社会舆论走向[①]。新盐法改革发生在新闻传媒发展已较成熟的 20 世纪 30 年代，加之新生未久的国民政府也迫切需要借助民众舆论为其执政和新盐法改革提供合法性支撑，标榜其政权的三民主义色彩，因此国民政府并未刻意打压民众舆论，对民众舆论的新盐法改革舆论声音采取引导和利用策略。国民政府试图通过积极与民众舆论展开互动，竭力引导和控制民众舆论走向，使其在认同和支持国民政府的轨道上运行，永葆其在民众心目中的良好形象。民众舆论积极支持和推动新盐法改革，为国民政府掌控新盐法改革的舆论话语权提供了坚实后盾，也使国民政府一度占据了新盐法改革的社会舆论制高点。

（二）回击旧盐商的舆论误导与阻扰

旧盐商在新盐法改革前后，“竭力进行舆论误导和阻扰，企图干预和阻止新盐法的起草、通过、公布和实施”[②]。国民政府通过官方舆论传媒回击旧盐商，及时向民众公开表明政府对旧盐商的态度与政策，不仅在立场上与旧盐商作了公开切割，置旧盐商于民众舆论口诛笔伐的审判台上，还将国民政府治下盐政鱼肉民众的罪恶一股脑儿地推卸给了旧盐商，迫使旧盐商不得不做出相应让步，俯首屈服于国民政府。国民政府还公开支持与应和民众舆论，变相向旧盐商施加压力，使之惶惶不可终日，进而破除了其盐政改革利益最大化的障碍，赢得了民众舆论的认同与支持。

（三）威慑打压地方势力

国民政府虽然在 1928 年初的北伐中收复了北平和天津，但不少地方的盐税征收权却仍然被地方军阀所掌控，盐税及其附加款项为地方军阀对抗中央提供了经济筹码，国民政府的中央财政收入和各项建设因此而备受影响。财政部长宋子文在 1928 年 7 月国民政府召开的全国财政会议上称，“惟军事虽已告一段落，而训政开始，万端待举，就目前论，自以统一财政为第一要义。盖庶政非财莫举，如财政不能统一，则其他庶政，更无统一可期”[③]。他为此提出了“打破地方主义，实现财政统一”的主张[④]。借

① 参见陈开江、陈龙国：《利益汇聚与舆论抗争：国民政府新盐法通过前后的民众舆论探究》，《盐业史研究》2019 年第 4 期，第 28-29 页。

② 陈开江：《旧盐商对国民政府新[盐法]改革的舆论误导与阻扰探究》，《盐业史研究》2016 年第 3 期，第 42- 43 页。

③ 各组审查报告：《统一财政案》，《申报》1928-07-08-19。

④《致冯玉祥密电》，载中国第二历史档案馆编《中华民国史档案资料汇编：第五辑：第一编：财政经济（一）》，南京：江苏古籍出版社，1994 年，第 199 页。

推行新盐法之机收回地方盐税大权，削弱地方分裂割据的财税源泉，进而加强中央集权，有效控制地方，这成为国民政府推行新盐法改革的另一使命。在新盐法改革前后，国民政府借助民众舆论对地方势力施加压力，威慑地方势力，达到不战而屈人之兵之效。

二、国民政府舆论引导的主要路径

（一）利用政府控制的报刊媒体进行舆论引导

南京国民政府成立后，为了加强对民众舆论的引导，将国民党中央党部在广州创办的中央社迁至南京，并在全国各地广设分社和发稿电台。中央社通过为全国各地民间报刊提供官方新闻稿，确立了它在全国报刊传媒中的官方舆论场地位。1928年2月，国民党的中央机关报《中央日报》在上海创刊，次年迁至南京发行；1928年8月，国民政府重金打造的中央广播电台在南京正式开播，为国民政府广播其编造的舆论声音。国民政府的这些舆论传媒都竭力将自己装扮成为民众舆论的代言人，积极刊发和转载民众就新盐法改革的舆论呼声，广播传递民众对新盐法改革的支持声音。国民政府还适时安排其御用报刊媒体报道新盐法改革，以示对民众舆论的支持。为了有效地控制民众舆论，国民政府甚至让一些深受民众舆论拥戴的盐政专家在《中央日报》发文，到中央广播电台演讲。这有效拉近了国民政府官方舆论与民众舆论之间的距离，一度使国民政府获得了民众舆论的认同与支持。

（二）倚重有名望的盐政专家驾驭民众舆论

以景本白、庄崧甫等为首的盐政专家们自民国初年以来就注重运用报刊传媒来动员民众力量推动盐法改革，他们赢得了民众舆论的拥护和支持，担当了新盐法改革期间民众舆论的领导力量。这些盐政专家凭借广大民众的支持和长期宣传盐法变革所形成的强大影响力，不仅能够引发民众舆论、广泛凝聚民意，还能引导民众舆论走向。国民政府将庄崧甫、马寅初、陈伯修、卫挺生、刘芙若等五位盐政专家吸纳进立法委员会，任用他们作为立法委员去了解民情、汇集民智、倾听民声，与民众舆论展开互动。由于这些盐政专家对民众舆论具有较大的影响力，国民政府一度拥有了主导新盐法改革社会舆论走向的能量。国民政府还积极培植以陈长蘅为首的官方盐政专家在立法会中发挥重要作用，陈长蘅等人的亲民形象使民众舆论对国民政府的新盐法改革渐生好感。但在新盐法改革后期，当盐政专家们呼吁全面实施新盐法，国民政府行政院又在盐政改革委员会委员人选上大作文章，将深孚民望的盐政专家全部排斥出盐政改革委员会，削弱了盐政专家们对新盐法改革的推进能量。盐政专家们与国民政府日渐疏远，民众舆论对国民政府的不满情绪也与日俱增。

（三）尽力与民众舆论展开互动

20 世纪 20 年代，《大公报》等民间报刊传媒日益发展成为民众舆论发声的主要平台，在社会舆论场发挥着重要作用。国民政府在成立之初，就注重示好和拉拢民间报刊媒体。“1927 年 12 月 27 日，蒋介石致电《大公报》并转全国各报馆，表示尊重民意，欢迎批评，‘凡属嘉言，咸当拜纳’。”[①]这使国民政府治下的部分民众对其寄予幻想，希望通过报刊媒体宣示其主张，维护其利益。在新盐法通过前后，《大公报》《盐政杂志》等杂志充当了民众舆论的发声平台，为底层民众传递他们对新盐法改革的声音。国民政府在新盐法改革前后尽力与这些报刊传媒互动，谨慎回应民众舆论对新盐法改革的关注焦点。它所控制的御用媒体《中央日报》等报刊和中央广播电台尽力应和民众舆论，以提升国民政府的亲民形象与公信力。国民政府掌控的中央社还通过适时向民间报刊提供与新盐法改革相关的新闻稿件，与民众舆论展开互动，试图影响民众舆论。

（四）通过立法会和党政大型会议主导新盐法改革的议程设置

在新盐法出台之前，盐政改革人士在其参加的国民政府全国财政会议、盐务会议，国民党的党代表大会、中央全会上，都提出了废除引岸专商、实行就场征税等类似提议案。国民政府主要通过在立法委员会立法来把控新盐法制定与实施进程，主导新盐法改革议程。在新盐法公布后，广大民众在国民政府重要会议的时节点向政府呈文、发通电和提决议案寻求推进新盐法改革；国民政府为标榜其“三民主义”底色，均将其归并纳入会议议程，并就其内容展开表决，通过了一系列体现民众利益推进新盐法改革的提案，从而有效主导了新盐法改革的议程设置。因此，收受相关盐法改革的会议提案并就提案内容展开表决成为国民政府应和民意推动新盐法制定与实施的重要路径；国民政府主要通过立法会和党政大型会议来掌控新盐法改革的议程设置，建构新的盐业利益格局。

三、国民政府舆论引导的具体内容

（一）新盐法制定与通过前的舆论引导内容

（1928 年 4 月到 1931 年 3 月 21 日）

1. 不断展示国民政府力推盐法变革的决心

1928 年国民政府召开的全国财政会议在很大程度上采纳了庄崧甫、过翰君分别提出的盐务改革案，会议议决以“就场征税、买卖自由”作为盐政改革的根本原则。虽然“政府委员以整理场产、划一税率为第一步，而以就场征税、买卖自由为第二步”，

---

① 方汉奇：《中国新闻传播史》，北京：中国人民大学出版社，2009 年，第 202 页。

但这毕竟启动了盐法改革步伐，为广大民众宣示国民政府即将制定一部反映和维护民众利益的盐法，给部分民众留下了盐法变革的念想①。蒋介石作为国民政府的最高领导人最初也对新盐法充满信心，不惜亲自出面力挺制定新盐法。在 1929 年 6 月国民党第三届中执二次会议上，庄崧甫“向蒋主席力陈盐政改革之重要，由蒋主席提振刷政治案，决议整理盐法，减轻盐税，剔除盐弊，调节盐价，财政部应于十八年（1929）内制定此项计划，负执行责任，仍将所拟计划，呈送政府，交立法院审议”②。“庄与蒋主席有相当之渊源，此次提案之前，曾一度面询蒋主席是否有行此之决心。蒋谓近百年来之厘金，尚毅然裁去，况盐务乎……蒋主席言吾必以革命精神行之，庸何惧乎”③。蒋介石对盐法改革的表态，促使力主盐法改革的盐政专家们不断将盐法改革推向深入，也使不少民众对盐法改革寄予幻想。

2. 重用部分民众舆论拥戴的盐政专家来起草新盐法

由于财政部迟迟未能报送盐法草案，立法院不得不自行承担了盐法起草工作。1930 年 5 月 24 日，立法院在举行会议时由胡适院长指定焦易堂、庄崧甫、陈长蘅等 15 人作为盐法起草委员，其中，庄崧甫、马寅初、卫挺生作为深受民众舆论拥戴的盐政专家，被立法院任命为盐法起草员参加了新盐法制定工作。这反映了国民政府也希望新盐法能反映和维护民众利益，企图与民众舆论结盟进而以民意点缀其政权合法性的意图。民众舆论拥戴的盐政专家在盐法起草委员会中只占五分之一，暴露出国民政府希望操纵和控制民众舆论，不愿真心实意地维护民众利益的深层动机。其不曾料到庄崧甫等少数力量能在盐法起草过程中纵横捭阖，赢得了绝大多数起草委员的支持，突破重重阻力，起草并在立法院通过了在很大程度上凝聚和维护民众利益的新盐法。

3. 公开谴责地方政府征收盐附税的行为

国民政府为了加强对地方盐税的控制，于 1930 年 12 月要求各省政府“凡属原有盐斤附加税捐省份，均限于民国二十年三月一日，一律划归财政部统一核收”，此后“各该地方永不得另立名目，再征盐斤附税”④。很快皖省以“省计奇艰”为由，请求“皖南浙盐引地，皖北淮鲁盐引地，一律照皖岸成例，每担增收保安附加捐二元四角”⑤。在此期间，皖省民众一再请愿撤销盐税附加。鉴于民众对盐税附捐的民怨甚大，国民政府财政部、行政院对皖省政府的请求均予以拒绝。行政院为了向皖省民众公开表明其态度，不惜通过指令驳斥其“实属显违功令，于国税民食两有妨害”⑥。但皖省依然照旧征收盐税附加，民众不得已选派代表赴京请愿，民间报刊传媒也纷纷发文揭露皖省政府行为。

①《增補盐务革命史》,《盐迷专刊》1935 年第 1 期，第 16 页。

②《增補盐务革命史》,《盐迷专刊》1935 年第 1 期，第 21 页。

③ 民国盐务学校自治会:《改革盐法问题汇录》，北平：和济印刷局，出版时间不详，第 199 页。

④《行政院公报》第 215 号《训令》，1930 年 12 月 27 日。

⑤《皖省征收盐引附捐》,《申报》1931-01-01-13。

⑥《行政院驳斥皖省请加盐附税》,《申报》1931-02-01-12。

国民政府不得不严令皖省政府“务将前项新加盐斤附税，即日撤销，不得再有延抗”①。在国府严令和民众舆论声讨之下，皖省政府不得不于 1931 年 3 月 24 日宣布撤销盐斤附捐。国民政府的此番表演也使部分民众对即将到来的新盐法改革充满信心。

（二）新盐法通过后公布前

（1931 年 3 月 21 日至 5 月 30 日）

1. 积极宣传与热烈赞颂新盐法

1931 年 4 月 1 日，国民政府的《中央日报》发文《盐政之根本改革》，批评过去“我国历来盐政”，“法度纷乱，习为故常，积弊丛生”，导致“盐吏因缘操纵，得藉为中饱之资，盐商囤积居奇，竟视为生产所在，论者至目盐务为恶浊之薮，数百年来民众呻吟于创巨痛深之中，莫为援手”；极力渲染新盐法改革之必要，将矛头指向“分地定引之制”，其造成“盐利之权”“为专商所独占”，“行盐之区，化为专商之世业，以划地行盐，而人民无选购之自由”；揭示民国政府沿袭引岸制造成“国家遂蒙巨额之损失，人民亦加重大之负担，于是国与民交受其弊”；控诉旧盐制之六大弊端，指出要“从根本上改革盐政，首宜废除专商”和“破除引界”；宣扬新盐法将“就场征税、任人民自由买卖”作为“盐政改革之原则，实属应时势之需求，得民众之心理，并符合民主主义之精神，可谓最近立法上一大成功”；最后总结新盐法实施后将具有“破除盐界”“禁止垄断”“剔除积弊”等八大利益②。

1931 年 4 月 10 日，《中央日报》发文《新盐法远胜旧盐规》，通过记者访谈立法院委员陈长蘅，指出我国“盐产数量与需要程度供过于求，然一般人民仍食高价之盐，或感淡食之苦”，其主要原因在于“引岸包商制之弊害”，“享受引岸制之盐商饱获其利，而生产者与消费者均受其苦”；新盐法施行后“垄断高价等弊，不惟不致发生，因自由买卖之故，盐价当趋低落”，因此“自由买卖不致垄断”③。其一方面将旧盐制的积弊归咎于旧盐商，撇清国民政府的责任，另一方面大力宣传新盐法实施后拥有的“直接交易”和“就场征税”等优势，以驳斥旧盐商对新盐法的攻击。

2. 组织力量反击旧盐商的舆论误导

其时旧盐商为了维护其既得利益，不仅“百端破坏，肆意阻扰”，还“在报端作反动宣传，以冀淆惑听闻，为稽延时日之计”④。为了反击旧盐商，《中央日报》于 1931 年 4 月 11 日在其第三版醒目位置以大量篇幅刊发其支持者龚德柏的文章《驳“湘鄂西皖四岸运商总会公表盐法之商榷”》，“逐条驳辩”“旧盐商所持之理由”，指出“旧盐商之意，不过保持其世袭‘不当得利’之特权，因其毫无理由，故不能不设为危词，耸

---

①《国府严令制止皖省盐税附捐》，《申报》1931-02-08-04。

②《盐政之根本改革》，《中央日报》1931-04-01-03。

③《新盐法远胜旧盐规》，《中央日报》1931-04-10-04。

④《忠告阻扰新盐法之旧盐商》，《中央日报》1931-04-16-03。

人听闻，以图售其技（伎）俩于万一”；同时标榜国民政府，“要知今日系为民众谋利益之革命政府，对于此种竭四万万人民脂膏、供少数人诛求之恶劣制度，决无永久许其存在之理”[①]。

《中央日报》又于1931年4月20日刊发署名为伯穆的《驳“盐法平议”》一文，指出“自三月二十一日立法院通过盐法以来，全国舆论，咸以新定盐法为确立盐政改革之原则”，“热烈希望政府毅然决然公布施行”，而张佩严的“盐法平议，淆乱是非，甚于专商广告”，作者不惜笔墨逐项批驳，最后下一断语，“反对盐法者，惟有自外于人民之专商”[②]。这也反映出在民众与旧盐商进行舆论交锋之际，国民政府的报刊传媒假意站在民众舆论一边；民众舆论因此而被蒙蔽，幻想国民政府能够帮助他们维护其盐业利益。

3. 警告旧盐商不要阻扰新盐法实施

为了警告旧盐商不要在新盐法改革中兴风作浪，国民政府御用媒体《中央日报》在1931年4月16日刊文《忠告阻扰新盐法之旧盐商》，宣示国民政府对盐政改革“已具决心”，“新盐法之实施，为期当不在远，绝非任何反动，所能望其撤废，亦非任何障碍，所能阻其进行”；忠告“旧盐商从速觉悟，翻然改图，不再为似是而非之争辩，不再取卑污破坏之手段，以阻扰新盐法之施行”；警告旧盐商勿因阻扰新盐法“致自绝于政府，自绝于国人，自绝于革命”[③]。这篇蕴含政府态度的警告檄文公开为民众舆论撑腰，狠狠地打击了旧盐商的嚣张气焰。

为了进一步震慑旧盐商，《中央日报》还于次日刊文《新盐法之应声》，宣称“新盐法实施在即，各地民众莫不表示热烈赞同”，“山西河东运城商民陈学文等近具愿书联呈财部，请先从潞纲试办，以资利导云云，所陈理由，极为充足，足为新盐法施行张目”；并借民众之口控诉盐商罪恶，“一县之内，由包商独家专卖搀（掺）搅硝板沙土及其他私制劣盐，以为垄断；人民苦于限制，虽贵价亦须购食，往往有罹疾病而死亡者，其贻害地方，不堪言状”；“若行新法，化专利为普通，不徒扩充地方人民之业务，而河东市面，亦必日渐发达”[④]。国民政府的报刊公开刊发民众对旧盐商的谴责报道使旧盐商倍感压力，不敢再向先前那样猖狂地攻击新盐法了。

4. 表态一定会实施新盐法

由于不少旧盐商竭力阻扰新盐法的公布与实施，加之一些地方势力和财政部也纷纷施以阻力，国民政府未能及时公布新盐法，大公报、申报等报刊相继传出新盐法将暂缓实施的消息，不少民众通过民间报刊媒体发声敦促国民政府公布新盐法。蒋介石

---

① 龚德柏：《驳“湘鄂西皖四岸运商总会公表盐法之商榷”》，《中央日报》1931-04-11-03。

② 伯穆：《驳“盐法平议”》，《中央日报》1931-04-20-03。

③《忠告阻扰新盐法之旧盐商》，《中央日报》1931-04-16-03。

④《新盐法之应声》，《中央日报》1931-04-17-03。

不得不公开表示，新盐法"当然实行，以扫除陋习"[①]。国民政府宣传部下辖之中央社于4月20日向各报刊媒体供稿发电声称，"新盐法决定施行，无论专利盐商如何反对，政府必须顾虑多数国民之利益，铲除历年积弊，现该法正在政府审核中，本周国府会可讨论公布施行日期"；并辟谣，"外传改增税率说，政府并无是项提议，立法院亦未接政府令复议公文"[②]。但新盐法依旧未能予以公布。

1931年5月国民会议在南京召开，部分参会代表和与会盐政专家先后提出《催促国府克日施行新盐法并限期成立盐政改革委员会案》和《请政府公布新盐法以利民食案》，国民会议于5月11日第三次大会表决予以通过，催促国民政府尽快公布并施行新盐法。迫于民众舆论压力，国民政府被迫于1931年5月30日公布新盐法。

（三）新盐法公布后

（1931年6月以后至抗日战争前）

1. 向民众明示新盐法施行日期未定

新盐法公布后，与民众舆论大力宣传赞颂新盐法形成鲜明对比，国民政府的报刊传媒却竭力对新盐法施以冷处理。这时国民政府一方面担心实施新盐法后财税收入发生短少，另一方面财政部企图以新盐法施压旧盐商迫使他们积极认购其即将发行的盐税公债。1931年6月1日，《中央日报》发文《盐法施行期尚有待须盐务改革委员会组织成立》，声称新盐法虽"昨日明令公布"，但"新盐法之施行日期，仍须待盐务改革委员会按照组织法正式组织成立，对盐政应新应革之事件有一具体计划后，再由政府另以命令决定云"[③]。国民政府以施行日期未定为由，并以盐务改革委员会的成立与运转作为新盐法实施的前提，从而名正言顺地将新盐法的施行日期无限期地推迟了。与此同时，国民政府的报刊传媒还竭力宣传6月1日颁布的训政约法，以此来冲淡民众舆论对新盐法的关注。

1931年7月，国民政府为解决财政困难，发行盐税公债八千万。为了吸引旧盐商承募购买，"财部拟声明，在此项库券本利未清偿以前，不实行自由贸易就场征税制"[④]。国民政府与旧盐商之间的利益交换使之撤回了力推新盐法的决心，开始对民众舆论采取敷衍应付策略。

2. 以迁延设立盐政改革委员会糊弄民众舆论

1932年4月，立法院会议议决通过《盐政改革委员会组织法》，国民政府于6月3日明令予以公布。该组织法一方面明令"经营盐业或与盐商有直接利害关系者，不得派充盐政改革委员会委员"，以示国民政府与旧盐商之间的切割，回应民众舆论对旧盐

---

①《新盐法当然实行》，《天津大公报》1931-03-29-03。

②《新盐法决施行》，《申报》1931-04-21-03。

③《盐法施行期尚有待须盐务改革委员会组织成立》，《中央日报》1931-06-01-03。

④《盐税库券救济财政难关》，《申报》1931-07-31-08。

商御用文人掌控盐政改革委员会的关切；另一方面限定其委员由“于盐务上富有学识经验或著作者”和“于法律经济财政有特殊学识经验者”担任，为民众舆论所拥护的盐政专家进入委员会留下念想，示好于民众舆论①。但盐政改革委员会后来却沦为国民政府敷衍民众舆论的一块招牌，“《盐政改革委员会组织法》公布业已两年”，“行政院及财政当局迄未依法组织，以实行盐法所规定之一切盐政兴改计划，致积弊未能清除，人民反受害日深”，因此民众舆论强烈呼吁尽快成立盐政改革委员会来推进实施新盐法②。国民党四届五中全会为此通过决议限一个月内成立盐政改革委员会。

1935年1月，国民政府行政院初步拟定盐政改革委员会委员人选，“除当然委员外，不但改革家无一当选，即求一盐务专家，亦不可得”③。国民政府还于6月22日公布《修正盐政改革委员会组织法》，“修正组织法中”“改革委员会有任免职员指导设施之权”，“皆已取消”，使之“在实际上一变而为部署之顾问机关”④。为了抑制民众舆论对其新盐法改革的影响，国府财政部“又在部内特设盐务改革研究会，对于新盐法施行前，应行改革事项，一律妥加研究”⑤。行政院的行为招致了民众舆论的强烈反对，舆论指出盐政改革委员会“原为一强有力之改革机关，竟一变而为虚应故事之设计机关。今并此空有其名之机关，亦且迁延至再，未能成立”，呼吁国民政府“能遵照党政权力机关迭次决议案，设法推行，以昭大信”⑥。

3. 及时回应食盐中毒案中的民众舆论风暴

1934年5月9日，在国民政府的首都南京竟然发生多达34人死亡的食盐中毒案。食盐中毒事件发生后，民众舆论掀起讨伐旧盐商、实施新盐法的舆论攻势。国民政府在第一时间宣布废除旧盐商在南京的专卖权，让精盐进驻补缺，并及时发布相关信息，及时安抚南京市民情绪。为了缓解民众舆论压力，在1934年5月举行的南京财政会议（第二次全国财政会议）上，国民政府不仅通过了设立盐政改革委员会以便推行新盐法、分期推行新盐法等决议，还提出在“芦盐淮盐及浙盐区域”，“逐步取消产区轮运帆运票额及各场配额限制”“逐步取消销区轮档办法、准商民自由买卖”“逐渐取消精盐销区之限制”等具体办法⑦。这为期盼新盐法实施的广大民众打了一剂强心针，因南京食盐中毒案而发酵的民众舆情暂时得到缓解。

在南京食盐中毒案发生后不久（1934年9月28日），国民政府行政院通过决议，

---

①《财政部抄发盐政改革委员会组织法令》，载中国第二历史档案馆编《中华民国史档案资料汇编：第五辑：第一编：财政经济（二）》，南京：江苏古籍出版社，1994年，第190页。

②《行政院饬成立盐政改革委员会密令》，载中国第二历史档案馆编《中华民国史档案资料汇编：第五辑：第一编：财政经济（二）》，南京：江苏古籍出版社，1994年，第199页。

③《增补盐务革命史》，《盐迷专刊》1935年第1期，第26页。

④ 张传英：《分区施行新盐法之检讨》，《盐政杂志》1936年第63期，第9-10页。

⑤ 张传英：《分区施行新盐法之检讨》，《盐政杂志》1936年第63期，第12页。

⑥《卷头语》，载中国盐政讨论会编《蜕化期中的新盐法》，出版者不详，1935年，第1页。

⑦《第二次全国财政会议通过关于新盐法之提议案》，载中国盐政讨论会编《蜕化期中的新盐法》，出版者不详，1935年，第29页。

“迅即依法成立盐政改革委员会，以便早日实施盐法”[1]。这又为民众留下了快要实施新盐法的念想，民众舆论再一次被欺骗了。

4. 通过代表大会决议令民众重拾新盐法即将施行的希望

1934 年 12 月在国民党召开的四届五中全会上，各地电请施行新盐法的电报如雪片般涌向会场。在其第三次会议上，陈肇英等提出《请克日成立盐政改革委员会一年内实行盐法案》，周启刚等提出《恢复人民食盐自由并准许人民自由贩运案》。会议通过决议，“按照盐法第三十七条规定限一个月成立盐政改革委员会，筹议各项规章及施行细则”；“限于民国二十五年底完全施行盐法”[2]。会议议决以 1936 年底为限全面实施新盐法，这使“公布四年有余，不能施行之新盐法，至此始有一确实施行之期限”，暂时为广大民众吃下定心丸，“举国上下，诚宜额手称庆，喜从此食盐自由矣”[3]。

但此后国民政府实施新盐法的进展仍然停滞不前，筹设的盐政改革委员会也差强人意。在 1935 年 11 月国民党第五次全国代表大会召开期间，民间团体向大会掀起了推动新盐法实施的函电舆论攻势，民间报刊也不断传递呼吁新盐法实施的民众声音，参会代表也联名多方提出推动新盐法施行的提案，国民政府不得不承诺 1936 年底起分区实施新盐法，但后来却因中日民族矛盾的日益尖锐而再度中止。

结　语

国民政府对民众舆论的引导与驾驭，使之赢得了部分民众舆论的认同与支持，为诞生未久的国民政府初步镀就了合法性底色。通过较为成功的舆论引导，国民政府在一定程度上实现了权力合法性构建；民众舆论对国民政府寄予厚望，对出台的新盐法也充满期待。新盐法公布后国民政府本应因势利导，充分借助民众舆论力量深入推动实施新盐法，但国民政府又担忧新盐法改革带来的盐税征收体系的更替会冲击其既有的征税体系，危及其财政收入安全，因而对新盐法实施犹豫不决。旧盐商与国民政府的利益交换与协调使之成功地瓦解了国民政府力推新盐法的决心，盐价依旧居高不下。国民政府的新盐法承诺无法完全兑现，这不仅透支了民众期望，也使政府公信力大打折扣，严重影响到国民政府的权力合法性构建。民众舆论到头来被国民政府利用，沦为打压旧盐商和推进盐政加税的“利器”。

在围绕新盐法而展开的舆论博弈中，国民政府从民众舆论寄予自己的厚望中切实感受到民心可用，充分借助民众舆论来打压旧盐商，迫使旧盐商主动作出较大让步，

---

①《行政院饬成立盐政改革委员会密令》，载中国第二历史档案馆编《中华民国史档案资料汇编：第五辑：第一编：财政经济（二）》，南京：江苏古籍出版社，1994 年，第 198 页。

②《财政部盐务署抄发五中全会通过盐政改革案等文件令》，载中国第二历史档案馆编《中华民国史档案资料汇编：第五辑：第一编：财政经济（二）》，南京：江苏古籍出版社，1994 年，第 206 页。

③ 张传英：《分区施行新盐法之检讨》，《盐政杂志》1936 年第 63 期，第 2 页。

实现了自己利益的最大化；不愿让渡地方利权的大部分地方势力不得不交出地方盐税征收大权，俯首听命于国民政府。国民政府也备受民众舆论压力的影响，其后来虽然不愿力推新盐法，但又不得不沿着新盐法变革轨迹前行。面对新盐法变革，国民政府的行政院、财政部与立法院之间未能建立起有效的沟通和协调机制，他们对新盐法的公开表态往往态度迥异。行政院和财政部只希望变革原有的盐税收入征收体系，增加中央财政收入；立法院希望通过出台新盐法来彰显其民意底色，赢得民众舆论的认同与支持；这使国民政府陷入自相矛盾的被动境地。国民政府内部自相矛盾的盐政举措不仅极大地影响了它的舆论引导成效，还造成民众舆论开始疏远、冷漠面对国民政府。

明代中期盐法阻坏考议

——以叶淇盐法改革为中心[①]

王晓静　张万东[②]

摘　要： 叶淇盐法改革变纳粟中盐为纳银中盐，是明中期盐业发展史上的重要一环。叶淇深谙明初开中盐法制的根本性弊病在于边防政治对盐法制度的捆绑，在明初开中之法制度基础上，以纳银中盐方式将盐法制度从边防政治中剖离出来，遵循了民间市场自主运行逻辑，减少了商人中盐的交易成本，同时又增加了政府的赋税收入，挽救了明朝中期盐法阻坏的局势，应该给予叶淇盐法制度正确评价。在此基础上，借用"官府掌控下的'理性市场'模式"，透视出明代前中期盐法制度的形成与演变是"专制统治"和"理性市场"互相博弈、"应然"和"实然"彼此互动的产物。

关键词： 开中之法；叶淇；盐法改革

叶淇盐法改革始于明孝宗弘治五年（1492），叶淇以户部尚书受命清理盐法，改"纳粟中盐"的开中盐法制为"纳银中盐"，明朝对食盐专卖的白银货币化形式就此确立，这也成为中国古代盐业经济发展中重要一环。

关于叶淇盐法改革的历史地位与作用，明代人对它的评价不高，正德时期的户部尚书王琼认为"已开中者无课，有见课者未中，而盐法至是大坏矣"[③]；嘉靖时期詹事府兼翰林院学士霍韬责难叶淇盐法改革破坏了原有的商屯制度，致使"边地遂日荒芜""边方日遂困敝"[④]；万历时期名臣徐学聚指出，"人以为利，而不知其坏盐法也"[⑤]。

---

① 基金项目：四川省哲学社会科学重点研究基地—四川轻化工大学中国盐文化研究中心青年项目"晚清四川盐区商籍制度研究"（项目编号：YWHQ20-02）；四川省哲学社会科学重点研究基地—四川轻化工大学中国盐文化研究中心青年项目"王庆云盐政思想与实践研究"（项目编号：YWHQ19-05）阶段性成果。

② 作者简介：王晓静（1990—），女，四川大学历史文化学院在读博士研究生。
张万东（1987—），男，历史学博士，四川轻化工大学人文学院历史系讲师。

③ 王琼：《整理盐法疏》，《户部奏议》卷上，台北"国家图书馆"藏明正德嘉靖间刊黑口本，第10页b-第11页b。转引自罗冬阳《叶淇变法与明代两淮余盐开中》，《史林》2016年第5期，第95页。

④ 霍韬：《哈密疏》，载陈子龙等《明经世文编》卷186，北京：中华书局，1962年，第1913页。

⑤ 徐学聚：《国朝典汇》卷96《盐法》，书目文献出版社1996年影印本。

明末清初，时人有具体分析者，认为“明代边储之匮，自在屯政不修，而不尽关于盐法。其盐法之坏，又在势家乞中，而不关淇之变法也”[①]。近人对叶淇盐法改革的评价，有持具体分析的，大都认为古史中对叶淇盐法改革带来的“边储日匮”“盐法大坏”的记载有失偏颇，肯定了改革在畅通盐法、维护官商合作关系以及推动商品经济发展等方面的巨大贡献，是明代盐法制度的进步[②]。也有持否定意见者，指出纳银中盐的做法早在成化末年就已经完成，叶淇盐法改革本身“毫无意义”，是不符合历史实际的“虚构”。[③]而近人争论的焦点在于折银中盐之制起于何时且是否后人对叶淇盐法改革的制度性规约给予了过高评价。那么，如何评价叶淇盐法改革？本文拟从纳银中盐的运行逻辑和其得以实现的现实基础等方面对叶淇盐法改革的意义进行探讨，并求教于方家。

一、历史支点：开中盐法制的设计旨趣

明初盐法沿袭宋元“入粟中盐法”旧制，为了节省国家长途运输粮草的运输费用，实现边镇各仓粮储充实，明太祖洪武三年（1370）议定实施开中盐法制度，所谓开中，即“召商输粮而与之盐”[④]。开中盐法制的实施，与明初的政治经济环境密切相关。明初来自北方蒙元残余势力的政治威胁不减，饱受战争破坏的国民经济残破不堪，“道路皆榛塞，人烟断绝”，到处是“土地荒芜，居民鲜少”[⑤]。明初统治者为了防卫边境安全，保证边境物资供应，以盐利为纽带，召商人输粮草于边地，使“盐法边计，相辅而行”。[⑥]

不可否认，“纳粟中盐”的开中盐法制作为明初一项战时经济制度[⑦]有其制度的实用性。开中盐法颁行之后，各行省边境地区纷纷召商输粮中盐以保障边地军储充实，“九

① 夏燮：《明通鉴》卷37“孝宗弘治五年”，北京：中华书局，1959年，第1419页。

② 参见许立坤：《试论明代中期叶淇盐法变革》，《广西民族学院学报》1987年第2期；黎邦正：《试评明代叶淇的盐法改革》，《盐业史研究》1989年第4期；汪崇筼：《以商品经济观念论开中盐法及其嬗变》，《盐业史研究》2000年第3期；王雄《从纳粟中盐到纳银中盐——明朝开中盐法的衍变》，《广播电视大学学报》2003年第2期；金钟博：《明代盐法之演变与盐商之变化》，《史学集刊》2005年第1期；王团伟：《论明代开中盐法的转变——以叶淇盐法改革为例》，《内蒙古农业大学学报（社会科学版）》2010年第1期；常文相：《明代盐法运行中的官商合作》，《求是学刊》2016年第2期；李幸：《破旧与立新——叶淇变法诘难背后的明代盐业经济》，《盐业史研究》2019第1期。

③ 参见[日]藤井宏：《明代盐商的一考察——边商、内商、水商的研究》，刘淼辑译《徽州社会经济史研究译文集》，合肥：黄山书社，1987年，第262-287页；孙晋浩：《“叶淇改制”辨疑》，《晋阳学刊》1997第6期；罗冬阳：《叶淇变法与明代两淮余盐开中》，《史林》2016年第5期。

④ 张廷玉：《明史》卷80《食货志四》，北京：中华书局，1974年，第1935页。

⑤《明太祖实录》卷29，台北：历史语言研究所，1961年。

⑥ 张廷玉：《明史》卷80《食货志四》，北京：中华书局，1974年，第1935页。

⑦ 王雄：《从纳粟中盐到纳银中盐——明朝开中盐法的衍变》，《广播电视大学学报》2003第2期，第106页。

边如大同，其繁荣富庶，不下江南”[①]。然而，战时经济制度的性质又决定了开中盐法制度的先天不足，日后弊端愈演愈烈，至成化、弘治时期表现最为突出，如权贵势要阶层制度紧盯漏洞奏讨占窝、垄断开中、私盐市场泛滥、商人开中日困等[②]，“召商济急，莫有应者”[③]。纳粟中盐的开中之法濒临崩溃。

从开中盐法制设计的初衷来看，明朝初期的盐法制度与明朝的边防政治是合二为一的，“国家之务，莫重于边饷，飞挽之利，莫良于盐法。……以是一遇边方有警，粮草缺乏，召商上纳，无不响应，小民免转运之劳，边方得紧急之济，效速而大，未有过于此也”。[④]时人多将盐法兴废的关键归于能否为边地提供充足的粮草。正是由于这一刚性标准，叶淇“纳银中盐”的盐法改革饱受责难，常被认为是阻坏明朝盐法的罪魁祸首，如兵部尚书马文升上疏云：“虽有中者，及至到边，多不上纳粮科，止是折收银两。一遇紧急缺粮，复命大臣前去督理，重复劳民买运，所以祖宗盐法坏之极点。”[⑤]《国朝典汇》云：“人以为利，而不知其坏盐法也。”[⑥]《陕西通志》云：“两人以为利，而不知坏旧法也。”[⑦]《续文献通考》亦云：“然赴边开中之法废，商屯撤业，菽粟翔贵，边储日虚矣”[⑧]，“西北商胥内徙，便转贩而边计大坏。”[⑨]

关于史籍中所载纳银中盐后开中盐法的诸多弊端，如商屯撤业、粮价上涨、边储日虚、盐法大坏等，学界大多业已发现其中不妥之处，指出商屯物资并非商人开中的主体、叶淇盐法改革前后二十年的整体粮食价格波动不大[⑩]；边储空虚主要与军屯衰落、京军卫所军腐败有关，是边镇屯政不修所致；盐法大坏则是因势要之家奏乞盐引无度、私盐盛行，不能全部归咎于叶淇盐法改革。[⑪]正如清人夏燮在《明通鉴》中所言：“边储日匮，自在屯政不修，不尽关于盐法；盐法之坏，又在势家乞中，而不关淇之变法也。……如云商屯撤业，边粟翔贵，独不思塞下之地，商可屯，军不可屯乎？……而徒责其变法，亦昧于轻重之计者矣。”[⑫]

然而，这些针对叶淇盐法改革不妥言辞的讨论均从明朝政治经济的某一个侧面着

① 谢肇制：《五杂俎》卷4《地部二》。
② 关于开中盐法制弊端的讨论，许立坤：《试论明代中期叶淇盐法变革》，《广西民族学院学报》1987年第2期；黎邦正：《试评明代叶淇的盐法改革》，《盐业史研究》1989年第4期；王团伟：《论明代开中盐法的转变——以叶淇盐法改革为例》，《内蒙古农业大学学报（社会科学版）》2010年第1期。
③《明宪宗实录》：“成化二十一年正月己丑条”，台北：历史语言研究所，1961年。
④ 韩文：《题为钦奏事》，《明经世文编》卷85，北京：中华书局，1962年。
⑤ 马文升：《重盐法以备急用疏》，《明经世文编》卷63，北京：中华书局，1962年。
⑥ 徐学聚：《国朝典汇》卷96《盐法》，书目文献出版社1996年影印本。
⑦《陕西通志》卷13《盐法》。
⑧《续文献通考》卷20《征榷三》弘治五年八月条。
⑨《续文献通考》卷20《征榷三》引华钰《盐策议》。
⑩ 许立坤：《试论明代中期叶淇盐法变革》，《广西民族学院学报》1987年第2期。
⑪ 参见许立坤：《试论明代中期叶淇盐法变革》，《广西民族学院学报》1987年第2期；王团伟：《论明代开中盐法的转变——以叶淇盐法改革为例》，《内蒙古农业大学学报（社会科学版）》2010年第1期；李幸：《破旧与立新——叶淇变法诘难背后的明代盐业经济》，《盐业史研究》2019第1期。
⑫ 夏燮：《明通鉴》卷37“孝宗弘治五年”，北京：中华书局，1959年，第1419页。

手为其正名，多有隔靴搔痒之嫌，并未从根本上查找史籍所载叶淇盐法改革与盐法阻坏的关系的解说。事实上，纳粟中盐的开中盐法制之所以弊病丛生，根本原因还在于其制度本身的缺陷，它不仅捆绑了盐法制度和边防政治，而且将盐法制度作为边防政治的附庸，自然地将边储空虚看作是盐法制度阻坏的结果。殊不知盐法制度是国家经济的命脉，国家虽然将其纳入政府专卖的行列，但其实际运行仍然有市场其自身的经济运行逻辑；而边防政治是国家为保证边防安全而实施的各种制度，需要考虑军事安全、后勤补给、地方建设等因素，并在很大程度上受限于国家外部环境的影响，是完全需要仰仗政府通过行政政策、外交政策、民族政策掌控的环节。正是因为过分突出政府在盐法制度主导性地位，以边防政治完全绑架盐法制度，置官盐的产量与存量于不顾，滥发盐引无度，引起供需矛盾，盐商纳粮无盐可支，长期困守盐场；连带的连锁反应是商人报中的积极性减弱，“召募虽勤，上纳浸寡，盐法于是乎大坏”①。所以，边储空虚并不能代表盐法阻坏，盐法无法施行的真正困境在于商人不愿报中，正盐无处销售，市场经济行为无法正常进行。

叶淇之所以会将纳银中盐著为定制，大抵是看到了两种不同运行逻辑的制度杂糅在一起所产生的矛盾，为恢复市场在资源配置中的基础性作用，寄希望于以纳银中盐方式重新激活盐业市场和明朝国家经济，“淇见报中之急，乃为更制以利商，商利则报中多，报中多则国课裕，是亦校弊之策也”②。

二、逻辑机制：边方纳粮向运司折银的转变

纳粟中盐的开中盐法制度确定了之后，为了便于实施，洪武四年（1371）颁行了商人的中盐则例：输米临濠、开封、陈桥、襄阳、安陆、荆州、归州、大同、太原、孟津、北平、河南府、陈州、北通州诸仓，结合朝廷开中召商的紧急程度、粮食价格高低、商人盈利多少、道路远近和险易四个方面的标准最终确定输粮的多寡——“自五石至一石有差”。③关于开中盐法的运行环节和实施方法，明朝也有明确和严格的规定，《大明会典》有云：

> （户部）先编置勘合、并底簿、发各该布政司、并都司卫分及收粮衙门收掌。如遇客商纳粮完、填写所纳粮、并该支引盐数目。付客商赍赴各该运司、及盐课提举司、照数支盐。其底簿、发各运司及盐课提举司收掌。候中盐客商纳米完。赍执勘合到、比对朱墨字号相同。照数行场支盐又令以盐粮勘合并盐引印、及盐引铜板、收贮内府户科编号木记、收贮户部。遇该召商开中、

① 张萱：《西园闻见录》卷 36，北京：哈佛燕京学社，1940 年。

② 夏燮：《明通鉴》卷 37“孝宗弘治五年”，北京：中华书局，1959 年，第 1419 页。

③ 张廷玉：《明史》卷 80《食货志四》，北京：中华书局，1974 年。

本部奏请印刷编定。给发各商。[①]

《明史·食货志》亦云：

（户部）编置勘合及底簿，发各布政司及都司、卫所。商纳粮毕，书所纳粮及应支盐数，赍赴各转运提举司照数支盐。转运诸司亦有底簿比照，勘合相符，则如数给与。鬻盐有定所，刊诸铜版，犯私盐者罪至死，伪造引者如之，盐与引离，即以私盐论。[②]

按照盐法则例的规定，商人根据户部文告所示各边地所需物资，将其运送至边地收粮衙门，核实物资数量确定支引盐数；再凭盐引勘合到各转运司、盐课提举司处以中盐次序等待支盐；商人领取如数食盐后，必须到朝廷规定的行盐区销售，不得越界行销，否则将视为私盐，施以法律处罚。在开中盐法制下，商人除承担边地所需物资的运输环节外，还承担了食盐部分运输和销售环节，如图 1 所示：

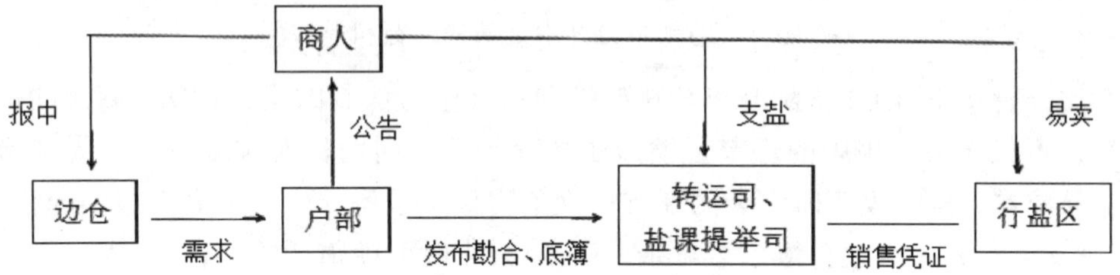

图 1　开中盐法制运行机制

弘治五年（1492），户部尚书叶淇目睹了两淮盐运的诸多弊端，又倾听了盐商中盐实情，上奏朝廷请求变更开中盐法。叶淇的改革意见得到了内阁辅臣徐溥的支持，也得到了朝廷的认可，随即下令在全国各地招商纳银中盐。那么经叶淇改革后的开中盐法制是如何运行的呢？据《明史·食货志》记载：

奏请召商纳银运司，类解太仓，分给各边，每引输银三、四有差。[③]

《国朝典汇》记载：

令两淮等盐运司盐引俱于运司招商开中纳银，类解户部太仓，以备仓储。……淇遂奏准两淮运司盐课于运司开中纳银解部，送太仓银库收贮，分送各边。[④]

① 申时行：《大明会典》卷 34《盐法三》，北京：中华书局，1989 年，第 238 页。
② 张廷玉：《明史》卷 80《食货志四》，北京：中华书局，1974 年。
③ 张廷玉：《明史》卷 80《食货志四》，北京：中华书局，1974 年，第 1939 页。
④ 徐学聚：《国朝典汇》卷 96《盐法》，书目文献出版社 1996 年影印本。

与纳粟中盐的开中之法不同，商人无须不远千里向边地运输粮草，只需向最近的盐运司缴纳盐银、取得盐引、守支食盐，再持销售凭证到指定地区售盐；各地转运司、盐课提举司代表朝廷收纳盐银，上缴户部太仓，再由户部太仓将所折银两调拨边地以供军费开支。经叶淇改革的开中之法，将盐法制度与边防政治剖离开来，商人只承担食盐的运输和销售环节，政府将户部收缴的课利收入以财政支出的形式拨款边地，作为边防开支。商人得以卸下纳粟边塞的重担，开中盐法制的商业运行逻辑更加明确，如图2所示：

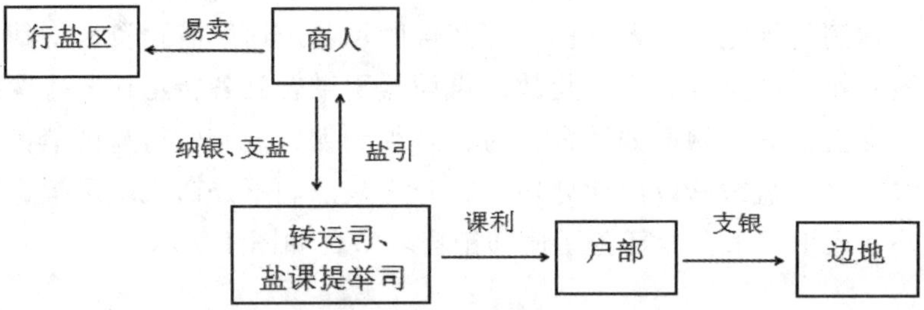

图2　纳银中盐开中之法的运行机制

对比分析图1、图2所示叶淇盐法改革前后开中盐法制的运行逻辑，商人的负担明显减轻，不仅省去了报中的环节，缩短了盐商经营的周期，而且减少了守支和市易环节的交易成本，盐法改革前商人困守支的现象得到了缓解，激发了商人报中的积极性，“商无守支之苦，一时太仓银累至百余万”①。察当时明朝财赋收入，“岁入太仓库者二百万两有奇”②，盐课占天下财赋的一半之多，足以见得叶淇盐法改革的决策正确性。至于叶淇盐法改革之后，边饷未到位，边地出现“军士空腹，救死不赡”③的原因，是上至宗藩贵戚，下至边地军将层层克扣所致，如《明通鉴》所载“今光禄岁供增数十倍，诸方织作，务为新巧，斋醮日费数万，太仓所储不足饷战士，而内府取入，动四五十万”④，内府供应繁多可见一斑。

三、运行基础：货币政策与商品经济的博弈

叶淇盐法改革之所以选择纳银中盐，是有其现实基础的。学界关于纳银中盐可行性的探讨主要集中在货币白银化的必然趋势，以及商品经济发展的必然产物两个方面。然而，在叶淇盐法改革之后，明朝各边仍有大量纳粟中盐是历史事实，不同地区之间尚有行钱区和未行钱区的差别。那么不禁要问，白银作为支付、流通性货币真的已经

① 张廷玉：《明史》卷80《食货志四》，北京：中华书局，1974年，第1939页。
② 张廷玉：《明史》卷80《食货志四》，北京：中华书局，1974年，第1901页。
③ 霍韬：《哈密疏》，载陈子龙等《明经世文编》卷186，北京：中华书局，1962年，第1913页。
④ 夏燮：《明通鉴》卷39“孝宗弘治十四年八月己巳条”，北京：中华书局，1959年。

落地了吗？商品经济已经发展到足以使白银取代其他的货币形式了吗？

（一）叶淇盐法改革前的货币白银化

据史料记载，盐课折银始于成化年间。成化十年（1474），“巡抚右都御史刘敷疏请两淮水乡灶课折银，每引纳银三钱五分”。[①]成化十八年，“巡抚陕西右副都御史阮勤奏，陕西、榆林、固原、宁夏顷以边储不足，召商中两淮、两浙盐，……然存积盐每引折收银止一钱七分有奇，常股盐又减四之一，若依本处时价，则每引可加二之一”。[②]成化十九年（1483），两浙盐课折银“每正盐一引，浙西场银七钱，浙东场银五钱”。[③]弘治元年（1488），奏准两浙盐课“二十二万三千三百余引，内除水乡折银三万余两，实盐八万九千七百余引，将解京折价。浙西每引原定七钱，减为六钱，浙东原定五钱者，减为三钱五分。……又令两浙水乡盐户每一引纳银六钱，煎办灶丁、存积盐课俱纳本色，其常股每引折银三钱，候商到支给，将价照例于勤煎灶户余盐内插买补课”。[④]弘治二年（1489）灶课折银之法广泛推广，两浙运司所属各场“三十里外者全准折银，每年十月里缴送运司解部。其折银则例，每一大引，浙西六钱，浙东四钱”。[⑤]虽然不同地方均出现了盐课折银的记载，“然未尝著为令也”[⑥]，弘治五年（1492），叶淇变革开中盐法制，纳银中盐成为定制，全国赋税收入的一般以白银征收，白银地位显现。

早在盐课折银之前，明朝在田赋、徭役、商业税收、国库开支方面都可见以银折纳的记载，于是有学者认为货币银在经济领域的地位已超越了实物，食盐产销领域亦受此驱动[⑦]；白银成为官方法定货币，一切商品都以银计价，大交易用银，小买卖用碎银。[⑧]

然而，事实并非如此，明朝虽然将白银作为货币形式进行使用，但至明朝亡国之前并未给予其官方法定货币的地位，随着经济的恢复和市场的扩展，形成了两广、南北直隶、江淮、山东、大运河沿线等处的行钱区和多种实物货币充斥的未行钱区，这归因于

①《浙江通志》卷83。

②《明宪宗实录》卷106，台北：历史语言研究所，1961年，第3870页。

③《续文献通考》卷20《征榷》。

④《明会典》卷32《盐法一·两淮》，北京：中华书局，1989年，第229页。

⑤《明会典》卷32《盐法一·两淮》，北京：中华书局，1989年，第229页。

⑥《明史》卷80《食货志四·盐法》。基于这些史实，藤井宏指出成化时期特别是成化末年，已经形成商人运司纳银的制度，并质疑叶淇盐法改革是否存在，罗冬阳认为场中纳银难寻直接证据。即便如此，他们依然承认纳银中盐的历史事实，而这正是本文所关注的重点，即以中盐方式的改变考察货币白银化的产生基础和重要意义。参见[日]藤井宏：《明代盐商的一考察——边商、内商、水商的研究》，刘淼辑译《徽州社会经济史研究译文集》，合肥：黄山书社，1987年，第280页；罗冬阳：《叶淇变法与明代两淮余盐开中》，《史林》2016年第5期。

⑦ 许立坤：《试论明代中期叶淇盐法变革》，《广西民族学院学报》1987年第2期；王雄：《从纳粟中盐到纳银中盐——明朝开中盐法的衍变》，《广播电视大学学报》2003年第2期。

⑧ 王团伟：《论明代开中盐法的转变——以叶淇盐法改革为例》，《内蒙古农业大学学报（社会科学版）》2010年第1期。

国家货币制度和祖例政策。[①]明成祖时期确定了明朝国家认可的唯一制度性货币是宝钞，限制并打压铜钱，这种货币政策的持续导致通货紧缩，弘治时期，宝钞进一步贬值，“谓国初钞法，或征商税，或收户口，或赎罪折杖，与铜钱兼行。近来各处有司废格不用，一切征银。则钞之在官而散于民者，一贯不能值钱一文，在民而征于官者，一贯乃收银二分五厘，亏官损民为甚”[②]。市场自行遵循劣币竞择的格雷欣法则，源于民间的稳定通货白银因需求进入市场，“良币驱逐劣币”，行钱区出现“银进钱退”的现象。[③]

由此可见，叶淇盐法改革之所以以白银中盐，从内因上考察，是市场需求将白银推上了稳定通货的位置，是市场机制自我选择的结果，也是商品经济发展的具体表现。那么，白银作为一种货币形式真的已经落地了吗？

（二）叶淇盐法改革前商品经济的发展程度

叶淇盐法改革以纳银中盐为制，但是并未废止原有的纳粟中盐之法，当边地局势紧张，粮草短缺时仍倡导纳粟开中。弘治六年（1493），庄浪等处边关有警，同时需防备吐鲁番入侵，乃“开中两浙运司弘治三年常股盐八万引、四年存积盐七万五千九十六引，两淮运司六年存积盐五万引召商上纳粮草以备军饷”[④]。《大明会典》记载弘治年间各盐区盐场的盐课岁办情况如下：

> 福建都转运盐使司：每岁办大引盐、一十万五千三百四十引二百六十五斤八两九钱。内本色盐、四万七千四百五十六引二百七十八斤四两九钱。折色盐、五万七千八百八十三引三百八十七斤四两。
>
> 海北盐场：岁办盐、一万九千四百八十三引四百九十斤。内本色盐、一万三千三百八十引一百斤。折色盐、六千一百三引九十斤”。

据此，明朝在孝宗一朝的盐法制度仍兼行纳粟中盐和纳银中盐两种方式，除了需要将边境局势纳入考量外，也足以说明叶淇盐法改革之前，明朝商品经济的发展尚未达到可以完全接纳货币白银化的程度，直到嘉靖万历间明朝商品货币经济才有颇大发展，引起了社会某些具有近代化倾向的变革。[⑤]

---

① 邱永志：《国家“救市”与货币转型——明中叶国家货币制度领域与民间市场上的白银替代》，《中国经济史研究》2018 年第 6 期。

②《明孝宗实录》卷 6“成化二十三年十一月上庚子”，台北：历史语言研究所，1961 年，第 102-103 页。

③ 邱永志：《国家“救市”与货币转型——明中叶国家货币制度领域与民间市场上的白银替代》，《中国经济史研究》2018 年第 6 期。

④《明孝宗实录》卷 8，台北：历史语言研究所，1961 年。

⑤ 吴承明、许涤新主编：《中国资本主义发展史第一卷：中国资本主义的萌芽》，北京：人民出版社，1985 年。

结 语

从明初纳粟中盐到弘治时期纳银中盐的转变过程中不难发现，明代前中期盐法制度的形成与演变是“专制统治”和“理性市场”互相博弈、“应然”和“实然”彼此互动的产物，呈现出一种“官府掌控下的‘理性市场’模式”①。

从“专制统治”的角度，我们可以看到政府控制力度经历了“弱强转换”的过程。明朝立国之初，边地外部军事威胁尚未解除，国内经济亟待恢复，若要最大限度地发挥组织性和行政效率，专制权力便会渗透到国家政治、经济、国防、文化、生活等各个方面，以各种制度规约投射中央政府的专制权威。但制度始终是刚性的，制度的“应然”在实际落地过程中展现出多种“实然”的状态，政府对社会的控制力度减弱。在明初开中盐法制度濒临崩溃之时，叶淇的盐法改革预示着专制权力并非全然保守，而是选择在保证原有制度架构的基础上，以纳银中盐的方式为市场自主运行留下空间，扭转了盐法阻坏的局势，开启了新的政府干预控制模式。

从“理性市场”角度来看，市场的自主运行空间经历了“小大转换”的历程。明朝初年，经济疲敝，多种经济形式和政策亟待重建，市场的自主空间逐步恢复。然而，纳粟中盐的开中盐法制度确立的初衷是以商业济边，强行在将市场自我运行逻辑和行政制度糅合在一起，并以后者牵制理性市场的运行机制。可以想见，这种牺牲市场在资源配置中的基础性地位的做法必然导致市场秩序混乱。在这种经济、社会环境下，“理性市场”能否在原有制度中寻找到一线生机尚未可知。叶淇的盐法改革，“使理性市场”重获了发展的契机，民间市场以其自身的需求塑造着货币白银化的趋势，推进了商品经济的新发展，正如万明所言：“白银货币化的过程，先有‘民以为便’，在民间白银流通基础上，后有统治者认为可得实惠，加入了这一过程，白银货币化在明代才得以实现。这正是中国古代社会内部酝酿的变革趋势。”②

综上，制度修复与创新和理性市场的发展密切相连，新的市场因素要依赖明代原有的制度基础成长。只是依赖旧制度是有风险的，理性市场能否在旧制度的母体中别开出一番生面？③理性市场能否在纳银中盐的开中盐法制度和社会环境中仍然保持其自主性，还需从明朝中后期的庞尚鹏和袁世振的盐法改革中寻找答案。

---

① 周琳：《产何以存？——清代〈巴县档案〉中的行帮公产纠纷》，《文史哲》2016年第6期。

② 万明：《明代白银货币化与明朝兴衰》，《明史研究论丛》，2004年。

③ 周琳：《产何以存？——清代〈巴县档案〉中的行帮公产纠纷》，《文史哲》2016年第6期。

民国时期盐务缉私武装研究现状及展望①

石振峰②

摘　要： 盐务缉私是盐政盐务的一个重要组成部分，关于民国盐务缉私，学界取得了丰硕的成果，而对于直接参与盐务缉私活动的缉私人员的研究，不论是在全国盐务和地方盐务的研究中，多集中体现在研究盐政盐务的过程中，以缉私人员为专门研究对象的成果较少。整体来说，对缉私武装的研究有一定的成果，但仍有很大的研究空间。

关键词： 民国；盐务缉私；缉私武装

盐，自开禁以来，即承担着上裕国课、下关民生的角色。作为一种工业产品，其为人民日常生活之用，一日不可或缺；作为一种经济商品，盐业销售所产生的盐税仅次于田赋收入，在国家经济中起着重要的作用，历代政府都将其视为重要的战略资源牢牢地掌握在自己手中。利之所至，私盐乃生，私盐的存在，严重地影响了国家的财政收入，左树珍曾言："国之大利在盐，盐之大害在私。"为保证政府的盐税收入，盐务缉私机构及缉私武装应运而生。

民国时期为保证盐税收入，盐政改革成了政府应对财政危机的重要手段，而当时民国盐业处于传统和现代冲撞、主权的丧失与收回的复杂时期，因此关于民国盐业的资料极为丰富，丰富的资料为研究民国盐业改革尤其是民国盐务缉私武装提供了基础。

民国时期报刊发达，盐政杂志众多。1912 年盐政杂志社在北京出版发行《盐政杂志》、1913 年谈盐丛报社在上海创办《谈盐丛报》、景学钤在北京主编《盐政丛刊》、1929 年全国盐务杂志社青盐杂志编辑部在上海创办《全国盐务杂志》（又称《青盐杂志》）以及盐务署主编的《盐政汇览》、财政部盐务署汇总《盐务年鉴》、财政部直接税务处编《十年来之缉私》，这为研究民国盐务改革及盐务缉私武装提供了重要的史料支撑。

同时期亦有许多涉及盐政改革的专著，整体性的有盐务署主编的《中国盐政沿革

① 基金项目：本文为 2019 年度四川省社会科学规划重大课题"民国四川盐区盐务缉私武装研究"（项目编号 SC19EZD048），2018 年度四川省哲学社会科学重点研究基地——四川轻化工大学中国盐文化研究中心资助项目"清代官四川运局文约凭票研究（YWHY18-08）"阶段性成果。

② 作者简介：石振峰（1985—），男，四川轻化工大学中国盐文化研究中心助理研究员，历史学博士。

史》[①]和《中国盐政实录》[②]、田斌《中国盐税和盐政》[③]、曾仰丰《中国盐政史》[④]、欧宗祐《中国盐政小史》[⑤]、陈沧来《中国盐业》[⑥]、林振翰《中国盐政纪要》[⑦]、周庆云《盐法通志》[⑧]、蒋静一《中国盐政问题》[⑨]等；局部性的以林振翰的《淮盐纪要》《川盐纪要》《浙盐纪要》为代表，这部分专著对民国时期的盐政改革整体情况进行了详细的梳理，在论述中对民国时期的盐务缉私武装的内容有所涉及，但缺少深入研究，专题性不足。

近年来汇编的一些涉及资料汇编类书籍，其中有涉及民国盐务的内容也为盐业缉私武装研究提供了资料支撑，如南开大学经济所经济史研究室编《中国近代盐务史资料选辑》[⑩]、沈云龙《近代中国史料丛刊》[⑪]（该书记载了时期有关盐务缉私的法令）、中国第二历史档案馆编《中华民国史档案资料汇编》[⑫]（财政经济卷）等。

尽管民国及现代的报刊、书籍以及资料汇编中涉及盐业缉私武装的研究略显薄弱，但这些书籍提供了丰富的史料，为进一步深入的研究提供了基础。

现将相关文章对民国时期缉私武装的研究情况叙述如下：

1. 对南京国民政府缉私武装的研究

史继伟的硕士论文《南京国民政府盐务税警研究（1931—1945）》[⑬]一文从南京国民政府中央层面分析了盐务缉私税警的成立的背景，缉私人员的选拔、训练、装备、晋升以及缉私的成效和存在的问题。张生《论南京政府初期的盐税改革》[⑭]一文论述了南京政府所的缉私武装第六师和由盐商出资组建的缉私武装巡带的组建以及后来税警团的成立情况。孙宝根《抗战时期国民政府缉私研究（1931—1945）》[⑮]和徐志《民国时期的税务警察》[⑯]二文均言及税务警察的前身乃盐务警察，随着缉私范围的扩大，税务警察所稽查的范围已经不仅仅是盐务，逐步涉及了国家整体的税务，同时还论述了盐务税警的任用、培训、提升等内容。杨光《论左树珍盐务改革思想》[⑰]言及左树珍在

---

① 盐务署盐务稽核所编：《中国盐政沿革史》，1915 年。
② 盐务署盐务稽核所编：《中国盐政实录》，1933 年。
③ 田斌：《中国盐税和盐政》，江苏省印刷局，1929 年。
④ 曾仰丰：《中国盐政史》，商务印书馆，1936 年。
⑤ 欧宗祐《中国盐政小史》，商务印书馆，1927 年。
⑥ 陈沧来：《中国盐业》，商务印书馆，1929 年。
⑦ 林振翰：《中国盐政纪要》，商务印书馆，1930 年。
⑧ 周庆云：《盐法通志》，鸿宝斋书局，1928 年。
⑨ 蒋静一：《中国盐政问题》，正中书局，1936 年。
⑩ 南开大学经济所经济史研究室编：《中国近代盐务史资料选辑》，南开大学出版社，1985 年。
⑪ 沈云龙编：《近代中国史料丛刊》，台湾文海出版社，1999 年。
⑫ 中国第二历史档案馆编：《中华民国史档案资料汇编》，江苏古籍出版社，1994 年。
⑬ 史继伟：《南京国民政府盐务税警研究（1931—1945）》，华中师范大学 2018 年硕士论文。
⑭ 张生：《论南京政府初期的盐税改革》，《近代史研究》1992 年第 2 期。
⑮ 孙宝根：《抗战时期国民政府缉私研究》，苏州大学 2004 年博士学位论文。
⑯ 徐志：《民国时期的税务警察》，《涉外税务》2002 年第 6 期。
⑰ 杨光：《论左树珍盐务改革思想》，《盐业史研究》2017 年第 3 期。

进行盐务改革的时候，建议在产盐地区设立缉私警察以遏制私盐的买卖的内容。

缉私武装选拔之后，势必要对缉私人员进行教育和培训。李丽霞《民国时期盐务人才的培养及其得失——以北京盐务学校为例》[①]一文以北京盐务学校为例，论述了其在盐务人才培养中的作用，同时还论述了盐务学校对盐务人才的招收培训等内容。樊磊《南京国民政府后期盐警教育工作研究》[②]一文论述了盐警教育的总体思路、时间安排和教育内容。姚顺东、唐湘雨《南京国民政府初期盐务人员管理论析》[③]一文论述了南京政府成立后加大对盐务人员的立法力度，并出台了一系列有关盐务人员的任用、考核、培训、薪俸等内容的法令法规以加强对盐务人员的管理。

纵然南京国民政府对盐务缉私人员有着严格的选拔、考核和任用制度，同时对盐务人员管理又有着严厉的立法，整体来说，盐务缉私人员在盐务缉私中起着重要的作用，但部分盐务人员依然对社会产生一些困扰。姚顺东《浅论南京国民政府对食盐走私的立法控制》[④]一文论述了南京国民政府有鉴于走私问题的严重，在加强缉私队伍建设和规范缉私人员行为方面所作的努力，特别是注重盐业管理人员的素质的提高。张立杰《南京国民政府时期的盐政与民生》[⑤]一文言及南京政府为了保证税收杜绝走私，加强了盐务税警和缉私兵力，固然起到了保证税收的效果，但这些缉私武装不顾民生桀骜不驯，非法敲诈，已经成了“病民工具”，民众不堪重负，同时该文还列述了税警扰民的几则案例。

2. 对地方缉私武装的研究

对地方性盐业缉私武装的研究成果较为丰硕，多数的研究以某一省、市或者特定区域为中心，且大多以产盐地居多，覆盖区域遍及四川、河北、安徽、山东、云南、贵州、福建、广东、浙江、湖南、甘宁青、东三省等地。

四川盐业缉私武装研究。吴炜等《四川盐政史》[⑥]第五篇缉私部分将民国时期四川缉私武装的种类、编制、驻防、人员晋升、培训以及对其的奖惩的情况进行了阐述，同时将与四川缉私相关的中央和地方法律条文也分别给予罗列。李福德、赵伯蒂《从历代缉私看川盐缉私》[⑦]对历代的缉私情况进行了回顾，认为缉私的有效进行必须要有一个强有力的缉私武装。宋良曦《川盐缉私略论》[⑧]一文论述了历史上四川盐业缉私的情况，并对民国时期四川缉私武装的设立、沿革、编制等问题进行了分析。李佳豪《抗

---

① 李丽霞：《民国时期盐务人才的培养及其得失——以北京盐务学校为例》，《河南科技大学学报（社会科学版）》2018 年第 2 期。

② 樊磊：《南京国民政府后期盐警教育工作研究》，《现代商贸工业》2013 年第 3 期。

③ 姚顺东、唐湘雨：《南京国民政府初期盐务人员管理论析》，《中国社会经济史研究》2006 年第 1 期。

④ 姚顺东：《浅论南京国民政府对食盐走私的立法控制》，《盐业史研究》2004 年第 2 期。

⑤ 张立杰：《南京国民政府时期的盐政与民生》，《历史教学（高校版）》2007 年第 8 期。

⑥ 吴炜等：《四川盐政史》，四川盐运使署铅印本，1932 年。

⑦ 李福德、赵伯蒂：《从历代缉私看川盐缉私》，《盐业史研究》1995 年第 2 期。

⑧ 宋良曦：《川盐缉私略论》，《盐业史研究》1986 年第 1 辑。

战时期四川缉私研究（1936—1945）》[①]论述了抗战时期四川缉私机构（如盐务防护军、盐巡警、缉私营、税警队等）的设置，同时也阐述了盐务缉私人员的训练情况。

河北盐业缉私武装研究。河北的盐业研究主要侧重在长芦盐区。毕昱文的博士论文《1912—1928年长芦盐区缉私武装研究——以长芦缉私营为中心》[②]以缉私营为研究对象，从长芦缉私的组建、后勤保障、经费保障、缉务活动、人员晋升、军风军纪等几个方面详细地论述了长芦缉私营在长芦盐区的缉私活动，但该文未涉及缉私营的人员培训问题。除此之外，毕昱文分别从缉私营的编制、马后营的编制、领导指挥体制、人事管理制度、财务治理等方面对长芦缉私营进行了深入的研究，写作了一系列相关论文[③]。高寒《长芦盐务税警研究——1931—1937》[④]从缉私税警为切入点，重点从盐务税警的教育、职责以及和民众、中共、日伪的冲突方面论述了长芦盐务税警在当时所起的作用，但对税警的缉务活动并未论述。李燕《民国初年长芦盐区缉私问题探析——1912—1916》[⑤]缉私机构部分论述了长芦缉私营的沿革、内部组织和职责、兵力和布防、经费和人员薪金等情况，较毕昱文以长芦缉私营为研究对象，该文多了地方官缉私和海关缉私两个部分，但其对这两部分没有做详细的论述。尹建伟《民国初期长芦场务局研究》[⑥]在场务局与盐场缉私管理部分言及在长芦地区设立巡缉课员对缉私营的监督以及对长芦地区的场警的编练和布防情况。

安徽盐业缉私武装研究。李强《倪嗣冲与民国初年安徽盐务》[⑦]以倪嗣冲整顿安徽盐务为出发点，论述了其在安徽建立盐务机构，设立缉私队加强缉私的情况以及在缉私过程中所存在的问题。李孟圆《民国时期安徽的盐业研究（1912-1937年）》[⑧]论述了安徽地区皖南和皖北缉私局的设立、编制、人员等情况，对如何缉私及缉私的效果并没有论述。张文凤《缪秋杰与近代淮北盐区的盐政缉私》[⑨]分析了缪秋杰在主持淮北盐务缉私的时候所采取的措施，缪秋杰将缉私营改编为税警，分区驻扎，缪秋杰认为缉私的成败和缉私武装的素质直接相关，他注重对税警的训练和管理，同时提高缉私税

① 李佳豪：《抗战时期四川缉私研究（1936—1945）》，四川师范大学2015年硕士学位论文。

② 毕昱文：《1912—1928年长芦盐区缉私武装研究——以长芦缉私营为中心》，河北师范大学2011年博士论文。

③ 毕昱文相关的研究论文有：《20世纪70年代以来盐务缉私研究综述》，《盐业史研究》2010年第2期；《北洋政府时期长芦缉私马后营编建述论》，《石家庄职业技术学院学报》2013年第3期；《北洋政府时期长芦缉私营编整述论》，《盐业史研究》2013年第2期；《北洋政府时期长芦缉私营领导指挥体制述论》，《盐业史研究》2013年第1期；《北洋政府时期长芦缉私营人事管理制度述论》，《盐业史研究》2012年第3期；《盐务稽核所对长芦缉私营财务治理述论》，《河南科技学院学报》2016年第1期；《北洋政府时期长芦缉私营硝私查缉述论》，《兰台世界》2013年2月下旬；《长芦缉私营涉私物品处置述论》，《盐业史研究》2015年第1期。

④ 高寒：《长芦盐务税警研究——1931—1937》，河北大学2011年硕士论文。

⑤ 李燕：《民国初年长芦盐区缉私问题探析——1912—1916》，河北大学2008年硕士学位论文。

⑥ 尹建伟：《民国初期长芦场务局研究》，河北师范大学2014年硕士学位论文。

⑦ 李强：《倪嗣冲与民国初年安徽盐务》，《盐业史研究》2013年第2期。

⑧ 李孟圆：《民国时期安徽的盐业研究（1912—1937年）》，2016年安徽大学硕士学位论文。

⑨ 张文凤：《缪秋杰与近代淮北盐区的盐政缉私》，《重庆科技学院学报（社会科学版）》2012年第23期。

警的待遇以提高其战斗力，缪秋杰的改革取得了显著的效果。江希喦《浅议两淮盐业缉私沿革》[①]一文论述了两淮盐区缉私营的设立、沿革和人员编制的情况。

山东盐业缉私武装研究。宋志东《近代山东盐政研究》[②]一文论述了山东地区的缉私武装存在政府缉私、商人缉私和官商合缉三种缉私模式，官府和商人缉私是相辅相成的，二者相互配合，但另一方面由于缉私力量不统一，导致缉私效果差，同时商巡也伴随着时间推移，存在一定的扰民问题。宋志东《近代山东的盐务缉私方式及其法规建设》[③]分析了民国时期山东的盐务缉私方式，缉私力量盐务警察的设立、驻防以及人员编制等内容，同时还论述了成立士警训练所以训练缉私税警的情况。宋志东《近代山东私盐的泛滥及其成因》《抗战时期山东盐业的曲折发展》《民国时期山东盐务稽核机构述论》[④]分别从不同角度论述了山东盐务缉私武装的设立、建制、人员构成和布防情况。

云南、贵州盐业缉私武装研究。赵小平《民国时期云南私盐与缉私制度的变迁》[⑤]和《民国时期云南盐商、私盐与缉私关系探析》[⑥]二文详细分析了民国时期云南的盐务缉私活动，缉私机构的变迁以及缉私武装的番号（缉私特务队、缉私第一中队、缉私第一/第二大队）等内容，赵小平认为云南缉私效果不明显与缉私队伍人员不够、缉私人员素质低下、缉私队伍内部腐败及官商勾结、缉私力量分布不均有关，总而言之是由缉私制度不健全导致。李浩、贺菊莲《民国时期贵州盐务机构演变》[⑦]一文，详细地论述了贵州盐务机构的演变和变迁，如缉私局和盐务税警队的设立等情况。贺菊莲《国民政府主黔时期的贵州盐警缉私》[⑧]论述了国民政府时期的贵州政府制定的一系列跟盐警缉私有关的政策和制度，以及盐警在缉私过程中所存在的问题。

福建、广东、浙江、湖南盐业缉私武装研究。李慧艳《1927—1937 年福建私盐问题研究》[⑨]及《抗战前福建政府抵制私盐的主要措施》[⑩]二文提及福建政府整编盐务税警、场警的力量，认为只有通过提高缉私人员赏款及福利，改善工作条件，才能达到

---

① 江希喦：《浅议两淮盐业缉私沿革》，《盐业史研究》1996 年第 2 期。

② 宋志东：《近代山东盐政研究》，山东师范大学 2005 年硕士学位论文。

③ 宋志东：《近代山东的盐务缉私方式及其法规建设》，《盐文化研究论丛（第三辑）》，巴蜀书社，2003 年。

④ 宋志东：《近代山东四眼的泛滥及其成因》，《盐业史研究》2013 年第 4 期；《抗战时期山东盐业的曲折发展》，《盐业史研究》2015 年第 3 期；《民国时期山东盐务稽核机构述论》，《潍坊学院学报》2018 年第 4 期。

⑤ 赵小平：《民国时期云南盐商、私盐与缉私关系探析》，《四川理工学院学报（社会科学版）》2008 年第 1 期。

⑥ 赵小平：《民国时期云南私盐与缉私制度的变迁》，《盐业史研究》2010 年第 1 期。

⑦ 李浩、贺菊莲：《民国时期贵州盐务机构演变》，《贵州社会科学》2009 年第 10 期。

⑧ 贺菊莲：《国民政府主黔时期的贵州盐警缉私》，《兰台世界》2014 年 3 月上旬。

⑨ 李慧艳：《1927—1937 年福建私盐问题研究》，福建师范大学 2014 年硕士学位论文。

⑩ 李慧艳：《抗战前福建政府抵制私盐的主要措施》，《黑龙江史志》2013 年第 10 期。

提高缉私人员积极性的效果。于广《1920年代广东地区的私盐与缉私》[①]一文论及广东为减少盐税收入的损失，试图建立和完善缉私制度，虽然缉私组织得以建立，但因为军事局势的影响，缉私制度基本上处于废弛的状态。孙娇《战后浙江盐政的重建与变革》[②]论述了战后浙江地区缉私协警在浙江的重组及布防情况，同时也分析了提升缉私效率的相关措施。侯强《抗日战争时期宁波的盐产品走私与缉私——以地方盐业志为中心的考察》[③]以盐业志为考察的出发点，分析了抗战时期宁波地区缉私组织的整顿与警力的布防情况。唐振民《抗战时期湖南盐务管理述论》[④]一文论述了湖南地区缉私机构的演变及缉私队伍的建设情况。

陕甘青宁地区的盐业缉私武装研究。汪红娟《抗战时期陕甘宁边区的食盐走私与缉私》[⑤]论述了边区政府为打击食盐走私健全缉私机构等情况，尤其强调了群众力量在缉私中所起的作用。田旺杰《近代化过程中的甘宁青盐业》[⑥]粗略地论述了该地区的盐业缉私队和税警的缉私情况。金伟《民国时期甘肃地区的盐政研究》[⑦]和许甜甜《民国时期甘肃盐政制度建设研究》[⑧]二文均论述了甘肃的盐务缉私队成立及驻防的情况。樊磊《民国绥远地区盐政研究（1912—1937）》[⑨]盐务缉私部分论述了民国绥远地区的盐务缉私机构的沿革情况，对缉私税警的待遇及驻防地区进行了阐述。

东三省缉私武装研究综述。孙忠《清末民初东三省盐业缉私研究》[⑩]和李媛媛《清末民初奉天省盐务研究》[⑪]二文阐述了东三省盐业缉私的情况是多方统筹协同缉私，除了专门的缉私武装外，地方政府和水师水警都会参与缉私，但由于当地缉私武装力量的兵员单薄，为了有效地开展缉私活动，当地缉私武装的枪械子弹较为充足，在一定程度了抵消了因人员单薄而导致缉私不力的情况。同时因为当地特殊的地理情况，日私、韩私、俄私均存在于当地，为解决缉私问题，当地会求助外国力量加以协同缉私，例如以聘请日本警察和日籍雇员的形式开展缉私。

综上，关于民国时期的盐业缉私武装的研究除少数几篇论文以缉私武装为对象进行专门研究外，其他的缉私武装研究几乎都是在研究盐政盐务问题的时候有所涉及，且研究的过程中多是论述缉私机构的成立、沿革、编制、人员及驻防问题，对盐业缉私武装的教育培训、升迁奖罚、后勤保障等方面的研究较为不足，有待于进一步地开

---

① 于广：《1920年代广东地区的私盐与缉私》，《盐业史研究》2017年第1期。

② 孙娇：《战后浙江盐政的重建与变革》，杭州师范大学2016年硕士学位论文。

③ 侯强：《抗日战争时期宁波的盐产品走私与缉私——以地方盐业志为中心的考察》，《中共宁波市委党校学报》2011年第1期。

④ 唐振民：《抗战时期湖南盐务管理述论》，湘潭大学2009年硕士学位论文。

⑤ 汪红娟：《抗战时期陕甘宁边区的食盐走私与缉私》，《河北学刊》2019年第5期。

⑥ 田旺杰：《近代化过程中的甘宁青盐业》，《盐业史研究》2014年第1期。

⑦ 金伟：《民国时期甘肃地区的盐政研究》，西北师范大学2013年硕士学位论文。

⑧ 许甜甜：《民国时期甘肃盐政制度建设研究》，北方民族大学2018年硕士学位论文。

⑨ 樊磊：《民国绥远地区盐政研究（1912—1937）》，内蒙古师范大学2013年硕士学位论文。

⑩ 孙忠：《清末民初东三省盐业缉私研究》，辽宁大学2013年硕士学位论文。

⑪ 李媛媛：《清末民初奉天省盐务研究》，辽宁大学2019年硕士学位论文。

展深入的研究。学界对盐业缉私武装研究的范围几乎遍及全国，但对部分地区的研究深入度不足，尤其是对作为民国主要产盐区的四川盐区的缉私武装的研究更是有待于深入研究，甚至有些地区的研究几乎是一片空白。对民国时期盐务缉私武装的研究对于中国缉私警察制度具有一定的借鉴意义。

清前期山西食盐运销制度变迁研究①

李璐男②

摘　要： 清初，晋南、晋中、晋北分别实行食盐专卖制、“盐税”制和自由运销制。乾隆年间，吉盐的越界侵销扰乱了山西原有的制度秩序，各利益集团的博弈最终促使山西全境施行食盐自由运销制。新制度加剧解盐与吉盐私越两淮引地，致使两淮官引壅滞，新博弈主体的斗争使得嘉庆中期山西全境试行食盐专卖制。但吉盐的商专卖制是无效率的制度安排，运商、民贩、当地民众对吉盐持抗拒态度，清政府只得停止在晋北、晋中推行商专卖制。

关键词： 制度变迁；利益集团；博弈；清代

清初，山西境内食盐运销制度因地制宜。晋南各府州属划归河东解盐引地，销食解池食盐，坐商修地治畦，运商领引行盐，官府督运缉私[1]卷 7：5-7。晋中各属亦划归河东引地，然循旧例，不销食解盐，民间买食本地所产土盐，引课或由地方官招纳土盐商缴纳，或摊入地粮征收[2]卷 3：17。晋北各地既不属于河东引地，亦不销食河东池盐，例准边民买食浑源、山阴等地所产土盐及口外蒙盐，土盐计锅纳课[3]卷 7：32，蒙盐按驮缴税[4]卷 34：1。目前为止，关于清代河东盐区的研究成果颇为丰硕，集中探讨了河东盐池的生产技术③，河东盐的运销状况和盐商活动④以及重大盐政改革的分析⑤。但这样的

---

① 基金项目：本文为四川省哲学社会科学重点研究基地——中国盐文化研究中心 2018 年度青年项目“国家、市场与清代甘肃盐政制度变迁”（批准号：YWHQ18-05）阶段性成果之一。

② 作者简介：李璐男（1998—），女，山西繁峙人，厦门大学历史系博士研究生，主要从事西北区域经济史研究。

③ 李三谋、李震《清朝河东盐池的生产方式》（《盐业史研究》2007 年第 4 期）；张朋《垦畦浇晒法与河东盐池：生产技术视角下的河东盐业相关研究》（《山西大学学报（哲学社会科学版）2009 年第 1 期）；黄壮钊《明清山西解盐生产技术的演变》（《中国经济史研究》2016 年第 3 期）。

④ 李三谋、李著鹏《河东盐运销政策——清代河东盐的贸易问题研究之一》（《盐业史研究》2003 年第 3 期）；李三谋、李著鹏《河东盐运销的组织管理——清代河东盐的贸易问题研究之二》（《盐业史研究》2004 年第 1 期）；王勇红、刘建生《乾隆年间河东盐商经营贸易额的估算》（《盐业史研究》2005 年第 2 期）；李著鹏《试析清代河东盐商》（《经济问题》2017 年第 9 期）。

⑤ 林永匡《乾隆时期河东盐课归丁改革》（《历史档案》1982 年第 3 期）；张正明《清代河东盐课摊归地丁试析》（《山西师大学报》（社会科学版）1982 年第 3 期）；方裕谨《浅论嘉庆十二年河东盐务商运的恢复》（《清史研究通讯》1986 年第 3 期）；黄天庆、夏维中《“恢复专商”：嘉庆十一年解盐管制的政策回归》（《盐业史研究》2016 年第 1 期）。

研究让我们难以把握清代山西全省的食盐运销状况，并且忽略了如下几个重要问题：清代，山西各区域的食盐运销一直是分区而治吗？清政府有没有试图将山西各地的食盐运销制度统一化？如果有，是哪些利益主体采取什么行动促进了制度的变迁？食盐运销制度的变迁又如何影响食盐市场的运行，又对利益主体造成了什么样的影响？本文拟通过全盘考察清前期（嘉庆十八年之前）山西食盐市场的运行状况，以期对上述问题作初步的阐释。

一、清初山西食盐运销制度的因地制宜

清初，山西境内食盐运销制度因地制宜。晋南地区平阳府、蒲州府、潞安府、泽州府、解州、绛州、霍州等属划归河东解盐引地，食盐运销实行商专卖制。晋中地区太原府、汾州府、辽州、沁州、平定州、保德州、代州、忻州等属亦划归河东引地，然纳河东之引，不销河东之盐，实行“盐税”制。晋北地区大同、朔平两府及口外各厅既不属于河东引地，亦不销食河东池盐，实行自由运销制。

晋南地区为河东解盐引地，销食解池所产之盐。产盐地位于安邑、解州境内，分东西两场。清顺治初招商办课，盐商负责食盐的生产与运销，后盐商无力经营，演化为坐商，只负责雇工生产，将所产盐斤照时价卖与运商。康熙二十七年（1688），河东盐政招徕运商专门负责食盐的运输与销售[1]卷6：2，运商领引行盐，按引纳课，其运销数量、运输里程与销售范围都在盐官与地方州县官的严密控制之下，官府有缉私、督销、纳课之责。

晋中地区亦为河东解盐引地，但销食本地所产土盐。产盐之地有忻州、定襄、崞县等忻定盆地的滹沱河流域地方及太原盆地的汾河流域地界[5]。受距离和地形限制，该地域食本地所产土盐，并不销食河东池盐。明隆庆三年（1569），就因“太原、汾州山路崎岖，运盐难至”，乃许“行私盐给票收税，每盐百斤纳银三分，仍听转贩于岢岚、保德、河曲等处[6]卷35：1066”。清顺治二年（1645），以太、汾等处票盐致滋弊窦，一律改引河东[7]48。但由于路远费重、挽运维艰、商运不至，该地区的食盐运销制度为“盐税”制，即地方官府从河东运司处领取引张，但并不从河东盐池领运食盐，官府或将额定的河东盐课、纸价银摊入地丁项内统征分解，或将其摊入地丁令里甲分次催收，或招土商缴纳[8]卷7：465。运销方式也因此分为两种：一则产盐区居民刮地熬盐，由土贩肩挑驴驮辗转贩卖于邻近各州县及乡村地区。二则土商每年按数缴纳盐课银，承包某一州县的食盐运销，其生产和销售数量并不受到官府的管制。

晋北地区包括大同、朔平二府及口外各厅。境内的食盐产地有大同、怀仁、山阴、应县、浑源、朔州等，境外的食盐产地有鄂尔多斯、苏尼特、阿拉善等地。清初没有将其划归河东引地，也并无固定的盐税要求与食盐产运销的规制。其运销状况也分为两种：1. 产盐地居民刮土熬盐，盐贩收购食盐后，肩挑背负售卖于附近地区。一些州

县无任何管制措施，也有部分州县对土盐按锅收税[3]卷7：29-32。2. 土贩赴口外买运蒙盐，回程后于当地州县行销。初时，官府放任这些小贩自由行销，乾隆元年（1736）后于杀虎口征税[4]卷34：1-2，其盐税无定额，地方官无督销之责。

二、吉盐私越与自由运销改革的呼声

清初，晋南、晋中、晋北各区所产食盐在本区行销，虽间有侵越，但规模不大。乾隆年间，按规定应行销于晋北的吉兰泰盐（即阿拉善地界吉兰泰盐湖所产之盐，以下简称吉盐）沿黄河直下，越界侵销于晋中、晋南各地，扰乱了山西境内的食盐市场秩序，改变了食盐市场的竞争格局。竞争格局的转变使得各利益主体存在利益摩擦，各利益主体依赖自身的资源禀赋进行博弈，促进了山西境内食盐运销制度的变迁①。

乾隆元年（1736），于杀虎口盐税案内山西巡抚石麟禁止鄂尔多斯盐在山西境内行销[9]，并将其余蒙盐（以吉盐为主）的销售范围限定为晋北口外各厅、口内大朔两府及晋中的十一州县内②，同时对入口的蒙盐按驮收税，“每驮一百二十斤，征税银四分五厘”[10]241。可以推测，行销于晋北、晋中的吉盐数量增多，引起山西地方大员的注意，进而将其纳入地方赋税体系。同时，清廷也承认了吉盐在晋北及晋中部分州县行销的合法地位。

乾隆二十一年（1756），阿拉善王将吉兰泰盐池交由西宁县回民马御选、马君选兄弟承办[10]374，马氏兄弟每捞盐一石交租银四钱[10]347，这意味着阿拉善王的收益直接与吉盐产销的兴衰挂钩。此后，吉盐的运销方式发生了巨大的改变。之前为山西土贩赴口外零星买运，之后变为马氏兄弟将吉盐从沙漠腹地驮运至阿拉善码头磴口，并设立“复盛号”盐柜储存和转运吉盐，其后将吉盐由磴口装船沿黄河水运至山西口外各厅及口内各地销售。规模化效益提升了吉盐单次运输的能力，随着吉盐运力的提升，吉盐商人渐渐不满足于只在原定的十一州县行销，而是渐次侵销太、汾等土盐区，甚至是解盐引地。此举威胁到河东盐商和山西巡抚的利益。乾隆二十八年（1763），山西巡抚明德奏准将原本买食吉盐的晋中州县的范围从十一州县缩减到七州县，并固定七州县每年买食吉盐的数量，规范盐商的采办方式。临县、石楼县、永宁州、宁乡县、神池县、保德州、河曲县七州县从原定的土盐额引中，配引50~165道给发土贩赴萨拉齐、托克托城投验采办吉盐；岢岚州、岚县、兴县、静乐县四州县令食土盐，禁食吉盐[11]卷4：1-4。

---

① 林永匡、张正明等学者认为加价、加耗、签商导致的商力疲乏、课绌引悬是课归地丁的主要因素，本文认为私盐侵越导致的各方利益博弈是推动山西全境食盐运销制度变迁的主要力量。

② 据《晋政辑要》卷4《土盐蒙盐》载十一州县指临县、石楼县、永宁州、宁乡县、神池县、保德州、河曲县、岢岚州、岚县、兴县、静乐县，位于汾州府、宁武府、保德州、太原府等属靠近黄河沿线的位置，离土盐产区较远。

但这一限制措施并没起到相应的成效。吉盐的水运路线原至绥远河口而止，后竟私行至保德、临县等地。乾隆三十年（1765），山西巡抚奏报吉盐“运入碛口售卖”[12]，碛口位于汾州府境内，河口距碛口约 800 里，吉盐私越之甚由此可见。至于此阶段吉盐在晋省行销的数量，乾隆二十八年吉盐配引 646 道，共计 129 200 斤，乾隆四十七年（1782）山西巡抚农起奏阿拉善每年运盐 1100 万斤[11]卷4：8，约为官定额销数量的 85 倍。吉盐在晋省的行销逐渐脱离官府的控制，影响到河东盐商的利益。盐商利益受损，极易导致盐课逋欠、运商告退[13]。而督销盐引是地方官的职责，盐课考成是地方官政绩的重要评判标准之一，盐课逋欠、盐引积滞可能会为地方官带来罚俸、降职的惩罚①。因此，历任河东盐政官员与地方官都将河东盐课的按时按数缴纳作为自己工作的重要目标之一。面对吉盐如此大规模私销的情况，山西地方政府定会采取措施以遏制吉盐的侵销势头。此外，河东累年运商亏折，余引积压，对于清政府来说意味着财政收入减少。为稳定财政收入，乾隆四十五年（1780），山西地方政府奉旨查禁蒙古盐斤，不许运入内地有碍官引[9]。《八旗通志》的记载表明，此次政策的改变又是由河东商人承请的，“乾隆四十五年，皇上轸念河东商乏，禁贩运蒙古盐[14]卷166：35”。

吉盐在晋省被禁，使得禁运的两年内积存在托克托河口的吉盐数量达 700 余万斤[15]卷1151：63151。吉盐禁运威胁到阿拉善蒙古人等的生计[11]卷4：11，损害了阿拉善王的利益。阿拉善王罗卜藏多尔济于乾隆四十七年请求将吉盐解禁，将其官方允许的水运终点从托克托河口扩展至保德、临县，并呈请河东运商办运吉盐，将其与官盐一例贩运行销[11]卷4：10。这表明此前吉盐已水运私销至保德、临县等地，但与河东盐商的食盐销售产生了冲突，因此提议河东运商一并办运。但这一提议遭到河东运商的拒绝，河东运商还承请山西巡抚农起继续禁止吉盐在晋北、晋中的行销，“乃农起辄据该商等以转运口盐山路崎岖，所需运本重大，无力承办为辞，即将行销蒙古盐斤之处奏请停止[1]卷11：59”。农起又忌惮禁运吉盐惹怒罗卜藏多尔济，因此吁请将吉盐弛禁，仍令土贩自行赴口贩运，并声明只许肩挑驴驮，零星买运，于口岸照例纳税，不得用大船木筏由黄河运至保德州、临县等处四出私售，仍于商行引地设役稽查，以防透漏[9]。

吉盐运销范围被限定，水路私运路线被设役稽查后，销售数量有限，有损吉盐商人及阿拉善王的利益，乾隆五十一年（1786），阿拉善王旺沁班巴尔以“该处民人陆运口盐所销无几，与穷苦蒙古生计有碍”为由，仍请将吉盐由水路直行运入内地。同山西巡抚兼盐政伊桑阿商议后，向乾隆皇帝呈请“以临县碛口镇为界，准其水运”“晓谕太原等属四十四州县民人一律遵行”“毋庸纳课”“不必限定运盐额数”“亦毋庸赴官请领印票”“所有蒙古自行用船运入内地之处，应毋庸置议[1]卷11：80-82”。出于抚驭外藩的考虑，乾隆皇帝准许了所有的提议。不限运盐额数，不禁吉盐商船运入内地，极大地提升了吉盐在晋省的销量，也导致河东盐商的利益受到损害，进而影响晋省的盐税收

① 黄国信先生在《盐法考成与盐区边界之关系研究——以康熙初年江西吉安府“改粤入淮”事件为例》《中山大学学报》（社会科学版）2005 年第 1 期）及陈锋先生在《清代盐政与盐税》（武汉大学出版社 2013 年版）中都持有此观点。

入。乾隆五十六年（1791），政府限制进入晋省行销的吉盐船只数量及运盐额数，经理藩院核议，阿拉善每年准购木植9000根[9]，每年准造盐船500只，每船盐40石，运至山西例食口盐各地方贩卖[16]卷6：10。

以上分析的是商人群体、各地方政府及清政府出于政治或经济利益的考量所采取的不同行为。接下来分析食盐消费者这一重要群体的行为及其导向。对于晋中地区的民众来说，土盐产量不稳定，“设遇天色长晴，所产即旺；若雨水过多，便形短绌[17]”，有时不敷民食，且味道也稍苦涩。而吉盐性重味佳，腌物能久。因此，吉盐脚费运本虽高于土盐，但稍有力之家即多买吉盐[1]卷11：78。对于晋南地区的民众来说，食盐专卖制限制了其在市场上自由选择食盐种类的权利。清廷规定，民人“知系越境之盐而买食者，杖六十”[18]卷8：7。虽然法律严苛，但是在解盐价贵且搀沙短称的情况下，依然有民人购买私盐食用，使得官盐壅滞。

简言之，乾隆年间，吉盐不断扩大其行销范围，占据晋北、晋中市场，还私越晋南解盐引地。解盐由于卤河被毁，连续数年盐产不丰旺；又由于盐政官员需索的额规浮费多，致使河东盐商对承办解盐的积极性不高。山西地方政府和清政府出于政治和经济的考量，其态度在弛禁吉盐之间左右摆动。及至乾隆末年，吉盐商人与阿拉善王希望扩大吉盐的销售范围，河东运商不愿继续承办解盐的运销，山西官员意欲变法以保证盐课的按时缴纳，晋中及晋南民人希冀购买质优价廉的食盐。清政府出于稳定财政收入的考虑，决心推动制度变迁。各博弈主体在均衡演化过程中所产生的预期一致，即在晋省全境实行食盐的自由运销制度，最终促进制度变迁。

三、山西全境施行食盐的自由运销制度

乾隆五十七年，河东引地（晋南44州县、晋中44州县、陕西及河南部分州县）实行课归地丁，盐课归入地丁项下容纳题解，废除运商，普通百姓亦可运销食盐；盐政、运使、运同、经历、知事、库大使并中、东、西三场大使，连同机关具裁，仅责巡抚和河东道兼理盐政，革除官索额规浮费的陋习[19]卷2：22-26；废除行盐引地及行盐数量的规定，坐商可以根据市场需求在生产力限制范围内自行决定食盐产量，盐贩可以在河东引地内自由运销食盐，并根据市场需求自由调整食盐运销数量。同时，吉盐、土盐也解除了销售地域的限制，在山西全境自由运销。

制度变革后，由于额规浮费的废除以及归丁的盐课并不体现在盐价上，解盐运销成本骤降，盐价大幅降低。土盐、吉盐由于弛禁私盐的缘故，运销成本也随之削减。山西巡抚奏报原河东池盐引地的盐价较之从前，每斤减少三四文至六七文不等①，各地

① 乾隆五十四年，河东盐价平均约每斤21文，课归地丁后盐价降低约14%~33%。盐价数据来源：〔清〕蒋兆奎撰：《河东盐法备览》卷6《运商》，清乾隆五十五年（1790）刻本。

土盐、吉盐每斤减价二三四五文不等[20]。然而，河东引地界连淮北、淮南引地，解盐、吉盐成本轻，获利甚厚，商贩遂将解盐、吉盐偷越至淮北、淮南引地售私渔利。解盐、吉盐的侵越损害了两淮盐商及两淮官员的利益，使得两淮盐商及官员成为新一轮制度变迁的利益主体。全国盐税，以两淮为最重。两淮盐商及官员等资源禀赋强的新主体加入，使得原有博弈主体吉盐商人、阿拉善王、山西政府和山西民众在权利结构中的地位降低，清政府的态度也发生了改变。

乾隆五十九年（1794）御史王诚奏“河东贱盐私行侵销出境，以致两淮官引壅积”[15]卷1466：81484。由于河东盐侵销的地界向为淮北、淮南官盐畅销口岸，“湖广额行引数居淮南十分之七，河南额行引数居淮北十分之四[21]”。两淮盐课几占全国盐税总收入的一半以上，两淮盐课一旦逋欠，将直接给国家财政收入带来巨大的负面影响。而河东盐课归丁后，清政府每年收到的盐课收入是固定的，河东食盐交易旺盛也不会为清政府带来额外的财政收入。同时，吉盐的销售收入归阿拉善王所得，吉盐运销兴盛同样地也不会增加清政府的税收收入。因此，河东池盐侵越两淮引地所带来的利益损失直接导致清政府态度的变化。收到御史的上奏后，乾隆帝责令湖广总督详细覆奏。乾隆六十年（1795），湖广总督福宁奏报在襄阳、宜昌地方拿获豫省私盐十余起[22]。乾隆随即命令福宁于河南境内的原河东引地边界严密稽查，“督饬地方官实力巡缉，俾私贩不致偷越，官引得以畅销，方为妥善”[15]卷1470：81658，但两淮南北与豫省接壤之处犬牙相错、道里绵长，堵辑巡逻很难处处周到，缉私行动的成效并不显著。

嘉庆七年（1802），户部奏议再次于各水陆隘口加强缉私，于茅津渡口严行查禁私盐船，并于南阳府属七州县设立水路关卡37处[23]卷93：5074。但缉私成效仍不显著，同年两淮盐政佶山上奏请求将盐引奏销展现半年[24]。嘉庆八年（1803），佶山奏请融销淮北未销引盐[25]，两淮盐引壅滞程度可见一斑。在缉私多次无果的情形下，两淮盐政于嘉庆八年（1803）提出要“清其源以卫淮纲[26]卷60：34”，即令河东道照原额引数内限制晋省发豫盐斤，两淮盐商筹款捐解晋、豫两省巡缉公费，包括于河东盐池三禁门设立巡役的缉私费用、于黄河茅津渡口添设卡巡的缉私费用。同时，吉盐在两淮的侵销程度也引起了佶山的不安，他在嘉庆八年的奏折中提出“禁止阿拉善口盐由黄河水运内销[27]”，但并未得到嘉庆帝的准许。之后，佶山于嘉庆九年（1804）、十年（1805）持续上奏请求“解盐行销豫省请照原额给票验收”[28]。但佶山的提议并没有被嘉庆帝采纳，嘉庆十年（1805）佶山的奏报中仍有两淮引地私贩解盐的情形[29]。

两淮盐引难以按限展销引起了嘉庆帝的重视。但重新拟定山西盐务章程牵涉到多方的利益，尤其是阿拉善蒙王的利益，因此嘉庆帝对待重建山西食盐运销制度一事极为谨慎。嘉庆九年，阿拉善王旺沁班巴尔身故，新王玛哈巴拉尚未袭爵，嘉庆帝认为此时正该妥议吉盐章程，将吉盐与解盐统筹办理。但课归地丁后，山西盐课得以按时按数收缴，无盐商疲敝之忧，山西官员自不肯恢复专商。山西巡抚伯麟以“课归地丁后富户既无所用其夤缘，官亦无从剥削。今若仍复旧制，猾吏奸胥难保不复萌故智”及“民之愿复商者十无一二[30]”为由表达自己对河东恢复专商的反对意见。最终，嘉庆帝决心改革山西食盐运销制度，派出钦差大臣英和到阿拉善考察，令其与陕甘总督、陕西巡抚、山西巡抚、河南巡抚等官员协作，共同拟定章程。这一过程历时三年，最终于嘉庆十二年（1807）在山西全境推行食盐专卖制度，晋南原解盐引地仍划归河东，晋中原“盐税”地域划归吉盐引地，晋北原自由运销地域划归吉盐引地。

总之，山西全境的食盐自由运销制实施以后，制度变迁的博弈主体发生角色转换，新的利益主体两淮盐商和两淮官员参与到博弈中，他们拥有较强的资源禀赋，在权力结构中的地位高，拥有话语权。解盐与吉盐私越两淮引地不仅损害了两淮的利益，还影响了中央政府的财政收入，促使中央政府态度发生转变，致使中央决定再次主导制度变迁，将解盐与吉盐统归商办。

四、山西全境试行食盐专卖制

嘉庆十二年（1807），晋省全境推行食盐专卖制度。晋南各州府仍划归解盐引地，就“以商招商”之法招募运商，分认引地，以免官吏勒索之弊[31]。盐价仍以池产之丰歉、脚价之轻重而涨落。由山西巡抚兼管盐政，河东道兼任盐法道，宁武府同知改为河东监掣同知，复设三场大使、经历、库大使[32]。与此前相同，坐商负责雇工生产，将所产盐斤照时价卖与运商，运商领引行盐，按引纳课。

吉兰泰盐务从前未经商办，嘉庆十一年（1806）阿拉善王玛哈巴拉呈献吉兰泰池，吉盐尝试招商办运，于其引地晋北、晋中试行食盐专卖制。首先是盐政官员的设置，宁夏兵备道兼管盐法道；食盐产地吉兰泰池设盐大使一员，负责监督吉盐按量采捞；盐船水运的起点磴口设盐大使一员并设运判一员，运商水运的终点托克托河口设批验所大使一员，负责监督吉盐按规定运输。其次是引地和引目的设置，山西境内划归的吉盐引地为晋北、晋中各地。与晋南实行的食盐专卖制不同，吉盐并未令运商分认引地行销，引地的州县官也无督销盐引之责。考虑到吉盐商人此前每年销盐约为 28 000~32 000 石不等[33]，额定商办后每年销盐 30 000 石，销引 87 500 道。再次是运销程序的设置，官府招募甘肃商人马起龙（原替阿拉善王承办盐务之回商马君选之子）为坐商，负责雇工捞盐并将盐驮运至磴口存贮；另招募有口外经商经验的大兴商人马遵义与太谷商人任国屏等为运商，运商需将价本、脚费等银支付于坐商，并向宁夏盐法道缴纳盐引价 63 500 余两，再运盐至托克托河口；河口存盐则悉听民贩接买，运赴缺盐待济各处销卖[34]，民贩接买吉盐入口行销时需在杀虎口纳税，每 240 斤纳正耗、税银共 4 分 5 厘[35]。同解盐实行的食盐专卖制相比，吉盐运商不负责食盐的销售事宜，也不在引地内开设官盐店销售吉盐。

山西全境试行食盐专卖制的第一年，吉盐的运销就出现了一些意外情况。实际办理过程中，运商马遵义并不熟悉口外办盐情形，原想“等待前运盐斤运抵河口销完，得价赍回接济后运”，但由于黄河冰冻等因，吉盐每年的运输时限为 3 月至 8 月，须得

“将全年应运之盐赶紧办足，并将船只制造齐全，接续装运[36]”，吉盐办运对现金流要求较高。且坐商马起龙需索浮多，每石盐向运商收取价本、脚费 4 两，每只盐船需索 180 两，致使马遵义运盐 2 300 石后，即行停运，告退运商。马遵义等告退后，一时无人承充坐商，嘉庆十二年至十四年（1807—1809）坐运两商由马起龙兼任。嘉庆十五年（1810），马起龙告退坐运两商，“实已资本消乏，非惟不能代运，并难办理坐商[37]卷 23：3”。此后，招募太谷武举郭纶音、监生武三元等兼办坐运两商，嘉庆十六年（1811）郭纶音病故，其余伙商纷纷告退。招募无人后，陕甘总督那彦成奏请行官运官销之法，“运则归甘，销则归晋[36]”，山西巡抚衡龄奏请行官运民销之法，工部右侍郎阮元奏请将吉兰泰盐池敕还阿拉善王，将吉盐余引改为活引，归潞商承办[38]卷 5：56。嘉庆帝采纳了工部右侍郎阮元的意见，将吉兰泰盐池敕还阿拉善王，所设盐政官员一并裁撤，并严禁吉盐自磴口以下水运。磴口为吉盐水运的起点，严禁自磴口以下水运相当于断绝了吉盐水运的可能性，致使吉盐销量大减，不及昔年运销量的十分之一[10]248。此后，晋中、晋北销食当地所产土盐和周边鄂尔多斯、苏尼特、乌珠穆沁等蒙盐及邻近的长芦盐[39]卷 5：43，嘉庆中期清廷在山西全境推行食盐专卖制失败，山西食盐运销又恢复到了因地制宜的状态。

这一制度变迁失败的根源在于吉盐的商专卖制是一种无效率的制度安排，其交易成本大于效率收益，具体体现在以下三个方面。

（1）晋北、晋中虽然划分为吉盐引地，但其地界内还销售当地土盐与别部蒙盐。① 吉盐招商办运后，其引地内的晋中阳曲等 30 州县因随处皆可刮土熬盐，难以查禁，并不强派行销吉盐引目，仍令照旧完税，准食土盐，以顺民情，晋中只有 14 州县专食吉盐。② 吉盐引地内的口外归化城、清水河、萨拉齐、和林格尔、丰镇、宁远等厅与鄂尔多斯、苏尼特地方接壤，历来是鄂尔多斯盐、苏尼特盐的主要销售区，其地划归吉盐引地后，一些官员提议查禁这两处所产之盐，该蒙古以“今若查禁，穷苦蒙古等不能度日，有关生计[40]”为由反对查禁，清政府为抚驭外藩，准许绥远除托克托以外的各厅就近兼食鄂尔多斯、苏尼特之盐。③ 晋北、晋中沿边地带的大同、朔平、宁武、保德等府州属历来有民贩肩挑背负、零星售卖鄂尔多斯、苏尼特之盐，零星入口的鄂尔多斯盐每年约 14 万斤，苏尼特盐约 1 万斤[35]。吉盐商办后，清政府以鄂苏盐进口数本无多为由，准令民贩继续售卖，但规定“(每人肩挑背负之蒙盐）不得过 40 斤之数，如有驼运车载及水运多斤到地者，仍以私盐论罪[35]”。由此可见，虽然晋北、晋中全部划归吉盐引地，但实际执行过程中，出于难以查禁和抚驭别部蒙古的考虑，清政府准许吉盐的多个引地销食别处食盐，使得吉盐引地有名无实。

（2）相对于土盐与鄂苏盐，吉盐的成本价值过重，使得其在晋中、晋北市场上难以同土盐、别部蒙盐竞争。① 从食盐运销成本中包含的税课来看，土盐税课随地丁奏销，并不体现在土盐盐价上；鄂尔多斯与苏尼特蒙盐进口时，每 40 斤征税 1 分 5 厘[41]；而吉盐需交纳每引 7 钱 2 分 6 厘的引课[34]，还需在入口时缴纳每 240 斤 4 分 5 厘的税课。可知，相比于土盐与鄂苏盐，吉盐的税课成本最重。② 从运输成本来看，土盐生产地距销售地最近，只需短距离的陆路运输即可；鄂苏盐距晋北各地数百里不等，主要依靠陆路运输；吉盐产地距晋北、晋中各地数千里不等，从盐池到磴口数百里的路段全部依靠驼运，从磴口到河口全部依赖水路运输，其后陆运或沿黄河水运至晋北、晋中各地，坐运两商还在磴口与河口设置盐栈，以便存贮、转运吉盐，因此吉盐的运输成本还包括中转地存贮起卸的费用。因此，土盐的运输成本最低，鄂苏盐的运输成本居中，吉盐的运输成本最高。此外吉盐运销环节复杂，坐商在捞费脚价、辛工饭食的基础上，酌加余利向运商收取；运商将买运成本稍加利润向民贩收取；民贩按其接买成本，加计运脚、人工饭食费用，酌加余利出售。运商的买运成本就高达每石 9 两 2 钱[42]，高额的成本使得吉盐在市场上的售价贵于土盐与鄂苏盐，贫民自然无力买食。

（3）商办章程试图改变吉盐原有的市场交易模式，使吉盐失去原有的灵活性优势。① 吉盐原为无课之盐，任向山西境内缺盐处行销，销额不定。如遇土盐歉产，解盐缉私松懈，吉盐自可畅销；如遇土盐旺产，解盐缉私严密，吉盐即为壅滞。商办后，吉盐每年的销售数量被固定，且晋南河东引地自复商后，稽查严密，吉盐再不能越界侵销。② 吉盐从前办理时，"向来会欠等票互可通融，布粟等物皆可准折，庶能交易[43]"，商办后责以现银，革除了以物易物和赊欠的交易方式，使得交易方式单一化，失去了原有的以物易物和赊欠交易的买方。以上种种，使得吉盐屡经误运、连年亏课，每年所销盐斤不及引目的半数。

综上，在山西全境推行食盐专卖制以后，受引地内销食土盐与鄂苏盐、相对成本价值过重及原有灵活性优势丧失的影响，百姓不愿买食吉盐，民贩不愿接买吉盐，运商不愿承办，清政府只得停止在晋北、晋中推行商专卖制。

五、结　语

清初，晋南、晋中、晋北的食盐运销分区而治，各区所产食盐在本区行销，虽间有侵越但规模不大。乾隆年间，按规定应行销于晋北的吉盐沿黄河直下，越界侵销于晋中、晋南各地，扰乱了山西境内的食盐市场秩序，改变了食盐市场的竞争格局，竞争格局的转变使得各利益主体依赖自身的资源禀赋采取行动以维护自身利益。吉盐商人与阿拉善王要求扩大吉盐销地，延长水运里程；河东运商及山西地方政府由于商力疲敝、盐引壅滞呈请河东引地课归地丁；山西民众希望降低盐价并自由选择购买市场上的食盐。清政府出于稳定财政收入的考虑，决心推动制度变迁，即在山西全境实行食盐的自由运销制度。这一制度变迁使博弈的主体发生角色转换，新的利益主体两淮盐商和两淮官员参与到博弈中，原有博弈主体吉盐商人、山西官员等在权力结构中的地位下降，清政府的态度也发生了改变。

山西全境实行自由运销制度以后，解盐与吉盐私越两淮引地，使得两淮官引壅滞，两淮盐商与官员要求限制解盐的生产和运销数量，限制吉盐的水运里程，而山西官员依然支持课归地丁。清政府在财政收入受损的情况下，态度发生转变，决定再次主导制度变迁，将解盐与吉盐统归商办。嘉庆中期，原议吉盐与解盐统一交由河东运商承办，河东运商出于利益考虑拒绝了这一提议，其后吉盐、解盐分别招商、分认引地，山西全境推行食盐专卖制。但是，吉盐引地内还售卖土盐与鄂苏盐，吉盐的成本价值相对过重，其原有的灵活性优势也已丧失，使得百姓不愿买食吉盐，吉盐屡经误运、连年亏课，最终清政府只得停止在晋北、晋中推行商专卖制。

可知，制度变迁内生于相关利益集团的主观演化博弈，博弈均衡体现为制度稳定。而新博弈主体的加入为原有的资源分配格局注入了不和谐的因素，各利益主体依赖自身所掌握的资源禀赋进行博弈，促进制度的变迁。

◇参考文献◇

[1] 蒋兆奎．河东盐法备览[M]．清乾隆五十五年刻本．
[2] 崔澄寰，王嘉会．（光绪）续修隰州志[M]．清光绪二十四年刊本．
[3] 汪嗣圣，王霷．（雍正）朔州志[M]．清雍正十三年石印本．
[4] 刘锦藻．清续文献通考[M]．民国景十通本．
[5] 郭宇．民国山西的土盐经济与地方社会[D]．山西大学中国近现代史专业，2014．
[6] 张溶，张居正，等．明穆宗庄皇帝实录[M]．抄本．
[7] 盐政杂志社．中国盐政沿革史[M]．出版地点不详，1914．
[8] 戴震．（乾隆）汾州府志[M]．清乾隆三十六年刻本．
[9] 英和．奏为遵旨会商河东盐务情形请禁蒙古盐斤水运及招商承办潞引事[B]．嘉庆十一年三月十九日．中国第一历史档案馆藏，军机处录副奏折．档号：03-1775-017．
[10] 梁丽霞．阿拉善蒙古研究[M]．北京：民族出版社，2009．
[11] 海宁．晋政辑要[M]．清乾隆山西布政使司刊本．
[12] 彰宝．奏报阿拉善盐斤运入碛口售卖事[B]．乾隆三十年七月二十九日．中国第一历史档案馆藏．军机处录副奏折．档号：03-0617-019．
[13] 张正明．清代河东盐课摊归地丁试析[J]．山西师大学报（社会科学版），1982（3）：56-60．
[14] 鄂尔泰．八旗通志[M]．清文渊阁四库全书．
[15] 庆桂．清高宗纯皇帝实录[M]．钞本．
[16] 俞正燮．癸巳存稿[M]．清连筠簃严书本．
[17] 长龄．奏为遵旨查讯吉兰泰坐运两商供情并核定盐价饬商办运事[B]．嘉庆十三年三月十六日．中国第一历史档案馆藏．军机处录副奏折．档号：03-1777-022．
[18] 朱轼．大清律集解附例[M]．清雍正内府刻本．
[19] 蒋兆奎．课归地丁全案[M]．清乾隆刻本．

[20] 冯光熊．奏报盐价平减及盐池广销情形事[B]．乾隆五十七年闰四月十六日．中国第一历史档案馆藏．军机处录副奏折．档号：03-0625-029。

[21] 佶山．筹杜邻私以卫淮纲疏．（光绪）增修河东盐法备览[M]．光绪八年．

[22] 福宁．奏明销盐溢额缘由事[B]．乾隆六十年二月十一日．中国第一历史档案馆藏．军机处录副奏折．档号：03-0733-009.

[23] 曹振镛．清仁宗睿皇帝实录[M]．钞本．

[24] 佶山．奏请准壬戌纲奏销展现半年事[B]．嘉庆七年十一月十七日．中国第一历史档案馆藏．军机处录副奏折．档号：03-1773-042.

[25] 佶山．奏为请融销淮北未销引盐事[B]．嘉庆八年七月十六日．中国第一历史档案馆藏．军机处录副奏折．档号：03-1773-058.

[26] 王定安．两淮盐法志：转运门[M]．清光绪三十一年（1905）刻本。

[27] 佶山．奏请禁止阿拉善口盐由黄河水运内销事[B]．嘉庆八年七月二十五日．中国第一历史档案馆藏．军机处录副奏折．档号：03-1773-059.

[28] 佶山．奏为山西池盐行销豫省请照原额给票验收事[B]．嘉庆九年七月二十二日．中国第一历史档案馆藏．军机处录副奏折．档号：03-1774-018；佶山．奏为晋省行销豫省请准照原议章程定额给票事[B]．嘉庆十年．中国第一历史档案馆藏．军机处录副奏折．档号：03-1774-036.

[29] 佶山．奏报密查河南唐县侯宗本私贩潞盐事[B]．嘉庆十年九月初二日．中国第一历史档案馆藏．军机处录副奏折．档号：03-1774-052.

[30] 伯麟．奏为增定禁截口盐章程并缓筹官办池盐事[B]．嘉庆九年五月初三日．中国第一历史档案馆藏．军机处录副奏折．档号：03-1774-013.

[31] 同兴．奏报筹议河东盐务招商办理情形事[B]．嘉庆十一年五月二十二日．中国第一历史档案馆藏．军机处录副奏折．档号：03-1775-031.

[32] 复商应行条款部议[B]．（光绪）增修河东盐法备览[M]．光绪八年．

[33] 成宁．奏为缕陈河东吉兰泰盐务招商各办引地并现在两处运商均已招认足数事[B]．嘉庆十一年十一月十七日．中国第一历史档案馆藏．军机处录副奏折．档号：03-1775-067.

[34] 英和．吉盐办运情形疏[B]．（光绪）增修河东盐法备览[M]．光绪八年．

[35] 蒙盐进口仍行征税部议[B]．（光绪）增修河东盐法备览[M]．光绪八年．

[36] 长龄．奏为遵旨查办吉兰泰坐运两商承办盐务情形事[B]．嘉庆十一年十一月十七日．中国第一历史档案馆藏．军机处录副奏折．档号：03-1777-004.

[37] 那彦成．那文毅公奏议[M]．清道光十四年刻本．

[38] 王庆云．石渠余纪[M]．清光绪十六年龙璋刻本．

[39] 赖昌期，张彬．（光绪）平定州志[M]．清光绪八年刻本．

[40] 成宁．奏为遵旨查明定议鄂尔多斯苏尼特盐斤进口章程事[B]．嘉庆十三年四月初三日．中国第一历史档案馆藏．军机处录副奏折．档号：03-1777-026.

[41] 成宁. 奏为遵旨查明鄂尔多斯苏尼特盐斤行销事宜并照旧征税事[B]. 嘉庆十三年九月初三日. 中国第一历史档案馆藏. 军机处录副奏折. 档号：03-1777-043.

[42] 成宁. 奏为遵旨查讯吉兰泰运商马遵义并移容甘省提解坐商马起龙等赴晋质讯事[B]. 嘉庆十二年十月二十八日. 中国第一历史档案馆藏. 军机处录副奏折. 档号：03-1777-001.

[43] 庆桂. 议覆吉盐仍归商办并官运听贩商销售及课项分别扣缴疏[B]. 光绪增修河东盐法备览[M]. 光绪八年.

盐业经济

盐业开发与资源型地域发展

——以白盐井与石羊古镇为中心的考察[①]

赵小平　张　欣[②]

摘　要： 白盐井作为滇中地区重要的井盐代表，开采历史悠久，因其受益于特殊的地质环境以及持续发展的井盐开采技术，明清时期进入其开采的鼎盛期，白盐井及其周围地区成为当时滇中地区商业、文化最具活力的区域之一，并促进了因盐而兴起的石羊古镇的发展。而石羊古镇的兴衰，又反过来成为白盐井盐业经济发展走势的"晴雨表"，二者休戚相关。可以说，石羊古镇与白盐井发展之间的互动关系及其相互影响，是资源型市镇发展的典型代表。研究这类市镇发展的内生机理，无疑可以从中找到资源型市镇发展转型的成功经验。

关键词： 白盐井；石羊古镇；"资源型"市镇；互动关系

有"千年盐都"美誉之称的白盐井，与黑盐井成为云南滇中地区井盐代表的"双子星座"。白盐井历史悠久，汉代已有记载，唐代发展，历经宋元明持续发展，至清代已经成为国家定课的云南 25 个大井之一，民国时期仍是云南著名的十大盐场之一。白盐井以卤为原料，生产筒盐，在云南盐业发展史上占有重要地位，并促成了石羊古镇的形成和发展，同时对该地区经济社会、文化发展及生态环境变迁影响甚大。

川盐和滇盐是井盐生产的两大代表，目前学界对于川盐及其影响的系列研究成果

---

① 基金项目：四川省高校人文社会科学重点研究基地——中国盐文化研究中心 2020 年青年项目"'资源型'市镇发展模式研究——以云南盐业历史发展为中心的考察（编号：YWHQ20-01）"；"云南省科学技术史研究（项目编号：2018RD002）"的阶段性成果。

② 作者简介：赵小平（1975—），男，甘肃天水人，历史学博士，云南大学教授，主要研究方向：区域经济史、盐业史。
张欣（1993—），男，陕西渭南人，云南大学历史与档案学院中国古代史博士研究生，研究方向：唐宋经济史、中国古代史。

丰硕[①]；比较而言，对滇盐生产所引发的系列影响方面的研究成果仍显薄弱，[②]其中系统研究滇盐与村落或市镇发展关系的更少[③]，因此，从微观视角来深入研究白盐井开发与石羊古镇发展之间的关系仍有必要，同时也有助于对其他类似的“资源型”市镇的内生机理及其变迁因素进行分析。

一、叨天之幸——白盐井的形成及开发

白盐井处于大理、楚雄、攀枝花三市交界地带，“白井迤西而属楚雄（今天楚雄），在宾川州（今天宾川）之东，铁索之南，金沙江之西，姚州（今天姚安）之北，大姚县之西北，云南县（今天祥云）之东北，天乙山（今属晋宁）之东南，阿拜河之西南。”[④]由于位于金沙江峡谷之中，属于典型的岩溶地质地貌，“古基岩中的含盐或盆地周围基岩中古盐矿床被淋滤、风化、剥烛、破坏后，被地下或地表流水、大气降水及风的营造力不断地大量带入盆地中”[⑤]。正是这种特殊的地质构造，使白盐井的卤水层非常浅，极易进行提卤制盐。特殊的地质地貌为白盐井的诞生及其发展奠定了基础。

---

① 这方面的成果较为集中的展示可以参见《盐业史研究》《盐文化研究论丛》（2015年后改为《中国盐文化》）等期刊、论文集。

② 期刊论文主要有：林文勋：《诺邓村：一个盐井村落的历史文化解读》，《盐业史研究》2004年第4期；程龙刚：《云南诺邓中国盐文化原生态博物馆》，《中国文化遗产》2009年第1期；赵小平：《云南黑井盐文化及其保护与开发》，《扬州大学学报（人文社会科学版）》2018年第5期；赵小平：《试论云南盐矿生产、移民与工商市镇形成、发展的关系》，《四川理工学院学报（社会科学版）》2006年第4期；赵小平：《滇盐与政治、军事及边疆》，《盐文化研究论丛·第二辑》，成都：巴蜀书社，2007年；蒲培勇、唐柱：《云南黑井古镇保护策略》，《盐文化研究论丛·第七辑》，成都：巴蜀书社，2014年；李正亭：《元代以前滇盐与云南经济社会发展》，《盐业史研究》2008年第2期；李源：《云南盐业生产与生态、环境保护问题》，《中国井矿盐》1990年第6期；杜雪飞：《技术、制度、利益与生态环境变迁——云南黑井地区盐矿生产的生态环境史研究》，《思想战线》2012年第6期；胡月：《白盐井与石羊古镇盐文化研究》，《盐文化研究论丛·第十辑》，成都：西南交通大学出版社，2018年。学位论文有：朱霞：《云南诺邓井盐生产民俗研究》，北京师范大学2004年博士学位论文；董咸庆：《清代滇盐及其与地方政治、经济关系》，云南大学1985年硕士学位论文；李正亭：《滇盐与明清云南社会经济述论》，云南师范大学2002年硕士学位论文；赵小平：《民国云南盐业与经济社会发展研究》，云南大学2014年博士学位论文；赵小平：《清代滇盐与商品经济的发展》，云南大学2002年硕士学位论文。代表性著作主要有：龙晓燕：《千年盐都：黑井》，昆明：云南大学出版社，2008年；郑凡：《沧桑小镇黑井村》，北京：社会科学文献出版社，2008年；杨甫旺：《千年盐都——石羊》，昆明：云南民族出版社，2006年；等等。

③ 林文勋：《诺邓村：一个盐井村落的历史文化解读》，《盐业史研究》2004年第4期；赵小平、张惠、余劲松：《盐与云南市镇发展关系研究》，《中国盐文化·第10辑》，成都：西南交通大学出版社，2018年。

④〔清〕师范纂：《滇系·疆域上》，台北：成文出版社（影印版），1968年，第46页。

⑤ 楚雄州盐业志编纂委员会编：《楚雄州盐业志》，昆明：云南人民出版社，2001年，第34页。

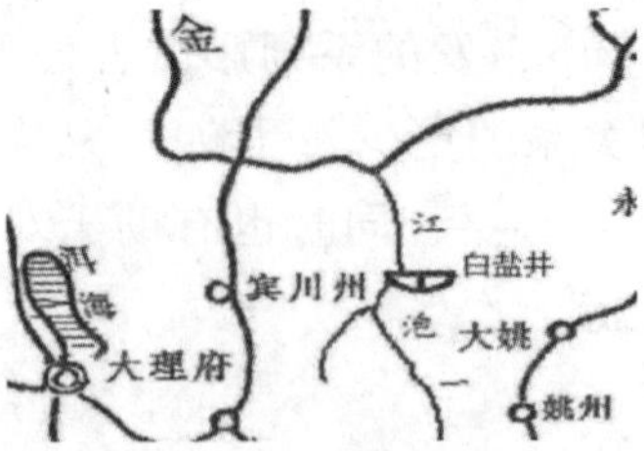

白盐井地理位置

图片摘选自张崇荣《清代白盐井盐业与市镇文化研究》，

华中师范大学2014年硕士学位论文，第17页

至于白盐井的发现，有一个美丽的传说：“白盐井有羝羊石，蒙氏时，有女牧羊于此，一羝舐土，驱之不去，掘地得卤泉，因名白羊井，后讹为白盐井。”①可见，发现白盐井为偶然因素，是牧羊女在放牧过程中根据牲畜对盐泉所在地的反常反应而发现了白盐井。而人们为了纪念牧羊女和羊，专门为牧羊女修筑了圣母祠堂，并将盐井所地命名为“石羊”。而这个传说，恰恰从一个侧面证明了白盐井地区卤水层浅、卤水丰富，非常适于传统方式下取卤制盐。

龙女牧羊雕像

今石羊古镇牌匾

① （民国）龙云、卢汉修、周钟岳等编，牛鸿斌等点校：《新纂云南通志·盐务考一·沿革一》，昆明：云南人民出版社，2007年，第145页。

特殊的自然地理优势为白盐井的发现及各时期的开采制盐提供了有利条件。早在汉代，白盐井地区的先民们就开始利用开采的盐泉制盐，只是该时期制盐技术较为原始；唐宋时期，无论从凿井技术还是制盐方式方面白盐井都有较大突破，表现为逐渐由汉代简单利用地表盐卤直接制盐转向利用人工开凿深层地下深井的办法来提取卤水，先后开凿出 16 口盐井，“遂掘而得卤泉大小一十六眼”[①]。

由于白盐井所在地位于峡谷地带，两边为山，香水河从中间穿过，受地形限制，白盐井地区新开井只能围绕香水河河岸展开，史载在香水河河岸相继开凿出“观音井、旧井、乔井、界井、尾井、白石谷井、安丰井”[②]等几大盐井。这些新开发的盐井（无论大口井和小口井），都临河分布，香水河宛如一条玉带将几大盐井连接起来。事实上，盐井依香水河岸分布，除受地形限制外，还有一个主要考虑因素就是当地卤水层较浅，沿河更易于取卤。开采盐井地的选择除考虑方便取卤外，还要考虑盐井不受洪水影响这一因素，故而当地盐工将盐井大都开凿在河岸相对平缓的地带，这样就可以防止汛期河水水位上涨后因河流流速过大而冲刷河岸侵蚀盐井地基，继而引发河水倒灌盐井之患。由于这类盐井主要分布于香水河河岸，故被称为“陆地盐井”，为白盐井地区的主要盐井。

为了扩大白盐井生产，盐工们还利用河水季节性涨落于河边滩涂地带开凿盐井汲取卤水，取名“沙井”，“所谓沙井者，乃河边沙地，至冬春二季，天气晴朗，掘开沙堵，其水略有咸味该井各灶户轮流汲取，以助额卤之什一。造夏秋之交，阴雨连绵，河水泛涨，尽行淹没，必俟雨雾水消，乃能淘出”。[③]无疑这类盐井受气候影响较大，产量很不稳定，盐业生产有明显的季节变化（冬春二季生产较稳定，进入夏秋可能会停工），也就是所谓的“可暂而不可久者也”[④]。

汲卤方式经历了由使用竿袋向利用辘轳的木桶和绞杆转变的过程。由于大部分盐井都沿河分布，河水水位会影响盐井卤水提取，为此盐工们又会在盐井旁边再开凿淡水井，因淡水井与盐井有落差，就可以将淡水分离至比盐井较深的淡水井，“大凡咸水旁必有淡水，需分别而各自注之。咸水所在地曰井，淡水所在地曰竜潭；潭又必较井尤深，而淡水乃能容积也”。[⑤]卤水分离后，在辘轳、绞车汲卤方式出现前，盐工们利用竹竿与羊皮制作的竿袋汲取卤水。所谓竿袋，即“划皮条接竹以为竿，取其通长竿

①〔明〕陈文等修撰：《(景泰)云南图经志书》，明景泰刻本，引自续修四库全书编委会编《续修四库全书》，上海：上海古籍出版社（影印版），2002 年，第 82 页。

②〔清〕刘邦瑞纂修：《中国地方志集成（云南府县志辑）· 雍正白盐井志 · 赋役志》，南京：凤凰出版社，2009 年，第 20 页。

③〔清〕刘邦瑞纂修：《中国地方志集成（云南府县志辑）· 雍正白盐井志 · 赋役志》，南京：凤凰出版社，2009 年，第 20 页。

④〔清〕刘邦瑞纂修：《中国地方志集成（云南府县志辑）· 雍正白盐井志 · 赋役志》，南京：凤凰出版社，2009 年，第 20 页。

⑤ 杨成彪主编：《大姚卷下 · 民国盐丰县志 · 政治志之七 · 盐政》，昆明：云南人民出版社，2005 年，第 1114 页。

头，凿孔穿之以袋，袋则羊之鞟也”[①]。由于竿袋又重又长，具体操作时每支竿袋需两名盐工共同完成汲卤，“每一架竿用卤夫二人，投竿袋以井中，汲满卤水，互相交手渐拽而上，较绞车、桔槔尤觉迅利”[②]。从使用方便角度看，这种方式比绞车汲卤更为方便快捷；但从使用的持久性来看，由于竿袋长度受限，无法在较深盐井使用，因此，随着盐井深度的不断加深，竿袋汲卤最终被木桶（利用辘轳）与绞杆汲卤方式所取代，“取卤浅井用木桶，深井用绞杆”[③]。

为提升卤水制盐纯度，在卤水进入盐灶提炼前，还有一个很重要的程序，即将卤水经过晒卤棚进行提纯。盐工们于地势较高的地方建造储卤池，将刚刚汲取出来的卤水储存于此，在比晒卤棚地势低的地方建造回卤池，储卤池与晒卤棚之间以竹制的槽管连接，当卤水到达晒卤棚，将卤水通过喷雾方式喷洒在晒卤棚顶，在卤水因重力下流过程中，利用太阳能、风能将多余水分蒸发掉，循环往复几次后，提纯后的卤水储存在回卤池，继而被送往盐灶进行制盐。

晒盐棚

制盐技术则经历了由原始的蒸发技术向铁锅制盐发展的过程。唐宋之前，白盐井采取的是较为原始的制盐技术：盐工们将炭烧红，将卤水泼于炭上，蒸发水分刮盐取食，色泽呈现褐色，俗称白鸡粪盐，而该种制盐法被称为“柴薪煎盐法”。即“以咸池水沃柴上，以火焚柴成炭，即于炭上掠取盐”[④]。唐宋之后，白盐井开始采用铁锅制盐（平锅）；元明清时期，白盐井制盐将平锅改为筒子锅和大口锅，筒子锅即“锅口宽一

①〔清〕刘邦瑞纂修：《中国地方志集成（云南府县志辑）· 雍正白盐井志 · 赋役志》，南京：凤凰出版社，2009 年，第 25 页。

②〔清〕刘邦瑞纂修：《中国地方志集成（云南府县志辑）· 雍正白盐井志 · 赋役志》，南京：凤凰出版社，2009 年，第 25 页。

③（民国）龙云、卢汉修、周钟岳等编，牛鸿斌等点校：《新纂云南通志 · 盐务考三 · 制造方法》，昆明：云南人民出版社，2007 年，第 209 页。

④〔唐〕樊绰撰，向达校注：《蛮书校注》卷七《云南管内物产第七》，北京：中华书局，1962 年，第 189 页。

尺，厚三分，深六寸”[①]，大口锅即“似饭釜形，厚四分，能容一桶水”[②]，筒子锅以“十三口或十一口”[③]围绕大口锅分置，“每灶皆添小锅二口以浇泥饼所以固盐本也”[④]。如果不用大锅制盐，则“用筒子锅或十三口或十一口，如蜂翅排列，故俗称‘一窝蜂’，其次或七口或五口，则所出者渐亦微矣。”[⑤]灶户将卤水用铁锅熬制成盐后，“男工负责为盐灶搬运烧柴，女工负责捶筒盐”[⑥]，将散盐制成筒状块盐，随后“用盐灰撒地，放盐其上，取其能渗湿气而易于烧干也，水清盐极白，水浊盐微黑。”[⑦]将盐烘托好后“削去脚底之灰炭，再入土仓，用栗炭燃烧一夜”[⑧]，使盐质量达到上乘。最后将制作的块盐标准化，尤其乾隆时期，将块盐重量定为“每团八斤，每十五团重折秤一百斤”[⑨]，随后标准化块盐即被运往各地行销。

白盐井卤水总体相对较淡，“每一斤煎盐二两。”[⑩]明显低于同是卤水煎盐的黑盐井、琅盐井、抱姆井、石膏井。[⑪]煎盐成本较高，“每百斤费柴三百斤。”[⑫]但就盐质而言，属于盐品好、味正一类，“云南得井之盐质，以黑井、白井、磨黑井、喇鸡鸣井所产为最高。”[⑬]其盐产量在云南盐井中占有举足轻重的地位，如白盐井发展高峰时期的清代（雍正年间、乾隆初年、嘉庆初年、道光年间）产额基本都保持在 800 万斤以上[⑭]，仅次于黑盐井产额。

①〔清〕刘邦瑞纂修：《中国地方志集成（云南府县志辑）· 雍正白盐井志 · 赋役志》，南京：凤凰出版社，2009 年，第 24 页。

②〔清〕刘邦瑞纂修：《中国地方志集成（云南府县志辑）· 雍正白盐井志 · 赋役志》，南京：凤凰出版社，2009 年，第 24 页。

③〔清〕刘邦瑞纂修：《中国地方志集成（云南府县志辑）· 雍正白盐井志 · 赋役志》，南京：凤凰出版社，2009 年，第 24 页。

④〔清〕刘邦瑞纂修：《中国地方志集成（云南府县志辑）· 雍正白盐井志 · 赋役志》，南京：凤凰出版社，2009 年，第 24 页。

⑤〔清〕刘邦瑞纂修：《中国地方志集成（云南府县志辑）· 雍正白盐井志 · 赋役志》，南京：凤凰出版社，2009 年，第 24 页。

⑥ 大姚县地方志办公室编：《大姚县盐业志》，楚雄：楚雄日报社印刷厂，2002 年，第 65 页。

⑦〔清〕郭存庄纂修：《中国地方志集成（云南府县志辑）· 乾隆白盐井志 · 盐赋》，南京：凤凰出版社，2009 年，第 106 页。

⑧ 杨成彪主编：《大姚卷下 · 民国盐丰县志：卷之二 · 政治志之七 · 盐政》，昆明：云南人民出版社，2005 年，第 1116 页。

⑨〔清〕郭存庄纂修：《中国地方志集成（云南府县志辑）· 乾隆白盐井志 · 盐赋》，南京：凤凰出版社，2009 年，第 115 页。

⑩（民国）龙云、卢汉修、周钟岳等编，牛鸿斌等点校：《新纂云南通志 · 盐务考三 · 制造方法》，昆明：云南人民出版社，2007 年，第 209 页。

⑪ 黑盐井每百斤约煎盐三两，琅盐井每百斤煎三四两，抱姆井每百斤煎三两，石膏井每百斤煎四两。参见（民国）龙云、卢汉修、周钟岳等编，牛鸿斌等点校：《新纂云南通志 · 盐务考三 · 制造方法》，昆明：云南人民出版社，2007 年，第 209 页。

⑫ 滇盐每百斤耗柴薪大都在 300 斤以上。参见（民国）龙云、卢汉修、周钟岳等编，牛鸿斌等点校：《新纂云南通志 · 盐务考三 · 制造方法》，昆明：云南人民出版社，2007 年，第 209 页。

⑬（民国）龙云、卢汉修、周钟岳等编，牛鸿斌等点校：《新纂云南通志 · 盐务考三 · 盐品》，昆明：云南人民出版社，2007 年，第 209 页。

⑭（民国）龙云、卢汉修、周钟岳等编，牛鸿斌等点校：《新纂云南通志 · 盐务考三 · 产额》，昆明：云南人民出版社，2007 年，第 210-212 页。

总之，白盐井新井的不断开发以及较好的盐质，都是自然界馈赠给当地民众的礼物；而相对落后的传统汲卤技术、制盐技术，则与盐井总体相对较浅、开采较为容易有很大关系，即技术上的革新不是那么迫切。虽然卤水较淡，但开发的盐井总量多，故而白盐井的总产量仍然极为可观，这也是盐业资源丰富带来的效果。

二、白盐井的开发与石羊古镇的发展

1. 盐井开发和人口增加间的互动推动了石羊古镇的形成与发展。

白盐井地区盐井开发程度的高低，除受盐井本身所含卤水多寡的影响外，围绕盐井的人类活动是决定盐井开发程度的另一个关键因素。

早在汉唐时期，白盐井地区就有人类活动，“青蛉蛮，亦白蛮苗裔也，本青蛉县部落”①。他们逐水草而居，以游牧经济为主，在放牧过程中发现白盐井的盐泉，这与后来“白羊羝土”而发现白盐井的传说不谋而合。起初由民众自由开发。随着白盐井的开发，国家开始重视这一地区，东晋时已经设置盐官管理，“蜻蛉县有盐官”②。三国时期，蜀汉政权利用白盐井盐业资源“以益军储”③。唐代，白盐井生产进入成熟期，即“白井肇于汉，盛于唐”④。随着民间与政府对白盐井盐业资源的共同开发，白盐井地区在元明清时期步入新的发展阶段。元代中期，白盐井在彝、汉、白、蒙等民族的共同开发下，盐产量达到230万斤左右。⑤明代，在“洪武型”移民政策的引导下，大量汉人迁移至云南，白盐井地区也有外来移民加入，白盐井进入发展的高峰时期，至明末白盐井地区盐税已达到“一万五百二十二两九钱四分”⑥，这从侧面反映了明代白盐井生产的盛况。清代，继明代移民浪潮，更多外来移民进入云南，据相关考证，白盐井地区人口在清初时规模达到四千多人，道光时已超过一万多人。⑦

事实上，盐井开发与人口变化有着密切关系。随着盐井的规模化开发，吸引了大量外来移民的加入，这些外来移民有的从事盐业生产，有的从事盐业运输，有的则从事保障盐井地区民众生活需要商品（如粮食、生活用品等）的商业活动，进而形成了以盐井为中心的商品市场和人口集聚地，“因盐而成”的市镇——石羊古镇形成。可以说，石羊古镇的形成，正是本地土著与外来人口围绕白井盐开展相关活动而出现的结

①〔唐〕樊绰撰，向达校注：《蛮书校注·名类第四》，北京：中华书局，1962年，第91页。

②（东晋）常璩撰，刘琳校注：《华阳国志·南中志》，成都：巴蜀书社，1984年，第447页。

③〔后晋〕刘昫等：《旧唐书·列传第四十一·张柬之传》，北京：中华书局，1975年，第2939页。

④〔清〕刘邦瑞纂修：《中国地方志集成（云南府县志辑）·雍正白盐井志：叙》，南京：凤凰出版社，2009年，第1页。

⑤ 楚雄州盐业志编纂委员会编：《楚雄州盐业志》，昆明：云南人民出版社，2001年，第186页。

⑥〔明〕刘文征撰，古永继点校，王云、尤中审订：《滇志·赋役志》，昆明：云南教育出版社，1991年，第214页。

⑦ 张崇荣：《清代白盐井盐业与市镇文化研究》，武汉：华中师范大学2014年硕士学位论文，第73页。

果。正因为如此，白盐井的发展不可避免地与石羊古镇的荣辱兴衰休戚与共，即盐井开发成为促进石羊古镇商业、文化教育等发展的基础，而石羊古镇的兴衰则又成为反映白盐井发展状况的“晴雨表”。

围绕盐井开发越来越多的人进入白盐井地区，致使该地区“黔蜀游民，寄籍日多，老菁深山，开辟殆遍。虽物产之饶胜于往日，而山空水涸，生齿日繁，其何以遂其生计，而安其生也？然则守土者筹尽措置，又自今以始矣。”[①]可见，随着人口的剧增，人地矛盾成为急需解决的问题，但白盐井地区“故地贫瘠，恒有乏食虞”[②]，想要维持当地民众日常生存的口粮需求，交换成为唯一手段，“白井僻居一隅，人以煎盐为业，办课甲于滇省，所食米粮，全赖运盐商贩顺便携来，籴以糊口”[③]。除粮食贸易外，在白盐井地区还形成了因煮盐所需的柴薪贸易，以及为满足当地民众日常生活所需的茶叶、棉花、砂糖、其他日用品等贸易，而白盐井地区所产的食盐成为刺激外商进入白盐井地区进行交换的巨大诱因。因此，在相互供需关系的影响下，白盐井地区的商业贸易蓬勃发展，而石羊古镇作为交换的集散地，也推动了市镇的发展。

2. 盐业生产促进了石羊古镇全方位发展

首先，石羊古镇成为白盐井食盐产销的重要分散地，成为当地最具影响力的市镇。以石羊古镇为核心，白盐井所产之盐其销售范围最大时可以遍及云南省二十多个府州县[④]，销量可以达到1200万斤左右（占全省食盐产量的34%左右），可以供应全省将近100万人的用盐（占全省总人口的33%左右），石羊古镇成为一个产能强、销售区域广、辐射范围大的食盐生产中心[⑤]。食盐运销中心的地位使石羊古镇的市镇区位优势不断得到提升。

其次，以盐为中心的商业贸易得到发展，石羊古镇成为当地最具活力和吸引力的市镇。随着盐业生产的发展，在盐课提举司附近形成著名的“米街”，在井盐生产区形成著名的“柴市”，“司衙门首为米街，每清晨，宾川洱海各处脚人多买米于此，其姚安、大姚一路米、豆、荞、麦，俱归旧井上下店，每大升较米街减价十文，系平量……五井以柴街为拥挤”[⑥]，由此出现“盖售盐买薪，不可一日间”[⑦]的繁荣景象。除形成

---

①〔清〕黎恂修、刘荣黼纂：《中国地方志集成（云南府县志辑）· 道光大姚县志 · 物产志》，南京：凤凰出版社，2009年，第105-106页。

②〔清〕郭存庄纂修：《中国地方志集成（云南府县志辑）· 乾隆白盐井志 · 艺文》，南京：凤凰出版社，2009年，第154页。

③〔清〕郭存庄纂修：《中国地方志集成（云南府县志辑）· 乾隆白盐井志 · 艺文》，南京：凤凰出版社，2009年，第143页。

④ 参见（民国）龙云、卢汉修、周钟岳等编，牛鸿斌等点校：《新纂云南通志 · 盐务考三 · 运销》，昆明：云南人民出版社，2007年，第214-216页。

⑤ 刘吕红：《清代云南区域次中心城镇演变与区域经济发展》，《中华文化论坛》2007年第2期；张崇荣：《清代白盐井盐业与市镇文化研究》，武汉：华中师范大学2014年硕士学位论文，第77页。

⑥ 杨成彪主编：《大姚卷上 · 光绪续修白盐井志 · 地理志之四 · 风俗》，昆明：云南人民出版社，2005年，第604页。

⑦ 杨成彪主编：《大姚卷上 · 光绪续修白盐井志 · 地理志之四 · 风俗》，昆明：云南人民出版社，2005年，第605页。

上述专业市场外，在市镇内部还形成了多类型、多品种货物贸易盛况，“凡外商之来井买盐者，恒多挟其地之所有到井销售贸易，以故百货麇集，多自外来，其入口大宗有布匹、烟酒、茶叶、沙塘（砂糖）、棉花、斗笠、铜铁等器皿；出口之货以盐为最盛，此外如牛羊皮、麻布、胡桃、蜂蜜、香油、茯茶等项，每年所产亦不逊于他属”①。无疑以盐工为主体的巨大消费群体成为刺激石羊古镇集市贸易发展的重要诱因，“生聚日众，或各方流寓，或商贾寄籍，林林总总，实繁有徙”②。可以说，正是盐业生产形成的人口聚集效应，成为集市贸易产生和发展的基础，进而又推动了石羊古镇的繁荣。

石羊古镇

再次，盐业开发推进了文化教育的发展，石羊古镇成为当地崇文重教的典范。由于白盐井地区“土瘠民贫，不事纺绩”③，特殊的地理环境致使当地民众只能“多以卤代耕，其余若读书若贸易，莫不沐浴圣化，习礼让而安生业”④，可见，盐工与盐商对文化教育的认知与重视，使因盐兴起的文教之风成为石羊古镇的另一个亮点。当地相继创建了“井学”“社学”“义学”等教育体系，并成立“书院”，修筑“孔庙”等。其中，“井学”主要为保障当地盐工子弟接受文化教育进而参加科举而设立；“社学”为官方大力倡导的启蒙教育，主要为保障贫寒子弟最基本的文化教育，采用官督民办的模式；“义学”主要为保障边疆少数民族基本文化素养而设置，以官方倡导、民间出资的方式进行；“书院”则由当地官民合资修建，以盐税作为书院经费来保障书院的正常运作。

随着石羊古镇儒学教育的发展，当地成为“文德所敖，度越前代，蜀升论秀，且

① 杨成彪主编：《大姚卷下·民国盐丰县志·物产志之七·商业》，昆明：云南人民出版社，2005年，第1155页。

②〔清〕郭存庄纂修：《中国地方志集成（云南府县志辑）·乾隆白盐井志·户口》，南京：凤凰出版社，2009年，第90页。

③〔清〕郭存庄纂修：《中国地方志集成（云南府县志辑）·乾隆白盐井志·风俗》，南京：凤凰出版社，2009年，第92页。

④〔清〕郭存庄纂修：《中国地方志集成（云南府县志辑）·乾隆白盐井志·风俗》，南京：凤凰出版社，2009年，第92页。

举海寓而大同之，井之人士莫不涵濡圣化，争自濯磨，捷南宫膺乡荐者踵相接矣”[①]的文化圣地。大批子弟因接受儒学教育通过参加科举走向仕途，呈现出“教泽覃敷，人文蔚起，较诸大邑，实不多让”[②]的文化盛况。文化教育的发展，同时又推动了盐文化的发展，涌现了如刘邦瑞的《咏团盐》、郭存庄的《白盐井颂》、吴应枚的《咏锅盐》、罗其泽的《铁火扇》以及康熙六十四年（1707）绘制的《滇南盐法图》等许多反映石羊古镇盐业生产生活的诗词歌赋及展图，成为我们研究白盐井开发史及盐文化的第一手资料。

石羊镇孔庙

最后，人口成分的复杂化，促成了石羊古镇习俗和信仰的多元化。一是南诏时因“盐”兴起的“圣母信仰”“卤龙王信仰”等土主宗教信仰，为当地民众为纪念发现盐泉的龙女而立庙纪念，并将后来的每年农历正月十三定为“开井节”或“龙王会”[③]，石羊古镇名称也缘于此。二是随着汉、彝、白等各族人口大量涌入石羊古镇，佛教[④]、道教[⑤]在南昭时也传入该地，并与石羊古镇本地以“盐”为核心的原始信仰完美结合起来。三是元代随着蒙古人征云南伊斯兰教传入石羊，并建有清真寺；清末随外国传教士的到来天主教传入石羊古镇，并在石羊设立天主教总堂，在白盐井、大村、烂泥箐、铁锁等地设分教堂。[⑥]《盐丰县志》亦记载，光绪三年（1877）天主教于“旧日白井，

① 〔清〕郭存庄纂修：《中国地方志集成（云南府县志辑）· 乾隆白盐井志 · 选举》，南京：凤凰出版社，2009 年，第 130 页。

② 杨成彪主编：《大姚卷上 · 光绪续修白盐井志 · 序文 · 重修白盐井志序》，昆明：云南人民出版社，2005 年，第 557 页。

③ 胡月：《白盐井与石羊古镇盐文化研究》，《盐文化研究论丛 · 第十辑》，成都：西南交通大学出版社，2018 年，第 128 页。

④ 如明清时有记载的就有观音寺、龙泉寺、龙吟寺、宝莲寺、天台寺、妙峰寺、白灵寺。

⑤ 著名的有文殊阁、雷祖阁、齐云阁、文昌宫、明真宫、三圣宫、真武观、老君庵、药王庙、二神祠、土地祠等。

⑥ 李晓丽、杨浦旺：《石羊盐区多元宗教的形成、融合及变迁》，《云南民族大学学报（哲学社会科学版）》2010 年第 1 期。

设有天主教堂一所”[①]。无疑石羊古镇的风俗信仰呈现出“多元”“兼容”特点。而形成这种信仰多元发展的根本原因，就是白盐井开发过程中吸纳了大量外来移民，而且这些移民与当地土著能够融合相处，这为多元文化信仰格局的出现打下了基础。

3. 盐业资源分布及其开发影响着石羊古镇的市镇布局、基础建设

白盐井地区呈带状，香水河从中间穿过，周围大山环抱，盐业资源又沿河分布，这些特殊的地理环境因素叠加起来，直接影响了石羊古镇的市镇布局和基础设施建设。受盐井分布的影响，民居基本上都围绕各个盐井呈簇状而居。可以说，香水河连接起了各个盐场，从而又把各个民居点连接了起来，在盐业资源聚集效应下，石羊古镇形成以盐井生产区为坐标划分市镇管理的形态[②]，形成“灶民环井而居，人烟稠密，街道狭浅”[③]“带状”簇群式的城市布局。

就石羊古镇内的街道、桥梁、关隘等基础设施的修建与维护来看，仍然体现了政府保护盐井开发、运输及盐税征收的目的。古镇内的主街道“南北通衢，总为一市，诸货骈集”[④]，“商贩返于市，向之忧绝粮者，永可鼓腹康衢矣……商、灶熙熙，黎庶便均辛托于春风化育中，转输食货，国裕民安”[⑤]，成为石羊古镇商贸、运输的主干道。其余各个小道犹如“毛细血管”将主街道与各个居民区相连接。由于石羊古镇位于群山环抱之中，加上香水河穿镇而过，桥梁成为石羊古镇与外界沟通的重要保障，“白井峰峦攒簇，川谷浸汇，两岸民居鳞次，褰裳难越，则所以占利涉而便往来者，不重有赖于杠梁之成哉？”[⑥]可见，石羊古镇的桥梁对内连接内部的主街道及各个辅助性小道，对外则连接更为广阔的外部市场。随着白盐井盐税对国家财政贡献的增强，政府相继在石羊古镇通往外界的通道上修筑关隘：明代，在该地建“关口栅栏十七处”[⑦]；清代，白盐井提举司提举郭存庄通过“自南北以迄东西关，凌河搜菁，并山围涧建栅垣，增斥候，扼其要冲”[⑧]，“设井兵五十名周其巡缉”[⑨]。政府不断完善该地关隘和增加兵力的目的，就是要保证盐税的足额征收与运解。

因此，不难看出，石羊古镇无论从城市布局还是基础设施建设来看，都围绕白盐

① 杨成彪主编：《大姚卷下・民国二十一年盐丰县地志：大改革》，昆明：云南人民出版社，2005年，第1661页。

② 张崇荣：《清代白盐井盐业与市镇文化研究》，武汉：华中师范大学2014年硕士学位论文，第89页。

③〔清〕刘邦瑞纂修：《中国地方志集成（云南府县志辑）・雍正白盐井志・艺文》，南京：凤凰出版社，2009年，第45页。

④ 杨成彪主编：《大姚卷上・乾隆白盐井志・市肆》，昆明：云南人民出版社，2005年，第416页。

⑤〔清〕刘邦瑞纂修：《中国地方志集成（云南府县志辑）・乾隆白盐井志・艺文》，南京：凤凰出版社，2009年，第144页。

⑥ 杨成彪主编：《大姚卷上・光绪续修白盐井志・建置志之五・津梁》，昆明：云南人民出版社，2005年，第620页。

⑦ 杨成彪主编：《大姚卷上・乾隆白盐井志・城郭》，昆明：云南人民出版社，2005年，第413页。

⑧ 杨成彪主编：《大姚卷上・乾隆白盐井志・艺文志・记》，昆明：云南人民出版社，2005年，第511页。

⑨ 杨成彪主编：《大姚卷下・民国盐丰县志・艺文志・捐建白井关隘记》，昆明：云南人民出版社，2005年，第1361页。

井而展开：城市居民点布局以盐井分布为中心展开，为促进食盐交换修建的主街道又因食盐交易而繁华，桥梁修建则为的是保障食盐的内通外联，而修筑关隘无疑是为了保证盐税征收。从这个角度来看，说白盐井与石羊古镇的发展休戚相关，是比较客观的。

三、盐井持续开发与石羊古镇的衰落

白盐井开采规模和产量的增加，意味着对煎盐所需柴薪的更大需求，进而带来一系列问题，加之战乱破坏，这些因素综合起来，严重影响了石羊古镇的发展态势。

1. 柴薪供应问题引起的高生产成本和高盐价，制约了白井盐的竞争力。

白盐井地区因煎盐出现的“有一带轻烟飘渺斜横，俨若长虹不断”[①]现象，即是白盐井盐业生产的盛况写照，而维持这种盛况的背后，是井区周围大量森林的砍伐。据董咸庆统计，清代云南煎盐年需柴薪一亿七千多万斤[②]。白盐井作为云南大的盐产区之一，其每年消耗的柴薪数量也十分庞大，以清代白盐井年产额约 800 多万斤[③]，每 100 斤盐需柴薪 300 多斤[④]来计算，每年共消耗柴薪在 2400 多万斤以上。前文提到，在石羊古镇，柴薪是仅次于大米的第二大宗货物，柴市的繁荣背后无疑是靠持续砍伐森林来维系的。而这些柴薪主要来源为白盐井地区的林木。

随着白盐井地区林木砍伐日益加剧，能够就近供应盐井煮盐的柴薪数量越来越少，因煎盐需要，柴薪与盐井之间的供应距离越来越远，柴薪运输成本增加，导致白盐井食盐生产成本逐渐增加[⑤]，反映在盐价上则是居高不下，史载乾隆年间“白井盐，每百斤卖价银二两九钱、三两不等”[⑥]。柴薪引起的生产成本增加，一方面会制约白井盐的进一步生产，另一方面，则使盐价持续高昂，严重影响白井盐的销售竞争力。当白盐井食盐市场份额逐渐萎缩时，石羊古镇也不可避免地逐渐走向衰落。

---

① 杨成彪主编：《大姚卷上·光绪续修白盐井志·杂志之五·胜景》，昆明：云南人民出版社，2005 年，第 1011 页。

② 董咸庆：《清代食盐产销的独特性》，《史学论丛·第五辑》，昆明：云南大学出版社，1993 年，第 271-273 页。

③（民国）龙云、卢汉修、周钟岳等编，牛鸿斌等点校：《新纂云南通志·盐务考三·产额》，昆明：云南人民出版社，2007 年，第 210-212 页。

④ 参见（民国）龙云、卢汉修、周钟岳等编，牛鸿斌等点校：《新纂云南通志·盐务考三·制造方法》，昆明：云南人民出版社，2007 年，第 209 页。

⑤ 灶户往往出现无钱购买柴薪的现象，政府为了解决这一困难，由政府提前借发灶户薪本，在食盐销售后再扣还，如清宣统元年薪本银“白井，三千五百两”。参见（民国）龙云、卢汉修、周钟岳等编，牛鸿斌等点校：《新纂云南通志·盐务考三·工本》，昆明：云南人民出版社，2007 年，第 210 页。对云南盐业生产中的“薪本银”问题，可以参见赵小平、余劲松《清代云南盐业生产中的薪本银借贷问题研究》，《盐业史研究》2017 年第 1 期。

⑥ 白盐井盐价与黑井盐、安丰井盐、琅井盐、阿陋井盐盐价相差不大，均属高盐价，高于其他盐井盐价。参见（民国）龙云、卢汉修、周钟岳等编，牛鸿斌等点校：《新纂云南通志·盐务考三·盐价》，昆明：云南人民出版社，2007 年，第 218 页。

2. 大规模砍伐森林导致的自然灾害，严重破坏盐井的正常生产

随着盐井的不断开发和产量的剧增，对柴薪的需要量也愈来愈大，致使白盐井地区林木几乎损失殆尽，一旦遇到暴雨，极易引发山洪等自然灾害。史载道光年间石羊古镇就因山洪曾遭受过巨大损失，“连日大雨，迨二十五日初更之后，山溪暴涨，澎湃汪洋，五井民房、灶房、大釜、柴薪尽入泽国，桥梁十余座悉被水冲，庙宇七八处半多坍塌……泊存仓盐九十余万斤悉归乌有。淤填卤井四十一口，堕煎盐二百余万斤……凡灾民四千三百四十四丁口。”①无疑此次山洪对盐井的破坏是毁灭性的，是白盐井迅速衰败的重要原因。

石羊古镇周围山上今天仍然树木稀疏

3. 战乱成为破坏盐井生产的又一因素

除天灾外，人祸也成为导致石羊古镇衰落的另一大因素。如清末咸（丰）同（治）年间，朝庭政治腐败，压迫劳动人民，导致民不聊生，在白盐井地区爆发了杜文秀领导的回民起义。同治年间，白盐井再次受到战乱侵袭。连续不断的战乱客观上严重影响了白盐井地区正常的生产生活。在长年战乱的冲击下，人口大量外逃，商路阻滞，盐井生产几乎陷入绝境，最终石羊古镇也随之彻底衰落。

四、从“资源型”市镇的内生机理来看石羊古镇的未来发展路径

从历史上看，石羊古镇的命运与白盐井的发展休戚相关。盐业资源的开发，吸引大量人口聚集该地，这些人口既是盐业生产的参与者，又成为巨大的消费群体。加之当地“以卤代耕”的经济结构，致使粮食及日用品等对外部市场依赖性极强，巨大的市场需要又吸引大量商人聚集于此。在人口的聚集效应下，石羊古镇兴起，并逐渐发展成为以盐为中心、诸多商品汇集的繁华市镇。可以说，石羊古镇“因盐而兴”的特点，成为“资源型”市镇（或城市）的一个缩影。

---

① 杨成彪主编：《大姚卷上 · 光绪续修白盐井志 · 艺文志上 · 丙午岁白井水灾序》，昆明：云南人民出版社，2005年，第830页。

石羊古镇只是该类型市镇（城市）的一个典型代表，在云南类似的资源型市镇（城市）还有“因盐而兴”的黑井古镇、“因铜而兴”的东川、“因锡而兴”的个旧等，在全国“因盐而兴”的城市亦有自贡、运城、盐城等，这类市镇（城市）皆因拥有资源而勃兴，同时又因资源过度开采或国家战略调整而衰败。可以说，该类市镇（城市）的发展命运与资源开发力度息息相关，一旦该地资源因过度开采、市场冲击、天灾人祸或国家战略调整而逐渐陷入困境时，这些因资源而兴起的市镇（城市）亦不可避免地随之走向衰落。明清时正是白盐井开发的高峰期，故而石羊古镇也成为这一时期该地区的经济、文化中心，基础建设也处于顶峰时期；清末，由于对资源的过度开发引发的自然环境恶化，加之战乱影响，白盐井盐业逐渐萎缩，石羊古镇也随之衰落。因此，如何让这类在历史上辉煌一时的“资源型”市镇（城市）重新焕发生机，无疑需要我们每一个人认真思考。

既然石羊古镇“因盐而兴”，又“因盐而衰”，它的命运与盐息息相关，因此，石羊古镇重新焕发生机的突破口也应该放在盐上——即如何让石羊古镇厚重的盐文化成为其发展的新引擎，打好“盐文化旅游”这张牌。

现就石羊古镇发展盐文化旅游谈几点个人的看法。

第一，亟需构建政府主导和企业、学者、学会参与的“产学研传”合作机制。同为井盐，石羊古镇可以借鉴今天自贡以“产学研传”结合为路径的井盐文化传播模式①。目前，石羊古镇盐文化旅游的打造仍然以政府主导和当地民众参与为主，缺乏有影响力的企业、研学平台、传播平台的协同支持，白盐井文化仍然“深藏闺中”。

第二，应该打造“黑盐井——白盐井——诺邓井”联动起来的滇盐文化游经典线路。从地理位置上来看，白盐井位于黑盐井与诺邓井中间。作为滇盐的代表，三个盐井基本上处于一条线上，且盐文化遗址相对保存较好。而依托这三大盐井发展起来的黑井古镇、石羊古镇、诺邓村，成为目前“滇盐文化”的重要展示窗口：黑井古镇代表性盐文化遗址有黑牛井、大龙祠、晒盐棚、武家大院、安庆堤、孔庙、五马桥、小型盐业博物馆等②，诺邓村代表性盐业遗址有诺邓古井、玉皇阁、万寿宫、龙王庙、盐局、盐课提举司衙门、文庙、盐道等③，石羊古镇代表性盐文化遗址有庆丰井、五福井、盐业博物馆、晒盐棚、文庙等④，可惜这三大盐文化旅游市镇缺少政府层面主导的协同与整合，宣传各自为主，直接导致的结果就是游客只知其一。正是缺乏协同下的大宣传，

① 以自贡市政府主导，依托自贡市盐业历史博物馆、《盐业史研究》和中国盐文化研究中心为展陈基地和研究基地，吸纳四川久大盐业公司、驰宇盐品有限公司、中盐金坛盐化有限责任公司等企业参与，同时借助中国盐业协会、中国商业史学会川商史专业委员会等学会及北京中盐盐文化传播中心形成全国性的传播效应。

② 参见赵小平：《云南黑井盐文化及其保护与开发》，《扬州大学学报（人文社会科学版）》2018年第5期。

③ 参见林文勋：《诺邓村：一个盐井村落的历史文化解读》，《盐业史研究》2004年第4期；程龙刚：《云南诺邓中国盐文化原生态博物馆》，《中国文化遗产》2009年第1期。

④ 参见胡月：《白盐井与石羊古镇盐文化研究》，《盐文化研究论丛·第十辑》，成都：西南交通大学出版社，2018年。

对三大古镇盐文化的传播都带来了不利影响，即使是云南本地人，大多也只知道黑井古镇，很少有人知道石羊古镇和诺邓村。

第三，要树立盐文化开发与保护并重的意识。石羊古镇目前除留存有孔庙、古盐井、书院遗址外，其余与盐业相关的古遗址已大多被人为破坏。因此，我们在开发这类市镇时，要注意应该与该地原始、古朴、自然的旅游环境相一致，[①]在不破坏原有生态资源和文化资源的前提下，科学规划和开发盐文化旅游资源。

总之，作为资源型市镇（城市）的缩影，石羊古镇在今天发展所面临的困境，也是该类市镇（城市）发展过程中曾经共同面临的问题；而要实现该类市镇（城市）的“完美转型”，同样需要从同类市镇（城市）的成功转型经验中寻找路径和智慧。

五、结　语

叨天之幸，白盐井的形成为自然因素所致。而当这种稀缺资源被当地民众所发现和开发利用时，就形成了以盐为中心的人口聚集和商品聚集效应，进而形成“因盐而兴”的市镇——石羊古镇。正因如此，致使石羊古镇发展呈现出“资源型”市镇发展特有的特点，资源开发与市镇发展二者之间呈现出双向互动的休戚与共关系，即这类市镇（城市）发展历史中呈现出的“波峰与波谷”走势，与资源开发程度及影响资源开发的系列因素有关，所反映出来的同样是资源开发的“波峰与波谷”。

就这类市镇的发展而言，其核心是盐（或其他资源），即使是商业的发展，也是围绕盐而展开。即使是文化教育，也与盐有着莫大关系。因此，这类市镇发展的核心商品是盐，核心文化是盐文化。从这个视角来看，这类市镇在今天发展过程中所碰到的瓶颈及其出路，仍然要从盐业发展史和衍生出的盐文化上来寻找答案。

① 刘彦群：《川滇黔古盐道与旅游开发研究》，《盐业史研究》2005年第4期。

乡村振兴战略下开发利用自贡盐业文化资源的几点思考

刘祯贵[①]

摘　要：自贡有着丰富的盐业文化资源，开发、利用盐业文化资源存在着较大潜力与市场。本文致力于提高乡村振兴战略认识，明确乡村振兴战略下开发利用自贡盐业文化资源的重要性；厘清自贡盐业文化资源内涵，夯实自贡乡村振兴的文化基础；发挥自贡盐业文化资源的引领作用，助推自贡乡村文化振兴；处理好保护与发展的关系，在保护中利用自贡盐业文化资源；规划设计引领，系统谋划自贡盐业文化资源的开发利用；完善自贡盐业文化资源开发与利用体系，优化自贡盐业文化资源开发与利用的功能布局；着眼“旅游+产业”，着力增强自贡盐业文化资源开发与利用后劲。

关键词：乡村振兴；盐业；文化资源；开发

自贡是一座因盐而生、因盐而兴的城市。千年盐都自贡有着深厚的盐文化底蕴，为自贡经济社会发展奠定坚实的文化基础。盐业文化资源是自贡独一无二的聚宝盆。进入中国特色社会主义新时代，自贡市委、市政府提出“加快建设独具特色的国际文化旅游目的地”，千年积淀下来的盐业文化资源，为实现这一目标提供重要资源和载体。随着乡村振兴战略的实施及乡村旅游的发展，盐业作为一种特定文化旅游资源，其市场开发也逐渐吸引了业界和学界的目光。深入发掘自贡盐业文化资源的历史内涵，开发具有自贡特色的盐文化旅游产品，建好与盐业文化资源主题旅游配套设施，积极探索，认真设计，全面规划，把开发、利用自贡盐业文化资源做好、做大、做强，为自贡乡村振兴、经济发展增强后劲。笔者长期从事城乡建设工作，业余时间藏有多种有关自贡盐业文献史料，拟结合工作实践，就乡村振兴战略下如何开发利用自贡盐业文化资源，谈点一孔之见，求教于学界各位专家、学者。

---

① 作者简介：刘祯贵（1968—），男，四川广汉人，硕士研究生，成都市住房和城乡建设局调研员，业余从事中国近现代金融史、经济史与藏书文化研究。

一、提高乡村振兴战略认识，明确乡村振兴战略下开发利用自贡盐业文化资源的重要性

乡村振兴战略的总目标就是推进农业农村现代化。推进农业农村现代化，就是要使农业、农村发展起来，乡村生态、乡风、治理等方面得到同步提升。习近平总书记提出，中国要强，农业必须强；中国要富，农民必须富；中国要美，农村必须美。乡村旅游，可达望山、看水、忆乡愁的目的，助推乡村振兴。自贡有着丰富的盐业文化资源，开发、利用盐业文化资源存在着较大潜力与市场。盐业文化资源旅游是自贡旅游产业的重要组成部分，旨在利用盐业文化资源条件，在盐业文化资源地域范围内通过科学规划设计、合理开发利用，为城乡居民提供集观光、休闲、度假、体验、娱乐、健身等一体的盐业文化资源经营开发、利用活动，有别于传统的自贡城市旅游，是适应自贡乡村振兴发展，具有乡土性、地域性与综合性的新型现代旅游业。

开发、利用自贡盐业文化资源，有利于统筹自贡盐业文化资源的要素资源，促进盐业文化资源所在地——自贡城乡规划一体、设施一体、服务一体，补乡村短板、扬乡村长处、美乡村风貌、留田园乡愁。开发、利用自贡盐业文化资源是促进当地城镇就业增收的迫切需要。特别是开发、利用自贡盐业文化资源能适应城市居民日益增长的周边短途休闲度假消费需求，并在提高城乡居民生活质量、推进城乡经济社会持续发展方面发挥越来越重要的作用。数据显示，2012—2017 年我国乡村旅游人数不断增加，从 2012 年的 7.2 亿人次增至 2017 年的 28 亿人次，年均复合增长率高达 31.2%，增长十分迅速。实施乡村振兴战略，开发、利用自贡盐业文化资源旅游，将会引导更多社会资源向盐业文化资源区域投入，成为自贡乡村经济增长新的动力空间。

二、厘清自贡盐业文化资源内涵，夯实自贡乡村振兴的文化基础

中国盐文化是中国文化的重要组成部分。盐对国家、经济、科技、军事、社会、城市、文化艺术等诸方面产生了不可思议的巨大魔力。从广义上讲，盐是一种文化现象[①]。自贡盐业文化资源内涵丰富，涉及有关盐的趣闻传说、盐场诗歌、盐的习俗、盐场的节日和庆典，以及地名中的盐文化，以西秦会馆、王爷庙为代表的盐商会馆，川剧折射出的盐文化，饮食中的盐文化[②]。从盐的勘探、熬制、运输、销售等环节中表现出来的与人、社会的诸种关系，如：盐商与盐商、盐工、盐官、消费者等的关系，盐商与因生产盐、运输盐而形成的古镇、建筑、工具、饮食、服饰、民风民俗、非物

① 中国盐业史国际学术讨论会筹委会编：《中国盐业史国际学术讨论会论文提要》，自贡，1990 年，第 96 页。

② 钟长永、黄健、林建宇：《千年盐都》，成都：四川人民出版社，2002 年，第 4 页。

质文化等以及由此而产生的各种社会现象背后的文化内涵①。自贡盐文化，不仅是自贡井盐生产发展中形成的行业、社区和民俗文化的总和，同时也是盐商文化、盐工文化和盐政文化相互交融的总和②。在社会发展的不少层面，几乎都可以追寻到盐文化的踪迹③。四川省第十三届人民代表大会常务委员会第八次会议于 2018 年 12 月 7 日批准的《自贡市井盐历史文化保护条例》第二条指出，井盐历史文化是指人们在古代、近代井盐生产、运输、贸易等活动中形成，并具有一定历史、艺术、科学价值，尚未被核定公布为文物保护单位的，以及现代具有特殊价值、特定纪念意义的不可移动文化资源，包括：（1）与井盐生产相关，本体尚存、建筑格局相对完整的代表性建筑物、构筑物；（2）与井盐运输、贸易相关，具有典型代表性的盐运水道、陆道沿线设施及建筑物、构筑物；（3）与城市发展历史相关，能够体现井盐历史文化风貌的建筑物、构筑物。

内涵丰富的自贡盐业文化资源为自贡乡村振兴提供了文化基础。自贡丰富的盐文化旅游资源可转化为旅游产品，以充分利用其资源价值，打造自贡盐文化名片。特别是自贡盐商在长期盐业生产、经营等过程中形成的勇于探索、善于经营、大胆包容、乐于奉献的精神，为自贡乡村振兴、盐业文化资源开发利用提供了丰富的营养。充分发掘自贡盐业文化资源要素，增强乡村振兴软实力，探索农、文、旅融合发展，从而推动自贡乡村振兴发展和不断满足人民群众对美好生活的新期待。

三、发挥自贡盐业文化资源的引领作用，助推自贡乡村文化振兴

党的十九大报告指出："文化是一个国家、一个民族的灵魂。文化兴国运兴，文化强民族强。没有高度的文化自信，没有文化的繁荣兴盛，就没有中华民族伟大复兴"。盐业文化资源是自贡乡村振兴发展的宝贵精神财富。自贡众多的盐业文化资源具有重要的历史、科学、人文价值，涉及六个系列：古近代井盐生产遗址、现场；盐业历史建筑；盐业饮食、美食文化；盐场传统民俗风情与地方会节；与盐业相关的和由盐业派生的民间艺术、地方文艺；盐业史籍④。自贡盐业文化旅游资源不仅有文化底蕴丰厚的文学、艺术、曲艺作品，更有可观可感的精美的古建筑及蕴含古今劳动人民智慧的古代盐场和展现现代科技的盐业生产场所。自贡盐业文化资源主要有：盐业中的英雄崇拜；盐业技术文化；盐业的制度文化；盐文学、艺术；地名中的盐文化。盐业城镇的地名多与盐有关，如盐都自贡的城镇有的以盐井为地名，如：自流井、贡井等；有的以笕为名，如：大昌笕、大生笕等；有的以盐商商号为名，如：八店街、尚义号；

① 周富民：《研究盐商文化　丰富城市精神》，《盐商文化》2009 年第 1 期。
② 陈星生：《探寻井盐文化　构筑城市精神》，《盐商文化》2009 年第 1 期。
③ 中国盐业史国际学术讨论会筹委会编：《中国盐业史国际学术讨论会论文提要》，自贡，1990 年，第 97 页。
④ 宋良曦：《盐都故实》，成都：四川人民出版社，2014 年，第 13 页。

有的因盐的运销而得名，如：进盐坝、盐店街。饮食中也有盐文化。产盐区的饮食特征与风味无不与盐密切相关，而各地盐商别具一格的饮食又不断丰富着传统的饮食文化，并使许多民族围绕盐形成了独特的风俗习惯。作为历史的投影，盐文化与人类历史伴随始终。上到国家大政，下至住、食、言、行，无不透着浓浓的咸味，翻开中国的盐业史就是翻开中国的一部文化史。自贡盐业具有丰富的文化资源，包括自贡因盐而发展的历史、自贡盐商们神奇的发迹史及自贡盐商、盐工们神奇的生活史。还包括神奇的生产场面；钻、治井设备和堪称世界绝技的古代盐业生产技术；神奇的盐商菜；神奇的节庆活动（如誉满海内外的灯会），等等。自贡沿滩区有千年盐运第一城——沿滩城、千年盐运第一镇——仙市古镇、千年盐运第一街——糍粑坳街、千年盐都第一铺——毛头铺（今永安镇）、千年盐都第一宅——王家大院①。

旅游与历史文化相结合已成为当今世界旅游业的一个重要特征。盐业文化资源是开发盐业旅游产品的生命。盐文化是现代旅游业发展进程中适应旅游者多样化消费需求的一种新兴的旅游产品主题。自贡在实施乡村振兴战略下开发和利用盐业文化资源，发展盐业文化资源旅游大有作为。丰厚的盐文化内涵和独具特色的人文景观构成自贡这座国家历史文化名城的重要内容和特色②。在大力发展地方特色文化的同时，要让自贡的盐业文化资源满足可持续发展的综合需要，将开发、利用盐业文化旅游与乡村振兴发展相结合，为促进自贡乡村振兴发展提供帮助。

四、处理好保护与发展的关系，在保护中利用自贡盐业文化资源

自贡千年盐都的历史沉淀赋予其盐文化遗产的天然属性，具有原真性、不可移动性和非复制性。自贡有纳入国家级非物质文化遗产保护的项目——自贡井盐深钻井汲制技艺。既要看到开发利用自贡盐业文化资源带来的丰厚经济效益，又要提高对盐文化的保护意识，从而推进盐文化的可持续发展。加强保护，摸清家底，建立起包括政府、社区、企业和民间收藏爱好者在内的保护网络。实行保护性开发，在深入挖掘历史文化的基础上，把文物保护利用工作与旅游资源开发相结合。

旅游产业与当地社会发展一荣俱荣，自贡盐业文化资源的开发利用以及自贡生态环境系统的保护不能顾此失彼。在保护自贡盐业文化资源的原真性基础上实施开发利用。自贡盐业文化旅游产品在主题设计的时候，要充分考虑到旅游活动对环境生态的影响、对当地居民的影响。继续将新发现的有关自贡盐业文化资源重要的珍贵的文化遗产申报全国、省重点文物保护单位。对自贡盐业文化资源的保护与开发重点要集中在盐业文化如何传承的问题上，完整保护盐业历史传统现象，保留盐业

① 唐杰：《挖掘盐商文化资源　促进沿滩繁荣发展》，《盐商文化》2009年第1期。
② 钟长永、黄健、林建宇：《千年盐都》，成都：四川人民出版社，2002年，第1页。

历史文化元素。

加强自贡盐业历史文化保护的宣传教育，强化公众的保护意识。对自贡盐业历史文化资源应当尽可能实施原址保护。合理、适度、可持续地利用自贡盐业历史文化资源，发挥其公共文化服务和社会教育功能，传承弘扬优秀自贡盐业历史文化。整合自贡盐业历史文化旅游资源，有目的、分门别类地收藏和研究盐文化的碎片，收集有关盐业文化资源口述史料。

五、规划设计引领，系统谋划自贡盐业文化资源的开发利用

规划水平如何，直接与自贡盐业文化资源的开发利用成效息息相关。结合实施乡村振兴战略的需要，按照乡村旅游可持续发展的思路，探索自贡盐业文化资源对乡村旅游的示范带动作用，整合自贡盐业文化资源，形成以人文历史与休闲观光、生态观光为特点的自贡盐业文化资源开发与利用产品体系，实现自贡盐业文化资源集观光型、文化型、度假型、休闲型于一体的开发与利用。

首先，高度重视、精心编制、严格执行自贡盐业文化资源开发与利用规划，以科学合理的规划来规范和推动自贡盐业文化资源开发与利用。自贡盐业文化资源开发与利用规划编制过程中，要依托自贡盐业文化资源，分析盐业文化资源所在地客源现状，明确盐业文化资源开发利用整体发展方向，包括开发主体、乡村振兴的背景与条件、乡村旅游发展的市场需求、盐业文化旅游主题与形象、盐业文化旅游产品定位与空间格局、盐业文化资源开发利用配套设施等。

其次，应在市场分析基础上做好自贡盐业文化资源开发与利用的顶层设计，用顶层设计来统一自贡盐业文化资源开发与利用的思想，使其成为实施自贡乡村旅游发展战略统一的意志和行动。顶层设计也是规划蓝图，更是自贡盐业文化资源开发与利用的顶层设计作战图和工作靶向，应制定横向到边、纵向到底的自贡盐业文化资源开发与利用规划，推动自贡盐业文化资源开发与利用，以规划来明确自贡盐业文化资源开发与利用的时间账、任务账、责任账，引领和指导自贡盐业文化资源开发与利用。其次，注重自贡盐业文化资源开发与利用规划的前瞻性。搞好宏观调控，以超前的思维、科学的规划设计来引领自贡盐业文化资源开发与利用的实施，以充分发挥规划的战略性、前瞻性和导向性作用。同时，自贡盐业文化资源开发与利用规划的编制工作一定要着眼乡村长远发展目标，立足于自贡盐业文化资源现状与乡村振兴需要。

第三，自贡盐业文化资源开发与利用规划要体现科学性，顺应城乡融合、乡村振兴要求。要按照党的十九大报告提出的“产业兴旺、生态宜居、乡风文明、治理有效、生活富裕”乡村振兴战略总体要求，不断健全与完善自贡盐业文化资源开发与利用各类专项规划。编制自贡盐业文化资源开发与利用规划的过程中，应牢固树立现代乡村

发展的基本理念。自贡盐业文化资源开发与利用规划要尊重自贡盐业文化资源所在地原住居民生活形态和传统习俗，注重盐业文化的特色与个性，体现乡村的生态本底与自然环境，努力做到自贡盐业文化资源开发与利用规划最终不留败笔、不留遗憾，经得起人民的评论与历史的检验，对得住子孙后代。

第四，维护自贡盐业文化资源开发与利用规划的权威性与严肃性。一经确定的自贡盐业文化资源开发与利用规划，就必须依法实施，严禁随意改变。对照自贡盐业文化资源开发与利用规划，坚决杜绝不符合乡村振兴与旅游发展规划的项目，要依靠科学的规划来确保乡村旅游发展的质量、进度与成效。同时，大力提升自贡盐业文化资源开发与利用规划的功能统筹、创意设计、产业融合能力，引导乡村区域协调、城乡融合、共同发展。

六、完善自贡盐业文化资源开发与利用体系，优化自贡盐业文化资源开发与利用的功能布局

应在现有自贡乡村发展体系基础上，以自贡盐业文化资源为依托，优化自贡盐业文化资源开发与利用的功能布局。一是依托自贡乡村交通、产业功能和生态功能，实施自贡盐业文化资源集聚开发与利用。集聚自贡盐业文化资源要素，促使自贡盐业文化资源开发与利用逐步由同质化、个体化、分散化向特色化、产业化和集聚化方向转变。着力塑造城乡形态，把自贡美丽乡村中的仙市古镇等盐业文化古镇、传统村落、休闲农庄、乡村民宿等盐业文化资源开发与利用的各类载体建设与发展作为自贡盐业文化资源开发与利用重点，整合乡村道路、村庄、景点等各种盐业文化资源开发与利用要素，集聚开发、利用自贡盐业文化资源，提升和改善乡村生活空间，推动自贡乡村生产、生活空间与生态空间“共融共生”。二是在自贡盐业文化资源开发与利用中注重提升宜居宜业、品质优化的城乡功能布局。科学、准确定位自贡盐业文化资源开发与利用的旅游功能，突出盐业文化古镇及周边乡村的自然优势和传统特色，杜绝盐业文化资源开发、利用同质化现象的产生。结合自贡乡村旅游资源实际，因地制宜确定自贡盐业文化资源开发、利用的功能与定位，引导自贡盐业文化资源开发与利用朝个性化、差异化模式发展，打造集旅游、生产、生态多功能于一体的自贡盐业文化资源开发与利用体系，实现自贡盐业文化资源永续发展。三是顺应自贡乡村区域协调、城乡融合发展要求，加快自贡盐业文化资源开发与利用。根据自贡乡村的功能定位、产业基础与资源优势，建设一批产业集聚、功能复合、连镇带村的盐业文化特色旅游点，引导乡村人口向盐业古镇或盐业文化特色旅游聚居点集聚、转移，实现盐业文化资源旅游成果自贡乡村全民共享。

七、着眼“旅游+产业”，着力增强自贡盐业文化资源开发与利用后劲

旅游产业具有“一业兴、百业旺”乘数效应。乡村旅游是以乡村农业等产业经营为基础，乡村产业与旅游业相结合的新型产业，二者不能割裂开来。自贡盐业文化资源开发与利用，是自贡乡村产业转型、调整、提升的重要方面。坚持融合发展理念，以产业为基础的自贡盐业文化资源开发与利用定位，促进自贡盐业文化资源开发与利用与现代乡村产业体系融合发展，构建产业高端、结构合理、绿色循环、集约型增长的自贡盐业文化资源开发与利用新格局，使自贡盐业文化资源开发与利用成为自贡乡村经济增长的排头兵。

首先，着力于转变乡村旅游发展方式，打造产业跨界、产业融合发展的自贡盐业文化资源生态旅游产业链。推动自贡盐业文化资源旅游生产要素配置更加科学、合理，实现乡村旅游产业生产集约化、组织科学化与要素供给高效化。因地制宜发展自贡盐业文化特色旅游产业，促进盐业文化旅游产业多样化、个性化发展。整合盐业文化资源要素，打造一批盐业文化旅游精品景点和精品线路。实施盐业文化开发与利用精品工程，建立经济高效的盐业文化旅游价值体系，形成盐业文化特色资源保护与盐业古镇、村庄发展的良性互动机制。

其次，在开发自贡盐业文化特色产业的基础上，因地制宜积极发展盐业文化休闲、旅游度假等产业。继续打造展现盐史人物、文献的民间博物馆，对盐商美食城、精品盐卤浴等进行提档升级。突出盐业文化旅游休闲、养生项目，增加四季皆可进行的盐业文化养生旅游项目以及古民居、民俗风情等盐业文化、节庆旅游产品，使得自贡盐业文化资源开发与利用由乡村观光旅游顺利转变为观光加上休闲养生度假型乡村旅游发展方式，有效弥补季节性产品的空缺，同时适应旅游业发展的整体趋势。将自贡井盐文化、近现代盐业遗迹与城市生活、特色旅游有机融合，让沧桑、厚重的盐业文明遗址再次焕发出蓬勃生机。

再次，以盐业文化资源为依托，按照“旅游+”新业态融合发展的思路，促进自贡盐业文化资源开发与利用升级。通过融合文创、电商、养生、养老、体育、健康、研学、文艺等产业，培育多样化、个性化的自贡盐业文化资源开发与利用业态。在盐业文化资源开发与利用过程中，可依托自贡盐业文化古镇资源优势，鼓励乡村景观与产业结合，打造盐业文化特色景区与景点，着力打造以河街、老街为核心的盐文化旅游度假区、特色小镇。如，目前依托公井古城古盐文化及衍生文化资源，启动胡氏民居、东源井、艾叶古镇盐运第一滩景观平台、贡井老街河街背街小巷整治等一系列文旅项目的建设。

最后，定期与不定期举行以盐文化为核心内容的自贡盐产品博览会，借此平台彰显出自贡盐业文化特色，并传播弘扬自贡盐业文化，提高自贡盐业文化在全国的影响力和知名度。在开发自贡盐业文化资源的过程中，处理好自贡盐业文化资源开发与自

贡群众生活间的关系，以自贡盐业文化资源的开发带动自贡区域经济的发展，以至于进而带动整个自贡文化旅游产业的发展。

我们有理由相信，随着乡村振兴战略的全面实施与乡村旅游的快速发展，多渠道开发利用自贡盐业文化资源，必将使盐业文化资源在充满希望的自贡地区谱写出崭新诗篇，助推乡村振兴、乡村旅游，进而让自贡农村变得更加美丽、农业发展更加兴旺、农民生活更加幸福。

基于 WTO 分析法的自贡井盐文化品牌战略规划

王　余[①]

摘　要：根据 WTO 分析，从内部看，自贡井盐文化具有文化资源丰富、文化产业发展迅速、公共文化服务体系基本完善、文化精品层出不穷、群众文化活动开展活跃、文物保护情况较好等优势；同时也存在周边城市竞争激烈、文化体制僵化、文化产业发展起步较晚、资源保护与市场开发的协调压力等劣势。从外部看，自贡井盐文化又遇到了国家文化战略的新部署、区域规划实施带来新机遇、中心城市建设需要新动力等大好机遇。基于上述分析，文章从发展目标、发展思路及发展模式三个层面提出自贡井盐文化城市品牌建设的战略规划。

关键词：自贡；井盐文化；文化品牌；战略规划

一、发展目标

1. 成为川南文化中心

井盐文化历史悠久，传播广泛，公众接受度高。尤其是近二十年的“自贡国际恐龙灯会”，将流光溢彩、璀璨夺目的灯会与远古时代神秘的恐龙结合，加上风靡全国的盐帮菜，造成了自贡城市文化品牌的轰动效应，极具影响力。盐、龙、灯、食已经开始高度融合，因此，自贡可以依靠自身丰富的文化资源优势和经济特点，把传统文化所赋予它的人文品位、文化资源与市场运作相结合，与先进的盐业、轻化工业、制造业等组合，形成雄厚的地方文化资源与地方特色工业的优势组合。

自贡一旦将现有的文化资源进行合理配置，形成自贡井盐城市文化品牌，其张力与效力一定巨大，会辐射到周边城市，甚至影响周边城市，成为名副其实的川南文化中心。让井盐城市文化品牌成为川南文化中心，是自贡城市文化品牌建设的目标之一。

① 作者简介：王余（1963—），女，四川自贡人，四川轻化工大学人文学院教授，主要研究方向为中国现当代文学。

2. 文化产业成为自贡城市的支柱型产业

自贡井盐城市文化品牌的打造，要依据《国家“十三五”规划》《国家文化产业发展规划》《四川省“十三五”规划》《四川省文化产业发展规划》《自贡市“十三五”规划》《自贡市文化发展“十三五”规划》等纲领性文件精神，按照全面协调可持续的要求，适应经济社会发展新常态，坚持“政府主导、部门服务、企业主体、市场运作”的原则，大力发展文化产业，让文化产业成为自贡城市经济的支柱型产业[1]。尤其是通过打造“中国灯城”推动文化产业跨越发展，把文化产业培育成自贡市新的经济增长点和科学发展的支柱产业[1]。实现自贡的文化产业从现在占 GDP 总量的 2%,逐年增加，至“十三五”规划结束止，占 GDP 总量的 5%~7%[1]。

二、发展思路

1. 加大人才培养和引进的力度

人才是文化品牌建设的关键因素，而人才短缺又是自贡城市文化品牌建设面临的突出问题。因此，必须加大人力资本的投入，从人才培养和人才引进两方面着手，提高文化品牌建设的人才竞争力。在人才培养方面，要加大投入，着力培养一批文化领军人物和文化经营人才；在人才引进方面，要创新引进方式，制定有效的人才激励机制，完善用人制度，以吸引国内外各类高层次人才参与到文化品牌建设中，为自贡的城市文化品牌建设服务。

2. 培育具有现代素质的自贡市民

培育具有现代素质的市民，这是城市文化建设的关键环节。人，是城市的核心和灵魂。市民是城市的主体，是城市社会文明的创造者和体现者，也是城市文化的载体。城市市民的素质如何，直接决定着一个城市的形象。一个城市的繁荣强大，不在于它有多少硬件设施，而在于其市民的文化素养。

21 世纪中国的城市建设中，出现了过多注重实物的建设，而缺乏精神积淀的现象。以城市建设水平作为衡量城市化程度的标准,以居民 GDP 的增加作为经济发展的标志，城市的外在形态与内在精神没有实现同步提高。作为一个城市发展的精神体现与品位特征，市民文化素质是城市直观、鲜活的名片，是城市文明的综合载体 [2]。

发达国家城市化成功的范例揭示：一个国家或城市能够引进充足的资金、先进的技术、优秀的管理、实用的体制、良好的教育制度，但是却无法做到通过引进来提高人的素质[2]。然而相反的是，如果市民的文化素养提升、文明程度得到优化，将会对技术以及资金的引入起到促进的作用 [2]。

但无论是城市的实物建设，还是城市的精神养成，都凝聚了城市的历史文化、品味特色以及建设思想理念。市民的素质培养将影响城市发展的走向，决定城市化建设的高度。

（1）通过各种媒介传播正能量，提升自贡市民的精神品质。

可以通过学校、家庭、社会等渠道，对自贡市民进行文化素养的教化，重点是用中国传统文化中的精髓，如不断地将“仁义礼智信”“礼义廉耻”“温良恭俭让”等思想灌输给市民，使市民成为“谦谦君子”；同时，还应将西方文化中的“自由、平等、博爱”“科学、民主”等理念传播给大众，使市民具有开放的视野和心态，具有“公民意识”。自贡市民的现代素质形成后，自贡井盐城市文化品牌的打造就会水到渠成。

（2）通过井盐城市文化品牌的打造，培养自贡市民的文化素养。

井盐城市文化品牌的打造，是一个系统工程，可以从以下几个方面入手：

① 培养自贡市民的“契约精神”。自贡城市文化中的“契约精神”是一种非常难得的城市文明，即市民要信守承诺，讲究信誉，不弄虚作假等。这种精神在井盐城市文化品牌的打造中非常重要。在市场竞争中，讲究的就是“诚信”，企业讲究诚信，注重产品质量，按时交货，其产品定能行走天下。

② 培养自贡市民的“工匠精神”。自贡有着“工匠精神”传统，当年曾凭借简单的工具凿穿了千米深井（燊海井），后来的机械工业、轻化工工业、新材料等几大主导产业，一直让市民引以为傲。

有着“工匠精神”传统的自贡在城市化进程中逐渐丢失了技术，甚至将技术视为雕虫小技，许多年轻人不肯从事工匠工作，耽于幻想，梦想着成为马云式的人物。当下中国不缺幻想者，缺的是工匠。所谓“工匠精神”，其实就是实业精神，是指对工作执着、对事业负责、对产品精益求精的精神。瑞士手表得以畅销世界、成为经典，德国工业产品之所以受到全世界欢迎，离不开这种专一投入的工匠精神[3]。对于企业来说，“工匠精神”的核心不仅仅是把工作当作赚钱的工具，而是树立一种对工作执着、对所做的事情和生产的产品精益求精、精雕细琢的精神[3]。

用传统的“工匠精神”教育自贡市民，尤其是自贡市的年轻人，让他们具备精益求精、精雕细刻、精心琢磨的精神，并用于盐、龙、灯、食等文化品牌的打造。如果自贡的市民都拥有了“工匠精神”，那么，井盐城市文化产品就会因精美的做工而名扬世界。

3. 大力发展自贡的文化产业

文化产业作为朝阳产业，既可以有力地促进经济发展，也可以极大地提高一个城市的文化品位。美国文化名城洛杉矶，靠迪士尼乐园和好莱坞城形成了惊人的影视及音像制品业和文化旅游业。现在，法国、英国、日本、韩国等国家的许多城市，都将文化产业作为国民经济的重要支柱产业。我国的一些大城市如北京、上海、广州、深圳等地，也已将文化产业列入国民经济优先发展的重点。

自贡的文化产业虽然起步较晚，但来势不小，基本上形成了以盐、龙、灯文化产业为依托，独具盐味的文化产业体系。自贡市文广旅局制定的《自贡市文化“十三五”

规划》，明确提出要在自贡形成以盐、龙、灯文化产业为龙头的具有自贡特色的文化产业体系，基本形成统一开放、竞争有序的文化市场体系，城乡居民文化消费水平明显提高，文化产业成为我市新的经济增长点和重要产业，力争到2020年，使文化产业成为自贡城市的支柱型产业[4]。

（1）精心打造井盐文化产业集群。

盐是自贡重要的文化资源，更是井盐城市文化品牌的核心和灵魂。首先需深入挖掘盐文化市场潜力，彰显自贡井盐品牌价值，推动盐文化产业向精细化、多领域、全方位方向发展。注重打造千年盐都井盐文化精品（包括物质文化和精神文化），挖掘井盐文化的源头、古盐运文化、古盐贸文化、盐商文化、盐工民俗文化等，提炼最具井盐文化特征的符号，提升井盐文化的内涵，拓展井盐文化的外延，扩大井盐文化的影响力，为井盐城市文化品牌建设提供理论支撑。

其次，注重盐系列产品的开发，包括盐品包装、盐卤浴、盐帮菜等特色资源的开发利用，培育吃、住、行、游、娱、购要素市场，深度开发盐文化旅游资源，推出集专业性、科普性、参与性、娱乐性于一体的井盐特色文化产品，延伸井盐文化产业链。

最后，通过重大项目拉动盐文化产业发展。自贡市目前将实施大公井盐商古城、燊海·吉成古盐井遗址博览园、艾叶古镇、仙市古镇、三多寨、中华盐道文化景观带等一批重大项目，在城市主要街道、广场、路口建设以盐文化为内容的文化标志符号，强化“千年盐都”印象[4]。

以“小河帮”菜系为主根系，精心打造“盐商菜”“盐帮菜”等精品盐帮菜系，加快川南美食城建设。加强盐商会馆、古盐场、古盐道等井盐文化古迹的保护性开发，并开发一系列井盐文化旅游商品[5]。利用老工业区旧址、老厂房，转换功能服务盐业旅游业，建设自贡井盐科技文化产业园；沿釜溪河，以西秦会馆、张爷庙、汇柴口、张家沱历史街区，大公井古盐文化旅游区、艾叶盐运古镇、仙市盐运古镇为重点，恢复盐史遗址风貌，加快卧龙湖国际旅游度假区（盐卤浴）建设，推进盐史遗迹观光、盐运交易再现，以及盐家生活体验、盐帮美食鉴赏和盐疗养生保健等内涵的主体项目实施[4]。

通过打造井盐文化产业集群，使盐文化产业形成完整坚固有效的产业链，从而奠定井盐城市文化品牌坚实的基座。

（2）精心打造彩灯文化产业集群。

在中国灯城打造背景下，依靠灯文化市场基础，发挥自贡灯会品牌优势，发挥灯文化产业舞龙头、可带动、能集成带动功能。实施产业集聚和精品走出去战略，推动彩灯行业主动融入工业、科技、文化、旅游产业，打造彩灯材料生产、灯艺研发、创意设计、人才培训，彩灯生产、销售和非遗展示等彩灯全产业链。以彩灯为核，加强科技攻关和市场培育，努力形成灯品—灯饰—灯具，景灯—街灯—灯会—灯市的灯艺产业链，加速灯艺文化资源和品牌优势向优势灯艺产业转化。

依托国家级文化产业示范基地，建设集彩灯文化收藏、保护、研究，彩灯创意设计、博览，彩灯制作、贸易和演艺、游乐于一体的彩灯文化创意园，推进彩灯产业园区化、集约化、国际化发展。努力使自贡成为彩灯文化创意的汇聚地、激活地和转换地，建设全球彩灯产品采购中心和国际灯艺文化创意、研发、加工、流通、博览之都。鼓励优势企业强强联手整合资源，加快改造重组，培育 1~2 家综合实力强、市场覆盖广的彩灯旗舰企业；扶持一批中小彩灯企业走特色化错位发展道路，形成分工合理、产品和服务各具特色的市场体系[6]。提高自贡灯会的文化、科技含量，提升品牌形象和经济效益。发挥重点彩灯企业的示范引领作用，培育更多的具有自主知识产权的彩灯品牌，扩大灯会外展市场，加强对外文化贸易，建设国家级自贡彩灯文化出口基地。

总之，自贡如能在井盐文化的旗号下，将现有的盐、龙、灯、食文化资源整合、凝练、打造成为自贡城市文化品牌，做到以彩灯为载体，以井盐、恐龙为内容，以自贡城区为背景，实现盐、龙、灯、食四大品牌相互熔合、相互支撑，全方位、多层次、宽领域的整体提升，那么，不仅在川南，乃至在全省全国，自贡都会有自己的话语权，富强繁荣的自贡必将重获新生。

4. 建设具有井盐韵味的城市形象

城市形象文化主要指城市的外观形象，包括城市现代化的基础设施和时尚的外观形象[7]。像巴黎、伦敦、莫斯科、法兰克福、威尼斯等一些世界文化名城，都具有独特的城市文化形象[7]。自贡是中国的历史文化名城，理应有其独具韵味的城市形象。可以做以下工作：

（1）建造具有浓厚井盐符号标志性的建筑物。在自贡汇东的繁华地段建造天车群、恐龙群，使天车、恐龙和城市建筑融为一体，并将天车、恐龙作为自贡城市的标志性符号，让外地游客难以忘怀、记忆犹新，也让本地居民引以为傲。

（2）建造具有浓厚井盐文化韵味的城市雕塑。在自贡城区合理布局，雕塑大型场景图，表现盐工制盐、运盐等活动以及恐龙时代的种种生活场景，通过这些城市雕塑，让更多的人了解井盐文化、恐龙文化。

（3）建造具有浓厚井盐文化风采的城市灯景。将自贡城市的街灯全部换成具有井盐文化、恐龙文化意味的街灯。如将自贡大街小巷的街灯设计成井架、恐龙等形状，一到晚上，华灯齐放，使外地游客一走进自贡就感受到盐文化、灯文化的魅力。

三、发展模式

1. 政府主导

（1）通过自贡市政府主导，强力推进城市文化品牌建设。通过自贡市各级行政权力机关制定法规政策，强力推行建设城市文化品牌的理念和实施办法。自贡市政府在城市文化品牌建设中应充当主角，要有整体性发展理念，做好顶层设计、宏观统筹、整体布局，尤其是做好全市文化建设的方案，如结合中国灯城的打造，将彩灯文化元素运用在自贡城市文化建设中。自贡城市中的建筑楼群、环境绿化、灯光系统等，是表现自贡井盐城市文化品牌极好的载体，也是展现中国灯城的外在形象符号，在自贡城市建设中具有战略意义。此外，自贡市政府可以以中国灯城建设为母题，重点打造一批绘画、音乐、文学、影视等作品，这也是中国灯城建设中的重要组成部分。

（2）通过基层公共文化服务体系，重点宣传井盐城市文化品牌。公共文化服务体系的建设主要包括两个方面：一方面是建设公共文化服务网络。以大型公共文化设施为骨干，以社区和乡镇基层文化设施为基础，加强图书馆、博物馆、文化馆、美术馆、电台、电视台等公共文化基础设施建设[8]。另一方面是建设公共文化服务的各项工程。一是广播电视村村通工程。二是全国文化信息资源共享工程。三是社区和乡镇综合文化站工程[8]。建设公共文化服务体系，对于建设和谐文化、构建社会主义和谐社会具有重要的意义。

基层公共文化服务体系是井盐城市文化品牌宣传的最好阵地，自贡市政府可以借助图书馆、文化馆、博物馆等载体，向自贡市民不断强化井盐城市文化品牌意识，让自贡的普通百姓都认识到井盐城市文化品牌的价值意义，都真心实意地维护井盐城市文化品牌的名气，并为之做贡献。

2. 企业行为

城市文化品牌的建设，必须要有企业加盟，要用企业行为操作，将之纳入市场运作。具体说：

（1）通过打造中国灯城发展自贡文化产业，建设井盐城市文化品牌。

2016 年 2 月 27—29 日，中国节庆文化活动与城市发展峰会暨首届中国彩灯文化峰会在自贡举行。峰会上，与会专家响亮地提出打造中国灯城的口号，得到自贡市政府及市民的高度支持。

一是加强自贡灯会的品牌推广和建设。自贡灯会的品牌是自贡聚全市之力，在几十年努力拼搏中形成的。它是中国灯城建设的坚强基座，是自贡区域经济发展的标杆，是不可以沉没的物化活体。灯会经济已经成为自贡经济的一道亮丽风景，自贡灯会也成为自贡城市的一个著名文化品牌、商标、符号，因此，政府应在宏观统筹下，放手让企业去打造自贡灯会，使之发挥其全部价值。

二是加大中国彩灯博物馆系列群体部落建设的力度。博物馆是固化文化的基地，是传承文化的重要载体，也是中国灯城建设的延续和物化的元素。“中国灯城”建设，可以引进和运用民间资本，借鉴建川博物馆的一些先进经验，建立多样化的彩灯博物馆群落，拓展彩灯的文化内涵，使中国彩灯博物馆系列群落成为自贡标志性的文化符号。

三是打造大型或者特大型自贡彩灯企业。在自贡彩灯文化产业已形成产业集群的基础上，动员和组织整合好有一定规模的彩灯企业，引进资本市场，形成大型或特大型的龙头企业，打造自贡彩灯企业的“航空母舰”，引领自贡彩灯文化产业的发展方向，使自贡彩灯企业更好地走向世界，也使自贡真正成长为世界的彩灯产品制造中心。

四是建立并打造几个自贡彩灯制作基地。“中国彩灯之乡”是自贡正在打造的文化企业，在政府主导下，企业积极介入，引进外来资本，利用现有资源，使用一种自主经营、城乡统筹、文旅结合、拉动内需的新型模式，打造几个彩灯制作基地。在“中国彩灯之乡”里，政府可扶持建设“中国历代彩灯博物馆”群落、“彩灯 DIY 体验馆”“彩灯制作中心”“彩灯教育基地”“彩灯研发中心”“彩灯展览和销售市场，等等。

五是定期举办“中国（自贡）彩灯产品博览会。在每年的自贡灯会展出期间，让自贡各文化企业充分展示自己的创新产品和创意设计，广邀海内外企业家来自贡观灯，并与自贡的文化企业签订合约，由此推进彩灯文创产品的开发、制造、销售。

六是建立常态化的彩灯城市带。自贡素有“半城青山半城楼”的美誉。釜溪之滨，青山绿水，环境幽雅，可以建立常态化的彩灯城市带，即在釜溪河两岸、自流井老街、张家坨等老城区，建设“中国灯城核心区”，碧水与彩灯相映成趣。这也是城市亮化工程的需要。

（3）通过打造龙文化旅游来发展文化产业建设井盐城市文化品牌。

利用现有的恐龙文化资源，打造“恐龙王国公园”，建设全国一流，具有世界水平的兼有自然风景区、科学游乐园双重属性的以恐龙为主题的旅游景点和恐龙文化创意产业基地，使之成为中国乃至亚洲旅游地。让恐龙王国公园成为井盐城市文化品牌中的一道亮丽风景。

上述文化旅游的打造，可以由政府宏观指导，但是得用企业行为，让企业根据市场自由自主运作。

在“十二五”期间，自贡市由于对科技和文化作为新一轮经济社会发展的两大核心驱动力认识不足，文化发展尤其是文化产业发展的思路不够明确，决心也不够坚决；没有认识到“井盐文化”作为自贡城市文化建设的品牌，可以拉动自贡城市的经济，提升自贡城市的形象，推动自贡城市的发展，缺少顶层设计和路径安排，优势文化资源的价值没有得到充分释放，因而导致了自贡不仅在全省，而且在川南地区的地位下降，经济下滑，名气下落的尴尬局面。

“十三五”时期是我国全面建成小康社会、实现中华民族伟大复兴中国梦的关键时期，是自贡市贯彻落实“四个全面”，深入实施“三大发展战略”、奋力推进“两个跨越”的重要时期，自贡处于“一带一路”和“长江经济带”的交汇点，既有被誉为大三绝的“盐”“龙”“灯”三张金名片，又有被称为小三绝的“龚扇”“扎染”“剪纸”等独具自贡特色的文化资源，同时还拥有“辛亥首义”、吴玉章、江姐等红色文化资源，作为“诗书之乡”的自贡，还拥有刘光第、赵曦、李宗吾等名人文化资源……可以说，自贡无论是物质文化资源还是制度文化资源、精神文化资源，都具有其独特性和不可替代性。深厚丰富的地域文化资源是井盐城市文化品牌建设的沃土。

自贡城市文化品牌建设是自贡城市文化建设的关键。“十三五”期间，自贡井盐城市文化品牌的建设可以说面临难得的机遇和条件，又面临着艰巨的任务和挑战，自贡应“背靠传统，面向世界”，直面现实、因地制宜，抓住彩灯文化和恐龙文化做文章。

扶植公益性文化事业，发展文化产业，鼓励文化创新，营造有利于出精品、出人才、出效益的环境。应客观冷静理性地认清当前文化发展的新形势，把握新的发展阶段的特征，通过改革创新，使自贡城市文化建设取得全面进步，文化发展环境更加优化，文化创造力显著提高，文化软实力显著增强，有利于文化科学发展的体制机制逐步健全，建立起与全面小康社会相适应的文化发展新格局，文化对产业的贡献率明显提升、文化开放程度明显提高、精品文化产品不断涌现，文化事业整体水平和文化产业综合实力走在全省前列，在公共文化服务体系、文化产业支撑体系、文化理论创新体系建设上实现跨越，成为在全省具有重要影响力的文化建设示范区域，实现“文化自贡”的愿景。

总之，自贡城市文化底蕴深厚，这是打造城市文化品牌的宝贵资源。课题组将继续深入挖掘盐、龙、灯、食的相关历史文化内涵，积极推动物质、制度、精神文化资源的融合，延续自贡城市文脉，彰显自贡城市文化特色。立足自贡地方文化特色，注重把深厚的历史文化底蕴融合于城市建设中，使自贡城市一街一巷、一楼一宇、一园一林彰显文化特色，散发文化气息。让井盐文化这一优秀的城市文化品牌焕发青春，在自贡城市文化建设中发挥巨大作用。

◇参考文献◇

[1]《自贡市“十三五”规划》.

[2] 祁福雪. 城市化背景下提升市民人文素质的对策分析——以大连市创建活动为例[J].湖北经济学院学报（人文社会科学版），2013（07）.

[3] 赵凯. 自贡企业呼唤“工匠精神”. http：//www.zgm.cn/2015-10-26.

[4]《自贡市文化发展“十三五”规划》.

[5] 彭奎. 自贡建设区域文化高地的对策研究[J]. 才智，2011（34）：302-204.

[6] 周姝. 盐都“文化之舟”漂洋过海. http：//www.zgm.cn/html/a/2015-04-08.

[7] 赵力平. 论城市文化建设[J]. 浙江社会科学，2000（02）：107-109.

[8] 张洁. 充分发挥公共图书馆职能 促进公共文化服务体系建设——浅谈东西湖区图书馆在公共文化服务体系建设中的作用[J]. 图书馆论丛，2015（01）：45-48.

CIS 战略与“千年盐都”文化品牌推广研究

孙祥伟[①]

摘　要： 品牌是文化的载体，营销的过程是将品牌的一切信息，以资源优化的方式传播给消费者，以实现他们的认知结构的变化与行为态度的变化。品牌推广是指企业（品牌）塑造自身及产品形象，使广大消费者广泛认同的系列活动和过程。一般而言，一个成功、完整的品牌推广应该包括三个阶段：第一是品牌宽度的推广阶段，即建立品牌知名度；第二是品牌深度推广阶段，即提升品牌的美誉度；第三是品牌的维护阶段，提升品牌的特色度。自贡作为全国老工业城市转型示范区，应该借鉴 CIS 战略[②]，充分发挥自身所具有的历史文化资源优势，推动文化与旅游业融合发展，擦亮国家文化出口基地的金字招牌，为中国老工业城市转型提供鲜活的“自贡样板”。

关键词： CIS 战略；文旅融合；文化品牌

自贡是全国第二批历史文化名城，因盐设镇、因盐设县、因盐设市，以“千年盐都”“恐龙之乡”“南国灯城”“美食之府”闻名遐迩。近 2000 年的井盐生产历史为自贡积淀了丰厚的盐文化底蕴，在城市建筑、名胜古迹、地方戏曲、民间艺术、民俗风情等方面，都留下了鲜明的盐文化特色。自贡盐文化旅游特指以自贡当地井盐文化、井盐资源为依托开展的主题旅游活动。主要包括反映井盐生产的遗址和现场、盐商大院和会馆、井盐运输和贸易的古镇古街、独具盐业经济特色的地方饮食文化等内容。

自贡拥有众多独特的盐文化旅游资源，具有发展盐文化旅游的良好基础和条件，在多年的发展下，盐文化旅游市场已初具规模。“千年盐都”的旅游形象在 20 世纪 80 年代开始树立，目前已初步形成以自贡盐业历史博物馆、燊海井为龙头的盐文化旅游景点和以多品种盐系列为主的盐文化旅游商品。自贡盐文化资源禀赋丰富多元，包括

---

① 作者简介：孙祥伟（1974—）男，山东宁阳人，2010 年毕业于上海大学历史系，主要研究方向：社会文化史，现为四川轻化工大学人文学院教授，中国盐文化研究中心档案文献研究所所长。

② CIS 简称 CI，全称 Corporate Identity System，译称企业识别系统，意译为“企业形象统一战略”。自 20 世纪 50 年代美国 IBM 公司首开先河，采用这一差异化战略取胜市场开始，半个世纪以来 CIS 风靡世界，被欧美、日韩等国际企业所普遍采用，成为创立国际名牌的现代经营策略，国际行家们称为“赢的策略”“长期开拓市场的利器”。它包括理念识别（mind identity，简称 MI）、行为识别（behavior identity，简称 BI）、视觉识别（visual identity，简称 VI）。

历史遗迹、民俗文化、地域文化、文学历史、宗教文化、自然风光、乡土风情等不同类别，既有物质形式，也有非物质形式。但是文化资源存量的丰富性并不必然带来文化产业发展的增长性。文化是旅游的灵魂，旅游是文化的载体，文化旅游的融合发展可以实现“以文化提升旅游的内涵质量，以旅游扩大文化的传播消费”的综合效益。国家有关部门和地方政府通过联合举办、政策优惠、资金补贴等多种形式支持文化旅游节庆活动，打造旅游演艺产品，开发文化旅游产品，打造文化旅游品牌，鼓励旅游度假区的连锁经营。

自贡在“千年盐都”文化品牌的推广上可以借鉴 CIS 战略，实施产业化运作，提升“千年盐都”这一品牌的知名度、美誉度和特色度。近年来，自贡市政府把文化旅游业作为本市产业转型升级的重要发力点。紧紧围绕加快建设独具特色的国际文化旅游目的地，大力推进盐龙灯特色文化资源与产业资本融合，以国际一流水准打造自贡恐龙文化科技产业园、中华彩灯大世界精品景区，高水平举办第 24 届国际恐龙灯会、首届中华彩灯博览会、第二届国际盐业博览会，高品质实施城区灯饰亮化工程，全面提升“中国灯城”魅力。推进全域旅游开发，抓好盐都之心景区建设，开业运营“老盐场 1957”，引导乡村旅游特色化、差异化发展，力争建成燊海井等 4 个国家 4A 级景区。但是自贡文化旅游业面临周边乐山、宜宾、泸州等周边城市的竞争威胁，加之旅游产品结构单一、旅游投入不足、旅游人才缺乏、服务质量不高、营销方式单一，不利于自贡旅游品牌的建设，与全国优秀旅游城市地位不相吻合。为此，自贡可以在“千年盐都”文化品牌推广上借助 CIS 战略，实施产业化运作，推动文旅融合，提升自贡在全省乃至全国的文化影响力和竞争力，我认为应该从以下三个方面着手：

一、依靠 CIS 的理念识别设计，提升“千年盐都”文化品牌的知名度

任何一个文化品牌的构建，都需要有其精神内核。因盐设市的自贡具有 2000 多年的历史，“千年盐都”无疑是自贡最靓丽的城市名片。自贡的广告语用“有盐有味”来概括十分贴切，刘义先生对“盐都味道”内涵进行了精到的解读：一是“盐之味”，即千年盐都，天下味道，川盐济楚，抗日救亡，奉献革命，贡献天下，历经沧桑，一枝独秀，报效国家，味在人民，植根热土，历久弥新，发扬光大，重铸辉煌，此乃自贡本色之“盐之味”。二是“食之味”，即自贡盐帮菜，川菜赋盛名，小河帮一绝，味道最独特，“麻、辣、鲜、香、嫩、脆、滑”，七大特点美名扬，尝了都说好，吃了忘不掉。“民以食为天，食以味为本”，舌尖中国，吃在四川，味在自贡，鲜美绝色生香可口的自贡美食，此乃自贡饮食特色之“美食味”。三是“人情味”，即自贡人生性地道，为人厚道，做人有味道，富有人情味，热情耿直，诚实守信，好客交友，重情重义，是恋得新、过得旧、可相交、可任赖、可托付的好兄弟、好伙伴、好朋友，受到远近内外各方宾朋的广泛好评，此乃自贡人典型的“性情中人”之“人情味”。四是“文化

味”，即自贡独具特色的文化品位，“盐、龙、灯”此乃“大三绝”，“龚扇、剪纸、扎染”又乃“小三绝”，自然风光，历史悠久，遗存风韵，惊世骇俗，英雄辈出，人才济济，海纳百川，包容大气，博大精深，源远流长，此乃自贡大气成熟开拓之“文化味”。五是“财富味”，即自贡是一座富甲全川、享誉华夏、蜚声海外的财富之城。这里是宜业宜商、宜居宜品、投资兴业、发财赚钱的风水宝地。过去盐业发达，盐商云集，老板遍地，财富滚滚。现在，“推动振兴发展、决胜全面小康”“三个加快”“六大行动”“城乡一体、繁荣幸福”“新自贡”的宏伟目标展示出勃勃生机，新时代新盐商，新机遇新作为，扎根自贡，勇于进取，走出去，引进来，做大做强，造福一方，此乃自贡追赶跨越重铸辉煌之“财富味”。六是“时代味”，即自贡人自强不息，坚韧不拔，顽强拼搏，知难而进，自然大气，贡献为先，拼搏创新，追赶跨越，担当奉献，拼搏实干，踏石留印，抓铁有痕，敢为人先，不甘人后的精神品质，此乃自贡与时俱进之先进的“时代性”。[①]笔者觉得还可以从更为广阔的视野看待自贡地域文化：传统意义上的四川（包括现在的重庆市）是一个具有复杂地理和人文环境的地区，其代表人群除了以成都为核心、侧重展现“尚文”一面的川西蜀人，以及以重庆为核心，更多表现出“尚武”气息的川东巴人，还有介乎巴蜀之间、包括自贡、内江、泸州、宜宾、乐山一带（大体与1950年设置的川南行署相当）以“尚仁”闻名的川南人，据《华阳国志》记载，江阳郡“少文学，多朴野，盖天性也”；僰人“夷中最仁，有仁道”。这种朴实仁义的特性一直保留，自贡作为四川亚文化——川南文化的代表，有学者主张将川南文化归纳为“孝义文化”，谓为“尚仁”，如果将其精神内核加以传承发扬，能使自贡的城市精神更具历史底蕴。

目前，四川轻化工大学中国盐文化研究中心和自贡盐业历史博物馆举办多届围绕盐政、盐业经济、文化和社会转型的学术研讨会，并形成了30余人组成的盐文化研究团队，对自贡盐文化与地域文化进行较为全面的研究、整理与发掘，并协助自贡市文体广电局完成了《自贡井盐文化保护条例（草案）》的调研工作，给自贡文化旅游融合提供了重要的智力支撑，专家多学科、多角度、多层次的研究视野，也让自贡盐文化与自贡地域文化逐渐走出四川、走向全国。

当然，对“千年盐都”文化品牌内涵的发掘与界定属于品牌宽度推广阶段，只是建立品牌知名度的基础。如何让这一文化品牌深入人心，必须加强宣传推介工作，构建“放射性”文化旅游传播战略，在政府的主导下，坚持文化先行和市场导向的原则，成立自贡文化旅游传播机构，组织强有力的创意策划队伍，协调外宣办、外事办、文体广电局、旅游局等相关部门，制定切实可行的传播规划、计划和方案，整合旅游信息资源，围绕建立独具特色的国际文化旅游目的地，推动工业城市向文化旅游强市的华丽转身，制作自贡旅游主题宣传片、编排自贡大型文化艺术宣传节目、开发价廉物

① 刘义的《盐都味道》一文转载于网上自流井博客：http: //blog. sina. com. cn/s/blog_53e678910102yh7o. html。

美的多层次旅游产品、开发与恐龙有关的游戏软件、完善自贡旅游宣传促销网络，利用四川文化旅游频道，重视中央媒体的作用，同时利用微博、QQ、微信公众号推送自贡旅游咨询等。

鉴于自贡市政府网站以政府传播为主，缺少民间网民的参与，活力欠缺，对于自贡文化品牌形象宣传影响不大，建议发动民间力量鼓励游客在网上举办多种品牌推广活动，如摄影大赛、自贡游记征文大赛、自贡电影鉴赏（近期与英国合作拍摄《赤血伦敦 1894》）等方式，鼓励网民在网上交流对自贡文化品牌的印象。

二、利用 CIS 视觉识别设计提升“千年盐都”文化品牌的美誉度

品牌美誉度是品牌形象塑造的重要组成部分，它是市场中人们对于某一品牌的好感和信任程度，也是品牌深度推广部分，其目的是要和消费者达成深度互动，让消费者从内心认可和接受品牌，品牌文化就必须独辟蹊径大胆创新，从而提高品牌销售力。

自贡在品牌推广过程中充分利用自己丰厚的历史文化资源禀赋，策划大规模节庆活动，进一步向受众推广自贡“千年盐都”文化品牌，邀请外界人士参加，增进受众对于这一文化品牌的认同，进而提升其美誉度。定期举行的中国盐文化学术年会，使自贡与盐文化密集融合，相互起到提升作用。在海内外学者讨论和研究盐文化的过程中，潜移默化地带动整个社会阶层对自贡旅游的关注与参与。

“千年盐都”作为自贡市政府重点打造的文化品牌，笔者建议在东部新城筹建“中华彩灯大世界”的同时，注意将其项目作为大型文化旅游发展项目统筹考虑，以自贡多姿多彩的历史人文和美丽神奇的彩灯资源作为母体，设立文化体验区、彩灯景观与方特恐龙科技体验区和有盐有味生活体验等区域，旨在将“中华彩灯大世界”建成展示“千年盐都”文化品牌的窗口，使游客感受独特而难忘的旅游体验，将其打造为吸引国内、国际游客造访自贡的磁石，为游客提供更为高端的旅游产品。例如井盐在外销过程中构成以盐运文化为特色的道路交通型文化线路，主要由云烟石板路、纤道、栈道、河道、码头、古桥及关隘等组成，沿线留下了类型多样、数目众多且时空跨度较大的盐运文化遗产。物质形态层面涉及碑刻、盐道、关隘、码头、古镇、盐号、会馆建筑等，非物质层面主要有与盐运相关的船工号子、背盐歌、诗词及饮食文化等。建议将自贡歌剧《盐神》、大型川剧《还我河山》等纳入其中文化旅游规划与创意策划之中，亦是对外推广“千年盐都”的主要手段。

2017 年自贡市文旅投先后推出自贡城市宣传片和 LOGO，选取自贡的核心文化代表“盐、龙、灯”作为标志的主体元素，下部分象征自贡母亲河，千年盐运的动脉——釜溪河，同时也蕴含有绿色生态环保的含义。但是笔者觉得这个 LOGO 过于普通，缺乏创新与特色，未将其与“有盐有味”的广告语深度融合，还需要在内容主题上进行更具内在价值意义的深度挖掘与赋予。笔者认为，需要通过设计统一的理念识别设计及

各种传媒手段对外传播自贡文化旅游品牌的信息，提高受众对自贡文化品牌的认知度与美誉度。

三、利用行为识别系统维护“千年盐都”品牌形象，增强品牌的特色度和受众的忠诚度

在 CIS 系统中，行为识别系统是以明确而完善的经营理念为核心，显现品牌（企业）内部的制度、管理、教育等行为。具体到品牌推广而言，自贡在品牌推广中应该具有明确的经营理念，突出特色，加强与周边市州的竞争与合作，自贡处于川南地市的中心位置，面临周边乐山、宜宾、泸州等周边城市的竞争威胁，加之旅游产品结构单一、旅游投入不足、旅游人才缺乏、服务质量不高、营销方式单一，不利于自贡旅游品牌的建设，与全国优秀旅游城市地位不相吻合。

就国内而言，主打盐都品牌的还有山西运城、江苏泰州、盐城等地。今后自贡以“盐龙灯城”四位一体谋划全局，需要在培育特色知名文化品牌企业、加速文化旅游人才培养、交通基础设施及配套工程建设方面努力。在自贡文化旅游方面应该发挥政府主导、企业主体的运作模式，推动自贡文化旅游投资开发有限公司和“彩灯之乡”等企业开拓国内和国际市场，利用节庆会展模式，扩大“自贡国际恐龙灯会”“自贡国际恐龙灯光节”“荣县大佛寺文化旅游节”的辐射与影响力；利用文化地产与主题街区开发，做强做优自流井老街、仲权彩灯小镇、万达广场项目；利用老盐场和久大盐业总部等工业厂址，筹建和扩建工业遗产与人文交融的博物馆——盐帮菜博物馆和老盐场 1957 项目。利用自贡世界地质公园的金字招牌，加速主题公园建设开发，推进方特恐龙世界大型主题公园建设。

当然，自贡盐都之心应该是旧城改造与文化旅游融合发展的典范，可以作如下规划：以大安旧城为核心，围绕燊海井（国家级重点文物保护单位）、吉成井（省级文物保护单位）和大安老街历史街区重点，浓缩城市传统文化精华，间插“盐帮菜博物馆”“自贡民间艺术馆”等 32 个大小博物馆讲述城市故事，复原川剧、美食、赛会等文化事件以传承文化精神，展现“自贡记忆”，唤醒城市记忆之心；以瓮塘水库、鸿鹤坝、代家坝半岛为核心，整合片内零散的自然文化资源，着力打造“工业主题嘉年华”“活态盐文化园”等六个文化旅游和运动休闲项目，构建轨道交通、索道缆车、浮空栈道特色游览交通，完善配套设施以提升旅游体验，融合文化艺术、工业遗产保护、会展度假为一体，激发旧城活力，激发盐都活力之心。

产业转型升级是经济新常态下老工业城市和资源型城市转型发展的必由之路，也是当前推进供给侧结构性改革的重中之重。自贡具有良好的旅游文化资源禀赋，以打造“国际文化旅游目的地”和建设“国家文化出口基地”为抓手。在建设国际井盐文

化博览园、强力推出恐龙王国主题公园、建设国际彩灯文化中心等方面，采用“旅游集聚区”+“旅游发展区”模式，以集聚区引领全域旅游发展，打造“有盐有味”的新自贡、凝练“自强不息、贡献不止”的自贡精神，为自贡实现转型升级提供精神支撑，擦亮国家文化出口基地的金字招牌，为中国老工业城市转型提供鲜活的“自贡样板”。

◇参考文献◇

[1] 平文艺. 四川文化旅游发展理论与实证研究[M]. 成都：巴蜀书社，2007.
[2] 王仁湘，张征雁. 盐与文明[M]. 沈阳：辽宁人民出版社，2007.
[3] 伍奕，多一木. 宋育仁——隐没的传奇[M]. 成都：四川文艺出版社，2013.

盐文化与旅游发展

金坛盐业康养文旅嵌入乡村振兴模式的研究

祝　涛[①]　　孙　鹏[②]

摘　要： 自党中央实施乡村振兴战略以来，各地积极探索乡村旅游等惠农模式，在此背景下，中盐金坛盐化有限责任公司（以下简称金坛盐化）与金坛茅山盐矿附近的乡村联合起来，结合自身优势因地制宜地提出盐业乡村康养文旅的规划。在2020年这个努力实现全面小康的年份，双方准备开发保健型盐浴、运动型盐饮等项目，以便逐渐增加乡村收益。此后，双方计划再开发盐道理疗、精盐餐饮、盐业科技参学基地等更多的文旅项目，以便在康养型乡村文旅的趋势中，探索出一条立足实际、彰显特色的道路。本文认为，金坛盐化与矿区乡村联合发展盐村康养文旅，不仅契合本地实情，而且具有多方面的利好前景，甚至可能为相关行业的未来发展做出一定的创新。可以说，研究并提炼金坛盐业康养文旅嵌入乡村振兴的具体模式，对盐业产区的转型乃至中国乡村的发展都具有极大的理论意义和现实价值。

关键词： 乡村振兴；中盐金坛；康养旅游；文化产业；盐浴理疗

引　言

江苏金坛的乡村地区不仅坐拥被誉为道教“第一福地”“第八洞天”的茅山风景名胜区，而且还孕育出中盐金坛盐化有限责任公司（以下简称金坛盐化）这个中国盐业的标杆企业。考虑到近些年，随着城市经济的高速发展，持续扩大的城乡差距曾经整体上呈现“断裂社会”特征[③]，党中央适时提出乡村振兴战略，力争2020年消除农村绝对贫困。[④]在此背景下，金坛盐化响应号召，积极联合矿区乡村，共同致力于盐业康养文旅的规划，力争在振兴乡村的同时，实现自身产业多元布局的可持续发展。可以

---

① 作者简介：祝涛（1987—），男，汉族，陕西西安人，哲学博士，研究领域：中国哲学、盐文化、文化产业等。

② 作者简介：孙鹏（1977—），男，汉族，安徽临泉人，哲学博士，研究领域：道教与传统文化、盐文化。

③ 孙立平：《断裂：20世纪90年代以来的中国社会》，北京：社会科学文献出版社，2003年，第5页。

④《中共中央国务院关于打赢脱贫攻坚战三年行动的指导意见》，《新华社》2018-08-19。

肯定的是，此举有利于实现城市反哺乡村、乡村学习城市的良性互动格局，既能为双方营造源源不断的经济效益，又能使彼此在合作共建中充分履行各自的社会责任。

本文在分别考察有关乡村振兴、盐业文旅的已有模式后发现，大多数借助旅游观光振兴乡村的案例，普遍呈现同质竞争①、缺乏文化内涵②、产业链附加值低③等问题。而且学者梁田指出，虽然《旅游法》第四十六条为开展农业旅游提供了法律依据，但是没有明确规定开展农业旅游的具体内容。④至于盐业文旅方面，虽然我国制盐行业历史悠久，盐业文化内涵丰富，但其文化旅游的开展仍然处于起步阶段⑤。在总结古今中外优秀经验的基础上，本文认为金坛盐化在盐矿乡村开发康养文旅，有可能引领颇有前景的行业创新。依托茅山风景名胜区这个钟灵毓秀、人杰地灵的洞天福地，其所规划的盐浴保健、盐道理疗、精盐餐饮、盐业文化科普基地等康养文旅项目很有可能获得挺不错的多边效应，孕育出多产业协同并具有"生物圈"特性的"产业命运共同体"。⑥

一、乡村振兴国策指导金坛盐业康养文旅

改革开放40多年来，我国的城市化发展长期高歌猛进，城市里的一批批民众已经先富了起来，城乡差距进一步拉大。对此城乡二元分化趋势及其可能引发的问题，习近平总书记高度重视，并提出乡村振兴战略，号召城市反哺乡村，进而催生出观光旅游等乡村发展的潮流。在江苏金坛地区，乡村振兴国策早已引起广泛关注，近年来，为了响应党中央的号召，长期深得当地支持的金坛盐化，准备打造一系列盐业旅游的项目，对盐矿乡村的发展予以援助和支持。在对中外乡村旅游动态予以梳理考察后，本文认为，盐业康养文旅将是既契合本地实情又极具发展前景的优质项目。

1. 乡村振兴已催生文旅潮流

自中国改革开放以来，城市地区已取得日新月异的发展，但乡村地区的发展相对较慢。为了缩小城乡差距促成共同富裕，我国近年提出了乡村振兴战略，号召城市反哺乡村，乡村学习城市，使双方建立起多领域合作共建的产业命运共同体。对此，中央文件多次强调了乡村振兴战略的重要性⑦，毫无疑问，在我们这样一个拥有 13 亿多人口的大国，全面建成小康社会和全面建设社会主义现代化强国最艰巨最繁重的任务

① 黄震方、陆林、苏勤：《新型城镇化背景下的乡村旅游发展——理论反思与困境突破》，《地理研究》2015年第8期。

② 程建明：《文化铸魂：乡村旅游供给侧结构性改革探究》，《经济问题》2017年第6期。

③ 国家发展改革委宏观院和农经司课题组，《推进我国农村一二三产业融合发展问题研究》，《经济研究参考》2016年第4期。

④ 梁田：《美国农业旅游立法对我国"乡村振兴"法治建设的启示》，《财经科学》2019年第2期。

⑤ 张学梅、唐静、邹文芳、郭云：《盐文化旅游解"三无"之痛》，《中国商贸》2009年第6期。

⑥ 马勇：《助推乡村振兴：旅游产业生态圈的核心价值与构建路径》，《社会科学家》2019年第3期。

⑦ 肖方仁、唐贤兴：《再组织视野下政策能力重构：乡村振兴的浙江经验》，《南京社会科学》2019 年第9期。

在农村。对于乡村振兴，习近平总书记非常关心，他曾旗帜鲜明地指出，“没有农村现代化就没有国家现代化”①，实现乡村振兴是前无古人、后无来者的伟大创举。

众所周知，乡村是具有自然、社会、经济特征的地域综合体，兼具生产、生活、生态、文化等多重功能，与城镇互促互进、共生共存，共同构成人类活动的主要空间。在经过多年的工业化发展后，城市因工商业繁荣而获得兴盛，乡村则因缺乏工商业相对萧条。虽然全面建成小康社会和全面建设社会主义现代化强国最艰巨最繁重的任务在农村，但同时也意味着，最广泛最深厚的基础在农村，最大的潜力和后劲也在农村。例如，在欧洲曾有“乡村旅游拯救欧洲乡村”之说，乡村旅游被认为是替代林业、种植业、渔业等滑坡产业，避免农村人口过度下降、保持乡村文化传承的重要手段。②

乡村旅游最早在法国兴起③，自我国乡村振兴战略提出后，一股乡村旅游潮流逐渐发展壮大，各地在因地制宜的原则下，充分结合实际情况，有效开发本地资源，已逐步探索出不少的经验。比如，根据环城游憩带理论，休闲游将是环城市乡村的一大功能。基于此，北京蟹岛度假村从吃、住、玩、购各方面打造绿色乡村游，吸引了大批消费者。又比如，在田园经济、花海经济的背景下，婺源篁岭特色游以油菜花海著称于世。再比如，关中乡村游的兴平马嵬驿、礼泉袁家村，江南乡村游的乌镇、周庄等地，致力于古村古镇的开发，以深厚的历史文化底蕴、淳朴的民风和古香古色的建筑遗迹吸引大量的游客。

2. 金坛盐化可助力康养型乡村文旅

从总体来看，借助旅游振兴乡村的已有模式，虽然取得了一些经济成效，但也因各种原因破坏了乡村原有的生态环境，甚至浪费了资源。有人指出：一些地方缺乏规划盲目开发，导致人声鼎沸、垃圾遍地等现象，严重污染了环境。考察国外的乡村振兴可知，除了经济振兴，更重要的是社会和生态的重振……提高农村地区生活质量和非农经济多样性。④然而在当今中国，大部分的乡村旅游或休闲农业都呈现同质化的问题，不少乡村旅游缺乏文化创意的赋能，属于较低层次的旅游产品……无法建立当地的特色品牌。⑤

显然，以盲目跟风、生搬硬套的手段发展乡村旅游，无法体现各个地方的特色农业和本土文化，没有独特“内核”的乡村旅游经济注定不能行稳致远，⑥势必会走入死胡同。由于乡村振兴战略明确要求“坚持人与自然和谐共生，坚持城乡融合发展”，因此，近年来，越来越多的人开始关注康养型乡村旅游。康养旅游为现代旅游业发展过程中产生的

---

① 马勇：《助推乡村振兴：旅游产业生态圈的核心价值与构建路径》，《社会科学家》2019年第3期。

② 李燕琴：《乡村振兴战略的推进路径、创新逻辑与实施要点——基于欧洲一体化乡村旅游框架的启示》，《云南民族大学学报（哲学社会科学版）》2019年第4期。

③ 丁晓燕、孔静芬：《乡村旅游发展的国际经验及启示》，《经济纵横》2019年第4期。

④ 田甜、左停：《欧盟乡村发展的路径变迁及对中国乡村振兴战略的启示》，《现代经济探讨》2019年第9期。

⑤ 张赞：《“文创+”时代文旅新场景如何助力乡村振兴》，《人民论坛》2019年第26期。

⑥ 高翔：《多措并举激发农村旅游经济活力》，《人民论坛》2019年第8期。

新型旅游方式，是通过养颜健体、营养膳食、修身养性、关爱环境等各种手段，使人在身体、心智和精神上都达到自然和谐的优良状态的各种旅游活动的总和。[①]其典型是台湾的长庚养生文化村，它依托长庚医院建成，村内的健康服务、养生活动都非常齐全。

可以说，在乡村振兴战略的具体实施中，每个乡村都应从长庚养生文化村的成功案例中借鉴经验。其中最重要的原则就是，关注差异化竞争，进而充分打造自身的特色。特色”便是“差异化”，而“差异化”才能激发游客的好奇心，也才能积攒起永续发展的人气与动力。[②]由于学界认为：“如何考虑产业……如何升级特色、如何打造独一无二的文旅体系，是乡村旅游的核心。”因此本文认为，金坛盐化在金坛茅山盐矿地区选取乡村共建盐业康养旅游，构建田园综合体、康养综合体及乡村振兴产业，不仅可以发挥自身优势丰富环城游憩带，使周边 1 小时经济圈的城市居民颐养身心，而且能够促进当地的经济、文化建设，乃至刺激中国盐业的创新发展。

二、盐业文旅可开发多种优质项目

学界认为，对于乡村旅游而言，文创产业与旅游产业相融合是未来发展的重要范式，也是我国乡村振兴战略的重要落脚点之一。以旅游作为核心，文创作为手段，可以将乡村一二三产业融合，促进建设美丽乡村。[③]基于此，金坛盐化与盐矿乡村联合发展康养型乡村文旅，既是著名央企和地方政府共同对振兴乡村国策的践行，又符合区域经济持续发展、各种产业创新转型的内在要求。在乡企共建康养旅游的过程中，金坛盐化大有可为，它不仅能帮助盐矿乡村开发出大量优质的文旅项目，而且可促成自身的多元化发展，刺激新产品的不断涌现和广泛运用，进而获得自利利人的可持续效应。

（一）盐道康养

众所周知，旅游活动的出现源自旅游者对非惯常体验的追求[④]，由于在当今社会，物质生活水平已很高的中国民众越来越注重精神生活，因而旅游活动在各地蓬勃发展。但因行业规划存在盲点，导致很多地方的旅游项目形成雷同，所以鉴于这种形势，金坛盐化与盐矿乡村联合发展康养文旅。在文旅项目的具体开发中，盐道康养可以是首个重点项目。正如田洪先生所说，乡村旅游应立足于产业发展做精做透……必须要在延伸链条、提升价值上作出转变，形成产业的联动。[⑤]基于此，金坛盐化在盐道康养的

---

① 杨振之：《中国旅游发展笔谈——旅游与健康、养生》，《旅游学刊》2016 年第 11 期。

② 高翔：《多措并举激发农村旅游经济活力》，《人民论坛》2019 年第 8 期。

③ 张赞：《“文创+”时代文旅新场景如何助力乡村振兴》，《人民论坛》2019 年第 26 期。

④ 孙九霞：《中国旅游发展笔谈——乡村旅游与乡村文化复兴》，《旅游学刊》2019 年第 6 期。

⑤ 田洪：《科学审视乡村旅游发展的不足与瓶颈》，《人民论坛》2019 年第 16 期。

具体实施中，不仅要开发出盐水洗浴、盐卤温泉、盐雾桑拿等子项目，而且应推广盐粒床垫、盐粒枕头、盐包烤灸等理疗产品。

1. 盐浴保健

在盐道康养中，盐浴是极能吸引大众的一个好项目，它也是非常便于金坛操作的项目。查阅文献可知，在现代，死海边的疗养院是世界最著名的盐疗场所。[①]中国四川的“大英死海”，挖掘了盐的健身美体功能，项目参与性极强。[②]盐浴之所以对社会民众极具吸引力，主要是因为盐水具有清洁、消毒、杀菌、消炎的作用，所以用盐水洗浴对人体健康益处颇多，对风湿关节炎、皮肤病更是有显著的理疗作用。[③]深入分析可知，虽然盐在化学本质上没有杀菌作用，但是高浓度的盐溶液有杀菌作用。其原理如下，高浓度盐溶液渗透压比细菌细胞内液大，导致细菌细胞失水，从而杀死细菌。生活经验告诉人们，淡盐水具有消炎作用，例如秋季气候干燥，是咽喉炎、扁桃体炎的高发时节，当咽喉感觉有轻微不适时，可用盐水做晨间漱口剂。特别值得强调的是，对痘痘肌来说，淡盐水不仅消炎作用相当明显，并且能促进肌肤新陈代谢，起到去除老化角质的作用，消炎与去角质一举两得。

盐浴不仅具有很好的康养效果，而且在金坛地区便于操作，因为对于金坛盐化和矿区乡村来说，它的开发程序并不复杂，甚至可以说，在金坛地区开发盐浴康养项目，已具备天时、地利、人和等有利条件。在此项目的具体开发工作中，首先可以考虑在矿区乡村根据地形打造各种盐卤温泉。所谓盐卤温泉，即把茅山盐矿地下千米外的高温度、高浓度的卤水，经过科学处理后注入温泉池中，以便游客在享受杀菌盐泉、呼吸清新空气的同时，令身心受到天下第一福地深处盐卤的滋润调养。因为科学证明，温泉所含氡、镭、硼、硫化氢、溴、碘、硅酸、磷酸等，对人体有不同的医疗保健作用。[④]其次，在温泉旁可以设置桑拿室，将中盐金坛开发的特种盐实施雾化，以便游客在享受温泉后，充分体验独具特色的盐雾桑拿，收获猎奇、杀菌、盐雾汗蒸、推拿保健等功效。再次，可以在旅游度假区各个酒店、宾馆、居民住房的浴室，全天候供应低浓度的温盐水，供所有民众洗浴，发挥其消炎保健作用。另外，还可以考虑开发盐湖漂浮、加盐洗涤用品等延伸产品。

2. 盐道理疗

由于打造“特色”，追求“差异化”，必须充分依据本地的资源禀赋，努力做到“人无我有、人有我精”。[⑤]因此，除了能开发盐浴项目推广盐道康养之外，盐道理疗也将是前景甚好的一大项目。因为在当今时代，随着经济的高速增长，城市民众的生活节

---

① 秦昭：《盐的景观》（世界篇），北京：中国林业出版社，2013年，第108页。

② 赖斌、杨丽娟：《盐文化主题旅游产品的市场价值挖掘与深度开发研究——以大英死海、自贡盐都为例》，《人文地理》2009年第1期。

③ 朱千华：《盐的景观》（中国篇），北京：中国林业出版社，2014年，第89页。

④ 杨礼茂：《湖北省矿泉水资源及开发利用》，《地域研究与开发》1998年第S1期。

⑤ 高翔：《多措并举激发农村旅游经济活力》，《人民论坛》2019年第8期。

奏很快，工作压力也很大，以致很多人已长期处于亚健康状态，所以大多人其实非常需要通过理疗对身心予以调养。由于盐具有杀菌、消炎等功能，因而研发并推广盐道理疗，正好能满足民众的需要。在具体的项目开发中，金坛的盐道理疗可以探索出多种形式。

例如，在温泉度假区、茅山风景区乃至整个金坛地区的宾馆、酒店中，设置一些盐文化主题的住宿空间。在这种空间中，可以布置填充有盐粒的床垫、枕头、拖鞋、沙发、座椅，使人们在休闲住宿时，可以体验到盐对人体健康的促进功能。另外，还可以考虑在住宿空间摆放可以扫码付费充电烤灸的盐包，供人们体验其理疗功效。本文认为，盐浴保健、盐道理疗属于创意旅游，因为创意旅游的体验发生于特定的地方，开发的是地方的创意资本，[①]所以盐浴保健、盐道理疗等创意经济，很可能成为金坛地区乡村振兴的重要策略。

（二）精盐饮食

正如田洪先生所说，乡村旅游不能仅仅停留在摘个水果、吃个农家饭就走的初级消费层面……这种初级消费层面与低层次发展站位因产业链短而无法有效聚集起乡村振兴的“人气”。[②]因此，在乡企共建康养文旅的过程中，金坛盐化可以指导乡村文旅，按照盐道康养的标准，发展精盐餐饮养生文化，并逐步为盐业乡村的精盐特色饮食文化研制开发出一系列的配套产品。例如，一方面，金坛盐化公司可以在天下第一福地茅山开发几种添加有高端盐、微量元素的康养型矿泉水，推广一种更健康、更养生的饮水方式。另一方面，金坛盐化公司可以研制软水盐、洗菜盐、烹饪盐、调味盐等一系列产品，再联合矿区乡村开发出一套康养菜谱、保健食谱，并通过广泛宣传吸引四周游客前来体验，进而引领一股休闲旅游、康养饮食的风潮。

1. 新型饮品

康养文旅意味着兼顾健康养生与文化考察，若要确保其成功，必须全方位把握，考虑好每个环节。在学界看来：“旅游产业是一个完整的产业链条，吃、住、行、游、娱、购等环节……会直接影响旅游服务质量的高低。”[③]显然，对于金坛盐化和盐业乡村来说，要想发展好康养文旅，饮、食、住、行、购、游、娱等基本环节都必须考虑周到，并且最好形成自己的特色或亮点。基于此，首先，对于“饮”这个环节，金坛盐化可以充分运用自身的先进科技水平，努力以矿区乡村为基地，逐步倡导、引领乃至推广一种更健康、更养生的矿泉水及饮水方式。

茅山被称为天下第一福地，今人有必要充分运用这个得天独厚的品牌资源。茅山

① 向勇：《创意旅游：地方创生视野下的文旅融合》，《人民论坛·学术前沿》2019 年第 11 期。

② 田洪：《科学审视乡村旅游发展的不足与瓶颈》，《人民论坛》2019 年第 16 期。

③ 王冠孝、孙超、黄解宇、苏建军：《河东盐池文化旅游服务与基础设施建设研究——以中国死海景区为例》，《运城学院学报》2015 年第 1 期。

地下蕴藏着优质盐矿，地上拥有丰茂的植被，不仅空气清新、磁场舒适，而且水质宜人。由于金坛盐化和矿区乡村意欲发展康养文旅，因此可以考虑先在茅山地区选取优质水源，并请矿区乡村提供土地、厂房，再由金坛盐化公司提供技术、资金，合力开发生产出一系列添加有高端盐、微量元素的康养型矿泉水。

据了解，大部分瓶装水包装的PET塑料瓶可能会持续向矿泉水中释放化学元素锑，长期积累对人体健康来说是一种潜在的致命危险。[①]因此，金坛盐化所开发的新品矿泉水，可以采用健康运动瓶、高端商务玻璃瓶以及特殊纪念瓶等多种更安全的外包装。因为这种矿泉水源自天下第一福地，而且饱含科技附加值，所以能在销售策略上走高端精品路线，与目前饮水市场中的快销型水产品形成差异化的竞争优势。由于矿泉水生产厂家里，中小型企业占80%[②]，因而相较于低端矿泉水市场来说，国内高端矿泉水市场竞争还不是很激烈，还存在着较大的发展空间，[③]盈利前景相当不错。

2. 精盐食谱

其次，对于“食”这个环节，金坛盐化可以在已有产品的基础上延伸产品链，发挥自身的科技优势，为盐业乡村的康养文旅事业生产出大量软水盐、洗菜盐、烹饪盐、调味盐等一系列产品，进而联合乡村开发出一套康养菜谱、保健食谱。其中，软水盐可以将自来水予以优化处理，使其水质更适用于烹饪。洗菜盐能在餐饮业的前期环节大展身手，烹饪前人们洗菜时加入洗菜盐，有利于降解果蔬里的残留农药、确保其营养价值，使瓜果蔬菜对人体健康更有促进作用。调味盐、烹饪盐等新产品，不仅可以使饭菜更加美味可口，而且能使饭菜增添更多的营养功能。

再次，对于“购”这个环节，金坛盐化可以联合盐业乡村，生产出各种添加有精制盐的健康礼品。例如，添加了盐、碘及微量元素的绿茶、红茶，加有盐的牛奶、羊奶，加盐的碳酸饮料，以盐为原料设计生产的工艺品、纪念品等。之所以要考虑得非常细致周到，是因为旅游服务质量在文旅事业中非常重要，它会影响到旅游者的满意程度和对旅游目的地的品牌忠诚程度，乃至旅游业整体发展的成败。学界认为：“旅游目的地为旅游者提供各种旅游服务的最终是为了保证旅游经营活动的正常运转，给旅游者创造更为难忘的旅游体验。”[④]因此，金坛盐化与盐业乡村在合作文旅事业的过程中，要时刻把握一个总体原则：积极把科技、生活、康养、文化、旅游紧密结合起来，努力开拓创新，全面提升旅游服务质量。在此基础上，可以通过广泛宣传吸引四周游客前来体验，进而引领一股休闲旅游、康养饮食的风潮。

---

① 陈丹晨：《瓶装水之罪》，《生态经济》2006年第8期。

② 王久坤：《中小型矿泉水企业的市场营销战略研究》，《企业研究》2014年第10期。

③ 毛阳海、董改改：《基于资源禀赋优势的西藏冰川矿泉水发展路径问题研究》，《西藏民族大学学报（哲学社会科学版）》2018年第3期。

④ 王冠孝、孙超、黄解宇、苏建军：《河东盐池文化旅游服务与基础设施建设研究——以中国死海景区为例》，《运城学院学报》2015年第1期。

（三）科普基地

此外，众所周知，旅游者要求供给方进行旅游创新，满足多样化的体验需求。考虑到盐虽与每个人都息息相关，但大多数人对盐的形成机制、生产工艺、功能原理等等方面都不太了解，于是有必要创造条件，使人们有机缘深入了解盐的相关知识，特别是对于中小学生来说，这种活动其实非常有必要，也很有价值。鉴于此，金坛盐化与盐业乡村联合发展康养文旅后，在具体的项目开发过程中，双方有必要一起创建一个金坛岩盐文化科普基地或盐业科技参学基地。这种基地非常便于设立，它不仅能侧重于文化的推广普及，而且可以为人们提供亲手制盐的机会，甚至能契合茶卡盐湖“依矿成景”和“以厂为景”的产业转型逻辑。①可以说，这种新颖的文旅项目极具特色，它有利于人们在亲近自然的同时，既扩充文化知识武装了头脑，又获得实践机会在操作中锻炼了身体，特别是对于家庭来说，它还能够为家庭的亲子教育提供良好的机会。

在具体的运营过程中，一方面，岩盐文化科普基地可以设置展示陈列区。将盐矿的各种形成机制、盐业的历史、生产原理、已有工艺、各种成品盐等内容，都以图片、视频、文字、实物等形式作出展示，以便游客参观学习。另一方面，可以在盐业科技参学基地设置一些手工体验区。由于当游客们经历过展示陈列区的参学后，大多数人可能心里就跃跃欲试，产生亲手制作盐产品、亲身体验生产工艺的意愿，因此体验区的设置，正好能满足游客的心理需求。在体验区里，工作人员可以放置各个时代的小型且安全的制盐设备，并提供源自茅山盐矿的卤水，进而引导游客自己动手体验制盐，让游客实地感受盐业生活。②此外，考虑到随着人们生活水平的提高，游客对旅游纪念品的要求也越来越高，因此旅游纪念品开发必须强化对盐文化理念的体现，以多题材、多色彩、多式样、多档次的系列化设计尽可能满足顾客的不同需求。③所以，工作人员也可提供成品盐、黏结剂和模具，指导游客制作各种盐雕等工艺纪念品。

三、金坛盐业康养文旅能促成乡企共赢范式

乡村旅游创业是一个系统工程，亟待从系统视角思考乡村旅游创业的相关问题，以实现旅游创业的可持续发展。④查阅资料可知，常州市金坛区的乡村旅游事业，已经拥有很好的基础，早在2016年它已名列全国休闲农业与乡村旅游示范点名单，这主要得益于其境内拥有茅山这个洞天福地。由于在乡村振兴中，外来投资者比重的作用通

---

① 杜华君：《人类学视阈下茶卡盐湖的工业开发与景区生产——从工业文明向生态文明转型的新时代缩影》，《青海社会科学》2018年第1期。

② 张学梅、唐静、邹文芳、郭云：《盐文化旅游解“三无”之痛》，《中国商贸》2009年第6期。

③ 张久美：《基于井盐文化特色的旅游纪念品开发研究》，《包装工程》2014年第14期。

④ 王彩彩、徐虹：《乡村旅游创业生态系统构建研究——以陕西省袁家村为例》，《干旱区资源与环境》2019年第12期。

常被高估，并且其作用与区域休闲农业与乡村旅游发展水平呈负相关关系，[①]因此在今后，金坛盐化与盐业乡村联合发展盐业康养旅游，不仅具有非常便利的可操作性，而且将会形成更多的良性效果。

1. 金盐文旅的便利性

众所周知，康养型乡村旅游发展模式注重特色，并且强调坚实的产业支撑。考察区位因素可见，金坛盐业与盐业乡村联合发展康养型乡村旅游，具有明显的便利优势条件。在自然资源方面，金坛盐业的矿区正好位于茅山风景名胜区。茅山古称金陵地肺名山，华阳境天，是中国七十二福地中的第一福地，也是三十六洞天中的第八洞天。相传早在先秦时，李明真人栖息于山中炼丹院（今乾元观）合神丹而升仙。此后东晋时期，茅山人葛洪在茅山抱朴峰修炼，并著书立说。杨羲、许谧制作了《上清大洞真经》，并在茅山创立了别具江南特色的教派——茅山上清派；后世还有南朝齐梁著名道士陶弘景隐居茅山修身养性。号称“秦汉神仙府，梁唐宰相家”的茅山植被茂盛，空气清新，不仅风景优美，而且水质优异。这些天然的美好环境能为康养型乡村文旅提供不可小觑的先天优势，因为康养旅游者最关注目的地的气温、空气、水和植被等自然条件……康养旅游需求在马斯洛层次需求理论中处于较高层级。[②]

规划后续的宣传推广工作可知，康养型乡村文旅的营销不需要铺天盖地打形象广告，而是要推广细节，激活游客对乡村旅游的怀旧感和归属感。[③]在具体的宣传与推介过程中，当今新媒体时代已为大家提供了多种高效的工具。首先，可利用携程、美团、阿里等旅游 OTA 平台（在线旅行社）及旅行社中间商等扩大营销渠道；其次，可通过策划节庆推广等一系列主题活动，开展乡村旅游度假生活理念宣传，让乡村休闲生活理念走进社区、走进学校，并与之形成互动联盟。再次，可运用互联网等信息平台推广乡村旅游特色产品，对乡村旅游发展动态、旅游活动等进行实况传播，广泛宣传、打造乡村旅游品牌。此外，还可借助新媒体内容营销法把乡村旅游丰富而独特的旅游资源利用微信、米聊、抖音视频等新媒体工具进行全面营销[④]。

从经济腹地、交通条件等方面来看，金坛地区西邻南京，北望长江，东边离常州、无锡、苏州、上海都不远，南边可接通宜兴、长兴、湖州、杭州等富庶之城。在现代化的交通网络中，其四面八方的一小时经济交通圈里，已布满十多个人口众多、经济繁荣的城市。由于城市居民在快节奏、高压力的工作生活中，很多人已是长期处于亚健康状态，因此在金坛，特别是茅山这个深具养生文化历史的风景名胜区，发展康养文旅，是周边城市乃至全国民众的福音。正如学者付强所说，游客进行乡村旅游活动的

---

① 钟真、余镇涛、白迪：《乡村振兴背景下的休闲农业和乡村旅游：外来投资重要吗?》，《中国农村经济》2019 年第 6 期。

② 何莽：《基于需求导向的康养旅游特色小镇建设研究》，《北京联合大学学报（人文社会科学版）》2017 年第 2 期。

③ 丁晓燕、孔静芬：《乡村旅游发展的国际经验及启示》，《经济纵横》2019 年第 4 期。

④ 吴小霞：《推动乡村旅游可持续发展》，《人民论坛》2018 年第 32 期。

初衷不是为了学习农业知识或纯粹的娱乐活动，而是脱离现有城市生活的紧张节奏。[①]考察茅山已有的旅游动态可知，每逢周末或节假日，都有不少邻近地区的市民前来放松休闲。这说明在金坛茅山发展康养文旅，定能获得民众的支持，定能拥有很好的前景。

2. 盐业康养的预期效益

可以肯定的是，在金坛茅山发展盐业康养旅游，不仅能获得良好的市场前景，而且能充分发挥本地制盐企业的潜力，通过广阔市场的刺激，推动企业的技术创新和多元发展。就金坛本地目前的科技水平、产业现况而言，虽然长期居于全国领先地位的金坛盐业能为金坛乡村的康养文旅提供大量的技术支持，但其科技创新还非常需要市场的刺激和推进。考察金坛盐业可知，金坛地区拥有著名的中盐金坛盐化有限责任公司，它是由中国盐业总公司控股的国有中央二级企业、国家食盐定点企业、全国先进矿山企业。中盐金坛盐化有限责任公司主要从事岩盐资源、真空盐、一次盐水、天然气、电力、热能等的开发、生产和销售，它从发展之初就确立了“推进金坛岩盐资源的可持续开发、加速区域经济发展”的目标，为争创全球最受尊敬企业不懈努力。可以说，要想实现这种目标，金坛盐化必须在实践中不断攻克难关并积累经验，而盐业康养很可能成为推动其进步的催化剂。

从市场回报和社会效益来看，随着中国经济的发展和生活水平的提升，旅游市场尤其是康养文旅，将会有更大的产业规模和市场回报，因此，一旦金坛盐化和盐业乡村所规划的盐浴保健、盐道理疗、精盐餐饮、盐业文化科普基地等项目建成，每年将会为金坛地区增加可观的收益。除了经济增收之外，双方共建康养旅游的过程，也是金坛盐化支持乡村振兴、致力产业报国的积极实践。这是因为金坛盐化所倡“敬天尊道、尚贤慧物”的经营理念，不仅与康养文旅的发展宗旨具有互惠互利性，而且也蕴含着回报社会、回馈当地的崇高情怀。所以金坛盐化与盐业乡村联合发展康养型乡村旅游，其本质是一种很好的乡企共建、互惠和双赢，这对当今中国的企业责任与乡村振兴都颇具启发价值和范式意义。

结　语

乡村振兴并不是要一个不落地留住所有乡村，所有的乡村人口和农业生产方式。[②]由于金坛地下的岩盐资源量大且质优，其地上的茅山景区更是驰名中外的洞天福地，附近还有金坛盐化这种盐业集团中的一流企业，因而这些自然、人文、科技资源，都为盐业乡村康养文旅的规划开发集聚了天时、地利等优越条件。更值得一提的是，在

① 付强、尹佳文：《乡村旅游目的地选择及产品偏好的影响因素研究》，《资源开发与市场》2018 年第 11 期。

② 田甜、左停：《欧盟乡村发展的路径变迁及对中国乡村振兴战略的启示》，《现代经济探讨》2019 年第 9 期。

当今时代，旅游产业已如日中天，文化产业正蓬勃发展，而国家又开始大力支持乡村振兴。国务院总理李克强指示，从2018年开始，我国须大力实施乡村振兴战略，并以《乡村振兴战略规划（2018—2022年）》发出通知，要求各地区各部门结合实际认真贯彻落实。要坚持农业农村优先发展，按照产业兴旺、生态宜居等要求……加快推进农业农村现代化。①

追溯历史可知，乡村兴则国家兴，乡村衰则国家衰，振兴乡村极具战略意义。可以肯定的是，实施乡村振兴战略，是解决新时代我国社会主要矛盾、实现中华民族伟大复兴中国梦的必然要求，它具有重大的现实意义和深远的历史意义。所以，在以上这些有利背景下，金坛盐化与盐业乡村联合发展康养型乡村文旅，正是契理又契机的高明行动。正如杨美霞所言，乡村旅游是现代旅游业向传统农业延伸的新尝试，通过旅游业的推动，将生态农业和生态旅游业进行有机融合，是一种新型的产业形式。②可以说，金坛盐化与盐业乡村联合发展康养型乡村文旅，不仅有利于更好地运用资源为四方百姓提供健康休闲，而且能为本地民众营造出巨大的经济效益，甚至能推动盐企的科技创新、引领行业的未来走向、优化区域经济的合理布局。

◇参考文献◇

[1] 秦昭著.《盐的景观》（世界篇）[M]. 北京：中国林业出版社，2013.

[2] 朱千华著.《盐的景观. 中国篇》[M]. 北京：中国林业出版社，2014.

[3] 孙立平.《断裂：20世纪90年代以来的中国社会》[M]. 北京：社会科学文献出版社，2003.

[4] 中共中央国务院关于打赢脱贫攻坚战三年行动的指导意见[N]. 新华社，2018-08-19.

[5] 黄震方，陆林，苏勤. 新型城镇化背景下的乡村旅游发展—理论反思与困境突破[J]. 地理研究，2015（8）：1409.

[6] 程建明. 文化铸魂：乡村旅游供给侧结构性改革探究[J]. 经济问题，2017（6）：98.

[7] 国家发展改革委宏观院和农经司课题组. 推进我国农村一二三产业融合发展问题研究[J]. 经济研究参考，2016（4）：3.

[8] 梁田. 美国农业旅游立法对我国"乡村振兴"法治建设的启示[J]. 财经科学，2019（02）：120.

[9] 张学梅，唐静，邹文芳，郭云. 盐文化旅游解"三无"之痛[J]. 中国商贸，2009（06）：88.

[10] 马勇. 助推乡村振兴：旅游产业生态圈的核心价值与构建路径[J]. 社会科学家，2019（03）：8.

[11] 肖方仁，唐贤兴. 再组织视野下政策能力重构：乡村振兴的浙江经验[J]. 南京社会科学，2019（09）：63.

[12] 李燕琴. 乡村振兴战略的推进路径、创新逻辑与实施要点——基于欧洲一体化乡村旅

① 宋慧娟、陈明：《乡村振兴战略背景下乡村旅游提质增效路径探析》，《经济体制改革》2018年第6期。

② 杨美霞：《乡村旅游开发的现实困境、不足及其化解》，《社会科学家》2019年第1期。

游框架的启示[J]. 云南民族大学学报（哲学社会科学版），2019，36（04）：63.
[13] 丁晓燕，孔静芬. 乡村旅游发展的国际经验及启示[J]. 经济纵横，2019（04）：79.
[14] 田甜，左停. 欧盟乡村发展的路径变迁及对中国乡村振兴战略的启示[J]. 现代经济探讨，2019（09）：123.
[15] 张赞. “文创+”时代文旅新场景如何助力乡村振兴[J]. 人民论坛，2019（26）：68.
[16] 高翔. 多措并举激发农村旅游经济活力[J]. 人民论坛，2019（08）：74.
[17] 杨振之. 中国旅游发展笔谈——旅游与健康、养生[J]. 旅游学刊，2016，31（11）：1.
[18] 孙九霞. 中国旅游发展笔谈——乡村旅游与乡村文化复兴[J]. 旅游学刊，2019，34（06）：1.
[19] 田洪. 科学审视乡村旅游发展的不足与瓶颈[J]. 人民论坛，2019（16）：74.
[20] 赖斌，杨丽娟. 盐文化主题旅游产品的市场价值挖掘与深度开发研究——以大英死海、自贡盐都为例[J]. 人文地理，2009，24（01）：88.
[21] 杨礼茂. 湖北省矿泉水资源及开发利用[J]. 地域研究与开发，1998（S1）：103.
[22] 向勇. 创意旅游：地方创生视野下的文旅融合[J]. 人民论坛?学术前沿，2019（11）：64.
[23] 王冠孝，孙超，黄解宇，苏建军. 河东盐池文化旅游服务与基础设施建设研究——以中国死海景区为例[J]. 运城学院学报，2015，33（01）：1.
[24] 陈丹晨. 瓶装水之罪[J]. 生态经济，2006（08）：8.
[25] 王久坤. 中小型矿泉水企业的市场营销战略研究[J]. 企业研究，2014（10）：9.
[26] 毛阳海，董改改. 基于资源禀赋优势的西藏冰川矿泉水发展路径问题研究[J]. 西藏民族大学学报（哲学社会科学版），2018，39（03）：70.
[27] 杜华君. 人类学视阈下茶卡盐湖的工业开发与景区生产——从工业文明向生态文明转型的新时代缩影[J]. 青海社会科学，2018（01）：71.
[28] 张久美. 基于井盐文化特色的旅游纪念品开发研究[J]. 包装工程，2014，35（14）：101.
[29] 王彩彩，徐虹. 乡村旅游创业生态系统构建研究——以陕西省袁家村为例[J]. 干旱区资源与环境，2019，33（12）：201.
[30] 钟真，余镇涛，白迪. 乡村振兴背景下的休闲农业和乡村旅游：外来投资重要吗?[J]. 中国农村经济，2019（06）：76.
[31] 何莽. 基于需求导向的康养旅游特色小镇建设研究[J]. 北京联合大学学报（人文社会科学版），2017，15（02）：41.
[32] 吴小霞. 推动乡村旅游可持续发展[J]. 人民论坛，2018（32）：85.
[33] 付强，尹佳文. 乡村旅游目的地选择及产品偏好的影响因素研究[J]. 资源开发与市场，2018，34（11）：1621.
[34] 宋慧娟，陈明. 乡村振兴战略背景下乡村旅游提质增效路径探析[J]. 经济体制改革，2018（06）：76.
[35] 杨美霞. 乡村旅游开发的现实困境、不足及其化解[J]. 社会科学家，2019（01）：78.

天府商路文化源流及文旅品牌开发研究

吴 萍①

摘 要： 在商贸富国、商贸强省、文化强省、旅游强省、文旅融合、创新驱动战略等大背景下，挖掘天府商路文化源流，确定“天府商路”概念、内涵及外延，研究天府商路的自然属性、经济属性、社会人文属性和文化属性；建议以成都国际商贸城为平台，举办天府商路文化旅游节、开设天府商路高端论坛、筹建天府商路文化展览馆、打造天府商路网络IP品牌、加强天府商路文创品牌营销、统筹天府商路信息资源建设、推动天府商路旅游资源建设，将四川商业历史资源优势转化为产业优势，弘扬巴蜀文化和川商精神，促进四川经济社会发展。

关键词： 天府商路；文化源流；文旅品牌；开发研究

为贯彻党中央、国务院关于建设社会主义文化强国和发展全域旅游战略，认真落实省委十一届三次全会部署，加快建设文化强省旅游强省，四川省委和省人民政府于2019年4月25日颁发《关于大力发展文旅经济 加快建设文化强省旅游强省的意见》（以下简称《意见》）。《四川日报》迅即于4月29日刊载《加快步伐 文旅融合助推文化强省旅游强省建设》指出，围绕“一干多支、五区协同”战略部署，立足各地不同的资源禀赋、区位优势、产业特色等，全省在深挖大熊猫文化、古蜀文化、天府文化、长江文化、巴文化、三国文化、蜀道文化、彝文化、“三线”文化、康养文化、高原生态文化、藏羌民族文化、长征文化等基础上，紧抓文旅融合发展的机遇，将有力推动成都建设文旅发展核心区，并推动环成都经济圈、川南、川东北、攀西、川西北等区域构建具有自身特色的文化旅游经济发展格局。[1]该文章列举的古代文化多数为四川现存的旅游资源，并且与历史上进出四川盆地的茶马古道、南丝绸之路、蜀道、长江航道、川盐古道等5条古代大通道紧密相关。在文旅融合助推大旅游的大背景下，四川商业历史文化遗产与现代旅游开发怎样充分利用好成都文旅核心区这一平台并快速实现有机结合，是本文确定选题的主要依据。

---

① 作者简介：吴萍（1964—），男，四川富顺人，文学学士，四川商务职业学院图书馆副馆长、教授，主要研究领域：四川商业史、商业文化、大学语文。

为此，我们提出“天府商路”文旅品牌概念，深入研究打造“天府商路”文旅品牌的文化源流及重要性、必要性，紧紧依托成都地区的区位优势，以金牛区成都国际商贸城为天府商路文旅建设基地，探索特色鲜明的四川商业历史文化开发的战略措施。

一、天府商路概念及文化溯源

事实上，我们在百度引擎和知网上搜索，均没有“天府商路”这一词条。这说明作为政府新闻宣传、学术研究和民间心理认同范畴的一个概念，“天府商路”的提出实为首创。

1. “天府商路”概念的内涵及外延

（1）关于“商路”概念：中国商业史学会王茹芹会长在《中国商路·前言》中指出：“商路，是因商人的贸易往来活动而形成的线路。中国商路特指历史上依托人力、畜力和物力等传统运输手段长途贩运商品的商贸往来线路。”[2]并以商路贩运的主要商品划分为丝路、茶路、盐路、粮路四篇，研究了中国 7 条商路，其中第三章《茶马古道》和第六章《井盐商路》直接论述四川盆地的两条商路。书中没有论及学界已定性为商贸通道的“南丝绸之路”。蜀道和长江航道究竟是不是商路，一般认为两者主要具有政治、军事、经济、文化和移民等功能，贸易只是其中一部分，不是主要功能。实际上，在中国古代的任何线路上，社会和平与长治久安是长期性的，战争和骚乱毕竟是暂时性的。进出古代四川盆地的盐路、茶路和丝路虽然被命名为商路，也不单具有商贸功能，还有政治、军事、经济、文化和移民等功能。所以，从商业历史文化旅游品牌打造的角度出发，我们姑且将蜀道和长江航道也认定为商贸通道。

（2）关于“天府”概念：四川盆地四周山峦环视，“北有大巴山，米仓山，南有大娄山及云贵高原，东有巫山、湘鄂山区，西有青藏高原，西南则有龙门山，峨眉山，把四川盆地包围起来，从而为处于盆地中心的成都平原构筑起一道道天然屏障，而盆地内各水系贯穿而过，为古蜀文明的形成提供了较好的自然基础。”[3]四川盆地地理条件优越，被称为“天府之国”，而“天府”之名最早不是四川盆地独有。《山海经》记载，“西南黑水之间，有都广之野，后稷葬焉。”这里的都广即成都地区，它此时即使物产富饶，但还没有获得“天府”美誉。《战国策·秦策一》苏秦曾对秦惠王说：“大王之国西有巴、蜀、汉中之利，北有胡、貉、代马之用，南有巫山、黔中之限，东有肴、函之固。田肥美，民殷富，战车万乘，奋击百万，沃野千里，蓄积饶多，地势形便。此所谓天府，天下之雄国也。”此处的“天府”指秦岭以南的汉中平原。《史记·留侯世家》记载，张良在论证定都关中时说，“关中左崤函，右陇蜀，沃野千里，此所谓金城千里，天府之国也”，论及的“天府之国”为秦岭以北的关中平原。“天府”还有“上天之地”“太阳之地”“王室档案库”种种说法[4]。自秦并巴蜀、李冰开凿都江堰后，四川盆地历经秦汉时期的快速发展，凭借其优越自然条件和较高经济水平，超越汉中平原和关中平原成为“天府之国”。《三国志·诸葛亮传》载诸葛亮《隆中对》称：“益州险塞，沃野千里，天府之土，高祖因之以成帝业”，成都地区从此独占“天府”美名。现在“天府”指四川盆地及周边山区，包括历史上的巴蜀文化诞生地四川省和重庆市两个行政区。

（3）关于作为商业历史概念的“天府商路”：我们不使用作为行政区划范畴的“四川商路”，因为研究“天府商路”不能完全排除重庆市。同时也不使用有移民文化味道的“巴蜀商路”，因为“巴蜀”一直作为地理概念和文化认同保留下来，这一区域地理地貌、文化背景、民族特色都有着极大的共性。特别是从明清移民的真实范围划分，“巴蜀”的文化认同区更能代表当时的范围、规模和发展状况[5]。作为学术概念的“商路”，本应该是一个完整的体系，将商路沿线相关区域的贸易情况作为整体研究对象，的确不宜割裂开来研究。但要通过文化旅游融合打造一个省级旅游品牌，牵涉行政管理、投入主体和建立利益分配机制等重要问题，要充分考虑如何有效促进省内各市地州的商业历史文化学术研究成果的转化和商业历史文化资源的产业化，还要考虑本省之外商路沿线的重庆、西藏、陕西、甘肃、湖北、云南、贵州等省市的参与积极性和管理同步性。因此，建立“天府商路”概念，主要是突出四川盆地物产丰富、商业发展水平较高的特点。

确定“天府商路”这个概念，有利于提高四川省人民政府和商路沿线地方人民政府对相关文旅资源开发的关注度和支持力度，有利于清晰表现四川盆地商业历史与物产特征，有利于体现本区域内商品生产、流通、交换和消费的同质化、一体化面貌，有利于打造“天府商路”商业历史文旅品牌的协同性和整体性。总之，“天府商路”概念内涵是指古代以成都平原为核心、进出四川盆地的所有商贸通道。它包含北向的蜀道四川段、西向的川藏茶马古道四川段、西南向的南丝绸之路四川段、东南向的长江航道川渝段以及南向的川盐古道川渝段等5条商路。故其外延包括重庆市区域。

2. “天府商路”的性质特征

首创“天府商路”概念，笔者十分注重这个新概念存在的合理性和科学性。四川盆地地域广阔，仅盆地核心区域成都平原的面积就相当于湖南全省。进出四川盆地的通道有成百上千条，笔者仅选择其中影响最大的5条。蜀人有“尚五”习俗，“尚五观念既然如此深刻地贯穿在古蜀政治、经济、社会、精神文化各个子系统中，成为整合古蜀文化的一种重要凝聚力，那么它应当就是古蜀文化的精神，也就是古蜀文化前后一贯，至高无上的宗教信仰的观念，实质上就是古蜀文化在其共时性和历时性发展中的强大精神动力。从这个意义上说，尚五观念是古蜀文化的灵魂。”[6]笔者遵照巴蜀习俗，仅选择其中主要的5条商路整体打造成一个“天府商路”文旅品牌，目的是便于游客清晰识别游历对象并规划自己的旅游计划。诚然，这5条商路各有鲜明独立的特色，但作为四川一个省级文旅项目，本文重点研究它们之间存在的共同特征。

（1）天府商路的自然属性

①天府商路地理环境面貌和自然风光丰富多样。翻开中国地图，四川盆地四面高山环绕，出入艰难，正处于地理坐标的十字路口和过渡地带。作为世界上少数宜居盆地之一，5条天府商路所经之地形象体现了天府之国“蜀道难”文化。“蜀道难”与“蜀道通”是辩证统一的，只要有蜀道或商道存在，说明四川盆地从来就没有与外界隔绝，只是进出方式比其他地方相比极其艰难而已。这也证明巴蜀商人比其他地方的商人面临更大的困难，攻坚克难的巴蜀商人精神尤其突出，难能可贵。“蜀道难”文化在国内外的知名度极高，其旅游资源价值具有稀缺性和独特性，无人能敌。四川盆地及其周边拥有高原、山地、丘陵、平原、河谷、草地、沙漠等地形地貌，形成种类极其繁杂而层次立体的美丽景观，天然资源丰富，为天府商路文旅品牌奠定了世界罕见的旅游物质基础，使天府商路平添神秘感，对国内外游客吸引力强大。

②天府商路交通线路错综复杂。古代巴蜀人民因地制宜，四面出击，奋力开通5条极其复杂的商路，充分体现了巴蜀人的集体智慧。天府历代交通线路有时各行其道，有时交叉并用，兼具民间商路、官道、驿道、贡道等用途，对巴蜀地区政治、经济和社会发展起着决定性作用，地位十分重要。历史长河风云变幻，除长江航道外，其余4条商路都经历了从初兴、中兴、鼎盛、没落到废止的多舛命运。如今，经全省众多科研机构、相关高校多年来深入研究，所有的商贸线路起讫、沿线城镇、商业街市等研究成果丰硕，商贸交通线路情况已基本明确，不少问题已有定论，为天府商路文旅资源开发提供了良好的学术保障和智力支持。

③天府商路生产和运输技术灵动奇巧。天府5条商路区域，土著文化与移民文化的相互激荡碰撞产生了不少先进技术。包括古蜀时期的金沙木耜，三星堆火法炼铜、青铜分铸、焊接技术；秦汉时期的古蜀栈道技术、治水技术、蜀布蜀锦技术、漆器技术、木牛流马、盐井开凿和井盐汲卤及输送技术；魏晋南北朝隋唐时期的织锦技术、雕版印刷技术、益州麻纸及加工技术、邛窑釉下彩；五代宋元的纸币交子发行、遂宁糖霜、卓筒井凿井及汲盐技术；明清时期的盐井及输送技术、大橹船、歪脑壳船、泸定桥、清代川酒酿造技术、清代蜀锦木质织机等。表现巴蜀先祖的创新精神和创造活力，无不成为古代天府商路在商品生产、商贸物流和商业交通文化等方面极其珍贵的旅游资源。[7]

（2）天府商路的经济属性

①天府商路的商业特性。比利时史学家亨利·皮朗说：“价格主要取决于进口货物的稀缺程度，而稀缺程度又是随着距离而增长的”[8]，因此货物运输的路途越长，获利的希望就越大。商路的形成和发展正是主要源于长途贩运的高额利润。王茹芹会长指出，《中国商路》的研究，“以道路属性为载体，将商贸属性贯彻于道路载体上，记述相关线路的起止地、路段界限和沿线标志等物理特征，阐述商路的道路属性；又用商贸的视角，在道路载体上阐述商品贩运、贸易形式、沿线商人和沿线城市等商贸历史现象，使道路具有了商贸属性成为商路。”[9]同理，天府商路沿线常常面临道路艰险、

气候复杂、路匪盗抢等天灾人祸，但意志坚强的四川商人凭借勇闯天下、敢冒风险的开拓精神，实际还是为诱人的商业利益所驱使。南丝绸之路上的蜀地特产“黄润细布”蜀布和丝绸成为纳贡之物，深受地处干旱少雨、饱受湿热之苦的南亚、东南亚和中亚人们的欢迎。蜀地出产的精美工艺品邛竹杖成为身毒（印度）、骠国（缅甸）、大夏（阿富汗）、古波斯（伊朗）等宗教盛行之地僧侣神权的象征[10]。长途贩运输入蜀地的琉璃珠和蚀花石珠等奢侈品常出现在贵族墓葬中，为普通人无法享用之物。川藏茶马古道上，“宋代四川产茶 3000 万斤，一半销往藏族聚居区，明代经由黎雅、碉门口岸交易的川茶 3 万引，占全川茶引的 80%以上。清代经打箭炉出关的川茶每年达 1400 万斤以上”[11]。茶叶贸易量及茶税可观，使政府在茶马古道中看到攫取战马、榨取税收、羁縻边疆民族、维护民族团结等实用价值。

② 天府商路的商品文化、商业制度文化和老字号。天府商路因交易的主要商品不同而具有不同的文化特色，茶文化、酒文化、盐文化等伴随商路而广为传播。天府商路上贸易方式和商业制度文化也不相同。但绝大多数是四川盆地区域农副特产、矿产或手工艺品，输出商品文化的同时也输出较为先进的商品生产技术和商业管理制度。川藏茶马古道上通过“茶马互市”（官营垄断的“榷茶制”）、“边茶贸易”（官方特许经销的“引岸制”）、“茶土交易”（部分或全部民间商营）等，输出蜀地茶叶和其他土特产，连同汉区茶文化也输送到藏族聚居区，康定和雅安曾活跃众多茶商老字号；藏族聚居区的麝香、黄金、山货、皮张等商品也促进了少数民族文化交流。从清代到民国，康定的 48 家锅庄集交易中介、住宿、翻译等功能于一体，在汉藏贸易中起重要作用，形成独特的藏商老字号文化。川盐古道核心地区自贡富荣盐场以井盐独特商品为交易载体，形成盐业契约制度，包括盐业契约主体出资、盐业股份分配、盐业合伙、盐业买卖、盐业租佃契约等习惯法规范。[12]天府商路上商贸制度大变革诞生系列老字号，如近代自贡富荣盐场“老四大家族”和“新四大家族”拥有的盐号。长江航道民族资本家卢作孚因为实行经理负责制和坚定不移的民族爱国担当，成为近现代航运行业翘楚。这些商业历史资源也是待开发利用的重要文旅资源。再比如，据《四川省商务厅等 17 部门关于促进老字号改革创新发展的实施意见》（川商流通〔2017〕50 号）列举的四川中华老字号名单，其中众多老字号品牌历史悠久。“绵竹大曲、全兴大曲、杂粮酒（五粮液）、郎酒、泸州老窖、仿绍酒等酒类的创制代表，是外来移民酿造技术和四川本地酿造技术相结合的产物。清代也是四川酿造史上的高峰时期，奠定了此后四川酒业的基本格局。”[13]这些中华老字号的诞生大都与陕西、山西移民带来的酿酒技术有关，四川白酒之路涉及的地区也大都在长江流域天府商路的移民城市。

③ 天府商路上的商业城镇及商业老街。天府商路还有一个重要的文化现象，几乎重要的商业中心城市和城镇都在商路上，或因商路设市，或因商路繁盛，与天府商路一起发展，起伏沉浮。川盐古道上，“代表性的有自流井、贡井、西沱古镇、丙安古镇、龚滩古镇、茅台镇、土城镇、黑井古镇及石羊古镇等”，涉及川、滇、黔、渝等省市。[14]四川井盐产地沿线的盐业城镇除了前面的自流井、贡井，还有仙市、邓关、赵化、牛

佛、严道、清溪等古镇，均各具特色。川藏茶马古道沿线的雅安、荥经（严道）、汉源（富林）、天全、康定等城镇，商业老街历史遗迹众多，商业特色文化繁荣，已成为天府商路文化旅游沿线的闪亮明珠。

（3）天府商路的社会人文属性

① 天府商路的移民、宗祠及商业会馆。“巴蜀文化是巴蜀地区的本土居民和源源涌进的外来移民在数千年间的历史长河中共同创造、培育的优秀的地域文化。它既是一种盆地型文化、山水聚散型文化，更是一种包容性文化、开拓性文化和开放性文化。”[15]同样的分析来自袁庭栋《巴蜀文化志》：“外地文化的大量传入，巴蜀文化的汇纳百川，其最主要的体现就是几千年来多次的、大量的移民入川，是巴蜀先民在族源和血统关系上的大融合。”[16]而四川移民文化的中心地带往往在天府商路沿线地区，大量商业城市经济繁荣，至今仍充满活力，使巴蜀文化具有极其强烈的标识度，这也使“天府商路”具有鲜明的社会人文基础。伴随移民文化而来的遍布巴蜀地区的商业会馆、祖庙宗祠，既是各地移民传承家族血脉的情感寄托，也是古代天府商人群体自我约束、自我调适的精神家园。从文旅品牌打造的角度看，会馆文化、宗庙文化是天府商路存在的可直观感知的鲜活的物质环境。这是天府商路的独特属性之一。

② 天府商路民族、民风、民俗。据《蜀王本纪》《华阳国志·蜀志》等文献记载，古蜀五代蜀王，即蚕丛、柏灌来自西蜀，鱼凫、开明来自三峡之东，杜宇来自云南，作为蜀族代表经过不断的迁移融合，形成在川南川西居住多民族的主体。战国时期，在与活动于川东地区的原华夏族一支的宗姬之巴和南方濮人系统的廪君之巴、夏人之后丹山之巴等部族融合之后，再难分别巴蜀民族。秦灭巴蜀后，巴蜀人更成为华夏民族的一部分。[17]尽管天府之国是多民族集聚的地区，除了藏羌彝民族走廊和个别移民集中居住区域至今基本保持自身传统文化习俗外，天府商路大部分范围内的民风民俗包括婚丧嫁娶习俗、商业习俗、语言民俗等大同小异，具有强烈的地方性、向心性和同一性。尤其在长江水道河边的商贸城市更为明显[18]。

③ 天府商路商人精神信仰。四川盆地有众多会馆、宗庙，各县志记载常有“九宫八庙”。据赵逵统计，这些会馆宗庙主要分布在川西成都平原地区、川东重庆为中心的长江水系，川南以犍为、自贡、宜宾为中心区域，川北以阆中、达州为中心的地区，这些恰恰坐落在天府商路范围之内。[19]会馆多得风水之利，成为当地精神文化中心。其城镇核心位置往往供奉不同的乡神，商业崇拜盛行，“各宗一神”：“湖广会馆供奉大禹王；江西会馆供奉许真君；陕西会馆供奉关羽或刘备、关羽、张飞；广东会馆供奉南华老祖（禅宗六祖慧能）或庄子；福建会馆供奉妈祖（或称天后圣母）”，贵州会馆、山西会馆和浙江会馆供奉关羽，四川会馆川主庙供奉李冰父子。[20]巴蜀地区各家族宗庙供奉自己的先祖，有独特的商业禁忌和商业习惯，如饶有兴趣深挖下去，相信非常精彩。各地往往围绕会馆、寺庙和宗庙举办一些庙会，开展祭祀、商贸和文化活动，构成天府商路上丰富多彩的会节文化。比如自贡地区的王爷会、牛王会、品仙节、年节灯会，茶马古道沿线康定“四月八”转山会、都江堰的放水节，蜀道沿线广元的女

儿节等，也是天府商路文旅品牌文化传承和开发的重要领域。

④ 天府商路的行帮文化。天府商路上，移民文化与土著文化的碰撞衍生出四川盆地特有的袍哥文化和码头文化，地方性的商业文化催生出各具经营风格的盐帮、船帮、马帮等行帮文化，特有的路网环境和运输形式又产生了船夫、背夫、轿夫、挑子客、巴山背二哥、山城棒棒军等群体，根据籍贯又划分出四川帮、山西帮、陕西帮等商帮，各自活跃于所处的历史舞台，成为天府商路区域呈现的别样的人文景观。

（4）天府商路的文化属性

① 天府商路的宗教文化。四川是道教发祥地之一，张陵所创的五斗米道诞生于东汉时期，“形成了以成都地区为核心，覆盖巴蜀东巴、北至汉中的传播区”。向外输出的通道主要是蜀道。[21]“巴蜀的佛教应是大致与从西域入中原的时间相仿或甚至更早，由早已开通的南方丝绸之路从印度由缅甸入云南再到巴蜀的。”[22]唐代藏语系佛教的传入依赖川藏茶马古道康定—雅安一线，马帮所到之处也是佛教传播之处，甚至部分茶马古道线路与香客上山转经线路重合。[23]晋代以后，汉语系佛教从中原、江南沿蜀道和长江航道入川。南北朝时期，凉州、敦煌乃至西域的僧人相继入蜀，从而使佛教在四川的影响逐渐扩大。唐末五代时，四川有穆斯林入川。元蒙时期，伊斯兰教随西征的蒙古军队入蜀。明代穆斯林从陕甘、湖广、江南移民而来，清代达到高峰。袁庭栋认为，基督教入蜀三百年，传教士正式入川传教则在 1877 年。17 世纪中叶，天主教秘密传入，到 20 世纪中叶遍及全川。[24]天府商路沿线遍布各类规模宏大的宗教寺庙和大佛，香火鼎盛，风光秀丽，建筑精美，石刻壁画艺术华丽，蔚为壮观，为广大游客营造神秘的宗教文化氛围。

② 天府商路的名人文化。历史上往来于天府各条商路的巴蜀名人，除了商旅、官宦、平民，还有相当一部分文化人，他们无不亲身体验过天府商路的艰险。入巴蜀的李冰、文翁、张陵、诸葛亮、杜甫、玄奘等，出巴蜀杨慎、落下闳、司马相如、扬雄、常璩、李白、陈子昂、苏氏三父子等，以及近现代进出四川盆地的邓小平、陈毅、朱德、吴玉章、郭沫若、张大千、巴金、艾芜、李劼人等名人，他们共同创造了中华文化和巴蜀文化的众多高峰。天府商路沿线的名人故居及相关文化遗址应当成为人民缅怀追思巴蜀名人的文化圣地。

③ 天府商路的川菜美食文化。中国菜系因自然、社会、经济、民俗等不同因素，划分为“四大菜系”“八大菜系”，不论怎样划分，川菜始终占据一席之地，以至于遍布世界的中国人集聚地均能尝到川菜的味道。川菜十分讲究色、香、味、形，“一菜一格，百菜百味”。川菜历史源远流长，独特风味形成的过程就是兼收并蓄外来移民文化的过程。汉代扬雄《蜀都赋》列举的数十种食材多来自四面八方。菜系内部分别被称为“上河帮”“下河帮”和“小河帮”菜系的地方，正是天府商路三大核心区成都、重庆和自贡。川菜的产生，一是依靠优越的自然条件和丰富的地方特产，二是依靠广泛吸收外来烹饪技术和餐饮文化，三是依靠烹饪从业者长期坚持不拘一格，推陈出新，做法讲究，精益求精。天府 5 条商路沿线著名地方菜品和名小吃数不胜数，至今仍然

广受欢迎，成为开发天府商路文旅品牌的金字招牌。

④ 天府商路的非遗文化。从古到今，天府商路上异彩纷呈的非物质文化遗产鲜艳夺目。吸纳五方杂处的移民文化、融合五种声腔的川剧及其变脸、吐火、滚灯绝技，川南的傩舞、彝族的面具舞、巴渝舞、竹枝词、巴蜀山歌小调、川江号子、背夫歌谣、长江流域的汉代画像砖技术、陶俑制作技术、自贡“小三绝”龚扇、剪纸和扎染等，有的为后人提供物质享受，更多的则成为民间长盛不衰、绵绵不绝的精神食粮，被人们传承和发扬，在新时代创造出更多的非遗文创产品。

二、天府商路文旅品牌开发的理论依据

通过深度挖掘天府商路丰富多彩的文化旅游资源，我们认为，迅速将天府商路打造成一个崭新的文旅品牌，着力推动我省商业历史文化遗产与旅游产业的紧密结合，创造更多的经济价值和社会价值，势在必行。

1. 开发和推广天府商路文旅品牌的重要性

（1）有利于重新认识商贸富国，增强商业文化自信。王茹芹会长首次提出“商贸富国”理论。她强调，“商贸富国”是中国商文化的核心，以商贸富国为核心的中国商文化是推动人类社会发展的强大力量。全面认识商贸对人类社会文明发展史的推动力，对于发展新时代中国特色社会主义市场经济、坚持“文化自信”有着重要的历史启示和指导意义。国家实施“文化强国”和“文化强省”战略，有两层含义：一是深挖历史文化资源，使其更丰富更深厚，二是有效利用历史文化资源，使经济社会更强大更自信。

“运用经济学原理考察商路效益，是由商品供求在地区间不均衡性决定的，地区差价的驱动是商路繁荣的直接原因”。[25]天府商路的形成和发展，虽然有政治、军事、经济、文化等因素，但天府内外商人追逐地区差价巨额利润的主观努力，客观上推动了天府商路沿线经济社会繁荣发展、共同造就了天府商路的巨大影响力、增强了四川商业文化的自信力，非常需要重新认识。这是我们提出“天府商路”概念，打造“天府商路”文旅品牌的信心和动力。

（2）有利于强化创新驱动战略，助推区域经济发展。习近平指出，“把创新摆在第一位，是因为创新是引领发展的第一动力。发展动力决定发展速度、效能、可持续性。”“当然，协调发展、绿色发展、开发发展、共享发展都有利于增强发展动力，但核心在创新，抓住了创新，就抓住了牵动经济社会发展全局的‘牛鼻子’。”[26]就当前文化与旅游紧密结合的大趋势而论，四川促进第三产业新经济增长的重要途径，从要素驱动、到投资驱动、到创新驱动，从某种角度来看不能忽视加强文化产业化和文化商业化对第三产业的拉动作用。我们对巴蜀商业文化的商业化开发，不同于传统物质生产及其

消费，不是对物质的不可再生能源的一次性消耗，而是人类精神资源的永续开发与利用，存在无限的可持续的生态价值。因此，对天府商路历史文化资源的创新开发和科学利用正当其时，必须加快进度。

（3）有利于加强供给侧结构性改革，促进四川旅游消费升级。供给和需求是市场经济内在关系的两个基本方面，存在对立统一的辩证关系。习近平指出，“从政治经济学的角度看，供给侧结构性改革的根本，是使我国供给能力更好满足广大人民日益增长、不断升级和个性化的物质文化和生态环境需要，从而实现社会主义生产目的。”[27]当前中国经济快速发展，人民消费能力和文化消费升级需求逐步增强。四川省人民政府颁发的《意见》总体目标是，“坚持事业与产业相统筹、保护与开发相协调、融合与创新相结合、质量与效益相统一的原则，以文促旅、以旅彰文，充分释放文旅经济活力，把四川文化和旅游资源优势转化为发展优势，为人民美好生活提供丰润文化滋养，为经济社会发展夯实强大产业基础，奋力推动治蜀兴川再上新台阶”。如今，随着节日里浩浩当当的出城大军，私家车自驾游成为时尚，个人和家庭旅游有观光式旅游、体验互动式旅游、个性探究式旅游等多种选择，而且探究性旅游消费呈快速上升趋势。《意见》明确4大目标：显著提升巴蜀文化影响力、四川旅游吸引力、文化旅游供给力和文旅产业竞争力。其中计划打造的“十大”文旅知名精品几乎都在天府商路上，这与我们打造一个全新的天府商路文旅品牌的目标不谋而合，所以强化四川商业历史文化资源在广大消费者心中的地位应该是水到渠成的。

2. 开发和推广天府商路文旅品牌的必要性

（1）必须增强天府商路科研成果的应用转化能力。习近平强调，“科技成果只有同国家需要、人民要求、市场需求相结合，完成从科学研究、实验开发、推广应用的三级跳，才能真正实现创新价值、实现创新驱动发展”。要解决科技成果转化不力、不顺、不畅的问题，需要破除思想障碍和制度藩篱，“推动科技和经济社会发展深度融合，打通从科技强到产业强、经济强、国家强的通道，以改革实现创新活力，加快建立健全国家创新体系，让一切创新源泉充分涌流。”[28]从商业经济学角度看，商业历史文化遗址兼具文化属性和经济属性的二元价值。当前形势下，商业文化学与现代旅游学的边缘科学——商业文化旅游学交叉渗透，相互依存、影响和制约，协调耦合，和谐共生。川渝各地在5条天府商路沿线活跃着众多科研机构、高校院所，人才济济，成果丰富。但不可否认，在商业文化与旅游学科契合的层面上仍然存在分散封闭、交叉重复的碎片化、孤岛化现象，我们认为，必须集中川渝各方力量，创新应用模式，以加快天府商业历史文化科研成果交流、共享和应用转化。

（2）必须加强四川省文化旅游人才队伍建设。商业历史和商业文化研究以及文化产业旅游业，信息量大，知识密集，专业性强，对从业人员文化层次的特殊要求很高。习近平认为，“人是科技创新最关键的因素。创新的事业呼唤创新的人才。”“我们要在科技创新方面走在世界前列，必须在创新实践中发现人才、在创新活动中培养人才、在创新事业中凝聚人才，必须大力培养造就规模宏大、结构合理、素质优良的创新型科技人才。”[29]的确，要实现文化强省和旅游强省，利用众多科研机构和教育力量，培养适应新时代经济发展要求的人才队伍，为打造天府商路文化旅游品牌提供强大的智力支持和人才支撑，也是我们的美好愿景之一。天府商路文旅品牌的打造与目前实施的“一带一路”、创新创业行动计划、精准扶贫、乡村振兴等国家战略紧密相关，人才队伍的规模和质量将直接关系到经济效益和社会效益的双赢或多赢。

（3）必须注重天府商路文旅资源打造的整体性。据《四川日报》报道，2018 年四川全年实现旅游总收入 10 112.75 亿元，同比增长 13.3%，首次迈入旅游“万亿级”产业集群俱乐部，成为全国 5 个旅游万亿产业省份之一。2019 年春节假期，四川共接待游客 8247.29 万人次、同比增长 16.6%，实现旅游总收入 580.42 亿元、同比增长 30%。四川摘得游客量和旅游收入全国桂冠，实现 2019 年的“开门红”。[30]天府商路上现有的商业历史遗迹很多成为热门景点，效益突出，美誉度高，共同促进了四川旅游业的高度繁荣。但如果将 5 条天府商路进行比较分析，会发现其发展不平衡，有的存在文化产业单一、走向低层次开发的弊端；有的一味强调个性，存在开发商业资源的“短视、分散、无序”行为；有的过度开发，走向唯经济论和庸俗化；有的把文化产业化走向模式化、同质化，仅仅作为物质商品生产的怪圈，等等。四川 5 条商路的商业历史文化旅游资源极其珍贵，如被破坏将无法复制。我们进行商业历史资源的挖掘和整合，务必要改变传统商业行为只讲经济效益的价值取向，规避负面的商业旅游观念，规范商业旅游行为，强化商业旅游伦理道德，回归商业文化的现代价值，更好地维护好天府商路可持续发展的生态环境。

三、打造天府商路文旅品牌的战略构想

创新一个文旅品牌是一项复杂的动态的系统性工程，具有整体性、协同性、层次性、可操作性的特点，要注重众多子系统构成。科学地推广一个文旅品牌，应该改变创新思维，创造开发模式或范式。我们打造天府商路文旅品牌的基本目标是：充分利用成都文旅经济发展核心区的特殊地位，以金牛区成都国际商贸城为创新平台，按照整体性原则（科学系统化）、原生性原则（个性化）、可持续性原则（生态化）、可操作性原则（简单化），通过 5 年时间将天府商路打造成一个知名度高、社会效益和经济效益好的文旅品牌，从而带动商路沿线乃至整个经济社会繁荣发展。

1. 举办天府商路文化旅游节

按照成都市政规划，要创新发展天府文化，将天府文化内涵提炼为“创新创造，优雅时尚，乐观包容，友善公益”。重点建设世界文创名城、世界旅游名城、世界赛事名城“三城”和国际美食之都、国际音乐之都、国际会展之都“三都”。其中《市域历

史文化遗产分布与保护规划图》明确以成都为中心和起点往五个方向延伸，规划了北向的古蜀道（金牛道）、西北向的川甘青茶马古道、西南向的川藏茶马古道和南丝绸之路西路、南向的南丝绸之路东路、东向的成渝古驿道（东大路）和成渝古驿道（东小路）等。虽然川盐古道没有以成都为起点，但据考证，成都地区制盐历史悠久，《华阳国志》记载，“秦孝文王以李冰为蜀守，冰能知天文地理……又识齐水脉，穿广都盐井、诸陂池，蜀于是盛有养生之饶焉。”成都等地曾出土一批井盐画像砖，以形象生动的画面语言传递出该地区古代制盐业的信息。浦江县发现唐代及以后的大量制盐遗址。作为巴蜀行政中心，成都不可避免参与川盐古道区域的盐政管理。[31]成都虽然没有在长江航道干线，但唐宋时期，成都本地出产的大量蜀麻、蜀锦、蜀纸、粮食、邛窑黑瓷、茶叶等通过岷江、沱江进入长江，成都合江亭、黄龙溪古镇等显然是长江流域重要的水码头，杜甫《夔州歌十绝句》“蜀麻吴盐自古通，万斛之舟行若风”和《绝句》“窗含西岭千秋雪，门泊东吴万里船”表明成都自古就是长江流域重要的商业城市，“扬一益二”名声大振也不是没有原因。以成都为中心举办天府商路文化旅游节完全有说服力，也容易为政府、学界专家和大众接受。

为避免与现有的地处城南轴心线上的中国西部国际博览城和世纪城国际会展中心两个10万平方米专业会展活动中心重复，建议在城北轴心线上的成都国际商贸城举办天府商路文化旅游节，时间在西博会的间歇年度，内容以自驾游旅游线路推广、天府商路土特产购物、商路特色美食、商路非遗文创展示、商路地方民俗文娱会演、商路沿线文学创作交流等商贸文化活动为主，突出商业历史文化特色。

2. 开设天府商路高端论坛

前面论述的天府商路丰富的商业文化源流信息，均是川渝两地科研机构、高等院校、各市州文史工作者和古代史家辛勤劳动的成果，他们的研究成果为天府商路的成型奠定了学术基础。要持续挖掘和收集整理进出四川盆地众多商路的政治、经济、文化、科技等方面的历史贡献，尤其是商贸富国理论框架下的商贸流通史料，任重道远，急需建立一个天府商路高端论坛，凝聚更多的学者、专家、文史工作者参与研究，献计献策，为省人民政府和成都市人民政府着力打造天府商路文旅品牌提供智库保证。

3. 筹建天府商路文化展览馆

我国“明清十大商帮”中没有“川商”和“京商”的名字，原因十分复杂，“川商”在中国商业历史长河里还没有作为一个经营历史悠久、经营特色鲜明的具有实际意义的学术概念。为“川商”立名、立言、立形，四川省人民政府、一些行业协会和四川商人等做了大量工作。但川内至今没有一个“川商文化展览馆或博物馆”，与晋商、徽商、闽商等有较大差距，这也侧面反映相关文史管理机构和研究机构缺乏龙头单位、组织松散、各自为政的状况，对整合自有资源共建川商历史文化地标的积极性还有待进一步提高。

位于金牛区的成都国际商贸城，是集日用品研发、生产、加工、展示、洽谈、交易与电子商务为一体，规模最大、辐射力最强、现代化水平最高的商贸平台，并具有商务办公、金融服务、休闲娱乐、酒店公寓等完善的配套功能。项目总占地面积 2090 亩，总建筑面积 500 万平方米，是现在荷花池商圈的 12 倍。该区域并非没有商贸历史遗迹，紧邻李劼人《死水微澜》故事发生地天回镇。东面 6 公里处为位于新都区三河街道的锦门丝绸特色小镇，建成了南方丝绸之路起点纪念广场、纪念碑、丝绸文化商业街区、南丝绸之路纪念公园等。西面 20 分钟直抵双流国际机场。南面进城 4 公里为商贸传统的火车北站、荷花池、五块石商圈。北面 20 公里处青白江有亚洲最大的铁路编组站，直接有“中欧班列—蓉欧快铁”直通欧洲。立体交通网络、二级城市交通网络完善。在此筹建“天府商路文化展览馆”，既能体现商贸历史文化特色，为国际商贸城注入商贸历史文化元素，还能充分展示路网交通对商贸活动的决定性作用，为四川省和成都市建设一个商贸文化繁荣发展、文旅产业深度融合的商业文化高地和世界重要旅游目的地。

4. 打造天府商路网络 IP 品牌

在互联网高度发达的当下，“无网不欢，无网不胜”，令人眼花缭乱的营销现象已不是单靠点击率和流量能解释的，完全超过学人的想象。如今，IP 已经成为企业营销重要的资源，各大企业都在快速囤积 IP、制造 IP，推动 IP 的商业化。当然，文化 IP 的打造核心是“文化 + 流量”，然而在泛娱乐化时代，核心产业产值飙升的背后，隐隐有股急功近利的趋势，为追求 IP 变现产值，过于重视文化 IP 的商业价值，甚至凭空捏造文化价值。”[32] “天府商路”作为一个新创建的文旅品牌，应该尽快实施 IP 打造，组织专业营销机构和营销团队负责营销任务，或将 IP 营销部分外包。要与互联网行业巨头跨界融合，与影视业、服装业、游戏业、文学业、餐饮业、旅游业、电商业等行业紧密联合，与圈粉无数的天府时尚名人深度融通，把“天府商路”打造成优质 IP，努力提高川商文化软实力。

5. 加强天府商路文创品牌营销

“天府商路”文创品牌的设计与营销也是非常重要的问题，运作初期阶段要注重专业化、高标准、国际化。首先，要注意结合天府商路的文化源流，找准文创品牌的核心文化价值和市场定位，商业文化特色要鲜明；其次，设计过程中要注意融合 5 条商路不同的地域特色和商品特征，商品的标识度和差异性要明显；最后，文创产品营销还要通过线下实物体验和线上全面感知，突出产品实用性，同时注重消费者的情感体验需求，实现文创产品的价值认同，赢得长久的口碑，让游客喜闻乐见，必然会自发传播天府商路文化。

6. 统筹天府商路信息资源建设

天府商路文化遗产都不具有再生性，“数字化技术在非物质文化遗产保护领域能够帮助人们多角度反映人类多姿多彩的活态的文化遗产”。具体措施有资源共享、虚拟场景展示、立体影视制作等。[33]此外，在技术条件成熟时要建立天府商路网站、立体影视再现和可穿戴体验、筹建数字资源库、网络远程监控、微信公众平台、移动客户端远程订票、文创产品商城和信息推送服务等，寻找全方位多角度多媒介的现代信息支撑。

7. 推动天府商路旅游资源建设

天府商路 5 条主要线路上遗址文物保护和开发责任属于各自的管理主体，文化资源和旅游资源建设理念和规划很难统一。省人民政府要协同创新，统筹进行旅游品牌建设，实现跨区域合作和资源共享，难度不小，挑战不少。首先要建立天府商路文化保护协同创新的组织和机制，明确责任，统一规划，组织专家队伍定期研讨，分头落实；其次要建立天府商路文旅项目建设投入机制，建立省人民政府、地方人民政府和行业、企业投入保障制度，明确责、权、利，制定完善的分配制度，落实专项资金使用管理和监督制度；最后，要建立交通、文史、卫生、教育、安保、治安、消防等相关部门协调机制，齐抓共管，特事特办，提高管理效率。

总之，在商贸富国、商贸强省、文化强省、旅游强省、文旅融合、创新驱动战略等大背景下，挖掘天府商路文化源流，创新天府商路文旅品牌，将四川商业历史文化资源优势转化为产业优势，为传承弘扬巴蜀文化和川商精神营造良好的生态环境，为四川经济社会发展和人民美好生活升级创造更好的经济效益和社会效益。

◇参考文献◇

[1] 木易. 加快步伐 文旅融合助推文化强省旅游强省建设[N]. 四川日报，2019-04-29（4）.

[2] 王茹芹编著. 中国商路[M]. 北京：高等教育出版社，2017：01.

[3] 颜信. 南方丝绸之路与古蜀对外关系探究[A]. 段渝. 巴蜀文化研究集刊（第九辑）[C]. 成都：四川师范大学电子出版社，2014：175.

[4] 鲍志成. “天府”别解“华阳”异想[A]. 段渝. 巴蜀文化研究集刊（第七辑）[C]. 成都：四川出版集团巴蜀书社，2012：85-88.

[5] 赵逵. “湖广填四川”移民通道上的会馆研究[M]. 南京：东南大学出版社. 2012：43.

[6] 段渝. 先秦巴蜀文化的尚五观念. 四川文物[J]，1997，5：16.

[7] 段渝 汪志斌. 四川古代发明创造遗产[M]. 成都：巴蜀书社，2014：33-236.

[8] 亨利·皮朗. 《中世纪欧洲经济社会史》[M]. 上海：上海人民出版社，2014：66.

[9] 王茹芹编著. 中国商路[M]. 北京：高等教育出版社，2017：007.

[10] 颜信. 古蜀与中亚经贸交流考[A]. 段渝. 巴蜀文化研究集刊（第八辑）[C]. 成都：四川师范大学电子出版社，2013：65-68.

[11] 王川. 川藏“茶马古道”的文化遗产价值及特征[A]. 段渝. 巴蜀文化研究集刊（第七辑）南方丝绸之路研究论集 2[C]. 成都：四川出版集团巴蜀书社，2012：70.

[12] 吴斌. 盐业契约中的习惯法研究[A]. 曾凡英主编. 盐文化研究丛刊（第二辑）. 成都：四川出版集团巴蜀书社，2008：50.

[13] 段渝 汪志斌. 四川古代发明创造遗产[M]. 成都：巴蜀书社，2014：230-231.

[14] 王茹芹. 中国商路[M]. 北京：高等教育出版社，2017：212.

[15] 屈小强. 巴蜀文化与移民入川[M]. 成都：四川出版集团巴蜀书社.2009：4-5.

[16] 袁庭栋. 巴蜀文化志[M]. 成都：四川出版集团巴蜀书社.2009：15.

[17] 袁庭栋. 巴蜀文化志[M]. 成都：四川出版集团巴蜀书社.2009：30-38.

[18] 袁庭栋.巴蜀文化志[M]. 成都：四川出版集团巴蜀书社.2009：22-24.

[19] 赵逵. “湖广填四川”移民通道上的会馆研究[M]. 南京：东南大学出版社.2012：62-64.

[20] 肖平. 湖广填四川[M].四川出版集团天地出版社.2013：102.

[21] 刘斌主编.巴蜀地域文化——巴蜀历史文化[M].四川远程电子出版社.2010：76.

[22] 袁庭栋.巴蜀文化志[M]. 成都：四川出版集团巴蜀书社.2009：206.

[23] 王川. 川藏“茶马古道”的文化遗产价值及特征[A]. 段渝. 巴蜀文化研究集刊（第七辑）[C]. 成都：四川出版集团巴蜀书社，2012：72.

[24] 刘斌主编.巴蜀地域文化——巴蜀历史文化[M]. 四川远程电子出版社.2010：84.

[25] 王茹芹编著. 中国商路[M]. 北京：高等教育出版社，2017：10.

[26] 中共中央文献研究室编. 习近平总书记重要讲话文章选编[M]. 北京：党建读物出版社 中央文献出版社，2016：388-389.

[27] 中共中央文献研究室编. 习近平总书记重要讲话文章选编[M]. 北京：党建读物出版社 中央文献出版社，2016：405.

[28] 中共中央文献研究室编. 习近平总书记重要讲话文章选编[M]. 北京：党建读物出版社 中央文献出版社，2016：146-147.

[29] 中共中央文献研究室编. 习近平总书记重要讲话文章选编[M]. 北京：党建读物出版社 中央文献出版社，2016：149.

[30] 木易. 正当其时 四川文化旅游经济迈向跨越发展[N]. 四川日报，2019-04-28（3）.

[31] 陈剑.跨学科整合探索：藏羌彝走廊科技考古论述[A]. 段渝. 巴蜀文化研究集刊（第八辑）[C]. 成都：四川师范大学电子出版社，2013：247.

[32] 冯月季 李菁. 打造国家文化符号：文化视域下的中国传统文化 IP 的价值构建[J]. 中国编辑，2019.9：33-34.

[33] 程龙刚.自贡盐文化遗产保护与利用研究[A]. 金川 黄俶成. 全国盐文化遗产开发保护研讨会论文集[C]. 扬州，2011：147-149.

中小学生博物馆研学旅行课程设计原则研究

——以川黔盐业博物馆为例

陈　倩[①]

摘　要： 自2014年中小学生研学旅行被国务院正式纳入中小学生日常教育范畴以后，研学旅行逐步发展，其中，肩负教育功能的博物馆也成为研学旅行的重要目的地。但有着丰富盐业文化遗产的四川和历史上与之有重要盐业关联的贵州两地，盐业及相关博物馆的研学旅行项目还在起步，相应研学旅行课程也尚不成熟。为更好服务博物馆研学旅行工作，本文以四川、贵州两地盐业博物馆为例，针对研学旅行中最核心要素课程设计进行探讨，从秉承教育为首原则、导师队伍专业化原则、课程设置差异化原则等五个原则出发，着手探讨盐业博物馆研学旅行课程的建设问题，以期推动川黔盐业博物馆的研学旅行工作，最终达到弘扬我国优秀传统文化的教育目的。

关键词： 四川；贵州；盐业博物馆；中小学生研学旅行；课程设计

一、前　言

中小学生研学旅行是由教育部门和学校有计划地组织安排，通过集体旅行、集中食宿方式开展的研究性学习和旅行体验相结合的校外教育活动，是学校教育和校外教育衔接的创新形式，是教育教学的重要内容，是综合实践育人的有效途径。[②]

继2013年2月2日，国务院办公厅在印发的关于《国民旅游休闲纲要（2013—2020年）》的通知中提出“逐步推行中小学生研学旅行”的设想后，2014年8月9日，国务院又下发《关于促进旅游业改革发展的若干意见》，在第九条“积极开展研学旅行”中，明确提出将研学旅行纳入中小学生日常德育、美育、体育教育范畴。2016年12月19日，为规范研学旅行，打破学校怕担责任等瓶颈，教育部等11部门突出重围，联合出

① 作者简介：陈倩（1979—），女，贵州民族大学旅航学院副教授、历史学博士。

②《教育部等11部门关于推进中小学生研学旅行的意见》（2016-12-19），http://www.moe.gov.cn/srcsite/A06/s3325/201612/t20161219_292354.html。

台《关于推进中小学生研学旅行的意见》，以推动研学旅行健康快速发展，随后于 2017 年 11 月公布第一批“全国中小学生研学实践教育基地、营地”。自此，部分省市研学旅行犹如雨后春笋般萌芽发展。为进一步推动研学旅行的发展，教育部在 2019 年 10 月 18 日公布了高校 2020 年将增补“研学旅行管理与服务”专业。①

研学对象众多，博物馆是重要目的地之一。博物馆的教育功能，决定其作为文化传递的机构，通过文化展示与文化活动，使得文化价值与内涵要以大众理解的形式向外传递，进而影响公众的文化认知和审美水平，这与研学的重要价值——教育价值高度契合。刚刚兴起的研学旅行是要以旅行的方式达到研学的目的，根据教育自身规律，需要解决包括博物馆在内的研学对象课程设计的问题，以便更有的放矢地达到研学目的。

本文以川黔盐业博物馆（包括与盐业相关的博物馆）为例探讨中小学生研学旅行课程设计的问题，基于以下几点考虑：一是盐在古代社会不仅是重要的食用物资，也是国家财政重要的经济来源；二是两地虽毗邻但四川产盐而贵州乏盐，贵州历来以食用川盐为主，食盐在古代社会将两地紧紧相连；三是两地皆有盐业或与盐业相关的博物馆，但大都缺乏有关研学旅行工作的系统大力推广；四是两地相关提供研学旅行服务的第三方机构普遍缺乏相关课程建设。

二、川黔盐业博物馆中小学生研学旅行课程设计原则

（一）秉承教育为首原则

研学旅行是借助一定有意义的场地，以旅行方式完成由传统室内教育转换到户外教育的学习模式，根本目的是让学生接受不同方式的教育。加之，博物馆的重要功能之一是教育功能，因此，以教育为先是课程设计过程中需要首先把握的原则。

由于研学旅行在我国尚处于起步阶段，问题难免存在。不少旅行社或户外拓展机构打着研学的幌子变相单纯游玩，在此过程中实施的教育功能严重不够，乐大于教。在目前已有研究成果中，如王晓辉的《学校研学旅行课程设计的实践研究》一文中，通过问卷调查方式，用数据表明超过半数以上参加研学的学生认为，活动有“学校定位不清，研学当作旅游”“活动太多，有些浮于形式”等问题。②针对这种情况的存在，吴垚在《研学旅行课程设计及实施分析》中，也明确表明“研学旅行不是传统的游和玩，而是运用教育源于生活、教育源于社会、教育源于自然的教育理念，建立起学生和社会之间的有机联系，促进学生的自我成长”。③

①《普通高等学校高等职业教育（专科）专业目录》2019 年增补专业（2019-10-18），http：//www. moe. gov. cn/s78/A07/zcs_ztzl/2017_zt06/17zt06_bznr/bznr_ptgxgdzjml/ptgx_mlxjzydz/201910/t20191018_404286. html。

② 王晓辉：《学校研学旅行课程设计的实践研究》，《教育参考》2019 年第 6 期。

③ 吴垚：《研学旅行课程设计及实施分析》，《现代教育管理》2019 年第 5 期。

可见，教育为首原则是毋庸置疑的研学旅行课程设计原则，在实践过程中，川黔盐业博物馆研学旅行活动就应该规避形式化的短板，以教育为首原则充分利用丰富的“生产遗址（存）或器具、管理及流通类遗址（存）、文献档案类遗存、教育慈善类遗址（存）、生产及开采技艺类、民俗类、文学艺术类、饮食文化”①井盐遗产资源，做实实在在寓教于乐的事情，弥补学校课堂教学过程中无法呈现的知识。通过了解盐的制作过程，可以促进学生将书本知识和生活经验深度融合；通过对传统制作工艺的了解，可以激发学生对我国古代劳动人民智慧的尊敬；通过对因盐而生的文化习得，增强学生对我国传统文化的热爱之情，最终达到文化自信的目的。

（二）导师队伍专业化原则

课程设计过程中，最核心的关键人物是课程设计的导师，需要既懂专业又懂教育。导师的课程直接关系着研学旅行质量，导师队伍建设势在必行。目前只明确导师有别于导游且国家暂未出台导师的相关标准，因此研学导师的遴选常规有以下两种情况：一是旅行社或研学机构自己配备的导师；二是旅行社或研学机构聘请的相关领域专家。

旅行社或研学机构自己配备的导师由他们自身制定标准，大多是较为出色的导游。出色导游的综合素质无可厚非，但作为以研究性学习教学为目的的导师未必合适，毕竟术业有专攻。以自贡盐业博物馆为研学目的地为例，导游出身的导师也许很清楚关于自贡盐文化的普适性知识，了解这座博物馆建筑本身的历史，知道自贡是有名的盐都，也熟悉自贡美味的盐帮菜，但更系统的盐文化知识以及开采井盐的技术知识就未必很专业，这些知识也无法靠一朝一夕的临时学习获取。导师自己缺乏专业知识，以研学为目的的学生所获取的信息就会非常有限，为解决这一问题，于是产生第二种情况——请相关领域的专家讲解。相关领域专家在知识的专业化方面毋庸置疑，但在给学生传授知识的能力技巧方面不一定见长，专家学术研究有造诣未必就能深入浅出地让中小学生听明白甚至激发他们的学习兴趣。如果导师没能很好研究受众，讲解的内容学生未必会喜欢和接受。

因此，纵观中国整个研学市场，研学导师的队伍建设还亟待专业化。这种专业化，一方面源自导师相关知识的专业化，另一方面源自导师教授中小学生能力的专业化。要处理好普适性的教育手段和专业化的知识输送之间的矛盾，只有导师队伍的专业化才能让学生真正学有所获，从而达到研学旅行初衷。

（三）课程设置差异化原则

课程设置不能一概而论，不能对小学生的讲解内容如此，对中学生的讲解内容亦

① 万吉琼：《四川井盐文化遗产分布、分类及主要代表略考》，《四川理工学院学报（社会科学版）》2017年第2期。

如此，必须明确授课对象因材施教。

研学旅行在我国尚处于起步阶段，总的来讲课程设置十分欠缺，更无法言及合理性。解决方式就是需要旅行社或研学机构聘请专家专门设置课程。课程设置主要从两点出发考虑：一、针对不同年龄段学生，设置不同的学习目标；二、根据旅游产品涉及的范围和线路安排，设计不同的学习内容。

首先，区别对待研学对象。各年龄阶段学生有各自不同的知识储备、生理特征、理解能力及兴趣爱好，课程设置必须区别对待，拒绝同质化。小学生具有知识储备相对较少、好动、注意力不易集中、随时需要组织教学等特点，如果不把握这些特点，课程设置过于专业不利于学生理解，讲授过程过长也不利于学生吸收，最终就难以达到学习初衷。中学生层次高于小学生，无论是知识储备还是自我管理能力，均优于小学生，如果还以小学生的相对碎片化的授课内容进行讲解，既无法满足中学生的学习欲望，也无法到达预设目标。以涉及川黔两地盐业或相关博物馆的旅行产品为例，如果研学对象是小学生，教学目标重在感知、体会以及有关常识知识的获取；如果研学对象为中学生，就可以引导他们尝试对比研究，比如，不仅要了解四川自贡盐业博物馆和贵州赤水河盐运文化陈列馆所涉及的常识性相关知识，还要找出二者的区别和联系，并试图从学生可理解的维度切入分析原因，甚至针对中学的不同阶段学习目标还要有所区别。

其次，课程设置的前提是要根据由教学目标出发而拟定的旅游产品来量身定制，切忌一刀切。如果研学旅行产品只涉及川黔某一区域的博物馆，可以该馆为中心做专题讲解。但如果研学范围涉及川黔两地博物馆，学习内容除了各自博物馆的概况、展品、研究成果以及博物馆所在地区的风土人情外，还应当根据学生年龄段的不同进行不同层级的提升，进而捕捉学生可能有的兴趣点。

总而言之，研学旅行课程要根据不同产品、不同年龄阶段进行差异化课程设置。

（四）前置课程与后期反馈作业的落实原则

课程实施的落实，在当下研学旅行中也是十分薄弱的环节。一般而言，前置课程和反馈作业，即通常所说的课前和课后都是由学校带队老师布置和给分，也有由旅行社或研学旅行机构完成相关任务的情况，也有甚至完全没有任何考核评判学生学习情况环节的情况，总体而言形式化现象严重。

出现上述情况，直接归因于课程设置不完善。前置课程和反馈作业都该纳入课程设置体系。前置课程通常也被称为“导行”，需要学生提前预热，带队老师可以将导师事先准备好的文字资料或视频资料转发给学生了解研学目的地情况，待研学完毕按照既定目标进行考核，一般由目标检测、过程管理、成果评价、社会评估四个部分构成，不少学者还对各部分比例做出细化，可以参看。

研学川黔两地的盐业及其相关博物馆，在数字化信息发展的今天，相对而言比较容易搜集整理出前置课程内容。以贵州遵义地区习水县航运博物馆为例，同学们需要提前了解贵州的航运线路、航运物资等知识，在此过程中，能感知历史上贵州航运经济和四川（包括今重庆）航运经济的关系，可以了解到盐是航运物资中的重要组成部分。当学生深入博物馆学习时，看到航线沙盘和“川盐入黔”驮运实景雕塑，就能很快产生知识上的对接。而学生是否学习前置课程，是否掌握到相关知识，是否从中受到相关启发，是否能将旧有知识结构和新知识融合后提升，有待于课程设置中对反馈作业完成情况的有效落实。

（五）三位一体的团结协作原则

真正有品质的中小学生盐业博物馆研学旅行课程设置，并不是由校方或博物馆或第三方提供服务的机构某一方单独完成，需要三方协作共同完成。

虽然课程设计最关键的环节在导师掌控，但是导师在设计课程时，要与校方带队老师积极沟通，提前了解研学对象的情况，并针对不同学生设计出切实有效的学习目标和教学方案。同时，要和提供服务方积极沟通，在充分了解产品后进行相应的教学安排，必要时还要和博物馆的工作人员对接，请求博物馆给予方面的专业帮助和支持。

校方除了组织推进研学旅行活动外，需要配合导师完成相应过程评价和后续评价体系，做好学生研学学习建档建卡汇报总结等环节，并非交给旅行社或研学机构就了事。同时，只有不以营利为单一目的严把教育关的第三方服务机构，才会在产品设计前就拟定好导师人选，和导师沟通设计研学线路，优化研学产品，并在出发前把前置课程讲授给学生。

三、结　语

川黔地区，尤其是四川地区，有大量的盐业文化遗产，在文旅一体化进程的大背景下，开展国家积极提倡的中小学生研学旅行活动是顺势而为。其中，盐业博物馆或与盐业相关的博物馆是不能忽视的重要人文旅游资源和组成部分。

之所以要开展川黔地区盐业博物馆研学旅行的推广，除了在文章前面提到的符合国家大政方针以及二者的历史渊源外，同时二者还处于有旅游资源优势的区域，如四川的自贡盐业历史博物馆，同地区的旅游资源还有大量的盐业遗存，举国闻名的自贡恐龙博物馆、自贡灯会以及有名的自贡美食，号称“千年盐都、恐龙之乡、南国灯城、美食之府”。在贵州遵义地区有赤水河盐运文化陈列馆、贵州航运博物馆、土城盐号旧址、丙安古镇的古盐道等以及全国有名的红色文化旅游胜地——遵义会址。这些旅游资源所在地本身是今日重要的旅游目的地，同时也有未来作为热门研学目的地的较大潜力。

在具备开展盐业博物馆研学旅行的基础条件上，在以教育为先的前提下，做好该项工作最为核心的地方即是研学课程设计，课程设计的关键在研学导师，导师队伍的专业化是目前研学旅行中存在的短板，亟待解决，导师在与学校、博物馆以及第三方服务机构共同协作下，遵循差异化原则设计课程并落实教学环节。因此，川黔盐业博物馆研学旅行未来可期。

淯井盐文化的独特禀赋及其旅游开发价值

邹永前[①]

摘　要： 长宁县盐业史至少可以追溯至东汉末。唐宋，淯井在中央及地方财政中占有重要位置，朝廷于此置淯井监管盐。元明以后盐泉枯竭、品质下降，又因其岩盐深度达2400余米，无法采用卓筒井生产技术，清代已关闭。民国期间重开，但已属民间，且品质极差。故淯井淹没于历史长河之中。笔者通过对淯井盐文化历史与文化的解构，认为其盐文化禀赋独特。这就是：淯盐的传说蕴含着独特的人文精神；其生产技术古老；监盐盐利走向特殊；淯井战事是一部因盐而起的战争史；它熬煎了一方土地，也淬炼了一方文明。因而，它极具旅游开发价值，且条件已经具备。

关键词： 淯井；盐文化；禀赋；旅游开发

长宁县盐业史可以追溯至汉代，至少是东汉末。唐宋，淯井在中央及地方财政中占有及其重要位置，朝廷于此置淯井监管盐。元明以后盐泉枯竭、品质下降，又因其岩盐深度达2400余米，无法采用卓筒井生产技术，清代已关闭。民国期间虽然重开，但已属于民间开采，且品质极差。故淯井逐渐淹没于历史长河，走入时空隧道之中。本文即试图拼接这一历史，通过对淯井盐文化的历史与文化的解构，寻觅其独特的文化禀赋，并于其中寻找到淯井盐文化旅游价值的开发点。

一、淯盐发现的传说中蕴含着独特的人文精神

人类食用盐，如同火的使用一样，经历了极其漫长的岁月。即“人类对自然盐（卤）的发现和最初利用，与动物对盐岩、盐水的舐饮一样，往往出自生理本能。我国古代流传下来的‘白鹿饮泉’‘牛舐地出盐’‘群猴舐地’‘羝羊舐土’的记载，……都说明

① 作者简介：邹永前，男，四川长宁人，长宁县人大常委会调研员。1987年评为讲师。四川省作家协会会员，中国散文家协会会员，文化学者。著有散文集《行囊》，文化随笔《神祇的印痕——中国竹文化释读》等，非虚构文学作品《淯井》即将由九州出版社出版。

了这一点。”[①]

淯盐发现的传说是一个不一样的样本。淯井盐发现的传说，最早见于南宋，曾在长宁军任过军文学的王象之在其《舆地纪胜》长宁军篇中提道：

> 井在监城北。井之咸脉有二：一自对溪报恩山趾度溪而入，尝夜有光如虹，乱流而济，直至井所。一自宝屏随山而入，谓之雌雄水。古老相传以为井，初，隶夷之罗氏，汉人黄姓者与议，刻竹为牌，浮大溪流，约，得之者，以井归之。汉人得牌，闻于官，井遂为汉有。今监中立庙祀之。[②]

明代，曹学佺在《蜀中广记》中则这样记述：

> 初，人未知有井，夷人罗氏，汉人黄姓者因牧，而辨其咸，佥议：刻竹为牌，浮于溪流，约，得之者以井归之。汉人得牌，闻于官，井遂为汉有。后人立庙祀黄、罗二神。[③]

曹学佺则完整描述了一个与世界历史上自然盐发现高度一致的传说构架。但是，当我们细研王象之与曹学佺的文字时，就会发现淯井盐发现的传说，蕴含着秘密，在故事内核上有三个极为特别的地方，或许在世界上都是极为特别的。这就是：一是盐泉的发现者属两个民族，二是以约定方式决定其归属，三是后人建立寺庙祭祀之。

通常某一发现，特别是涉及生存性资源的发现，大都具有排他性，即使是共同发现，双方也会互不承认其发现权。因此，围绕资源的发现权之争，在民间常打得头破血流，在部族与部族、国家与国家之间则常因此而引发残酷的战争。炎黄二帝为争夺盐池，战争几乎是其不二选择。虽然因此我们有了共同的人文始祖，但可以想见的是，那是多少人的生命换来的结果啊！古代巴郡南郡氏族首领廪君（务相）夺取盐水地区的盐靠什么？靠的是无耻的欺骗与残酷无情，美丽的盐神，纯真的爱神最终成为他的牺牲品。而我们淯井盐的发现者呢，可以说太伟大了，竟以和平的、协商的、契约的，乃至天意的方式决定了盐泉的归属。后人呢，也不忌讳其族属，“立庙祀之”，罗、黄二氏均以神的身份端坐在神龛之上。因而，我们可以想象，罗黄二人情同兄弟，或者就是一对恋人。这是民族和睦团结的典范。这种包容精神、契约精神、人文精神值得以旅游文化等形式宣传与弘扬。

二、淯盐的生产技术古老久远

苏轼在《蜀盐说》中说：“蜀去海远，取盐于井。陵州井最古，淯井、富顺监亦久

① 郭正忠编：《中国盐业史》，北京：人民出版社，1997 年，第 13-14 页。
②〔南宋〕王象之：《舆地纪胜》，北京：中华书局，1992 年，第 4477 页。
③ 转引自民国《长宁县志》卷九，长宁县志办 1985 年翻印，内部编印。

也。唯自庆历、皇祐以来，蜀始创‘筒井’。用圜刃凿山如碗大，深者至数十丈；以巨竹去节，牝牡相衔为井，以隔横入淡水，则咸泉自上；又以竹之差小者，出入井中为桶，无底而窍其上，悬熟皮数寸，出入水中，气自呼吸而启闭之。一筒致水数斗。凡筒井皆用机械，利之所在，人无不智。”①

苏轼用白描的手法，对卓筒井技术要点做了说明。淯井是卓筒井吗？不是。淯井属官井，大井、浅井。“井皆在万山中最下处，溪河之中，咸水冲突而起。”②淯井两溪汇合处，周遭诸山犹如万马归巢，于溪流中土人发现了盐泉。然而，让淯人没有想到的是从溪流底部涌出的泉水竟是一咸一淡两股泉水。淯井人曾想堵塞淡泉眼，然咸泉眼也没了盐泉。何以塞淡泉，咸泉则无？以今之地质学解释，即盐泉上涌得有压力，这淡泉的流动即是压力。怎么办？让咸淡二泉都涌流吧！这样在溪流之中，有了深两丈许、宽约四尺的咸淡之井，淯地人把它叫作“雌雄井”。凿井而提卤熬盐，淯井盐诞生了。

该井在嘉庆版《长宁县志》上有标注，其遗址尚在，遗址在今长宁县双河镇北门桥东西两溪汇合处——盐坪坝。“据1944年8月31日川康盐务管理局食盐配销巡回辅导团第四团巡辅字第16号快邮代电称：‘职团团员……于本月二十日出发……经长宁县城。③北门外小河旁，发现有盐井一口，直径一米突许，深约二丈。’见四川乐山地区档案馆69-7-7572-16。”④

今长宁县已将该井发掘出来，其井制口面宽约四尺，井壁以石砌成，不是很深，与1944年查访及民间相传符合。是四川井盐史上一个有别于自贡、大英的井盐遗址。极具旅游开发价值，且旅游遗址复原开发条件具备。

三、淯井盐产量极大，盐利走向极为特殊

关于淯井的盐产量有多大，宋以前我们查不到相关史料，只能进行推测。比如，三国时期的蜀汉，推行的是带有军事强制性质的“食盐官营”政策。《舆地纪胜》中说，在长宁军泾滩（址在今长宁蜀南竹海三江世外桃源酒店处）的武侯塔传为“诸葛武侯所建，立以誓蛮夷。”⑤实即诸葛亮南征，既是解决南中叛乱，稳定后方问题，同时也是建立战略后方资源保障基地问题。以此，我们说如果淯井盐产量小，那么诸葛亮是断不会在此建塔（军寨）以震慑夷人的。据吉成名《中国古代食盐产地分布和变迁研究》：唐代井盐产地有山南道、陇右道、江南道、剑南道四道，产盐地总数87处，如

①〔宋〕苏轼：《苏东坡全集》，北京：燕山出版社，2009年，第3406页。

②〔清〕刘献廷：《广阳杂记》，转引自朱霞《从〈滇南盐法图〉看古代云南少数民族的井盐生产》，《自然科学史研究》编委会编《自然科学史研究》2004年第2期。

③ 1949年前，淯井所在地为长宁县治所。

④ 吴天颖：《井盐史探微》，成都：四川人民出版社，1992年，第18页。

⑤〔南宋〕王象之：《舆地纪胜》，长宁军，北京：中华书局，1992年，第4481页。

此众多的产盐地，如果淯井盐产量低，那么司马光的《资治通鉴》也就断不会说："云安、淯井路不通，民间乏盐"。[①]

淯井盐产的确切记载是在宋代。据吉成名《中国古代食盐产地分布和变迁研究》引《文献通考》卷十五，该材料记载了当时的产盐州、盐井数，及盐产量。从中我们看到益、梓、利、夔四路有产盐州级政区 24 个，盐井 621 口，年产量 1621 万余斤。经笔者对资料数据比较分析，发现泸州淯井监有井 6 口，年产量 783 000 斤，井均产 130 500 斤，在 24 个产盐州级政区中排位第四。比 1 井均产 8376 斤的富顺监竟高出 12 万余斤，与当时 1 井，排位 23，年产仅 500 斤的益州路汉州（今广汉）井相比，可谓天上地下。[②]

那么，淯井盐利有多大呢？据郭正忠主编的《中国盐业史·古代篇》对宋代盐利的说明，"南宋四川淯井的'锅本'约为每斤 16 文；官卖盐价，每斤 222 文。其利率，高达 1 287.5%。"[③]

其走向又如何呢？《建炎以来朝野杂记》卷十四"蜀中官盐"条详录了绍兴十六年（1146）淯井盐课支出用途：

> 实产盐四十一万九千四百斤，内三万三千六百斤犒设、七千八百斤赡学、三万斤锅本外，余三十四万八千斤，每斤二百二十文，计七万七千三百十九贯五百文，而本军省计应用二万三千八十七贯八百十二文，余折官价钱引三万七千六百八十二缗而已。每岁大科二万三千余缗，漕司抱其半，尚亏万一千余缗，二十二年十二月悉除之。"[④]

这里有一项极为特殊的支出"犒设"，即对边界少数民族的犒赏，南宋政府每年对当时的羁縻州府都要支给盐、绢、银等物资作犒赏，盐是控制蛮夷的重要手段之一，从数据看比重不大。另扣减支出后，淯井监竟然亏"万一千余缗"。大概南宋朝廷已吸取了北宋时期这一地区战乱不止的教训，免除了淯井监的亏欠部分。

这些珍贵史料让我们看到淯井盐利走向特殊，在淯井开发旅游中，既可作为中国盐政史的典型材料，也可对蜀南民族关系史做极好的解读。

四、淯井战事，一部因盐而起的战争史

淯井盐官营自蜀汉始，诸葛亮夺取淯之盐泉后设寨建塔以震慑少数民族。其后，随中央政权对盐业控制的松紧，淯地的社会也处于动乱与安定之间。北宋一百余年间，

① 吉成名：《中国古代食盐产地分布和变迁研究》，北京：中国书籍出版社，2013 年，第 91–93 页。
② 吉成名：《中国古代食盐产地分布和变迁研究》，北京：中国书籍出版社，2013 年，第 166–167 页。
③ 郭正忠：《中国盐业史》，北京：人民出版社，1997 年，第 302 页。
④〔宋〕李心传：《建炎以来朝野杂记》，北京：中华书局，2000 年，第 301 页。

泸戎之南的淯地可以说与战争是如影相随。据《宋史》《续资治通鉴长编》《皇宋通鉴长篇纪事本末》等史志载，有宋，泸戎之南少数民族对宋朝廷的反抗计有五次，这五次我们不能说每一次战争的导火索都是盐，但盐肯定是集聚矛盾、诱发战争的根源之一。

第一次，真宗大宗祥符元年（1008），骚乱从江安南屏一带始，然后波及淯井监，阻断了盐路。战争持续了三年，直至1010年才结束。

第二次，真宗大宗祥符六年（1013），晏州多刚县少数民族头领斗望下达命令发动暴乱，攻击的地点正是宋朝廷在泸戎之南的敏感之地——淯井监。这是蜀南战事中较为重要的战事，此战后，在当时的梓州路转运使，此战总指挥寇瑊主持下淯井开始筑城。

第三次，庆历四年春（1044）斗敖于三江（今蜀南竹海三江世外桃源酒店）一带劫掠淯井盐运。

第四次，宋神宗熙宁七年（1074）晏子率泸戎之南六姓少数民族向淯井进攻，夺取淯井盐。

第五次，官方史载，宋徽宗政和五年（1115）"高公老之妻，宗女也，常出金玉器饮卜漏等酒，漏心艳之。"[①]似乎，战争因色而起，其实，还是熬盐所需柴茅惹的祸，战事因泸州安抚贾宗谅暴掠，强行摊派竹木而起。

还有一次，不能说是战事。即嘉祐二年（1057），长宁州三里村的少数民族斗还等人因严重缺盐，商量着反叛。但因斗盖的告密而遭到屠戮，反叛计划胎死腹中。

泸戎之南的淯井监，有宋，由于盐的专营，100余年间的战事连绵，诠释了历史上诸多战争动因是因盐这一论断，以此也可领悟"唯盐史观"的真正意义。无疑，通过旅游开发等形式建构和呈现这段历史，对于开展历史教育、促进民族团结具有极其重要的意义。

五、苏轼父子、黄庭坚来过淯井监

如果说淯井是一口熬煎一方土地之井的话，那么，淯井也是一口淬炼一方文明之井。因了淯井，苏轼父子、黄庭坚来了。

宋仁宗嘉祐四年（1059）己亥十月，苏轼一大家人由眉州至嘉州，再到戎州、江安，转而入淯来到了淯井监。在这里苏轼写下了《诸葛盐井》诗："五行水本咸，安择江与井？如何不相入，此意谁复省。人心固难足，物理偶相逞。犹嫌取未多，井上无闲绠。"[②]并购得少数民族所织弓箭袋，赠予自己的恩师欧阳修，于是文坛留下了一段佳话。欧阳修在他所著《六一诗话》里写道：

①《宋史》卷三百四十八《赵遹传》，北京：线装书局，2007年，第1908页。

②〔宋〕苏轼：《苏东坡全集》，北京：燕山出版社，2009年，第15页。

苏子瞻学士，蜀人也。尝于淯井监（注）购得西南夷人所卖蛮布弓衣，其文织成梅圣俞《春雪》诗。此诗在圣俞集中未为绝唱。盖其名重天下，一篇一咏，传落夷狄，而异域之人，重之如此耳。子瞻以余尤知圣俞者，得之因以见遗。①

寻着苏轼的足迹，黄庭坚也来了。宋哲宗元符元年（1098）六月在戎州安置的黄庭坚，不仅为宜宾留下了众多诗文，也因淯井苦笋，写下了那篇著名的《苦笋赋》，留下了书法史上千古经典的书帖《苦笋贴》，也在长宁淯井留下了无数的传说与故事。

文明在此延伸，淯井文化因之而愈加深厚。文化旅游有了新的支点。

六、长宁有开发淯井盐文化旅游的条件

长宁县是四川省政府命名的首批十大“天府旅游名县”，是川南旅游的重要支撑。拥有“中国国家风景名胜区”“中国旅游目的地四十佳”、《中国国家地理》评选的“中国最美的十大森林”之一的蜀南竹海，及蜀南花海、西部竹石林、七洞沟、佛来山等4A级风景名胜区。古淯井所在地双河镇是第五批省级历史文化名镇，入选全国第三批传统古村落名录，“文化创意示范镇”，“重点培育特色小镇”。是蜀南旅游开发的一个重要节点。

其次，从淯井所处地理看，开发淯井盐文化旅游可谓得天独厚。长宁县双河古城历史已逾千年，是古之淯州、长宁军治所。大山由云贵高原奔突而来，到达这里时已近尾声，凤凰山、金鸡山、马鞍山、笔架山如万马归漕，主山、护山、案山俱备，三泉（盐泉、温泉、清泉）齐涌，群山拱卫之中，砚石溪、狗跳溪、佛头溪、凤凰溪、冷水溪、磨刀溪、桃花溪等溪流从如黛的青山中走出，蜿蜒于肥沃的十八坝上，形成天然的沟渠，然后汇聚于平坝的北面，这里是一条诗意的江流——淯江的起点，更是淯井遗址所在。如果说导游向你介绍西安、南京的风水，你只能意会的话，那么，淯江这一独具特色的地理小环境则是看得见的风水地理，是看得见的中华山水文明。在这里你可“觅古城千年盐泉”，更可以“揽中华山水文明”。

第三，淯井文化积淀深厚。双河古城因盐而建，因盐而兴。唐武则天久视元年（700）建羁縻淯州，大中祥符六年(1013)，寇瑊在淯井监建寨栅，挖深、疏浚护城河以成监城始，作为县治（包括州府级的长宁军）治所已历1300多年。人文荟萃，有宋，长宁一域入进士榜即有七人，明季，长宁成为蜀南文明之翘楚，有两榜眼周洪谟、李永通，周洪谟曾任礼部尚书，谥号文安，作为明季鸿儒名垂青史。进入近现代，无论是在辛亥大潮，还是民主革命的洪流中均可寻觅到淯井人的踪影。因而，元时即有经略史刘

①〔北宋〕欧阳修:《六一诗话》，北京：人民文学出版社，1962年，第6页。

福诗赞长宁："古来多士说长宁，文物衣冠照汗青。"[①]后人则以"长宁古称名郡，山川秀美，其民质朴，其俗淳厚，犹有古君子之遗风，或故数十年，或百年必诞生一二秀杰之士。"[②]

第四，淯井，许多文物古迹尚存。除淯井盐井遗址尚在外，有宋所建文庙、书院，明城墙，清及民国时期建成的古城古街，淯井文人骚客悠游之地如嘉鱼泉、笔架山、介湖、宝瓶山、小桃源等均可寻觅。起于宋的盐马互市，民国时期因锅巴盐而成的盐茶古道、古桥至今依然存在。因战争而遗留下来的古地名，如铜锣、三江口、泾滩、黄土坎至今依然保留在长宁这块土地上。曾参与那段血雨腥风战事的历史人物寇瑊、范百禄、赵遹（《宋史》均有传）都有关于长宁的诗文。历史的印痕已深深地篆刻在了这片土地上。

第五，古老的淯地——双河已是现代盐业的重要原料基地。1971 年至 1973 年，四川省石油局川南矿区 32114 队钻探发现长宁县双河地区有大型岩盐隐伏矿床，岩盐厚 240 米。纯岩盐含氯化钠 90%以上。色浅，多为无色透明，半透明及乳白色；深灰色岩盐层仅占盐层厚度的 10%。为品位极高的大型岩盐矿床。目前长宁县盐卤年开采量已达 75 万吨[③]。

第六，淯井盐文化旅游开发已经起步。蜀南竹海已在花溪十三桥景区新的规划建设中，将"宗女"及赵遹的故事融入其中；与盐事战争相关的古战场遗址的规划建设正在进行。而古城双河，在经历了 2019 年 6 月那场大地震后，灾后重建中已将淯井盐文化的旅游开发列入了重建规划，并正在组织实施。

另外，双河特色小吃凉糕，已成规模，其影响深远。"双河凉糕"与自贡、泸州、成都、绵阳、重庆、攀枝花、乐山、内江、南充等 9 个城市的 25 000 家餐饮门店签署了供货合同，开创了凉糕消费市场的新格局。自驾去蜀南竹海，或者由宜叙高速经双河，在双河做一短暂停留，品味一下双河凉糕，已成为诸多游人及过客的极佳选择。虽然凉糕作为小吃不能成为旅游文化的支撑，但却是旅游的重要元素。

综上，我们看到，淯井盐文化旅游资源十分丰富，开发的条件也已具备。当然，其资源文化意义的深度挖掘、开发运行的模式等不属于本文展开的范畴，且留待方家与实践者吧。

① 政协长宁县委员会编：《长宁历代古体诗选》，内部印刷，2018 年，第 7 页。
② 民国《长宁县志》，长宁县志办 1985 年翻印，内部编印。
③ 长宁县四丰盐化公司提供资料。

自贡盐文化旅游的人文本底、价值基因与IP创设研究[①]

罗　泊　王　莹[②]

摘　要： 本文基于对自贡盐文化人文本底的梳理和价值基因的归纳，采用人格赋能和场景设计创设自贡市盐文化旅游 IP，包括物质层面服务的饮食、住宿场景和精神层面服务的运动场景、工业场景、艺术场景、盐神祭祀场景、知识场景。七大场景内容各有侧重，多层次、多维度地架构起自贡市盐文化旅游新图谱。

关键词： 盐文化；人文本底；价值基因；旅游 IP

IP 一词最早由法国学者卡普佐提出，英译为“Intellectual Property”，简称 IP[③]。自 2015 年起，IP 一词开始在国内以电影、电视、游戏、动漫等为代表的泛娱乐领域大量出现。IP 直译过来为“知识产权”之意，泛指文化娱乐领域内文学作品、影视作品与游戏的版权[④]，代表着源于智力成果专有权而产生的财富获得权。也正因如此，IP 意味着个性和稀缺性，体现着商品的核心价值[⑤]。信用、品牌、粉丝所带来的认可度与商业价值即是 IP 的价值本质。

IP 始于创意，包含故事、剧情、人物、思想、情感等方面的含义[⑥]，故而 IP 不再仅仅指文化本身，而是文化的知识化、产权化、商品化过程。产业实践派将 IP 的核心分为价值观（Values）、形象（Image）、故事（Story）、多元演绎（Adaptation）与商业变现（Commercialization）五大渐进深入的市场化要素[⑦]，而 IP 则逐步演化为文化生产过程中一种经过市场验证的情感载体，一种有故事内容的人格权[⑧]。随着 IP 语义的泛

① 基金项目：四川省社会科学“十三五”规划 2017 年度基地重大项目“四川盐业全产业链价值攀升及实现路径研究”（编号：SC17EZD014）的阶段性成果。

② 作者简介：罗泊（1977—），男，四川轻化工大学教授，中国盐文化研究中心研究员，经济学博士，硕士生导师。
通讯联系人：王莹（1976—），女，四川轻化工大学副教授，中国盐文化研究中心研究员，理学博士。

③ 裘安曼：《从 IP 的中文翻译说开去》，《知识产权》2015 年第 5 期。

④ 姚婷婷：《阅文集团 IP 运营研究》，南京：南京大学 2016 年硕士学位论文。

⑤ 夏蜀：《商业银行构建旅游金融的基本思维与整体框架》，《金融论坛》2017 年第 9 期。

⑥ 牛兴侦：《如何以爆款策略打造超级 IP》，《中国文化报》2016-12-05（5）。

⑦ 向勇、白晓晴：《新常态下文化产业 IP 开发的受众定位和价值演进》，《北京大学学报（哲学社会科学版）》2017 年第 1 期。

⑧ 程武：《UP2016 腾讯互动娱乐年度发布会报告》，2016 年。

化，IP也渐渐衍生为“内容”之意，甚至出现了“一切商业皆内容，一切内容皆IP”[①]这样的表述。IP热也呈现出从泛娱乐领域向其他行业渗透的态势，出现了旅游IP、地产IP、IP经营、IP战略。IP生态圈等词汇。从国外语境到国内语境的表达转化，IP一词已渐渐退却最原始的表达，在新环境中生发出新的含义，并逐渐摆脱行业的限制，朝着商业全维度渗透。

在2016旅行社行业发展高峰论坛上洪清华首倡旅游IP概念，并基于这一理念的实践分别构建了渠道IP、服务IP、产品IP，将IP观念渗透到旅游规划、营销、投资、运营的全过程之中。实际上，旅游IP在被业界和学界作为话题进行讨论之前就已经以各种形式存在，比如以迪士尼为代表的主题游乐园，以印象系列为代表的户外实景演出，以横店影视基地为代表的影视文化旅游项目，等等，这些项目共同推动着旅游IP实践的发展。

学者们基于IP概念和旅游IP的实践，将旅游IP定义为重构消费者、投资者和资源端之间平衡的一种模式，将三者做更深层利益绑定与连接的纽带，提出旅游IP由后端IP、中端IP和前端IP三个层面构成[②]。其中，后端IP是资源方原有的IP，由在地物质和非物质文化所显示；中端IP是投资方新创设的IP，表现为新的旅游项目、节庆活动等；前端IP则是旅游者所感知到的IP，是IP的最终呈现形式。

对于如何打造旅游IP，学者们的研究较多。韩梦蕾等学者认为“IP+旅游”是一种以IP为景区开发的基本线索和核心吸引物，将目标游客的兴趣与旅游项目进行精准匹配，而打造出来的一种具有鲜明主题特色的旅游模式。在此模式下，旅游产品主要有两种创新途径，即文创产品开发和主题线路设计[③]。曹栋提出了文化型旅游产品IP开发的GCN合作开发模式，认为正确理解文化概念，准确把握文化特色，合理挖掘文化内涵，保护文化产权，是开发成功的关键因素[④]。李倩倩提出了文化旅游IP开发的具体路径，但基本上停留在理论层面，不够系统深入[⑤]。

一、文化旅游IP的建构与塑造

（一）文化旅游IP的组成要素

文化旅游IP产生于文化智力活动在旅游领域的实践，是基于某一地区整体地域空间背景而展开的，所以文化旅游IP离不开旅游语境本身，其内容的打造和人格化的形

① 吴声：《超级IP：互联网新物种方法论》，2016年，第84页。
② 张位中、胡北明：《民族地区旅游开发中的IP认知研究》，《贵州民族研究》2017年第4期。
③ 韩梦蕾：《“IP+旅游”模式下如何打造创新旅游产品——以广州聚龙村为例》，《商场现代化》2017年第21期。
④ 曹栋：《文化型旅游产品的IP开发模式》，《大观》2017年第9期。
⑤ 李倩倩：《文化旅游IP开发的路径研究》，《旅游纵览（下半月）》2018年第3期。

成则植根于在地之人文本底，传达的是对地文化价值观念的透悟。而选取合适的载体，进行场景设计与创意表达，则是文化旅游 IP 得以成型的必经过程。

1. 人文本底

现存的每一寸土地、每一个聚落或城市空间都承载着或轻或重的历史，有已故的人物与其永存的故事，有散佚的史书和永续的文化。人类的旅游行为是对天性的解放和抒发，也是对历史文化的缅怀与感悟。不同的山川风路、城市霓景、陌生面庞是自然的造化，亦是文明的肇始。游，是一种状态，是一种态度，更是一种生活方式。所游的是河岳歧路，是风土人情，更是文化历史。事实上，人们已经很难纯粹地区分自然景观和人文景观，能够被人们目之所及的自然景观，都蕴含着浓重的人文色彩。人们看似在自然中访求，其实真正打动人心的还是一目一景背后的人文故事。不论身在何处，人们仍然与文化保持着某种方式的沟通。

2. 价值观

不同类型的文化在历史背景和地理区域的形成过程中，也寄托着在地者的价值观念，人们相似的生活方式，相仿的生活习俗，相近的价值信仰构成了一户、一村、一镇，乃至一市地理空间的集聚。生活水平的提高，提升了人们对旅游品质的要求，体验参与的需求逐渐增加。旅游不仅仅是人们在工作学习生活之余，休闲放松的一种选择方式，更是生活态度、生活情趣、生活方式的外化与表现。人们挑选某地作为旅行目的地，愿意花费自己的时间和精力在那里开展旅游活动，一方面是基于对旅游目的地秀美风光的喜爱，希求抽离繁忙，放松身心；另一方面，也是为旅游目的地的人文氛围、历史气息所吸引。而当这种生活价值观与旅游目的地的价值观相契合时，也就达到了个人和旅游目的地的价值双赢。

3. 文化载体

价值观总是依托一定的文化载体才能不断地被人们所理解和传承。这些文化载体带着历史的痕迹，象征着过去，衔接着未来。无论是与人们生存密切相关的物质性存在，如地方特色建筑、生产工具、饮食菜肴等，还是反映民风民俗与人们精神生活的地方文化节庆、民间艺术、口头文学等，都是在地文化得以绵续的因由。由此，在全面系统梳理在地文脉的基础上，找到每种文化所对应文化载体是文化旅游规划与开发中非常重要的一步。

（二）文化旅游 IP 的达成

在明确了人文本底、价值观传达以及与之相对应的文化载体之后，也就进入了文化旅游 IP 塑造的重要环节，即人格赋能与场景设计。通过故事化讲述与场景构建，为旅游者打造充满仪式感的沉浸式体验。

1. 人格赋能

现代社会中，人与物的关系，越来越上升为人与人的关系，产品的实际功能退居次要地位，其背后所传达的价值观与生活方式则成为交易决策的主要动机。游客作为消费者，选择某个旅游目的地，某段旅游时间，某种旅游方式，是基于理性人的假设，也是大众文化消费心理的体现。在快节奏的生活状态下，追求间歇性的精神解放、情感共鸣、人文关怀，是现代人在城市化快速进程中平衡自我情绪机理的重要方式，也是劳动力再生产的本质需要。从体力劳动到脑力劳动的工作方式进阶，从物质生活到精神生活的生活层次转变，人们对产品的功能性需求逐渐让位于精神体验需求，对人性的连接超过对物性的要求。

旅游者从一地赴往另一地的旅游活动，是空间的转移，也是时间的转移，更是心理状态的转移。要想打造对游客产生吸引力的旅游目的地，不仅需要在物理上满足消费者的空间交换感，更需要在历史文化氛围上满足消费者暂时性、高质量的时间消耗及沉浸式的情感释放。这就要求文化旅游目的地深度审视自身的文化底蕴，准确把握历史脉搏，巧妙融合时代需求，激发消费需求，通过内容产品的精心设计，传达旅游目的地的人文氛围、生活情趣、文化态度、价值观念，以实现将消费者旅游目的地选择转变为价值观认同、身份确认以及情感共鸣选择的理想效果。通过人格化赋能，从文化价值观出发，以在地历史文化资源禀赋为创作载体，塑造鲜活可感的人物形象，或为真人代言，或为拟人卡通，通过构建人物形象与在地文化的内在联系，使之成为在地文化的代言人，从而建立起旅游目的地与旅游者之间的情感联系。

2. 场景设计

场景，原本是影视界的术语，特指在一定的时间、空间内发生的因人物关系所构成的具象性生活画面①。时间和空间是文化旅游活动两大基本的构成要素，具有天然的场景感。在涵盖了时间、地点、人物、故事等基本要素，以旅游活动为背景所设计的类电影场景中，人物、故事、情感、价值观有了最佳的承载平台。旅游者是故事的主角，所见之景即为画面，所行之路即是线索，所历所感即是内心独白。基于场景设计的旅游，不再只是时间、空间的异地物理转移，而是生活体验与人生记忆的画面雕刻与时间印痕。旅游者在自觉或不自觉中实现说走就走的情绪释放，得到自我历史的记载，达成自我价值的满足。由此，基于场景设计，洞悉用户痛点，打造仪式感，是找到特定场景解决方案的有效途径。

在既定的时间和空间下，游客既是客人，又是主角；既是故事的聆听者，又是故事的创造者；既是文化的体验者，又是文化的传播者。为旅游场景打造特有的仪式感，正是满足消费者自我价值主张实现、身份确认达成、深度体验完成的需要。由于仪式感的存在，旅游不再只是一次简简单单的休闲活动，而是一种价值观的跟随，一种自我实现的途径。旅游产品提供给消费者的也不仅仅只是静态的陈列与展示，而是动态的参与和互动。在仪式感的表达下，旅游产品的设计将更加注重情感价值连接，温度感传递，甚至让游客以众筹者的身份加入设计和研发过程，形成旅游产品 2.0 版，是文

① 张晓阳：《网络文学 IP 电影实践发展动向研究》，广州：华南理工大学 2017 年硕士论文。

化旅游 IP 塑造的重要环节。

二、自贡市盐文化旅游 IP 创设的人文本底与价值基因

四川自贡，一座因盐卤资源的开发、盐业经济的发展而逐步形成的城市[①]。"因利所以聚人，因人所以成邑"[②]，千年盐业的起起落落成就了自贡城市的经济基础和主体，其市镇聚落、城市建筑、民俗风情、碑刻画栋、工业生产等遗存无不归依于盐文化。

（一）盐建筑文化

中国地域广阔，不同区域由于经济、文化、历史背景的不同，都有着其独特的建筑风格。因着盐卤鼎盛而客从四方来，自贡的建筑景观规划设计对各种风格兼容并包。盐业会馆记录了自贡盐业鼎盛时期的风貌，浓墨重彩、精巧别致，其商业功能与清雅意境相结合、多种建筑形式兼容并重、融汇创新的特点独具一格。盐建筑文化映照出盐都人民务实致用、开放融通、注重精神享乐的文化品格。

（二）盐饮食文化

自贡盐帮菜凭借其丰富的盐文化积淀，贯通各地菜系，创造出了鲜明的品位和独特的烹饪技艺，赢得了"吃在四川、味在自贡"的美誉[③]。自贡盐帮菜分为盐商菜、盐工菜、会馆菜三大支系，以麻辣味、辛辣味、甜酸味为三大类别，注重和讲究调味，具有"味厚香浓、辣鲜刺激"的特点，除具备川菜"百菜百味、烹调技法多样"的传统之外，更选材精道，善用椒姜，料广量重，煎、煸、烧、炒、煮、炖、炸、熘等技法自成一格[④]。自贡的盐饮食文化是有态度的人间烟火。

（三）盐工业文化

工业遗产是工业文化的重要载体，见证了地方工业发展的历史进程，具有重要的历史价值、科技价值、社会文化价值和艺术价值[⑤]。2018 年、2019 年，老盐场 1957、东源井古盐场、燊海井古盐场分别入选第一、二批四川省工业遗产项目。自贡市盐工业文明内容丰富、形态多姿、独具特色、沧桑厚重，以市中心为核心的 30 平方公里范围内，有明、清、民国的盐场作坊，也有 1949 年后兴建的盐厂，共同组成了清晰的工

---

① 宋良曦：《自贡盐业发展与城市精神的形成》，《盐业史研究》2018 年第 4 期。

②〔宋〕李昉：《太平广记》，北京：中华书局，1961 年，第 3206 页。

③ 王敏：《自贡盐帮菜产业化发展现状初探》，《盐文化研究论丛（第六辑）》，2013 年，第 204-210 页。

④ 康珺：《自贡盐帮菜文化的发展与变迁》，《群文天地》2012 年第 11 期。

⑤ 工业和信息化部：《工业和信息化部关于公布第一批国家工业遗产名单的通告》，http：//www. miit. gov. cn/n1146295/n1652858/n1652930/n4509627/c5977653/content. html，2017-12-22。

业文明脉络[①]，是盐都人民诚信、自治、互利、生生不息奋斗精神的表现。

（四）盐神文化

作为一种精神的真实或者真实的精神，信仰对人类的重要性无需赘述。尤其是在古代的产盐区，盐神信仰不仅仅作为一种民间信仰而存在，“信则真，诚为灵”在更多意义上已经渗透到盐区人们的血液中，成为一种习俗和品性。这一信仰，表现为祭祀、祈祷、节会以及特色的生产、生活习俗。2018年，充满川南风情，具有浓郁自贡盐场气息，内容接近民间原生态的大型原创民族歌剧《盐神》公演大获成功。自贡的盐神信仰是天下劳动者的赞歌，是自贡人执着、坚定、永不放弃的打井精神的升华。

（五）盐艺术文化

自贡众多的民间文化艺术如彩灯、碑刻、会馆、盐工号子、“资阳河”川剧艺术等深刻地体现出了盐文化的影响力和特殊魅力，是盐都人生活智慧、生活情趣与生活美学的结晶。

自贡彩灯被誉为“天下第一灯”，以华美、雄大、工艺精湛、灯景交融等为特点，2008年被列入国家第二批非物质文化遗产名录；自贡地方碑刻是盐文化有力的历史记载，涉及的人物、事件、故事众多，浓墨重彩，艺术价值极高，让人流连忘返；自贡“盐工号子”根据劳动生产的分工不同形成了结构类型小巧、演唱形式灵活的特点，是盐业工人在生产劳动和井盐运输过程中所孕育出的具有独特艺术魅力和川南民歌特点的艺术形态[②]；“盐业经济的繁荣带来了戏剧的发展和繁荣”[③]，晚清以后，戏曲成为表现盐文化精髓的重要形式，而自贡则是当仁不让的“资阳河”川剧艺术“品仙”之地。

（六）盐道文化

自贡盐运路线是川盐古道最为重要的组成部分，在其水路和陆路沿线，围绕井盐的运销，形成了类型多样、数量众多的盐运文化遗产，包含着古盐道本体、碑刻、古场镇、古街道、古桥、古码头、堰闸、会馆、庙宇、盐商宅邸和祠堂等物质文化遗产以及由饮食、会节、传统民间音乐等构成的非物质文化遗产[④]，具有重要史学和考古价值，文化旅游开发潜力极大。古盐道承载着盐都人任劳怨、有担当、惇德秉义、砥砺开拓的盐运精神。

---

① 王迪：《一粒盐引发的创新和转型》，《广西日报》2019-5-30：（3）。
② 黄志勇：《自贡“盐工号子”的艺术魅力及地域文化特点》，《音乐创作》2014年第11期。
③ 杨睿宇：《浅论非物质文化遗产视野下的自贡盐文化传承和保护》，《盐业史研究》2017年第2期。
④ 邓军：《文化线路视阈下川黔古盐道遗产体系与协同保护》，《长江师范学院学报》2016年第6期。

三、自贡市盐文化旅游 IP 场景创设

文化旅游 IP 的最终表现是一种承载了旅游目的地文化底蕴、价值观念、生活方式的旅游场景解决方案。通过场景设计，传统狭义上的旅游吸引物将拥有 IP 化的表达方式，更具有画面感、故事感、仪式感和温度感，从而成为升级版的旅游产品。文化旅游中场景设计的意义在于讲述好的故事，传达独特的价值观念，构建丰富的旅游场景，为旅游者构建表达自我的舞台。随着“商养学闲情奇”上升为与“吃住行游购娱”同等重要的旅游活动，人们更加追求在休闲度假的氛围中，完成更高层面的自我实现。旅游场景设计将从游客需求角度出发，从最基本的物理层面需求，到高阶的精神层面需求，构建起不同的旅游场景，从而实现具体的文化意义与价值观念传达。

（一）自贡市盐文化旅游 IP 物理需求维度场景设计

“吃和住”是两个最基本的旅游要素，生存需要（实腹需要）和安全需要（夜宿需要）是旅游者最为基本的物理层面的需求，在相当大的程度上影响着旅游活动体验的质量。食，不仅要安全，更要有特色；住，不仅要舒适，更要有格调。

生活场景设计的重点在于，还原年代场景，讲述人物故事，营造主题氛围，为游客雕刻每一分细致入微的仪式之感。通过生活场景的设计，饮食不是简单的饱腹，而是对历史的致敬；住宿不是简单的休憩，而是对聚落和会馆文化的感受。

1. 品鉴盐帮美食

自贡盐饮食文化最大的特点在于，这里的一饮一啄都映射了自贡盐业和这个城市曾经商贾云集的盛世繁华。在这样令人向往的历史文化背景之下，盐都美食拥有丰富的情景化和人格化基础。一方面更加突出现有“盐商菜”“盐工菜”两大支系的鲜明特色，另一方面创新打造“盐场菜系”“会馆菜系”“大师菜系”等新品。

在“盐场菜系”中将流行于古盐场的“水煮牛肉”“火边子牛肉”“菊花牛肉火锅”“火爆黄喉”“牛尾汤”等菜品源起的轶事进行故事化演绎，赋予其独特的历史情境，打造有趣、有料、有生活智慧的自贡礼物。

在“会馆菜系”中突出盐商的食不厌精，关注菜色的新颖和食具的精美，着力于味觉和视觉的享受，在会馆、盐商的背景加持下创造出独特的辨识度。

自贡盐帮菜在其 200 余年的发展过程中，涌现了一代又一代的名厨和烹饪大师，如“香酥鸭”董俊康、“牛蹄熊掌”叶掌盘、“无汁葱烧鱼”林青云、“鱼翅海参”栗焕章、“冷吃兔”刘义公以及“蜀江春”倪树章等。将“大师菜系”通过烹饪大师的人格赋能和故事包装，以大师的身份与旅游者直接对话，打造盐都美食新名片。

通过文化创意对自贡盐帮美食进行故事包装和活动营销，以人格策划赋予每一道菜拟人化意蕴。围绕饮食活动所打造的生活场景，意在让旅游者的每一寸舌尖触感，都是对盐业历史的致敬，营造出仪式之感。

2. 体验聚落和会馆惬居乐趣

当前，旅游住宿已逐渐摆脱单一夜留休憩功能，而增添更多度假休闲功能。“为一间房，赴一座城”的潮流理念，推动各型各类的特色主题酒店的出现。为游客提供品质更高、更有创意、更有温度的住宿体验，日益成为旅游目的地重点关注的一环。

盐道上的聚落古镇、会馆因盐而生，多以川南穿斗式民居商贸建筑为主，酌配宫、庙、堂、祠于其间[①]，融山、水、人、业、思（信仰）于一镇，人文积淀厚重、设计风格奇妙，令人着迷。因而，可考虑增设系列创意主题聚落、会馆酒店，通过美学设计进行高品质的内饰软装，标准化的流程管理，将盐道和会馆生活美学融入其中，给游客提供追溯式生活方式体验。不同系列可各有侧重，根据区域特色进行文化故事的深度挖掘。如盐场创意酒店可围绕工业生产主题展开，从外观设计到内部软装，重点突出盐场的生产生活及生产场所具备的独特风格；会馆类可围绕盐商生活起居及会馆功能布置进行主题设计；若想再现具年代感的生活起居方式则主打整旧如旧的内部精致空间设计，铺呈融合旧时记忆的特色精品酒店。

通过酒店主题的设定与扩展，构建有温度的住宿场景。游人抵达盐都，下榻主题酒店，从入住的那一刻起，感受历史的脉搏，倾听娓娓道来的故事。

（二）自贡市盐文化旅游 IP 精神需求维度场景设计

生活场景的设计可以满足旅游者物理层面的需求，但对于“商养学闲情奇”等精神层面的需求，则需要相应的精神场景设计来满足。从文化消费学的角度来看，旅游活动的本质是一种文化消费，并且由于消费者审美能力的不同，会形成不同层次的审美体验。锢于知识结构和审美能力的不足，一般的旅游者会倾向于采用运动休闲娱乐活动来满足自己的精神体验；而得益于相对完备的知识结构和较高的审美能力，一部分对精神需求要求更高的旅游者，则会选择能够带来思考和感悟的旅游活动以完成更为高阶的文化审美。

1. 运动场景

古盐道上盐背子们的生存之痛凝结成为一种厚重的精神之美和文化之美，彰显了仁义为本、坚忍不拔的精神内核。基于人格赋能与价值观传达分析，运动场景的设计意在发掘古盐道在当年的运输功能之外的精神内涵，而与现代人的生活能够较好连接的则是移动与运动这一精神外延。由此，可以考虑在保护古盐道现存遗迹的基础之上，结合实际情况，统一规划路线，举办大规模古盐道主题运动，组织年度或者季度比赛，从规划起点出发，沿既定规划路线，体验跨区县、长时间、大规模的盐道运动比赛乐趣。

通过运动场景的设计，爱好户外体育运动的旅游者将穿行于古盐道之上，每前进

① 王玉华、王建欣、钭海军：《川盐古道上的明珠——仙市古镇》，《建筑》2018 年第 23 期。

一步，就与历史更近一步，体验别样的主题运动之旅。而诞生于此场景中的体育旅游新业态，也将丰富自贡市盐文化旅游产品，带动古盐道的文化传播与保护。

2. 工业场景

自贡盐业工业基于体验的旅游场景设计应该包括四个部分：一是地域文化符号的视觉传达，从井盐文化延伸的文化符号需要与消费者对井盐的认知结合起来。二是景观实体的设计创新，盐市生活、凿井工艺、制盐工艺及艺术体验，都必须借助反映井盐文化的景观实体、实用性的设计才能进行体验。三是对井盐工业遗址的复制、改造及创新设计，天车取卤、大车拉转、煮盐房磨豆浆、凿井工艺模型、取卤工艺模型、打捞工具模型都是游客体验物质遗产和非物质遗产的重要载体。四是游客的信息构架，即游客对井盐文化的认知和对景观设计的体验能否结合。这要求在后期的实践中做到人在景中可游、可观、可思的体验。当前，承载自贡盐业记忆的“老盐场 1957”已全新亮相，让沧桑、厚重的盐业工业文明遗址再次焕发出了蓬勃生机。

3. 盐神祭祀场景

祭祀，是对先祖表达哀思与纪念的一种重要方式。自贡地区所信奉的盐神为梅泽，在蜀汉后期被封为“通利候”“金川王”，流传有“梅泽射鹿”“梅泽凿井”等故事。祭祀场景设计的重点在于，在修缮已有井神庙的基础上，充分运用现代科技手段，以及互联网传播平台，扩大梅泽的盐文化象征意义，抢占盐神崇拜的制高点，同时结合《盐神》歌舞剧声、光、色的震撼效果，领略盐文化的魅力。丰富祭祀活动内容，增强盐文化的传播张力。

4. 艺术场景

自贡彩灯已蜚声海内外，但游客只能观赏而不能近距离地“亵玩”，参与感、新奇感大大减弱，可考虑设立彩灯手艺馆，在馆内允许游客缴纳一定费用，在师傅的指导下制作简单的彩灯，增加游客的情感黏性。

对于龚扇、盐工号子类富有盐文化色彩的民间艺术，场景设计的重点在于通过卡通形象的设计及周边产品的开发，增强其活力。前期，可通过社交网络平台征集形象设计，制造话题，让更多大众参与形象设计。后期，进行卡通人物形象包开发、玩具周边、摆件和装饰品等衍生品开发。举办龚扇设计、盐工号子创作比赛，充分利用媒体与社交平台，进行话题营销，以竞赛的形式发扬民间艺术。

对于碑刻艺术而言，场景设计需着力于挖掘代表性碑刻如西秦会馆关圣帝庙碑、松茅山“公正廉明”碑、漆树“乐善坊碑”“唤鱼池”摩崖石刻等背后的美学价值和未解之谜。通过人物视角，借助媒体手段阐释仰天窝将军碑、蜀光中学“伯苓”碑、荣县“赵熙题刻”等精彩的人文掌故。跟着故事去解谜、去访人，从一方方碑刻里了解历史、走进历史。在对碑文的描摹中描绘心灵、感悟人生。户外碑刻探寻应根据各碑刻所处位置设计游步线路，在重点碑刻附近设描摹台或静思台，外听自然之声，内听心中之声，在静思的过程中得到精神的释然与解放。

“资阳河川剧”的场景设计需要与会馆游相结合，利用会馆建筑所营造的氛围和神秘性打造“资阳河流派”现代川剧艺术根据地。通过复活“资阳河流派”川剧这一艺术形式，激活自贡的艺术地位，复兴盐业会馆文化，创新自贡民俗旅游新业态，带动周边餐饮、住宿、购物等相关产业的发展。

在艺术场景中，旅游者将化身为艺术鉴赏者，通过线上和线下互动，多维度感知自贡民间艺术的魅力，体悟蕴含其中的哲学思想，在生动有趣的艺术活动氛围中深度体验自贡盐艺术文化的魅力。

5. 知识场景

知识场景打造的主体是自贡市盐业历史博物馆，只要步入馆中，2000 年井盐文明的史诗画卷便会在眼前铺陈开来。知识场景是游客对运动场景、工业场景、盐神祭祀场景、艺术场景感悟的进一步加深、提炼和升华，是一个从“知其然”到“知其所以然”的过程，实现了游有所知、游有所感、游有所悟、游有所得。

四、小　结

通过人文本底梳理与价值观传达分析、人格赋能与场景设计，自贡市盐文化旅游 IP 的雏形基本形成，包括物理层面服务的饮食、住宿场景和精神层面服务的运动场景、工业场景、艺术场景、盐神祭祀场景、知识场景，它们共同构成了自贡市盐文化旅游 IP 的两个维度、七个面向。通过相似场景的内部互证，不同场景的优势互补，七大场景内容各有侧重，聚为合力，相互配合，全新诠释了支撑自贡市盐文化旅游发展的新格局，多层次、多维度构建起自贡市盐文化旅游 IP 的结构图谱。

盐之博物：（自贡）盐文化旅游活动与博物学[①]

吴志浩[②]

摘　要： 博物学是中国古代很早就有的学问。博物学所研究的对象除动植物、矿物外，还包括对各种生态系统所做的宏观的观察、描述和分类等，包括当今意义上的天文、地质、地理、生物学、气象学、人类学、生态学、自然文学、动物行为学、保护生物学等学科。盐文化的部分内容是博物学的研究对象，同时博物学具有自然性，强调人和自然的关系，这一点和深度旅游中强调人的参与，最终实现“人地合一”是一致的。因此，可以将博物学和盐文化结合起来，来带动自贡旅游活动向更深层次发展。

关键词： 盐文化；博物；旅游

中国很早就有博物的观念，这种观念讲究见多识广、通晓众物、知识渊博，如晋代张华的《博物志》，就包括山川地理、飞禽走兽、人物传记、神话古史、神仙方术等知识，其中只有前两类属于“博物学”的知识范畴。狭义的中国博物学知识包括动、植物学知识以及矿物知识，着眼于“对现存事物进行唯象描述、命名、分类的‘志/史’知识类型”，接近于西方博物学（Natural history）中的“History”要素，而与“自然”（Nature）要素有一定的距离。中国古代缺乏“自然”的概念，因之“不存在一个独立的自然知识门类”，同时也缺乏追究原因、本原的理性知识类型。[③]在中国传统学问中，还有“名物”之学。“名物”一词较早见于《周礼》，“掌共六畜、六兽、六禽，辨其名物”。“名物”是指具有一定名称和特征的事物，有以下三个特点：一是名称可以直接反映对象；二是它所反映的对象是具体而实在的；三是物的命名具有主观性。[④]

“三代损益不同，制度名物，容有差殊”[⑤]，名物与制度（或曰度数）经常在一起

---

① 基金项目：四川省哲学社会科学重点研究基地—四川轻化工大学中国盐文化研究中心资助项目“民国自贡盐务研究”（编号：YWHY18-07）的阶段性成果。四川轻化工大学人才引进项目“自贡盐文化研究（1911-1949 年）”（编号：2018RCSK05）阶段性成果。

② 作者简介：吴志浩（1977—），男，四川轻化工大学中国盐文化研究中心助理研究员，博士。

③ 吴国盛：《博物学：传统中国的科学》，《学术月刊》2016 年第 4 期。

④ 刘兴均：《“名物”的定义与名物词的确定》，《西南师范大学学报》1998 年第 5 期。

⑤ 王若虚：《经辨惑下》，《滹南遗老集》，北京：中华书局，1985 年，第 12 页。

连用，是训诂学的一大类要。简言之，博物学所考察的对象与传统训诂学门下的“名物学”相类似，但是其功用和目的还是有些差异的，前者多在“多识”方面用力，目的也是为了“利用厚生”，“资博识而利民用”，《世说新语·纰漏》记载了一个故事：司徒蔡谟避乱渡江后见到蟛蜞，兴高采烈地以为遇到了螃蟹，一边背诵“蟹有八足，加以二螯”的句子，一边命人烹之，“既食，吐下委顿，方知非蟹。后向谢仁祖说此事，谢曰：‘卿读《尔雅》不熟，几为《劝学》死！’”这个故事很形象地说明了博物“辨物”“相物”的特点。而名物之学“多识”的目的是为“推阐文意”服务的，所谓“不知兽虫鱼草木之状类名号，则比兴之意乖”。①

盐及其产品都属于广义盐文化的范畴，研究对象包括物质文化、制度文化和精神文化，涉及政治学、经济学、历史学、文化学和民俗学等各个学科。②从狭义的博物学而言，盐文化中的矿物知识显然属于博物学范畴。如果将博物学的定义扩展，则博物学泛指人类与大自然打交道的学问，目标对象除动植物、矿物外，还包括对各种生态系统所做的宏观的观察、描述和分类等，包括今天意义上的天文、地质、地理、生物学、气象学、人类学、生态学、自然文学、动物行为学、保护生物学等学科，与“地方性知识（IK）”及百姓的“生活世界”关系密切。③如果采用广义博物学定义，则盐文化中一大部分知识都可以划入博物学的范畴。

对于盐文化的了解显然可以通过很多种方式。日前，笔者做了一个小规模的问卷调查④，在“您了解盐文化的主要途径”一项中，有 54.55%的人是通过网络影视；46.97%的人是通过参观博物馆了解；57.58%的是通过其他渠道了解；而仅有 30.3%的人是通过看杂志这种较传统的方式了解。可以看出，参与调查的人当中，有将近一半是通过参观博物馆⑤的方式来了解盐文化的。博物馆运用文物标本、模型等实物资料，作用于观众的感官，使观众容易接受和理解。三 E 功能，即“教育国民、提供娱乐、充实人生”（Educate，Entertain，Enrich）是欧美通行的对博物馆职能的看法。与此类似的是，我国也认为博物馆的职能是“收藏、研究和教育”。⑥现代博物馆更加强调致力于研究

①〔清〕戴震：《与是仲明论学书》，《戴震集》，上海：上海古籍出版社，1980 年，第 182 页。

② 曾凡英：《盐文化的特征与内涵》，《四川理工学学报（社会科学版）》2006 年第 1 期。蒋印统计 1367 篇关于“中国盐文化”的文章，时间跨度从 1990—2018 年，得出五大聚类主题，分别为盐工号子、盐业公司、食盐专营、海盐文化、井盐文化和文化遗产。得出盐文化研究则集中在盐业史总括性研究、古代盐政研究、盐文化遗产研究、现代盐业体制及盐业企业发展研究、与盐相关的文艺作品研究等。（蒋印：《国内盐文化研究知识图谱分析基于——CiteSpace 文献计量》，《中华文化与传播研究》第五辑，第 93、98、99、100、101、102 页）。

③ 刘华杰：《博物人生》，北京：北京大学出版社，2012 年，第 259-281 页。

④ 本次调查时间：2019 年 10 月 23 日—24 日；调查对象：四川轻化工大学人文学院 2018、2019 级在校学生；调查方法：网络问卷调查；有效填写人数：66 人。本次调查由四川轻化工大学人文学院 2018 级本科生贾天雨、向小龙协助完成，特此致谢！

⑤ 对旅游活动的定义：人们出于移民和就业之外的其他目的，短期（不超过一年）离开自己的常住地而外出的旅行和在外逗留的休闲活动。（韩燕平：《旅游学概论》，北京理工大学出版社，2017 年，第 38 页）参观博物馆也属于旅游活动的一种。

⑥ 王宏钧：《中国博物馆学基础》，上海：上海古籍出版社，2001 年，第 45 页。

"人和物"的关系。[①]日本博物馆学者鹤田总一郎提出博物馆是"人和物之间的结合"。此处的"物"指直接资料（实物）和间接资料（模型、复制品、记录）以及图书资料，"人"则指博物馆的利用者。[②]

一

金肖孙[③]在清康熙六年（1667）至十年（1671）间任富顺知县，有《火井》一诗，序曰：

> 邑有盐井，盐井有水；火井无水，其中如雾。于井口旁凿穴，以竹筩去节，通火至灶下。每井旁列三灶，如用火煎盐，井口上原有铁盖，将盖揭开，以把草投之，火即发；如煎好不用火，仍以铁盖盖井口，火即熄矣。又以竹筩通穴，引至人家，以竹筩竖立，皆去节，至上横开一口，以盐泥涂之，其光从口中吐出照满一室。如不用，以盐泥塞之。其口热，竹之通身皆冷，不烧也。火井亦人工凿之，大径五六寸与盐井同。[④]

文中的竹筩指的就是竹筒。本文描写天然气的性状及利用，灭火时，"以铁盖盖井口"，这是利用减少氧气的方法来终止天然气的燃烧——虽然清人并不知道"天然气的燃烧需要氧气"这个原理，但是已经在现实中不自觉地利用这一原理了。作者"驱车采名胜"，参观结束后，感叹"谁修博物志，莫漫欲书空"，也算是一次印象深刻的盐文化博物之旅了。

近代第一次有组织的盐文化活动应该是 20 世纪 40 年代在自贡举办的川康区盐业展览会了。1944 年底，盐务总局筹备在当时的陪都重庆举办盐业展览会，先期在自贡举行预展，"该局特于日前召集自贡二盐场场长，各该场办事处主任干事等参加会议，决定合组筹备委会并加紧赶制各项模型图表等，限十月底完成"[⑤]，于 1945 年 3 月 5 日开始在自贡展览。对于此次展览之目的，时任川康盐务管理局局长曾仰丰在《川康区盐业展览会出品目录说明·序》中说："俾供社会人士之参考，并唤起各界之兴趣，庶几群策群力，共赴事功"[⑥]，即指明其目的有二：使社会人士对盐业建设有更深的了

---

① 王宏钧：《中国博物馆学基础》，上海：上海古籍出版社，2001 年，第 41 页。

② 王宏钧：《中国博物馆学基础》，上海：上海古籍出版社，2001 年，第 45 页。

③ 据《富顺县志》载："金肖孙，字瑞枝，直隶清丰人。清顺治三年（1646）举人。康熙六年（1667）任富顺知县。为政清廉，和易近人，努力招复流民，接收移民，组织垦荒，发展生产，又重修知县公署，士民心悦诚服。康熙十年（1671），卒于富顺任所。"（四川省富顺县志编纂委员会编纂：《富顺县志》，四川大学出版社，1993 年，第 680 页）

④ 周士诚、李芝纂修：《乾隆富顺县志》，海口：海南出版社，2001 年，第 197-198 页。

⑤《川康盐务管理筹开盐业展览》，《新新新闻》1944-11-02（6）。

⑥《川康区盐业展览会出品目录说明·序》，川康盐务管理局合作社印刷所，1945 年。

解和稳定社会，增强民众对抗战胜利的信心。此次展览共分为六个部分：第一部分为《总纲》，展示川康盐务范围、川康盐务管理局业务系统等图表；第二部分为自贡盐场旧式锉井模型及工具标本等；第三部分展出牛力推卤、蒸汽机推卤写生图，电力推卤机、盐场输卤笕模型等；第四部分为塔炉灶模型、自贡盐场火井灶剖视模型、自贡盐场火花煎制写生图等；第五部分展示了川康区煤盐水路运输建设示意图、川康盐务管理局建设船闸水利公路及盐仓工程位置图等。由于资料的缺乏，展览会盛况如何不得而知。展览活动是经济、文化发展的标志。展览会有个重要的功能就是丰富和开发旅游资源，促进经济发展。①川康区盐业展览会是近代自贡盐文化旅游的前奏，同时也开启了建设我国第一座展陈井盐工业文明的专业博物馆——自贡盐业博物馆的序幕②。

文化既是一个城市之魂，也是一个城市发展的持续动力。自贡这座具有丰厚文化底蕴的城市，被称为盐之都、龙之乡、食之府和灯之城。其中的盐、龙、灯被称为自贡市的“大三绝”，“目前已经建立了相应的盐业历史博物馆、恐龙博物馆和彩灯博物馆，也有了恐龙王国公园、彩灯公园”。③如今自贡有省级重点文物保护单位 8 处，市级重点文物保护单位 10 处，县级文物保护单位 62 处，其中与盐文化相关的占了多数，如燊海井、大公井、小桥井、千年古盐道、东源井、仙市古镇、釜溪河观光游、盐业历史博物馆（西秦会馆）、王爷庙、张爷庙、大安牌坊、三多寨等。④自贡为“国家第二批历史文化名城”“第三批优秀旅游城市”，“从 1988 年至 2003 年，旅游累计收入 67 亿元，年均增长 41.4%”⑤。2012 年，接待游客人数达 1539.81 万人次，比 2011 年增长 11.44%，实现旅游收入 135.62 亿元，比 2011 年增长 22.19%。⑥在上述旅游业对经济的贡献当中，有相当大的一部分是由盐文化资源做出的。

二

对“旅游活动”通常的定义为：人们出于移民和就业之外的其他目的，短期（不超过一年）离开自己的常住地而外出的旅行和在外逗留的休闲活动。⑦1963 年联合国国际旅游会议（罗马会议）对游客按访问目的的分类为以下几种：观光旅游、度假旅游、

① 杨国杰：《从展览会展示的历史特征谈其功能及影响》，《艺术科技》2019 年第 6 期，298 页。

② 有关自贡盐业博物馆的筹建过程，可以参见《官商共治与多元展——1940 年代井盐工业博物馆的筹建及陈列内容》（邓军：《中华文化论坛》2018 年第 1 期）、《抗战大后方的井盐工业文化展——川康区盐业展览会》（周聪、邓军：《盐业史研究》2018 年第 1 期）两文。

③ 刘勇：《让盐都永远有“盐味”的视觉符号》，《自贡日报》2016-09-26（1）。

④ 以上数据来自《巫溪和自贡盐文化旅游资源开发对比思考》（杨红：《中国盐文化》第 9 辑，中国经济出版社，2017 年 9 月，第 116 页）一文。

⑤ 吴晓东：《自贡盐文化旅游发展策略》，《西南民族大学学报》2005 年第 9 期。

⑥ 蒋周德：《缤纷“旅游节”让休闲生活更精彩——对我市旅游节庆活动的调查与思考》，《自贡日报报》2013-04-20（2）。

⑦ 韩燕平：《旅游学概论》，北京：北京理工大学出版社，2017 年，第 38 页。

商务旅游、会议旅游、探亲旅游、娱乐旅游、探险旅游、宗教旅游、购物旅游、体育旅游、保健医疗旅游、文化旅游、节庆旅游、生态旅游、乡村旅游、工业旅游、红色旅游等。[①]来自贡的游客中多数属于文化旅游和观光旅游的性质。能够全面生动反映自贡历史的只有盐文化，然而令人尴尬的是，盐文化有形的遗迹现在已经很少见了。按照笔者此次问卷调查[②]结果，多数受访者对于盐文化有着基本的了解，对盐文化的了解主要是通过互联网等现代化的方式，而很少有受访者是去参观盐业博物馆进行实体的了解，对于盐文化并不是很感兴趣，在涉及一些比较深的盐文化方面的问题时，便不知所措。

多数游客旅游的目的是“度假”和“放松”。[③]按照心理学的动机理论，人的行为由动机决定，旅游者的旅游动机一般分为“求补偿”“求解脱”和“求平衡”三种。其中“求补偿”更重要的是满足人们的好奇心和求知欲。[④]渴望在异地了解和体验不同的文化、习俗和风景——好奇心和求知欲也正是博物文化中重要的两点。有些学者分别从文化体验和旅游动机方面提出深度旅游的概念，比较具有代表性的是杨坤武等人于2008年提出的观点，“深度旅游是后现代思潮下旅游发展的趋势，是一种以人为本、彰显个性、追求认知、注重参与，以最终实现‘人’与‘地’合二为一的旅游方式”[⑤]。在所有的旅游体验层次[⑥]中，深度旅游最能给旅游者带来最佳的旅游体验。这种最佳体验可以“使旅游者在整个旅游过程中体验到一种与外部世界融为一体的美好感觉，获得独特经历与极大的满足感”。因此，近年来，国内许多旅行社打出“深度旅游”的招牌来吸引游客，但是大部分深度旅游产品和原来的观光旅游并没有本质的区别，仅仅是将多国旅游改为一国游，一日游改为多日游，或者是简单地增加自由活动和自主用餐的比例。[⑦]毫无疑问，旅游产品的提供者都希望提供出的旅游产品能给旅游者以最佳的旅游体验，但是受制于旅游目的地规划、经营、运作及营销等方面的原因，往往不尽人意。

以自贡为例，笔者认为可以将博物学和盐文化结合起来，来带动旅游活动向更深层次发展，原因有以下几点：第一，盐文化中的一些知识天然和博物学相关。例如盐文化中食盐性状、分类，盐的形成，井盐的制作等。在本次问卷调查中，设置的“通过什么方式可以找到盐井”这一问题，在博物学上属于三阶博物学中的一阶。一阶博物学只是直接观察昆虫、鸟、植物等或者对其进行分类、描述。[⑧]这个问题设置的答案

① 韩燕平：《旅游学概论》，北京：北京理工大学出版社，2017年，第47-50页。

② 关于此次问卷调查情况介绍见前文所述。下同。

③ Loykie Lomine、James Edmunds：《旅游学要义》，李力译，广州：广东旅游出版社，2017年，第212页。

④ 谢春山、邹凯主编：《旅游学》，北京：北京理工大学出版社，2017年，第54页。

⑤ 杨坤武等：《基于深度旅游理念的茶文化旅游产品开发研究》，《昆明大学学报》2008年第4期。

⑥ 佟静、张丽华将旅游体验分为五个层次：初级体验、失衡体验、一般体验、形式体验和最佳体验。见氏著《旅游体验的层次性及影响因素分析》（《辽宁师范大学学报》2010年第1期，第41、42页）。

⑦ 李晓雯、黄远水：《深度旅游产品的设计——以泉州市为例》，《北京第二外国语学院学报》2009年第5期。

⑧ 有关博物学三阶的分类可以参见刘华杰《理解世界的博物学进路》（《安徽大学学报》2010年第6期）一文。

是全选，结果在受调查者中有87.88%选择岩石表面出现盐霜，45.45%选天晴时砂石间有星光闪耀，37.88%选嗅到卤味，46.97%选择植物茂密。表明大多数受访者对这一简单的博物学知识还是了解的；第二，博物学具有自然性，强调人和自然的关系，最后处理好人和物的关系，这一点和深度旅游中强调人的参与，最终实现“人地合一”是一致的。“博物学有助于我们重新理解我们处在什么样的世界当中”，[①]博学学家认为今天人和自然的紧张关系——地球生态破坏、环境污染、物种灭绝、全球气候变化等问题，根源就在于人类中心主义，博物学则培育人类的“新感性”，这种“新感性”恰恰就是人与自然的一种深层次的和谐相处，而非“力”的征服。[②]

① 刘华杰：《博物人生》，北京：北京大学出版社，2012年，第41-42页。

② 参见刘华杰《理解世界的博物学进路》（《安徽大学学报》2010年第6期）及吴国盛《从求真的科学到求力的科学》（《中国高校社会科学》2016年第1期）两文。

川盐古道路网系统及其历史文化与旅游价值探析①

颜 信②

摘 要：川盐古道是中国历史上盐业运销中极为重要的交通道路，它也是一条接连我国中西部多地的综合性路网系统。古代的巴蜀地区是井盐生成的要地，也是井盐对外输出的腹地，以四川为中心的井盐运输各条道路连通了今天的湖北、湖南、贵州、云南等地，形成了呈放射状的川盐古道路网系统。古道历经数千年至今依然能有较好的保存，沿线的各种文物遗迹、自然生态、地方民俗等珍贵的线路文化遗产，具有很高的历史文化和旅游开发价值。借助历史文化的手段深入挖掘并利用好川盐古道的文化特质、沿线丰富的文化遗存和自然生态资源，加快旅游资源的开发，对于促进川盐古道的文化遗产保护，推进沿线各城市旅游资源的整合，加强区域经济社会和文化的发展，具有十分重大的现实意义。

关键词：川盐古道；路网系统；历史文化；旅游价值

“川盐古道”是历史上秦汉以来贯穿我国古代多个朝代至近现代仍然发挥着作用的一条以盐业运销为主兼有多种功能的交通道路。它是中国西南区域之间，西南与华中、华南等地区之间的重要商贸经济通道，主要由川滇古盐道、川黔古盐道、川鄂古盐道和川湘古盐道等四条主干道和多条支干道、支道等道路而构成，是一个结构完整且庞大的多功能综合性道路网络系统。巴蜀地区是我国古代历史上井盐的主产区，为满足各地人民食盐的需求，这里所产的食盐也被大量销往周边各地乃至更远的地方，川盐古道的起点正是在巴蜀腹地，各条川盐古道主道从这里出发通往各地。时至今日，川盐古道沿线依然保存有众多丰富的文化遗存，绚烂多姿的地方文化和复杂多样的自然生态环境，线路主要穿越川南丘陵、云贵高原、华中平原等多个旅游资源的富集区。

---

① 基金项目：本文系教育部人文社科重点研究基地四川师范大学巴蜀文化研究中心2018年重点项目“汉唐时期巴蜀城市形态研究”（项目编号：BSZD18-01）、2017年四川省社科规划基地重大项目“巴蜀文化的历史价值与传承创新研究”（项目编号：SC17EZD029）的阶段性成果。

② 作者简介：颜信（1980—），男，四川自贡人，博士研究生，四川师范大学巴蜀文化研究中心助理研究员，中国商业史学会理事，研究领域：中国古代史，巴蜀文化史，城市史。

近年来川盐古道受到越来越多的学者关注，他们集中于对道路的走向、沿途的遗迹等进行分段或个案研究，对川盐古道的历史文化价值缺乏全面的认识和了解，对川盐古道的历史文化资源的价值认识和利用并不明显。本文试以对川盐古道的路网系统、历史遗存及旅游资源的价值进行梳理与探讨，进而对这一特殊而珍贵的文化遗存如何保护和开发给予浅薄的见解，以求众家方正。

一、川盐古道的路网系统

川盐古道是中国内陆西南地区因盐业运销而兴起且影响川、滇、黔、鄂、湘等多地的运盐道路。[①]该道路是巴蜀先民在井盐生产和销售基础上长期迁移和交往活动中而形成的，从其道路的功用看，不仅是当时盐运为主的官道，同时也因为道路沿线的各种物资不断丰富，成为民间商人来往的商道。川盐古道的功能也因为穿越多文化区域和民族地区，道路从单一的盐运经济功能逐步转变为兼具经济、文化传播等多种功能性质的交通路线。川盐古道的路网系统由川滇古盐道、川黔古盐道、川鄂古盐道和川湘古盐道等四条主干道及多条支线干道组成，整条道路各段至今均有较好的保存，特别是明清近代以来的盐运道路更是得以保存至今且仍然起到一定的功用。笔者根据传世文献、出土文献，结合实地的调研资料及前人的相关研究，对“川盐古道”基本走向等梳理如下：

1. 川滇古盐道

中国西南井盐产区就历史上看，四川、云南均是产盐大省，先秦时期这一区域井盐生产已经在多地出现。随着对食盐需求量的不断增加，食盐生产技术的不断革新，食盐的产量也获得快速增长。川渝地区的井盐生产自汉代以来就较为充足，不仅满足本地区的生活所需，同时也向外输出。云南地区的盐业生产在明清以后发展迅速，特别是清代云南少数民族地区的井盐生产更是如火如荼。伴随着四川、云南等地的食盐生产的繁荣，川盐、滇盐也成为一种重要对外输出的物资，食盐销售的旺盛形成了以食盐贸易为主的交通线路。

川滇之间自古以来就存在着多条商业贸易线路，从古文献的相关记载，区域间存在的“五尺道”“闰盐古道”和经由滇与南亚地区之间的“蜀身毒道”等多条道路最为有名。四川和云南之间有着广泛的物资贸易往来，这些商道也是当时产于川滇各地的井盐销售的载体。

五尺道的形成时间据段渝教授考证认为在先秦时期已经初步开通。[②]五尺道因道路

① 程龙刚、邓军：《川盐古道的路线分布、历史作用及遗产构成：基于2014—2015年的实地考察》，《扬州大学学报》2016年第4期。

② 段渝：《五尺道的开通及其相关问题》，《四川师范大学学报》2013年第4期。

宽约五尺而得名。秦惠王时期道路得以全面修建，汉唐时期五尺道数次修治，成为当时巴蜀之地与西南夷地区沟通的重要交通线。[①]线路可与成都经乐山至宜宾段的道路相接，古道北起四川南部的宜宾，经由云南昭通，入贵州威宁再折入云南宣威最终抵曲靖。五尺道的修筑则多是官府所治，秦孝王时期任命蜀太守李冰主持修筑五尺道；秦始皇时期为了加强对“西南夷”区域的经略，扩大统治范围，进一步延长五尺道的线路。

闰盐古道则是川西与云南之间的重要交通线，这条道路从今天的西昌经盐源、宁蒗可到丽江。道路沿线有着较为密集的盐产区，古道以四川盐源为中心，盐运支线则密集分布，遍及川滇的金沙江、雅砻江等大片区域。[②]该区域是古代川滇少数民族地区食盐的主要产地，闰盐古道成了该区域食盐运销的重要支撑。

蜀身毒道是一条西南与南亚等地实现互通的重要通道。汉代文献中有所记载，其道路始于蜀地的成都，经云南的大理、保山出境，与境外的缅北密支那等接连，通过印度阿萨姆地区到印度河流域地区的南亚腹地，通过印度这个重要的节点再可延伸至东南亚、中亚和西亚等多地间形成广泛的联系。这条重要的西南与境外的联系线路可从文献记载中考得，据《史记》所载：“骞曰：臣在大夏时，见邛竹杖、蜀布。问曰：安得此？大夏国人曰：吾贾人往市之身毒。”[③]可见在汉代张骞出使西域前，当时的西南与南亚多地存在着贸易往来，巴蜀之地的“蜀布”“邛竹杖”等商品就广泛输出到境外之地，与此同时，不便于保存的川盐也有可能借助此通道向外输送，满足沿线各地对盐的需求。

以上的几条川滇之间的古代交通道路充分地反映出，四川与云南之间自上古开始已经有着一定的贸易往来，川滇间的商道承载着各种物资的输送，而作为人类生存的必需品——食盐也是川滇商道上最为常见的商品在区域间进行交换。

2. 川黔古盐道

贵州地区因地质结构的原因，此地区并不出产食盐，因此当地居民的食盐则需要向周边地区进行索取。据学者的考证，黔东南地区因紧邻广西，食盐多依靠粤盐供给，黔西临近云南地区的各地多靠滇盐为生，其余的大部分地区则都是依靠巴蜀地区所产的川盐作为生活的保障。

川盐输送到贵州的情况在明清时期表现尤为突出，大部分的川盐都是依靠水路输送到贵州境内。清乾隆年间，为满足食盐的运销，在川渝地区设立仁怀、綦江、涪陵、叙永等四个紧邻贵州界的食盐运销口岸。这四个口岸正是川黔古盐道最为重要的节点，也是实现川盐入黔的保证。根据各口岸的地名情况，文献将其简称为“永岸”“仁岸”“綦岸”“涪岸”。

永岸是川南水运重镇的叙永码头，这里是川南物资运销贵州的重要水运码头。川

① 颜信：《先秦两汉时期的五尺道研究》，《中华文化论坛》2014年第6期。
② 赵逵、桂宇晖、杜海：《试论川盐古道》，《盐业史研究》2014年第3期。
③ 司马迁：《史记》，北京：中华书局，1973年，第3166页。

南的五通桥、自流井等地所产的川盐则通过小船运往叙永，再经由叙永码头转大船运到贵州的毕节、水城等地。川盐自叙永销往贵州的陆路一般有两条：一条线路是通过赤水经毕节可将川盐运销到贵州的威宁、水城、兴义等地。另一条线路则是经雪山关过大定、平远等运达安顺府城、永宁州等。[①]可见川盐经永岸销往贵州既可以走水路也可走陆路，实现水陆互通的格局。叙永也保留着盐店街、春秋祠等和盐息息相关的盐文化遗存，诉说着曾经盐运繁荣的盛景。

仁岸则为今天贵州赤水茅台镇所在地，川南的合江与茅台之间依托赤水河紧密相连，由此而形成的水运交通线成了川盐入黔的便捷通道，古称合茅道。川盐经过这条水道可运抵贵州茅台镇，其后则依靠陆路，通过人畜运输方式将川盐运销到贵阳、安顺、平远等多地。作为合茅起止节点的合江和茅台两地，均因为盐业运输的繁荣而形成了一些与“盐”相关的古镇，如合江的福宝古镇就是明清时期自贡贩盐入黔的必经驿站，而贵州茅台镇也因为清代盐业运输的兴盛一度改名为“盐镇”，可见当时这里的盐业运销也是相当繁荣。

位于今天重庆境内的綦岸和涪岸则是产自于重庆地区的“川盐”运销到贵州境内的两个重要口岸。綦岸以重庆江津为起点，经綦江水路将川盐运至贵州境内的桐梓县，再转由陆路运往遵义、贵阳、都匀等地。涪岸则是以重庆涪陵为起点通过乌江水系经重庆彭水将川盐运至贵州境内。[②]乌江盐运古道沿线因盐而兴起的古镇众多，如思南县境内还保存有清光绪年间的盐号。另在龚滩、龙潭等地还保存有不少极具特色的盐运古镇，这些均是川盐贸易兴盛一时的最好印证。

川黔古盐道所展现出的则是水路和陆路的交叉复合，多个口岸保证了川黔之间的食盐贸易，实现了川盐入黔并促进了地区间的经济社会发展。大量因盐而兴起的古镇成为川盐在川黔间运销所留下的重要证据，众多与盐业相关的遗存则是盐文化在川黔古盐道中具体的展现。

3. 川鄂古盐道

川鄂之间的盐运古道依托的是长江上游和中游干线，兼长江支流多区域共同构成。就地理环境看，川鄂间因鄂西和渝东间的大山阻隔，盐业运输受到地形的影响，水路受季节变化时有中断，两地间因大山而形成的陆路交通则十分艰险。因此，川鄂之间的古代交通则由陆路和水路共同构成，水运不畅通之时，一般采用翻山越岭的方式将川盐运往华中的鄂西地区，形成较为完备的运销网络体系。

川盐销往鄂西地区的古代盐道是由汉水、长江、清江、酉水四条水道和连接川鄂各地码头之间的陆路运输线构建的盐运网络，从而实现川盐的销售。长江航线是川盐销往长江中下游地区的重要途径，就线路走向看，川南腹地的自贡、犍为等地所产的食盐通过沱江水道入长江，经重庆的万州、奉节可入湖北宜昌，运抵武汉等盐运码头，

---

① 赵逵：《历史尘埃下的川盐古道》，上海：东方出版社中心，2016年，第13页。

② 赵逵、桂宇晖、杜海：《试论川盐古道》，《盐业史研究》2014年第3期。

实现川盐入鄂。汉水盐运线则是将大宁等地所产的食盐向北运到陕西安康境内，或者通过向南沿汉水经襄阳、荆门等地运到武汉，再向长江沿线下游等地销售。发源于湖北和重庆交接之地的清江则是古代川盐运销的重要地区，从历史上看，这里所辖的重庆忠县境内在先秦时期就有大量的巴盐出产，汉代以后，川南自贡等地的食盐也可以通过水运抵达忠县的西沱镇，通过陆路经重庆的石柱入湖北恩施，再经由恩施境内的清江水道将食盐销往湖北腹地。渝东和鄂西之间的酉阳、秀山等地自古盛产食盐，这里的食盐在古代可以通过酉水作为运输载体将食盐从川东的广大地区运往鄂西地区。

川鄂古道的陆上交通和水上交通很好地实现互补，这条川盐陆上运输线从长江上游的万州、云阳、奉节等各地的船运码头上岸，借助山间陆道，通过利川、恩施等进入鄂西或湘西地区。从这条陆上道路的环境情况看，因为需要翻越多座大山，通过人力运输食盐条件十分艰苦，因此道路沿线设有多个供休息的场镇，它们也是古代川盐外销鄂西的最好印证。

4. 川湘古盐道

古代川盐销往湖南地区的方式则基本是通过水路而实现的。湖南境内水系丰沛，其中最主要的资、沅、澧等三大水系流经湘西，这也成为川盐运往湖南地区的重要水运通道。元代以前，因湘西武陵山的地形复杂，地势险峻，四川与湖南的陆上交通难以形成。元代时，中央王朝为了实现对西南地区的经营，逐步开始在我国西南与湖南地区间修筑陆上交通设施，实现区域间的物资运输的顺畅，即湘黔驿道。正是由于陆路的逐步形成，古驿道逐渐成为川盐外销湖南地区的重要交通线。这些川盐销往湖南的道路主要有沅水线、龙山——洪江线和龙山——常德线等几条路线。

沅水线是在渝东涪陵码头将川盐装船后经乌江运至黔东的同仁等地后，再运往湖南西部的里耶、洪水、沅水，最后将食盐运抵到洞庭湖流域进行销售。这样一条运输道路在湘西与入黔的古道相互重合，由于古驿道沿线地势险峻，路途艰险，为了实现运销的方便，沿途存在有十多个驿站，这些驿站成为盐运工人休息的地方，由此而形成的一些古代场镇成为盐运辉煌的历史写照。龙山——洪江线是贯穿于湘西整个区域的盐运线，该线路经过湘西的苗族聚居区，它也成为苗民对外交往的重要通道。川盐运销走向大致为食盐在重庆涪陵等地的码头装船，经鄂西再到湘鄂交界处的来凤、龙山等地进入湘西地区。线路在湖南境内以龙山为起点，途经永顺、保靖再南下到凤凰、怀化、洪江，最后将食盐销售到湘西全境范围内。龙山——常德线所经地区主要为武夷山区，因此所经之路地势险要，整条古道多是连山破路，道路高低起伏，食盐运输并不容易。道路基本走向为川盐通过重庆的涪陵码头经酉水码头，入湖南里耶、张家界、师门到澧线，在此可以经澧水入常德将食盐运抵洞庭湖流域地区，也可将食盐运入湖北松滋等长江中游腹地。①

以上的四条川盐古道构成了四川地区所产的食盐向西南地区及长江中下游各地销

① 赵逵：《历史尘埃下的川盐古道》，上海：东方出版社中心，2016 年，第 11-12 页。

售的主要交通线路，其中的川滇和川黔古盐道途经西南各少数民族聚居区腹地，川盐也成为西南少数民族地区重要的生活必需品。川鄂和川湘古盐道沟通长江上游和中游多地，借助长江水道加快了川盐向外传播的速度，伴随着川盐在不同历史时期发挥的特殊作用，川盐也成为各时期重要的出川物资，川盐在长江中下游等地广泛销售，川盐的影响力也不断获得提升。

二、川盐古道的历史文化价值

川盐古道由多条连接我国西南地区和长江中游地区的交通线组成，道路途经中国西南少数民族聚居区、长江三峡流域广大区域和长江中游平原地区。道路沿线蕴含的深厚历史文化底蕴、丰富的多民族文化和奇美的自然风光等众多人文和自然旅游资源整合在一起，这将展现出以盐文化为代表的区域历史文化价值。川盐古道以四川盆地为中心，穿越云贵高原、川东鄂西山区，道路历经的地理环境复杂，道路沿线地区的经济社会发展极度不平衡且存在着明显的文化差异，多民族文化与汉文化交相辉映。这种以道路系统为线，以盐这种物资为载体的特殊文化，在人类发展历史上具有极其深刻的社会和文化意蕴，是一种极其珍贵的线路文化遗产。川盐古道与川、滇、黔、鄂、湘等省境内的各古代道路共同构成了一个庞大的古代商业贸易与文化交流道路网络体系，它对于我国西南地区经济社会的发展、增加区域内各区域文化之间的交流和地区社会稳定发挥着积极的作用，具有十分重要的历史文化价值。

川盐古道在我国西南地区古代道路发展史上有着举足轻重的历史作用。四川盆地及其周边地区是我国古代井盐生产和食盐贸易的核心区，自汉代以来，这里的井盐产量快速增长，大量的食盐不仅能满足区域内的生活所需，同时根据各地区对食盐的需求而出现川盐外输的格局，满足巴蜀地区以外的食盐需求。川盐的生产可追溯到上古时期，文献记载曰："周灭后，秦孝文王以李冰为蜀守。冰能知天文地理……又识齐水脉，穿广都盐井诸陂池，蜀于是有养生之饶焉。"[①]据任乃强先生的认识：李冰前，蜀人食盐仰给于巴。秦灭巴时，巴东盐泉为楚所据，张若等争之，久乃克有。当尚未得巴东盐泉时，李冰创为井盐之法，图盐自给。其最先开创之井盐在广都，故曰"穿广都井盐"。[②]自此以后四川盆地井盐生产快速兴起，汉代以后，四川盆地井盐产区不断扩大，成都平原的蜀郡、川南的江阳郡、川东的巴西郡等多有盐井，并设有盐铁官对食盐的销售进行专管。正如20世纪30年代《中国工程师学会四川考察团报告》中所指出的："川省盐场，始于秦代……迄至唐宋而大盛，明末清初，败于张献忠之乱，几至全毁。有清中叶，始克渐次兴复，至清末而全盛……民国以来，则因历年变乱……

① 常璩著，刘琳校注：《华阳国志》，成都：巴蜀书社，1984年，第201-210页。

② 常璩著，任乃强校注：《华阳国志校补图注》，上海：上海古籍出版社，1987年，第141页。

致盐业反见后退之势。"[①]可见，川盐的生产与销售在历朝中时有兴衰，明清以前，川盐销售则多销往西南的滇、黔各地，川黔古盐道和川滇古盐道发挥着积极的作用，明清以来，特别是近代两次"川盐济楚"实现了川盐输送到长江中游地区的鄂、湘等地，川鄂古盐道和川湘古盐道在川盐的运销中扮演着重要的角色。

伴随着川盐古道各段的开通，道路沿线的经济贸易日益兴盛，各地的社会文化也取得长足的发展。古道沿线是我国西南地区多民族聚集区，地理环境结构看，区域内有盆地、高山、峡谷、河谷等丰富的地形结构，川、滇、黔、鄂等多地的不同民族创造了不同的文化。川盐古道所达的地区即有巴蜀文化、滇文化、夜郎文化等西南区域文化，又有荆楚文化、湖湘文化等华中地区的独特文化，不同的文化背景，不同的生产生活方式，不同的经济和社会发展水平，推动着沿线各地区经济社会发展，也促进了各文化之间的交流和民族间的和谐发展。正是川盐古道的存在，实现了中国古代西南和华中多民族文化的融合、交流、互动，各文化间即有相互结合又各具地方特色文化，形成多元文化的大走廊，这样的一种格局可以说能和我国古代西南的茶马古道、蜀道等媲美，不同道路之间的文化共同丰富了巴蜀文化的内涵，实现巴蜀文化的繁荣。

川盐古道因历史悠久，道路的使用时间长，因此古道因盐业贸易而留下的文化遗存是极其丰富的。川盐古道的主干道、支干道、支道、小道等各道路线网经过了盆地、丘陵、山区、峡谷、江河等多种地形地貌，古道在开通过程中即有采取直接利用地理环境而形成的道路，也有利用石头、卵石等修筑的古路，这就形成了具有多种类型的道路。伴随古道的不断开发，道路沿线也因贸易和社会发展而形成了古驿站、古城镇，在这些交通节点处修筑的祠庙、衙署、货栈、碑刻等文物遗存及手工业技艺、民间风俗等非物质文化遗存，为川盐古道的历史文化价值增添色彩，丰富了古道的历史文化价值。

因食盐而兴起的各条川盐古道不仅是盐运为代表的交通道路，同时也对道路沿线的经济、社会和文化产生了巨大的影响，各种历史文化遗存成为历史上盐业贸易兴盛的反映。成都平原境内的邛崃、蒲江、双流等地在汉代以来就是川内井盐生产重地，川盐古道沿线与盐业相关的历史遗存众多，如蒲江县发现的牢盆、邛崃制盐所采用的火井等与盐业相关的器物和设施，川渝的自贡、宜宾、乐山、涪陵、忠县等地的古代盐场，川盐古道沿线的盐业会馆、传统民居、盐业运输码头等具有历史文化价值的遗存成为川盐贸易的历史见证。

三、川盐古道的旅游开发价值

川盐古道沿线复杂的地理环境、山川河流纵横交错，其位于我国西南及中南多地，这样一条以盐业运输为载体的特色文化线路历经千余年而经久不衰，沿线的文化遗存

① 中国工程师学会:《四川考察团报告之十四·盐业（民刊本复印本）》，1935年。

类型多样、分布范围广、存留数量多，有各种古盐场、古镇、驿站、码头、碑刻、会馆等与盐运文化相关的物质和非物质文化遗产。[①]这些大量与盐业相关的历史城镇和村落、古代道路交通设施、文物遗存、民间传说故事、多元文化交融的民族和民俗，成为与自然资源旅游相互映衬的高品位文化旅游资源，川盐古道也是极为罕见的以盐为载体的线路旅游资源，因此其极具旅游开发的价值。

1. 物质文化遗产的开发

物质文化遗产即“有形文化遗产”或“文化遗产”，它包括有历史文物、历史建筑、人类文化遗址等各种遗存。川盐古道作为我国古代井盐运销最为悠久的食盐销售路线之一，道路沿线的文化遗产则大量存在。与盐业运输相关的文化遗产包括有古盐道遗存、古镇遗存、驿站遗存、水运码头、会馆、庙宇、祠堂、碑刻、盐业生产器具及运输器具等，这些由历史所赋予的实体物质形态的旅游开发价值也十分值得去关注，它们的合理利用与开发则可以为沿线的旅游业发展起到积极的带动作用。

以古盐道沿线遗址为线，古城镇为点，可进行多区域旅游资源的联合开发。川盐古道作为一条有悠久历史的盐运古代道路，从古代直至近现代长期被盐运商人所使用，由此而留下的古盐道遗迹到如今依然保存较好。如四川境内的盐运重镇自贡、宜宾、泸州等川南城市，云南的盐津、宣威，贵州的毕节、遵义，重庆的石柱、酉阳，湖北的恩施、宜昌等多地均有大量的遗迹。这些道路将川盐向云南、贵州、湖北、湖南等多地运销的线路接连，反映出川滇古盐道、川黔古盐道、川鄂古盐道、川湘古盐道等多段古盐道的存在。众多现存盐道及周边地区因盐业而兴盛的古代城镇大量涌现，如四川自贡的仙市、牛佛、永安古镇，泸州太平古镇，宜宾的横江古镇、南广古镇，云南盐津盐井镇、宣威杨柳古镇、丽江束河古镇等，重庆江津白沙古镇、綦江东溪古镇，巫山大昌古镇等，贵州仁怀茅台镇、习水土城镇，湖北利川柏杨镇，宣恩县沙道沟镇等，湖南里耶古镇，凤凰古城等。这些分散存在于古盐道沿线的盐运古镇中的一些已经实现了旅游开发，但还有不少的古镇尚处于初步开发或待开发。将它们作为旅游目的地的各支点，可以同各古镇及其周边地区现存的庙宇、会馆及祠堂等联合打造，实现盐文化为主的旅游资源合理开发。

川盐古道的物质文化遗产的开发过程中，可以充分利用盐运的水上运输节点的各码头，结合当地水系的使用情况，打造城市内部各码头间的水上旅游线，将沿线的各种反映川盐运销的摩崖石刻、碑刻等加以保护开发利用，增加旅游线路上的景点。在对古场镇打造时，可以对盐运历史活动进行复原，利用盐店、盐仓、盐号，对各地的盐业世家大族的古宅等进行修缮维护，统一打造，结合现代声光电技术，实现场景的再现。合理地对川盐古道沿线的各物质文化遗产进行适度的旅游开发，既能对各遗存进行应有的保护，同时也可以加强对盐文化的深度宣传，各城市也能利用有限的盐文化旅游资源实现更大的经济价值。

① 邓军：《川盐古道文化遗产现状与保护研究》，《四川理工学院学报》2015 年第 5 期。

2. 非物质文化遗产的开发

现如今旅游资源的开发过程中最为注重对非物质文化遗产的保护与开发，实现盐文化相关的非物质文化遗产的保护与开发也是进一步丰富川盐古道旅游资源最为重要的条件之一。目前与川盐运输或盐文化有密切关系的非物质文化遗产主要有饮食、劳动号子、民俗等多个方面。

川盐古道沿线与饮食相关的非物质文化遗产主要体现为自贡的盐帮菜、贵州茅台酒、重庆的涪陵榨菜；川南自贡、泸州所产的酱油和晒醋；宜宾、泸州所产的豆腐干等，这些饮食的出现都和当时川盐运销有着密切的关系。其中最为突出的则是自贡因食盐产销的兴盛而兴起的食物，如火边子牛肉、牛佛烘肘、豇豆牛肉等。[①]另因盐业兴盛，大量盐商汇聚，自贡盐帮菜也因盐业贸易而获得繁荣，其中最为出名的盐帮菜为水煮牛肉。以食物生产为代表的盐业相关非物质文化遗产可以为沿线旅游经济创造价值。

盐运相关的船工号子、背盐歌、民歌、竹枝词、诗词、山歌等长久流传保存下来，这些非物质文化遗产生动地展现出历史上食盐运销的场景，是盐文化相关的重要组成部分，也是川盐运销必不可少的活态文化。以盐文化的视角来扫描不同区域的历史文化，可以看出，盐业生产历史悠久的盐区，其文化因盐业的发展、盐业经济的繁荣而形成了独具风情的盐文化。[②]因此地区差异和盐业水运的环境不尽相同，川盐运输中拉纤工人所创作的船工号子也各具地方特色，沿线各地的号子以乌江船工号子、釜溪河盐工号子、赤水河船工号子、永宁河船工号子等最具代表性。这些船工号子得以保存下来，正是川盐运销盛极一时的写照，也反映出广大盐工不屈不挠的精神品质。作为文学创作的古代诗词也有不少书写川盐运销的内容，它们也是非物质文化遗产的组成部分。有关书写川盐运销的诗文中，明代著名的文人杨慎在游历三峡创作的《竹枝词九首》反映出三峡地区盐运的艰险[③]，清代诗人刘慎知创作的《富荣场景诗•盐船》对历史上釜溪河盐运的盛景进行了记载，郑珍创作的诗歌《吴公岭》记录了吴公岭和赤水河的险峻，同时也反映了川盐在贵州境内运输的艰险和船工们艰苦的工作条件。文学作品对川盐古道上盐业运销的记述，正是对历史上川盐运销的场景重现，也作为重要的文字资料得以很好地保存下来。

除了以上这些与盐业运销相关的非物质文化遗产外，川盐古道沿线各城市也保留着其他的非物质文化遗产，如自贡的龚扇、扎染等技艺，泸州的古蔺花灯、江阳油纸伞，宜宾、泸州、赤水的酿酒工艺等众多技艺。川盐古道沿线现存的大量非物质文化遗产更加丰富了古道的历史文化内涵，也成为多元文化之下的重要旅游资源，对盐文化旅游的全面打造起到积极作用。

川盐古道作为古代历史上井盐运销的重要交通线路，其独具特色的历史文化价值

---

① 宋良曦：《中国盐与食文化》，《盐业史研究》1996 年第 1 期。

② 曾凡英：《盐文化的内涵与特征》，《四川理工学院学报》2006 年第 1 期。

③ 王慎之、王子今：《四川竹枝词中的盐业史信息》，《盐业史研究》2004 年第 4 期。

和极具潜力的旅游开发价值，可以成为沿线各城市旅游打造的亮点。把盐文化遗产的原真性、不可移动性和非复制性等作为发展旅游业和开发旅游产品的核心主题，兼顾文化价值、生态价值和隐性价值，实施复合目标和多元功能的盐文化旅游市场。①城市盐文化的旅游开发中，一方面将现存的与盐运相关的物质文化遗产在保护基础上进行适度的旅游开发，另一方面对沿线各地现存的非物质文化遗产进行进一步挖掘，物质文化遗产与非物质文化遗产合理结合，依托盐文化旅游资源创造更大的价值。

结　语

川盐古道是我国盐运古道中最为重要的交通运输线路之一，道路沿线地区不仅保存有大量的历史文化遗存，同时各地独具特色的自然风貌、民族文化、非物质文化等得到较好的保存，许多曾经使用的道路、码头等至今依然被使用。川盐古道所拥有的宝贵文化财富与旅游资源具有很高的历史文化价值和旅游价值。目前学界对川盐古道相较于其他物资运输道路普遍缺乏全面的认识和了解，对川盐古道资源的价值认识和开发利用明显不足，川盐古道的旅游资源开发尚处于初步阶段。因此，加强对川盐古道历史文化价值的深入挖掘，利用盐文化研究的特色优势，不断加深川盐古道沿线多元文化与自然生态资源的研究，将沿线文物遗迹、非物质文化遗产、各地文化特色以及自然生态环境作为整体进行保护与开发。沿线各城市发挥自身旅游特色，通过区域合作，联合打造盐文化为主题的旅游项目，促进沿线地区经济社会和文化发展，实现盐文化旅游资源的整合与开发。借助“一带一路”对西南地区旅游特色资源的开发号召，大力打造川盐古道的特色旅游文化，通过对线路文化遗产的积极保护和合理利用开发，利用线路文化遗产的特色旅游资源，实现盐文化特色旅游格局的形成，创造更大的经济价值和社会价值。

◇参考文献◇

专著、论文集、学位论文

[1] 司马迁. 史记[M]. 北京：中华书局，1973.
[2] 常璩著，刘琳校注. 华阳国志[M]. 成都：巴蜀书社，1984.
[3] 常璩著，任乃强校注. 华阳国志校补图注[M]. 上海：上海古籍出版社，1987.
[4] 中国工程师学会. 四川考察团报告之十四•盐业（民刊本复印本）[M]. 1935.
[5] 赵逵. 历史尘埃下的川盐古道[M]. 上海：东方出版社中心，2016.

① 赖斌、杨丽娟:《盐文化主题旅游产品的市场价值挖掘与深度开发研究：以大英死海、自贡盐都为例》，《人文地理》2009年第1期。

期刊文献

[1] 程龙刚，邓军. 川盐古道的路线分布、历史作用及遗产构成：基于 2014-2015 年的实地考察[J]. 扬州大学学报，2016，4：67-74.

[2] 段渝. 五尺道的开通及其相关问题[J]. 四川师范大学学报，2013，4：156-162.

[3] 颜信. 先秦两汉时期的五尺道研究[J]. 中华文化论坛，2014，6：23-27.

[4] 赵逵，桂宇晖，杜海. 试论川盐古道[J]. 盐业史研究，2014，3：161-169.

[5] 邓军. 川盐古道文化遗产现状与保护研究[J]. 四川理工学院学报，2015，5：35-44.

[6] 宋良曦. 中国盐与食文化[J]. 盐业史研究，1996，1：26-33.

[7] 曾凡英. 盐文化的内涵与特征[J]. 四川理工学院学报，2006，1：47-52.

[8] 王慎之，王子今. 四川竹枝词中的盐业史信息[J]. 盐业史研究，2004，4：32-35.

[9] 赖斌，杨丽娟. 盐文化主题旅游产品的市场价值挖掘与深度开发研究：以大英死海、自贡盐都为例[J]. 人文地理，2009，1：86-89.

体验式旅游纪念品开发对盐业旅游发展的促进①

左莎莎　张久美②

摘　要： 通过对自贡典型盐业文化代表景点“燊海井”、仙市古镇等的文化历史进行研究，综合调查了盐业文化衍生物以及彩灯文化的现代运用，得出自贡盐文化旅游独具优势的结论。分析了盐文化与自贡旅游业发展的关系，指出常规旅游纪念品开发虽然能在一定程度上促进旅游业的发展，但效果甚微。综合自贡盐文化产品的特点，提出以用户体验参与为核心的盐文化旅游纪念品开发设想，以促进盐文化旅游业的发展。

关键词： 体验式旅游；纪念品；产品开发

四川省自贡市开采井盐已有 2000 余年的历史，其丰厚的盐文化遗存，不仅享誉海内外，更是世界盐业史上的珍宝[1]。自贡有着千年盐业的底蕴，却没有与之相匹配的旅游产业，不禁令人惋惜。与此同时不仅盐业旅游发展缓慢，匹配盐业旅游的纪念品设计单一，许多产品同质化严重，随处可购，大大降低了游客的购买欲。因此，开发能展示盐文化精神的体验式产品对自贡盐业文化旅游来说迫在眉睫。

一、自贡盐文化旅游

1. 自贡盐文化的来由

自贡市是自流井和贡井的合称，在产业性经济不发达时候，盐乃自贡市重要的经济支柱。因此，在自贡地区用盐井命名的地名随处可见，著名的盐井有燊海井、富义井、大公井、小桥井、达德井、永兴井等，这些古井如今已扎根在新兴城市中成为一

---

① 基金项目：四川省教育厅人文社会科学重点研究基地——中国盐文化研究中心资助项目“‘互联网+’时代下盐文化旅游产业中的用户体验研究（YWHY17-10）”的阶段性成果。

② 作者简介：左莎莎（1993—），女，重庆人，四川轻化工大学研究生在读，研究方向：工业设计、文创设计。通讯作者：张久美（1979—），女，重庆人，四川轻化工大学副教授，研究方向：工业设计、文创产品、装备产品等方面的设计研究。

张张独特的名片。

井盐文化由两部分组成：一是制盐文化，二是盐商文化。前者由制盐器具文化、盐场旧址研究以及制盐民俗文化等构成，后者包括园林、建筑，等等[2]。在2000余年的盐业发展史中，自贡井盐文化和人类自身的文明融合发展，汇聚成了不可分割的人类文明共同史。

2. 旅游优势资源

一直以来，自贡的旅游优势资源由两大方面构成：一是地理位置优势，一是文化底蕴深厚。

（1）地理位置：地理位置优势，旅游景点众多。自贡市位于四川盆地南部，成、渝之间，交通方便，辖区有自流井区、贡井区、大安区、沿滩区以及荣县和富顺两县。市辖区有名的旅游景点有恐龙博物馆、燊海井、仙市古镇、彩灯博物馆、西秦会馆、盐业历史博物馆、三多寨、吴玉章故居等。富顺县有富顺文庙、刘光第墓、富顺西湖等；荣县有荣县大佛、大佛寺等。自贡紧邻宜宾、泸州、乐山等，是前往川藏的必经之地，构成了一个旅游大环境。

（2）文化底蕴：千年盐业组成的系列盐文化。首先，自贡天车资源丰富，曾建天车13 000多架，天车俗称井架，最高的天车达113米，盐业兴旺时到处可见高耸林立的天车，天车不仅是历史文化珍宝，更是自贡的文化内涵和盐都的标志[3]。自贡天车造型古朴，历史文化痕迹厚重，且参差错落，大小不一，让游客在观赏的同时不禁感叹先民们的精湛工艺和智慧。其次，在千余年的岁月中制盐文化和盐商文化得到极大发展，时至今日这些盐文化犹如璀璨明珠依旧呈现在我们眼前。盐业大兴，商贾聚集，兴建盐商会所，修建住宅大院，比如西秦会馆、南华宫、李家大院、王家大院等；盐业大兴，盐运古道自然大盛，当时有名的盐运古镇有仙市古镇、赵化古镇，以及和当时生活息息相关的王爷庙和牛王庙等一系列庙宇，这些都是现如今难能可贵的历史珍宝。最后，自贡有着大家所熟知的大三绝，千年盐业、彩灯世界和恐龙化石[4]。一年一度的元宵灯会驰名海外，吸引无数游客慕名而来。自贡是一座包容性强的城市，在千年盐文化的传承发展中各种文化之间早已相互融合，因此，任何一种文化旅游的发展都可以带动盐业旅游的发展。

3. 旅游发展的不足

自贡虽然有着得天独厚的人文资源和丰富的历史文化资源，以及宝贵的历史文化遗产，但是在近年的旅游业发展中却比较落后，其中的原因值得我们深思。“燊海井”是古盐井的名字，井深达1001.42米，是当时世界上第一口超千米盐井[5]。但是由于前些年不够重视，导致景点破败，建筑毁坏，被时间的风霜一步步侵蚀，直到近年来，人们才开始重修重建这座古法制盐的古盐场。

自贡盐业历史博物馆，位于自贡市区内优美的釜溪河畔，是有名的盐商会所，也是盐业旅游的重要景点之一，其建筑古朴大气，既有明清两代的宫廷风，又融合当时的民间风格，其内保存有大量的碑文、石刻、画卷等，是盐业发展研究不可或缺的重要史料。但是，这样一座有纪念意义的博物馆却因宣传不足，许多游客走到门前而不知，严重影响了旅游资源的传播。

自贡盐业旅游有一个突出问题，即景点分散，没有明确的规划。景点之间没有连贯的旅游主轴线路，导致各自为政，没有进行资源整合。各个旅游片区没有展示盐文化旅游的特色，逐渐变成普通的零散景点，使外地游客不知有这么多的景点。

二、常规盐文化纪念品开发与盐业旅游发展的关系

1. 井盐文化情怀是支撑盐文化产品诞生的关键

一位哲学家曾经有过这样的比喻：政治是骨骼，经济是血肉，文化是灵魂[5]。这形象地说明文化的重要性，文化和人类共同发展，逐渐演变成精神和物质产品的总和。

盐是人类赖以生存不可或缺的物质之一，人类的文明史和井盐文化史在彼此碰撞下逐渐融汇成了人类的共同历史。井盐文化在数千年的发展中，早已改变了人们的日常生活。自贡因盐而兴，许多地名都是以盐井命名，还有自贡有名的盐帮菜也是在井盐文化的基础上发展而来[6]。自贡人爱吃牛肉，也源起于古法制盐需要从深井中汲取卤水，而古盐井深达数百米乃至千米，人力根本无法实现，只能依靠牛力。天长日久，繁重的工作量导致大量的牛累死，于是勤劳的自贡人便以牛为食材，制作了一系列美食。以井盐为基础发展而来的民俗文化、盐商文化、制盐文化都是自贡井盐文化的重要组成部分，它们在千年的传承中早已和人们日常生活融合在一起，密不可分。

盐文化产品，不仅是一种产品，更是一种千年传承的精神，是一种井盐文化情怀，代表的是一座城市的内核。盐文化产品能唤醒人们内心的共鸣，这种自豪感和代入感是盐文化产品所传递给世人的感受，井盐文化情怀是支撑盐文化产品诞生的关键。

2. 成功旅游纪念品的开发有利于扩大旅游地知名度

旅游纪念品是寄托旅游地精神和文化的承载体，可以把旅游地的风貌通过产品的方式传递给更多的人。游客通过购买旅游地产品，能更好地体验和融入当地的文化。典型的旅游纪念品设计更能展现一个城市的风貌，使游客见到产品便知晓产于何地。如北京糖人、面人，成都熊猫公仔，杭州西湖油纸伞等。更典型的例子是重庆火锅，火锅底料不仅是重庆的名片，更是这座城市畅销的旅游纪念品。自贡和重庆的文化类似，重庆有着浓厚的火锅文化，自贡有底蕴深厚的千年井盐文化。代表重庆的火锅底料能让人想到火辣的重庆，而自贡的井盐文化比之重庆的火锅文化，虽多了上千年的文化传承，却不如重庆火锅文化的知名度高、涵盖面广，这是为什么呢？近几年，自贡冷吃兔异军突起，在旅游纪念品市场打开了销路。这得益于一个名叫“谭八爷”的冷吃兔品牌，在微商起步时，该品牌率先启动线上线下代理模式，分销旗下各种小吃，

让自贡“谭八爷”冷吃兔火热起来，由此打开了市场，并借此机会通过电视栏目作了一系列的广告宣传，在一定程度上拓宽了知名度，但这也仅仅维持了不到一年的时间，热度便降了下来，但以此为契机打开的市场却是难能可贵的，“谭八爷”冷吃兔让更多的人知道了有座名叫自贡的城市。

3. 常规盐文化旅游纪念品开发对文化旅游的促进

提起自贡，最有名的就是彩灯世界、恐龙王国和井盐文化。但是自贡的井盐文化相对于其他两项来说，知名度有待提高。自贡元宵灯会每年吸引游客数百万，自贡恐龙模型也远销海内外，相较而言，自贡盐业文化产品就比较欠缺。盐业文化有名的天车，造型古朴气势磅礴，它是井盐制作过程中最重要的一环，但如今它更多的作用是对历史的缅怀。天车系列产品销售困难最主要的原因在于，它只吸引对制盐感兴趣以及对历史感兴趣的游客，天车造型古朴端庄，但是对于欣赏水平一般的游客来说，不能体会天车身上蕴含的文化美。所以，在很大程度上导致购买人群的基数降低。

自贡另一项在盐文化基础上发展起来的产业就是盐帮菜，盐帮菜以口味重、鲜辣爽口为特点。依据自贡本土的特点进一步衍生出代表菜——冷吃兔。冷吃兔近几年已经面向全国销售，在一定程度上提高了自贡的知名度。但是，这也仅仅是打开了小部分市场，真正的自贡盐业旅游还是一颗蒙有灰尘的明珠，亟待人们的开发。所以，常规盐文化旅游纪念品对文化旅游的促进有限，必须另辟蹊径开发出其他特色产品来促进文化旅游的发展。

三、以用户参与体验为核心的盐文化旅游纪念品开发设想

常规旅游纪念品随处可购，缺少新奇感，体验感也不强，更没有代入感，新鲜劲一过就会被忘记，对整个旅游过程的乐趣感缺少增强作用，因此难以吸引游客。利用自贡独特的盐文化，开发增进旅游过程的乐趣感、文化教育，以此吸引游客的旅游产品是关键。体验式的旅游纪念品，体验时间较长，能让人在这个过程中全身心地投入到旅游地文化中，使游客感受到文化带给自身的身体感官和精神感受，使游客增加对旅游地的代入感，且这种带有体验感的产品是从旅游地文化出发而衍生出来，是其他旅游地无法模仿和抄袭的，更能增强游客对旅游地的认同感。

1. 以“燊海井”为代表的古盐场景点体验式产品开发设想

古盐场旅游景点大体相似，设想开发体验式的旅游产品，让游客有更好的旅游体验感。自贡有名的“燊海井”，是盐业文化旅游的重头项目，“燊海井”不仅是古盐井，更是自贡文物重点保护单位，它见证了自贡盐业的繁荣史。制盐工艺共分为四大流程：一是提清化净，二是提取杂质，三是下渣盐、铲盐，最后是淋盐、验盐。现如今燊海井还保留着部分制盐工艺可供游人观赏，让游客近距离地接触千年盐城的奥秘。虽然

可以直观制盐过程，但观看不如亲自体验，从燊海井旅游开发中，我们可以大胆设想开发体验式旅游。

（1）接触式体验。在古盐场内修建迷你小盐场，只保留下渣盐、铲盐工艺流程，因为此工艺流程简单易操作且安全性高。在游客参观完古法制盐后可自行前往亲自动手制盐，工人现场讲解制作工艺，让游客可以在千年古盐场中当一次地地道道的制盐工人。游客使用的工具可以制作成同款迷你小摆件、挂饰等，体验完毕感兴趣的游客也可购买回家。

（2）衍生体验式。游客制盐时，旁边有摄像师全程录制，体验完以后可以获得一份精美的光盘。最后离开燊海井的时候，还可以购买自己亲手制作的同款燊海井盐。在此基础上，我们可以开发燊海井光盘系列、燊海井 VIP 手工盐、燊海井小模型天车系列，等等。

体验式旅游产品开发不仅让游客有了不一样的观赏感，更具有代入感，让游客记忆犹新，带走的旅游纪念品不仅是旅游地的文化风俗，更是游客的一份美好的回忆。

2. 以“仙市古镇”为代表的盐文化古镇体验式产品开发设想

自贡仙市古镇已有 1400 多年的历史，是釜溪河盐运重要码头之一，号称“中国盐运第一镇”[7]。古镇以优美的自然风光和浓厚的历史文化遗存吸引游客，但是近年来古镇和其他古镇相比并没有突出优势，游客的观感也不强烈。仙市古镇作为因盐而生的小镇，应该以它的传统特色为基准，建立一系列品牌化、产业化项目，在此基础上设想开发出体验式旅游产品，以此吸引游客。

举办一年一度的仙市古镇盐运盛会，游客在古镇外集结，选择自己所要扮演的角色，选好服装道具，进入古镇，体验梦回千年盐运一日游。

可开发产品有，盐文化系列服装，如商贾、盐工、小贩、盐贩、名伶、店小二等各具特色的服装、人物配饰、手镯等，以还原真实的盐商生活。还有专供食盐、古镇纪念勋章、古镇挂饰、古镇折扇等带有仙市盐文化特色的系列产品。

游客穿着仙市古镇专属服装在古街上行走，看着络绎不绝的马匹驮着袋袋井盐，感受着独具特色的盐商文化和只有在仙市古镇才能体验到的盐文化魅力。游客不仅能感受到历史中真实的仙市古镇，更能有一种代入感、体验感，更能激发游客的旅游欲望。离开时游客可购买特色服装以及仙市旅游纪念品，更能把这次独特的感受带给身边的人，好的旅游体验往往是最好的宣传。特色古镇的打造不仅能带动当地的经济发展，更能建立良好的形象展示，把“梦回仙市古镇”的品牌打造出去，让越来越多的游客对仙市古镇产生好奇，慕名而来。

在此基础上，仙市古镇平时也可以举办一些小型的活动，和自贡市区的景点相结合形成一条完整的旅游路线，让游客随时都能体验到自贡这座千年盐都的魅力。

3. 以“彩灯文化”和“盐业文化”联合发展的体验式产品开发设想

彩灯世界，恐龙王国和井盐文化是自贡文化的“大三绝”[8]。它们都是在这片沃土中成长起来的，它们相互依存相互发展。自贡一年一度的元宵灯会吸引着无数的游客前来观赏，既带动了旅游业的发展，也向世人展示了自贡的盐业文化。在每年的灯会举办时可设专门展厅来展示盐业文化，游客可以在此购买盐文化纪念品。在此基础上，设想开发盐文化体验式产品增加游客的兴趣和购物欲。

（1）“彩灯大世界”天车组专门为自贡盐文化开辟出一块独立的彩灯区域，根据盐文化历史开发天车组系列彩灯，可以宣传展示和吸引游人注意。

（2）展厅宣传专栏展厅大屏幕上播放盐文化视频，起专题宣传展示作用，在游客观赏的同时起到一定的辅助作用。

（3）“体验式”产品展厅内设置泥塑区、彩灯区、食盐区等。游客可在泥塑区亲手制作泥塑产品，也可在彩灯区亲手制作专属彩灯，最后在食盐区购买自贡特色食盐。手工不好的游客也可以在展厅购买成品。开发出盐文化系列产品，如泥塑天车、天车笔架、天车手提彩灯、自贡特色食盐等。体验式产品能增强游客的体验感和购物欲望，既传播了旅游地文化，又加深了游客对旅游地的观感。

四、体验式旅游纪念产品开发对自贡盐业旅游发展的促进

成功的旅游纪念品可以展示城市形象，带动旅游地的经济发展。体验式旅游纪念品作为新兴产品，更加具有此项功能。体验式旅游纪念品对于旅游城市发展的促进主要有以下几方面：

1. 吸引游客，扩大旅游地知名度

作为体验式的产品，游客一般会结伴前去游玩，在体验中会无形增加旅游的乐趣感以及在不知不觉间扩大游客的基数，购买基数也相应增加。游客都对新奇的事物比较好奇，一旦在旅游地获得了平常难以获得的体验，便会在很长一段时间内不断想起，会不断与身边的人分享自己的体验感，无形中又扩大了旅游地知名度[9]。

2. 强化记忆，深化旅游地文化

以自身文化为起点而开发出的旅游产品，在无形中便已经宣传了旅游地文化，游客亲身体验时，记忆已经数倍储存于脑海。体验式旅游纪念品，使游客在做中学，在学中乐，真正起到了寓教于乐的作用，自然而然便掌握了盐文化内涵。且游客日后回忆起这段经历便能很快记起自贡盐文化历史，比教科书式的展览更让人记忆深刻[10]。

3. 带动盐业旅游从业人数，促进盐业旅游经济发展

自贡盐业旅游发展缓慢的原因之一就是盐业旅游的从业人员基数不大，这就导致盐业旅游所占市场份额很少[11]。新型体验式旅游纪念品的开发势必需要更多的从业人员，成熟行业最显著的特征就是从业人员的多寡，只有从业人数增加才能刺激和带动经济的发展。

五、结 论

优秀的旅游纪念品能以自己独特的方式吸引游客，并随着游客的购买、携带、体验等传播提高旅游地的知名度。单一的旅游纪念品只能引起游客一时的好奇，抑或在极短的时间内吸引游客甚至不能让游客产生购买欲。因此，文化旅游产品开发时以用户参与体验为核心，既能增强游客的体验感和代入感，又能增强游客的购买欲和参与感，更能使游客更好地理解旅游地的精神文化，促进旅游业的发展，增加从业人数，带动地方经济发展。

◇参考文献◇

[1] 范光杰，万吉琼．自贡井盐文化遗产特色及当代价值[J]．盐业史研究，2016（2）：69-76.
[2] 蒋秋慧，戚凤国．基于两淮区域海盐文化的文创产品设计研究[J]．大众文艺，2019（10）．45-48.
[3] 张代谦，曹羽茂，张涟．自贡井盐文化旅游再开发的思考[J]．成都工业学院学报，2012，15（3）：51-54.
[4] 张久美，周立．系列化旅游纪念品设计与自贡井盐文化传播[J]．盐业史研究，2016（1）：64-68.
[5] 李谷．自贡井盐采卤天车现状调查[J]．盐业史研究，2018（04）：78-83.
[6] 夏建军．古今盐文化解读[J]．中国盐业，2018（08）：58-64.
[7] 王敏，吴晓东，康珺．论自贡盐帮菜餐饮企业的经营特色[J]．科学之友，2010（2）：71-72.
[8] 侯虹．自贡井盐文化与历史性文物建筑[J]．盐业史研究，2017（2）：68-71.
[9] 殷紫燕，黄安民．文化创意旅游街区游客参与对重游意愿的作用机制研究—基于旅游体验及记忆的中介模型[J]．资源开发与市场，2019 35（8）：1089-1091.
[10] 梁力．基于文学旅游视角的资源开发与体验营销[J]．社会科学家，2018（11）：104-109.
[11] 刘海洋，许丽萍．基于RMP的边疆民族地区民俗旅游产品开发研究—以延边朝鲜族自治州为例[J]．黑龙江民族丛刊，2017（05）：44-49.

盐业遗迹与地方文化

盐业历史文化资源的利用与新型旅游的发展

——以釜溪河盐文化长廊夜游旅游为例

曹　念[①]

摘　要：盐业文化资源是历史上遗留下的人类物质文化遗产，在新时代发展过程中，盐业历史的文化资源如何利用与保护，是盐业历史研究中的重要课题。本文以自贡市釜溪河文化长廊夜游旅游经济为例，阐述了自贡盐业历史文化资源在自贡地区的利用成果，揭示出盐业历史文化遗产与新型旅游发展建设的内在联系规律，分析了盐业历史文化与本土旅游开发利用的发展方向，为盐业历史文化资源的整合利用提供了可以借鉴的实例。本文提出了“在未来的社会发展中，走出一条盐文化遗址、盐文化线路、盐文化历史与现实相互关照的新型文化旅游发展之路，是我们盐文化研究者的重要方向之一，也是盐文化历史与今天社会发展相结合的重要的历史发展机遇”的新论点。

关键词：盐文化；资源利用；夜游经济；旅游发展

一、自贡盐业历史文化资源的利用

釜溪河是自贡市的母亲河，是贯穿市内的河流，它属于长江水系的上游分支。釜溪河汇入沱江下游段，市境内长127公里，河道落差40.4米[②]。釜溪河上段以荣威穹窿低山与沱江其他支流及岷江水系的越溪河分水。其上游由旭水河、威远河注入形成，流域总面积为3490平方公里。釜溪河的航运历史悠久，民国29年（1940）当地进行釜溪河的渠化工程建设，建设了自牛角沱顺航邓关的73公里。1945年，又对威远河进

① 作者简介：曹念（1956—），男，汉族、民革党员，大学本科，四川省注册高级咨询师，中共自贡市委市政府决策咨询委员会委员，中国盐文化研究中心特聘研究员，中国盐文化中心艺术研究所所长，自贡市第18、19、20、21、22、23届国际恐龙灯会组委会评审专家、2016年首次提出“中国灯城”城市建设概念，首届中国彩灯文化论坛主旨论坛嘉宾，有九部专著出版。

② 自贡市地方志编撰委员会编著：《自贡市志》（第四章，水文），北京：方志出版社，2012年，第42页。

行渠化工程建设，两次渠化，共建船闸16处，可通航5吨左右船只。因为釜溪河地属盐都自贡本流域中心，自贡地区自东汉以来就是省内外井盐的重要产区之一。因为釜溪河水运历史悠久，自贡井盐、荣威煤铁等物资基本依靠水运销售各地，留下了大量的盐文化遗迹，其中自流井区段最多。这些历史上的盐文物文化遗址，为釜溪河的盐文化旅游发展提供了历史物象的依靠。

1. 釜溪河盐运历史遗留的文化旅游资源

清朝后期，釜溪河沿河两岸井（吸卤）、灶（熬盐）星罗棋布，景象壮观，以致釜溪河曾被誉为“盐井河”。在釜溪河沿岸，有自流井、詹家井、王家井、太源井等沿河的“上五井”“下五井”，都曾经有过生产、经营的黄金时代。而釜溪河在古代和近代历史上，都担负着盐都井盐外运80%以上的运输量。河中“长船”“驳船”穿梭往还、络绎不绝。曾经较长岁月处于“盐舟云集，樯帆如织”的鼎盛期。

其实，清代前的釜溪河上游通运能力极低，因为河道坡度陡峻，河床狭窄，险滩密布。运输过滩时，必须“提载”，堵水后再放行，由此经常导致船毁人亡的悲剧发生。清康熙年以后，随着自贡盐业的发展，河道上逐渐由筑沙堰、石堰、板堰拦水到修筑堰闸行船。特别是抗日战争爆发后，自贡井盐奉命增产，盐外运量增大，于是在釜溪河中下游的金子凼、沿滩、邓井关等地筑“离堆”“庸公”等闸，这些堰闸雄伟而实用。从此，釜溪河化险为夷，河运通畅，运力倍增，就是80匹马力的机动船也能安然驰骋河上。在自流井这一带，同时也留下大量的盐运码头、碑记、庙宇等文物遗址，成为釜溪河重要的盐文化物象特征。

近年来，釜溪河流域认真执行环境保护政策，广泛开展了釜溪河干流沿岸绿化工程，而今一道“文化长廊”自西到东蜿蜒在自贡的大地上，蔚为壮观，这就是“釜溪河盐文化历史长廊”，它使得开展釜溪河发挥盐文化特色旅游成了可能。

2005年开始，政府对釜溪河进行旅游开发角度的有意引导，自贡的一批盐文化专家，提出了“自流古井”“河府人家”“盐道遗风”“名城华彩”“古庙沧桑”“龙池唤鱼”“水涯晓渡”“釜溪牧歌”八大景致的塑造。釜溪河沿岸开始出现利用盐文化遗迹开发的休闲酒吧、茶楼、步行街等特色文化节点，釜溪河开展的“人居美好环境打造”，让釜溪河岸成为人们参观、休闲、娱乐的好去处。

从釜溪河自流井段开始，自枧盐灶、古井杆桥顺流而下，“盐文化长廊”把八个盐文化历史遗迹连成一片，成为釜溪河利用盐文化的现代文旅发展的开篇。

2. 釜溪河盐运历史文化长廊的塑造开发

习近平在广州市城市规划建设汇报会上的讲话中指出：城市规划和建设要高度重视历史文化的保护，不急功近利，不大拆大建。要突出地方特色，注重人居环境改善，更多采用微小改造这种绣花功夫，注重文明传承，文化延续，让城市留下记忆，让人们记住乡愁。

塑造釜溪河的文化旅游，就是根据这样的要求来规划的。釜溪河盐文化长廊的塑造，为盐文化研究者与盐文化文旅发展提供了一些先进的理念：

首先是进行保护，釜溪河旅游发展规划严格保护釜溪河两岸的盐业历史文化遗迹以及其他的一些文化遗迹。而釜溪河贯穿自贡市的中心城区，在现代经济和当代社会的发展都非常快速的情况下，非常难能可贵的是在城区釜溪河流域还保留了大量的盐井。比如小桥井、宝贞井、通虹井。还有大量的庙宇，如炎帝宫、王爷庙、桓侯宫、西秦会馆等古迹遗址。在进行釜溪河盐业历史文化长廊的开发建设中，政府出台了一系列措施对这些盐文化遗迹进行保护。建设釜溪河盐业历史文化长廊道路与赤水河旁边的那些道路相比是有差异的，釜溪河的灵魂是盐运文化，釜溪河建设能对炎帝宫、川主庙进行有效的保护，保留下来后成为釜溪河盐文化长廊河道重要的节点。从这个角度考虑，釜溪河文化旅游规划将西秦会馆片区包括老金库、张爷庙、王爷庙纳为一体共同思考，因为这些建筑文物都在釜溪河两岸，这样的保护措施对釜溪河的旅游开发就有厚重的盐业历史感。

塑造釜溪河是让历史复活，让文化时尚。在习总书记一系列重要讲话中有一个关键词就是“历史复活”。釜溪河盐业历史文化长廊同样是要让自贡的盐场、自流井的盐业历史文化复活。复活釜溪河盐业历史文化，特别是盐业历史长廊的塑造，成为自贡盐文化保护利用的最佳方式。

同时，在釜溪河盐文化历史长廊建设中，活化性保护成为一种手段。在釜溪河中心段的炎帝宫、川主庙，现在还没有完成它的开放，关键在于没有把它进行活化，没有进行有效的利用。规划者认为：必须要活化文物，要在釜溪河盐业历史文化长廊建设的时候，将它塑造出来，旁边做上详尽的说明，甚至可以让游客进入，再在里面搞一些有特色的经营。塑造过程中的设计、规划人员与专家一起找到几个亮点，移动建立一些老碑，活化了这些重要的区域。

交互性塑造是釜溪河盐文化建设旅游发展的新创造。釜溪河盐业历史文化长廊是向市民开放的，需要考虑它的引导性和标志性的问题，还要对景区停车场、观赏线路、节点进行交互性问题研究。2019 年第二届国际灯光节开通了游河的游船，建设恢复了老码头，在亲近河水方面满足了民众交互需求的初衷，在河下又做了一些栈桥，建设了浮桥，让民众更方便地亲近河水，成为夜游釜溪河的一个亮点。

功能的划分也是塑造盐文化长廊的关键问题。釜溪河盐业历史文化长廊是一个统一景区，景区有游人中心、公厕、游人休憩点等建设子项目，塑造者开始时就应该这些内容进行思考。

3. 釜溪河盐运历史遗迹与自贡彩灯转型升级

釜溪河的盐运历史遗址，是釜溪河文化旅游开发的重点。古老的盐文化历史遗址，要形成具有现代化的文化旅游性质的夜游经济，还有很多需要探索的地方。正在这个时候，塑造者们发现了自贡彩灯，自贡彩灯也正在经历从造型式灯会转向场景式的夜游灯彩布展的新方式，规划设计者利用了本土资源，进行了釜溪河盐运文化与彩灯文化相互融合开发的新模式探索。

从公园灯会开始的场景彩灯会展转型的彩灯场景艺术形式，成为今天发展的模式。事实上，釜溪河的河水与彩灯的注入，早年就开始形成了有机的结合，今天是自贡彩灯的视觉设计者开始关注釜溪河盐运文化遗址，开始了共同融合塑造新的彩灯夜游方式。这不但是自贡彩灯的升级发展，也是盐文化遗址的转型文旅方向的发展升级。

二、釜溪河夜游的新型经济模式

1. 自贡彩灯在历史发展中的选择

自贡彩灯的历史发展，经历了从最早的在盐运古道上的灯火节、天灯会等形式，在 20 世纪 40 年代，开始向灯会转化。在改革开放的时期形成了自贡灯会的最佳方式“公园彩灯会”。“四川自贡灯会以其气势壮观、规模宏大、精巧别致、迷离奇异的特色，组成了时代的交响诗和历史的风情画，以其富有个性的文化品位和艺术特色，轰动神州，走出国门，名播四海”[①]，成为改革开放以来最成功的文旅经济发展模式之一。是历史选择让自贡彩灯成了会展经济中的佼佼者，成就了自贡彩灯崭新的面貌。

随着社会的发展，自贡彩灯在历史发展中从灯会又向场景灯光节转化，与很多城市的灯光节、亮化工程一起，构成自贡彩灯历史上的一个重大的发展。而釜溪河正好在城市亮化工程，这个选择发展中，成了旅游发展的新模式。

早在 2005 年，笔者曾经在釜溪河沿上设计了一组巨大的彩灯《盐源流长》，灯组讲述了自贡盐文化历史发展的过程故事。这一组彩灯在釜溪河沿下与河水一起构成了一个崭新的视觉效果，成为自贡彩灯走向新型的场景灯光发展的过程中的一次成功探索，促使自贡彩灯走出公园，向更广阔的场景彩灯发展进行新的选择。正因为这样，釜溪河夜游新型经济模式下自贡彩灯的场景化发展，构成了新的市场需要，才成就了自贡彩灯在历史发展中的重要选择。

2. 自贡彩灯夜游的基本条件

自贡彩灯的场景化转变，让釜溪河的夜游经济与彩灯场景塑造有机会融合在一起。在这样古老的盐运河流上，它具备了一些基本的条件。首先是釜溪河有山水相依，有“半边青山半边城”的景观有利条件；其次是盐运码头与疏通后的釜溪河可以把旅游与观光结合起来，可以在河水中同时进行乘船观赏与彩灯场景观赏。而釜溪河的河水可以让彩灯倒影在河水中，让人耳目一新。在釜溪河的彩灯中夜游，目光所及，是城市灯火辉煌的建筑与河沿青山绿水的补充，古盐道的历史遗址与今天的时代发展共同辉映，成了釜溪河夜游经济形成的基本条件。

---

① 宋良曦、宋岸雷：《中国灯文化》，成都：四川人民出版社，2018 年，第 114 页。

3. 釜溪河盐运历史的文化资源利用

景区节点的塑造，是夜游经济的主要内容。在彩灯与盐文化长廊釜溪河夜游项目中，又推出了新的八大景区的建设。从自流井釜溪河与旭水河交界的河流开始，提出双河交互的“双河今昔”景区；自流井老街这一段的“古井寻踪”景区；张家沱的盐文化的内容“沱湾访胜”景区；老十字口绿化广场的“名城春秋”景区，以王爷庙为中心的“峡口渔宫”景区，以老盐运关口为专题的老水涯晓渡可以看到若干桥的“井河桥韵”景区，以蜀光名校为依托的“巴蜀之光”景区；下游盐运的“堰闸重辉”景区。八个景区中，“名城春秋”景区又分了四个子景区，一是井盐寻踪节点，讲述自贡的盐从哪里来。从梅泽说起，从富顺盐说起，建设出碑文和雕塑，述说自贡是从什么时候开始产盐的，盐的来源，所以叫井盐寻踪。二是“因盐设市”节点，重点是用文字和浮雕来展现自贡在抗战中因盐设市。三是过了十字口大桥往西秦会馆方向，叫“盐都新曲”节点。展现建国过后，从老盐都到奔向化工城、三线建设的历史进程。最后到西秦会馆这一块叫“街市风情”节点。把这几个历史文化街区联系起来，人们可以去体验。这是自贡城市的主要客厅，前边是商业街，旁边是绿化广场，河边是历史文化景观，打造釜溪河盐业历史文化长廊，不管南岸、北岸，都要按照规划实施起来。

三、自贡盐业历史文化资源的利用与新型旅游的发展

1. 釜溪河盐运历史的文化与旅游节点的综合利用

在自贡城区段，有绵绵 8 公里的釜溪河段。匠心独运的自贡人，在新的夜游釜溪的建设中，把釜溪河盐运历史的文化与旅游节点综合利用起来，打造出引人入胜的新“釜溪河九景”。成为今天塑造釜溪河彩灯与盐运文化的主要节点，这九个盐运文化的节点是：

“自流古井”：从枧盐灶古井杆桥顺流而下，首先看到的便是“自流古井”，它由自流井老街来担负建设。自流古井得天地之精华，自然天成，故曰自流。盐都人把盐井井架称为“天车”，这里保留的“天车”已成盐都的标志和象征。在自流井遗址岩壁上镌刻着三个遒劲有力的大字：“火井沱”，成为自流井著名的“火井沱”盐文化旧址。今天新的自流井老街建设如日中天，盛极一时。

“河府人家”：在今天的自流井老街下段，在刚刚完成的“老街浮桥”一带，就是“河府人家”。岸边，绿树婆娑，茶饮者悠然自得；岸上白墙小青瓦，简约古朴的川南民居错落有致，掩映绿树丛中；房檐下，门窗前大红灯笼高高挂，绣有“客栈”“盐帮菜”的字布招随风摇曳，摇出了几分井盐老街道的古韵。

“盐道遗风”：过釜溪河新桥以后，灯火阑珊的盐文化彩灯造景成为新的彩灯方式，张家沱一带用现代灯彩形成了灯火辉煌的一片。这也是“盐道遗风”景观所在。沿山脊的井盐古道发光的夜观灯，勾勒出观音岩瀑布飞流直下与天车群的景象。古盐道观

音岩左边，一石板路通往山顶汇柴口古盐道。这便是从张家沱开始，越雾柴口直通滇黔的古盐道，这些景观在灯城的新景象下尽现市井的繁华。

"名城华彩"：釜溪河两岸，一边是树木葱茏的富台山，下有彩灯映照的釜溪古玩街。一边是高楼彩灯辉映的滨江路建筑群，游人领略到自贡今天彩灯与城市建设的无穷魅力。彩灯与建筑灯光散发出的浓郁现代都市气息，让人感受到了中国灯城自贡的勃勃生机。

"古庙沧桑"：釜溪盐运历史留下的王爷庙在夜色中透出古朴、悠远韵律。它飞檐临江，回廊绕岸，既装扮了盐文化建筑精品，又是灯城风景胜地。庙型舒展的楼阁，画栋雕梁的殿堂，玲珑剔透的木雕，加上新的彩灯变幻，而现代光源的变化无常让色彩美不胜收，令人心旷神怡。

"龙池唤鱼"：釜溪河夜景绕过王爷庙便可欣赏到"龙池唤鱼"。这是新建设的盐文化长廊，釜溪河畔的龙凤山，原名龙峰山，因釜溪峡口"石龙过江"之龙背如峰而得名。釜溪河岸石崖之上，刻有"唤鱼池"三个大字，水面空阔，游人可垂钓。

"彩虹飞渡"：自王爷庙起，至东兴寺止，旧时曾万舟泊岸，盐都盐源知多少，盐都盐税知多少，全凭这里一关验定。旧时这里曾灯火通明，而今塑造出"彩虹桥"、铁索桥、河沿恐龙骨架灯雕，形成的釜溪河彩灯光影灿烂区，也成了今天釜溪河夜游的主要路段。

"釜溪牧歌"：过东兴寺大桥，游船便驶入金子凼。古时民谣：地上盐凼凼，水中金子凼。旧时的盐都自贡不仅以"富甲全川"著称，而且极富传奇色彩，有着丰富的民间传说。传说中的金子凼是王爷庙金盐锅的边沿。说的是盐都的土著盐商不希望这些财源流入他人的腰包，除了在龙峰山下修了一座庙宇，阻断财源外流，还在10多华里外的金子凼砌了堰口，为的是设下一道关口，再次拦住流走的散碎银两。今天在这一带建成了"釜溪河绿化大道"，成为新的文化景区。

"雷公码头"：到釜溪河夜景金子凼堰闸，必经"雷公码头"，雷公洞码头是釜溪河城区段当今唯一的休闲码头。早在清朝咸丰年间，这里便是两岸来往行人乘船渡河和盐商、船工歇脚的地方。随着自流井盐业的兴盛，特别是井盐由釜溪河进入沱江航道出川，码头上先后建起了茶庄、酒肆和客栈，旧时的雷公洞码头曾经船来人往，热闹非凡。今天建设的新码头加了很多的休闲区域，人们聚集在雷公洞码头，泡上一杯茶，坐在"歇稍茶铺"看戏听曲；自流井的文人墨客们也常在这里把酒临风，吟诗作赋。入夜，伴随着健身舞蹈悠扬的歌声，游人如织，成为釜溪河畔又一处亮丽的景点。

2. 釜溪河盐运文化与新兴的夜游经济基础

釜溪河盐运文化是历史遗留下来的，这些遗址也是历史上给今天文化旅游的发展打下的基础。夜游经济的基础与自贡彩灯的发展方向相结合，形成了今天成功的釜溪河盐文化加夜游旅游发展的经济模式。这种模式，是由两个经济基础构成的。第一，有丰厚的盐运时期留下的盐文化的历史遗址基础，釜溪河在盐运历史过程中留下的遗迹，形成了很多节点，这些节点在今天的文旅发展需要中又形成了更多的新的旅游文化节点，这样的基础在自贡这个城市中是利用得比较好的。第二，注入新的时代审美要求，人们要进行历史文化遗址的发展塑造，在夜游的经济基础与盐文化基础上，以彩灯艺术文化的形式呈现，形成了釜溪河夜游经济模式，给我们创造出具有生命力的新旅游模式。

3. 盐文化历史资源与现代文旅结合发展

自贡市釜溪河的盐文化历史资源与现代文旅发展结合，成功地塑造了新的历史时期的盐文化旅游结合的发展道路。它的成功，为我们盐文化研究者提供了一个新的盐文化文旅发展的模式：就是研究盐文化的资源怎样以现代文旅结合的成果展现？推而广之，每一个城市，每一处盐文化遗址，由于地域不同、历史成因不一样，发展模式也不一样。但是，在现代社会发展的新历史时期，研究盐文化与旅游发展的共同性，以自贡釜溪河夜游、旅游为列，是可以帮助盐文化研究者去发掘出新的文化旅游形式的。

四、釜溪河盐运历史资源与彩灯文旅发展给各地盐文化结合旅游发展的启示

中国的盐场生产文化、盐运道路文化很多，历史丰富、遗址众多。但是每一个地区的盐文化、盐运发展的道路和文化发展、历史源泉不一样，文旅资源的利用也会不一样。但是这些盐场、盐运文化是人类发展的一个重要的历史资源，它们的文化历史遗址可以和今天社会发展旅游发展相结合，如同自贡的盐运历史与釜溪河的彩灯文旅发展夜游文化相结合，为新时代的旅游发展提供了有力的文化启示。

首先，盐的文化遗址具有重要的历史发展作用，与人类的生活息息相关。每一个有盐业文化历史的地方，就可以成为这个地区最有影响力的历史文化，它们是人类怀念过去展望未来的历史节点。这些盐文化的遗址一定是有相当丰厚的历史故事与历史传承，是可以跟今天旅游发展相结合的物像。这些物象、这些景观，这些历史遗址可以成为今天发展旅游文化的重要的基础。

其次，盐文化由于地区不一样，它的历史记录也不一样。有的地方可能是以盐运为基础，有的地方可能是以盐的生产为基础，有的地方也可能是以盐的其他文化方式呈现，不管怎样的形式出现，盐文化发展是人类历史上重要的一种意识状态表达，这种意识状态在今天的文化旅游发展过程中成为文化旅游的一个重要方面，是当今文旅发展构成中的一个必然的基础条件。

最后，盐文化的研究成果怎样与旅游结合在一起？自贡釜溪河把盐运、河流、彩灯和夜游四大因素组织在一起，成就了今天釜溪河文旅塑造的成功范例。它给我们的最大的一点启迪就是：盐的遗址文化是可以成为新时代人们新的需要的一种旅游方式。

过去大英县利用盐文化遗址，造就了“死海”的盐卤浴，这是利用盐的文化形成的新的旅游模式，也是一种成功的范例。新疆地下水采用的是坎儿井方式，在今天，“坎儿井”成为新疆文化旅游的一个重要节点。所以每一个地方的文化遗址都可以与今天的旅游发展结合在一起，这是釜溪河自贡盐文化旅游资源与彩灯文化发展结合给我们带来最重要的启示。

走出盐文化历史与现实相互关照的新型文旅发展之路。

我们研究盐文化本体，研究盐文化的历史发展，研究盐文化的历史遗址与现实相互关照这些问题，我们会发现：

在中国历史上，盐是与人类生活息息相关的，是当时的经济文化、社会发展相照应的产物。在今天的历史发展中，文化旅游走到了新的历史时期，盐文化研究对象主要是盐的遗址，这些盐文化的遗址将会在新的历史时期中成为我们旅游文化的一个重要发展分支。

在未来的社会发展中，走出一条盐文化遗址、盐文化线路、盐文化历史与现实相互关照的新型文化旅游发展之路，是我们盐文化研究者的重要方向之一，也是盐文化历史与今天社会发展相结合的重要的历史发展机遇。

我们走出一条盐文化和现实关照的新型文化旅游发展之路，是必然的也是会成功的。

◇参考文献◇

[1] 王忠强.《千年茶马古道》[M]. 长春：吉林文史出版社，2010 年.
[2] 张银河.《中国盐文化史》[M]. 郑州：大象出版社，2009 年.
[3] 吴海波，曾凡英.《中国盐业史学术研究一百年》[M]. 成都：巴蜀书社，2010 年.
[4] 何智亚.《四川古镇》[M]. 重庆：重庆出版社，2009 年.
[5] 王明达，张锡禄.《马帮文化》[M]. 昆明：云南人民出版社, 2008 年.
[6] 何智亚.《重庆古镇》[M]. 重庆：重庆出版社，2002 年.
[7] 四川省勘察设计学会.《四川民居》[M]. 成都：四川人民出版社，2004 年.
[8] 雷贞干.《自贡史话》[M]. 成都：四川大学出版社，1977 年.

重庆石柱白虎山段巴盐古道文化挖掘与开发的思考[①]

刘建平[②]

摘　要： 白虎是土家人的图腾，在石柱自治县东南部七曜山国家地质公园的深闺秘境处遗留了天赐的白虎山。梳理白虎山周边的巴盐古道文化，惊现盐路驿道、兵寨、冶金遗址和老场古店老庙古村寨等文化遗存。有效组合利用白虎山盐路文化和自然遗产，建议规划打造高端的白虎山景区、古道动养自行车和步行道路、开发自然和文化双遗产、打造山河村国家级土家民族村寨，提高群众幸福感获得感，积累盐路文化、土家文化的虎虎生威、愚公移山、冲出峡谷、脱贫攻坚等系列人文精神，形成宝贵的精神财富，为盐路故地、石柱大地的各族儿女世代传承、永续利用。

关键词： 巴盐古道；白虎山；文化遗产；旅游开发

土家人的先祖一般认为是古代巴人，白虎是土家人的图腾，在石柱土家族自治县东南部七曜山国家地质公园的秘境深处遗留了天赐的白虎山。本文通过梳理白虎山周边的盐路驿道、兵寨、古建筑和古遗址等，归纳具有精神财富激励性的人文精神，为合理开发利用白虎山文化和自然双遗产出谋划策，贡献学术界和基层研究机构的文化力。

一、白虎山的地理位置

根据《石柱县志》记载："明洪武十四年（1381）撤南宾县后，石柱辖境编户为三里十甲。清乾隆二十二年（1757），改石柱土司设置石柱厅，后置直隶厅，辖境基本未变。洞源里辖一至四甲，四甲自烂泥坝至老厂坪、马武坝场（原名麝香溪，与黄鹤场相邻），凡双流坝场东南八十里间。"白虎山位于石柱东南边界地带。

白虎山孤峰突兀、八方来朝，东邻黄鹤坝、南瞰马武坝、西望老厂坪、北接六塘

① 基金项目：四川省教育厅人文社会科学重点研究基地——中国盐文化研究中心项目"巴盐古道：武陵民族走廊盐路文化发掘与保护研究（YWHY20-03）"的阶段性成果。

② 作者简介：刘建平（1973—），男，重庆石柱民族文化研究所，西南民族大学民研院在读研究生。

坝，整座山形似仰天长啸的白虎，自古以来是当地土家人的神山、圣山，当地人也称之为鹰嘴岩、白马山。白虎山古属石柱土司、忠路土司交界地带，今地处武陵山区深处的渝鄂两省（市）石柱、利川、彭水和丰都四县（市）的边地，属于今天的石柱土家族自治县黄鹤镇山河村境的三站营组、大茶组，与周边的马武、龙潭、六塘、溪新、黄土、三义等乡镇山水相邻、隔河相望。白虎山是七曜山东南碎硝地带的奇特山峰，山下河谷海拔约 700 米，山峰顶部海拔 1555 米。白虎山及其周边属喀斯特地貌，属于七曜山国家地质公园、重庆老厂坪国家冶金遗址群，其自然景观优美，人文底蕴厚重。

二、白虎山周边文化遗存梳理

通过考古发掘和田野调查，我们发现白虎山及其周边的文化遗存，是如此的丰富和厚重，主要包括：古驿盐道、冶金遗址、古兵寨、古庙宇、古村老店、古场镇，等等。

（一）石黔古道

石黔古道是自古代巴国时期从陆路经过石柱和彭水，连接长江三峡夔州地区和乌江流域黔中地区的一条重要的驿道、盐运古道、山货粮道和人行通道，是石柱土司时期通江河达武陵山区的重要生命线。

根据《石柱县志》记载："石柱县从明清至民国时期，有以县城为中心的城东南西北四条古道和一条由西沱到湖北利川、来凤、恩施等地的盐运大道。城东道，从县城南宾东出观音岩，至鲤塘坝分路，另一条经双庆场、六塘坝右走漆辽坝，经擂鼓台（经过白虎山），至马武坝，抵彭水界 60 公里，石板、泥路各半，宽 1 米自由。" 漆辽坝，经擂鼓台，至马武坝，这就是白虎山段石黔古道，这段古道最典型的就是九里十三湾。

今年以来，我们特组织考察小组，包括云南大学、西南民族大学、三峡大学到山河村做田野调查的研究生，与驻村队员、村干部和村民代表一道三度重走古盐道，采访了沿线的老人，对古道风情进行了采风，收获不小。

根据老人讲述，古道经过的七曜山间的漆辽坝，这里地势开阔，自古以来这里就有老街、古庙宇、老店子，一天去的千千，来的万万，十分热闹。传说以前巴寡妇清炼丹熬盐，据说土司使马千乘走过这条路开矿，巾帼英雄秦良玉经过与酉阳土司结交联合都经过这里。只是自从 20 世纪 70 年代修了黔石公路以后，公路从干河沟走，以前的乡政府也从这里迁到干河沟后，漆辽坝才冷清了。过六塘乡漆辽坝后沿着山河村山坪组下面的山腰而行，下白沙岭，过徐家烂房子、凉水井到新铺子过深大湾，然后继续走就进入山河村大茶组，真正进入名不虚传的九里十三湾。这段蜿蜒的三尺道比较平整，路外是万丈绝壁，里边是斧劈层层"书"山，间或有背夫歇气的稍坎、系马骡的桩子、连接沟边的小石桥小木桥、穿越岩石区域的栈道、供给路人饮水的一碗水古井等风物景观。

走过九里十三湾就到了杨神庙（杨氏庙），古庙土司时期到“文革”时期香火都非常旺盛，如今只有遗址了。庙旁有田家屋基。古道沿山坡倾斜而上，再经过一段平路就到了豁然开阔的山脊十字路口，这里沿着山脊向下过空欢喜、蹇家院子、擂鼓台老店子，沿线对面就是巍峨的白虎山峰，左边是秀美的七曜山地质公园的核心区马盘溪和大小锅圈美景，右边是隔河相望的龙潭毡帽山和马武来佛山、来佛寺等自然和人文风景。过了擂鼓台向下，从白虎山的虎爪经过刀背梁险要路段平行而过虎尾到古寨明寨子，向山下就到了古场镇黄鹤老街。过擂鼓台向虎肚皮、虎后腿而下到三房坝，过了支流的交汇处就进入马武，过马武，古道继续向彭水方向进发通乌江流域。

（二）冶金遗址

许多专家对石柱土司使马千乘因开矿纳税得罪当局邱乘云而冤死云阳监狱的逸闻都耳熟能详；而对土司使秦良玉南征北战所需的大量军费开支保障来源或许不得其解。这其中的原因有研究认为是因为开矿，从某种意义上说，是白虎山周边的铜矿和铅锌矿的开采成就了当年石柱土司的辉煌和后继的石柱厅的直辖，以及今天石柱盐路文化的深厚底蕴。

根据《石柱县志》记载：“石柱铅锌矿主要分布在老厂坪、洗脚溪等地。《明史》载石柱岁办铅课五千一百三十斤，正统后停之。邻境军民假以征课，乘机窃取，酿成祸阶，故除其课，闭其洞。乾隆年间在都会、黄鹤、三汇、五斗等乡的擂鼓台、冷水溪、黑天池、大富坪等地陆续开采，至道光年间采得十二万余斤，后因洞老山空封闭停办。”

根据《石柱县志》记载：“石柱铜矿分布万宝、都会、木坪、漆辽、马武、黄河等乡，有黄铜矿、辉铜矿、斑铜矿、孔雀石和铜兰等。清乾隆年在都会乡尖子山等地开办铜厂，后封闭停办。”

我们第一次去重走古驿道的时候，村委会老支书周廷才介绍说白虎山对面的山是空的，有很多古代留下来横七竖八的矿洞，有的洞很深很大，有七八层楼那么高。我们将信将疑，怀疑是喀斯特地貌特有的溶洞。第二次我们走古道特意去了洞穴区，站在历史的十字路口，看着大体量的矿渣、洞口、洞穴、放炮钢绳和洞内遗物，颇受震撼。

笔者查阅国家文物局公布的全国文物保护单位，其中第七批之重庆冶锌遗址群正是位于白虎山周边区域。据此，考古专家认为，中国是最早发明冶锌的国家，土家先民是最早掌握冶锌技术的民族。明清时期，在冶锌领域石柱就居重要地位，依托白虎山当地丰富的资源和山区艰辛的交通条件，大规模地开采冶炼金属锌，并为石柱矿冶文化的辉煌奠定了基础。

（三）土司兵寨

土司的一个重要功能就是军事属性，根据史料记载和关注石柱土司研究的专家们的研究成果，一方面石柱土司南征北战、战功赫赫；另一方面在保境安民和抵御外地入侵方面，修筑的土司兵寨发挥了重要的防御功能。“铁打的营盘流水的兵”，土司兵寨也可以说是重要的营盘，根据民间传说，石柱土司有48个兵寨。根据史料记载和考古发现，石柱重要的兵寨有万寿寨、白虎寨、龙骨寨和墩子寨等，兵寨一般都居高临下、上平下险，建有寨门、寨墙和射击口等。

白虎山附近的重要兵寨就是明寨子。明寨子位于白虎山东五里的悬崖峭壁上的一个台地，视野开阔，易守难攻，上可扼守石黔古道要冲，下可守护马武、黄鹤古场镇，对望湖北忠路土司黄土香炉石片区，抵御外来入侵和防范流窜的棒客（盗贼）。明寨子建于明代，在明清石柱土司时期发挥了重要的军事功能，在民国时期还发挥着重要的作用，如今兵寨遗迹仍然比较完整，是石柱土司重要的遗存。

（四）老场古村老店老庙

白虎山周边的老场古村老店老庙等古文化遗迹历经风雨数百年，有的已经淹没在石柱土司历史的长河中，有的依然在山下路边坚强地存在。

古场镇有黄鹤、马武和漆辽坝，漆辽坝和马武场前面已经简要表述不再赘述。黄鹤自明代以来就有老场，清代建乡，以包、明、李、蹇等为大姓长期聚居，周边十里八乡的居民每逢每月的二、五、八就赶场，当地居民土家人赶场犹如过年一样，充满期盼和兴奋。场镇上下场口古老苍劲的枫杨树、怕痒树连接着古朴的石板老街，几家纯粮酿造的老白干美酒飘香浸润着古场镇，古木屋的老店子虽然早已关门闭户，老盐凳和木柜台依然能折射出土司时期白虎山下黄鹤边贸交易的繁华过往。

古村落主要分布在白虎山周边的巴岩古道九里十三弯沿线及其河谷地带，古道沿线的深大湾等不再表述。白虎山下河谷边的土家老村寨有典型珍稀的吊脚楼群，还有古井古树分布。白虎山虎头下边的茶园坝集仙山之灵气，生活在当地的土家人大多健康长寿，周家老汉已经百岁高龄依然耳聪目明、抽烟小饮，生活滋润。

老店子是白虎山周边古道上的独特风景。黄鹤、漆辽场镇有聚集集散物资和生活住宿的功能，许多店子应运而生，不再赘述。恰恰是介于两场之间，白虎山周边的老店子在古代土司时期发挥了重要的服务功能。我们在漆辽坝谭仁高的老店子里听他述说明清以来到如今他自己听闻和经历的故事。老谭出生于1937年9月18日。1960年在东北3073部队当兵，1966年转业，分配去新疆，半路还没有到达而回村上，1971年随全县300多人去修建襄渝铁路大巴山庞家嘴段，后回村当大队长、支书，育有谭登林（教委）、登军、登权（务工）三个儿子，大孙女已经工作了，自己在家养老赋闲。老谭说起巴盐古道就来劲。小时候住店子的，过往古道去白虎山外的络绎不绝，自己还亲眼看到解放时候，解放军解放当地在白沙岭歇气，一次激战，土匪的青冈炮打死了杨排长，很可痛可惜，其墓地就在马武场口的古道边。老谭还告诉我们，沿线还有漆辽马家店子、白沙岭郭家店子、烂房子徐家店子、新铺子、深大湾周家店子、杨神庙田家店子、擂鼓台蹇家店子，等等。其中新铺子和擂鼓台的店子是古道上非常著名的老店。

宗教信仰、神灵崇拜、家神崇拜是武陵山区自古以来的信奉，中华人民共和国成立前非常普遍。马家老店子九旬高龄的老太太告诉我们，白虎山周边的老庙宇解放以前香火很兴旺，过路的老板、背夫挑二都爱过路就拜。黄鹤的观音庙、马武的来佛寺、明寨子的大菩萨、九里十三弯的杨神庙和漆辽坝的罗汉她都记忆犹新。

说到自己的身世和经历老人家不禁老泪纵横，她说："自己解放前在这穷乡僻壤，哪里有固定的家呀？住过岩洞、窝棚，挨饿受冻是常事，去拜菩萨了也不管用；可是现在政策多好，生活多美呀。政府的恩情最最好！共产党才是最大最好的活菩萨！"

三、白虎山段古道及周边在当下开发的建议

昔日的石柱山区是今日的贫困地区、民族地区、革命老区和生态保护区，白虎山周边盐路文化遗存是石柱当下发展的宝贵财富，在保护自然和文化生态下，合理开发利用促进石柱自治县的发展是必要的。石柱利用盐路文化遗迹开发利用已经有万寿山风景区的先例和成功经验，万寿山（男女石柱）景区于2019年7月开放；所以，对打造白虎山，保护盐路文化遗产，我们更加有底气和信心。建议从以下几个方面开展白虎山区域的文化和自然遗产的保护性开发。

（一）规划建设一个4A级的白虎山旅游区

石柱自治县正在打造全域旅游，而县境内南部区域还没有一个旅游景区，这也体现了全县全域旅游的不平衡、不充分。如今连接长江和乌江流域武陵山区的重要通道石柱—黔江高速公路正在紧锣密鼓地建设，石黔高速在白虎山附近10公里范围内的龙潭、马武都有高速出口，2020年底实现通车以后，将极大地解决白虎山区域交通问题，加上正在改造升级的国道211几乎环绕白虎山而过，黄鹤镇山河村、汪龙村和鱼龙村都有村道公路进入白虎山区域，形成该区域交通的有力补充。为规划、实施4A级的白虎山旅游区的可进入性提供了可能。整合白虎山西边的国家文保单位，包括明清时期铅锌矿冶炼区、九里十三弯古道文化，东边的黄鹤老场和明寨子古军事要塞，南边的马武红色文化、秦氏诗人群的诗歌文化和来佛山来佛寺庙文化，加上北边已经成功申报批准的七曜山地质公园马盘溪和大小锅圈核心区的山水文化，再加上白虎山险峻的山峰登高和动养体验，真可谓"天赐白虎山"。所以规划设计、逐步建设4A级白虎山旅游区的建议并非空穴来风、脑袋发热，而是充分利用资源谋求黔中故地盐路文化发展的良策。

（二）打造九里十三弯动养自行车和步行道

当前，石柱县委、县政府力推"风情土家，康养石柱""转型康养，绿色崛起"，康养石柱建设需要推进"观养、食养、住养、疗养、文养和动养"建设。开发白虎山

旅游本身就是对康养石柱的支持与贡献。就动养而言，目前有一些登山爱好者，有一些步行爱好者，他们每天要步行 2 万步左右以增强体质，设想在白虎山巴盐古道上取精华路段的九里十三弯建设动养标准化自行车道和步行道。这是一个对文化遗产予以保护和有效利用的创意性建设，并恢复建设古道上一些文化景观景致。

（三）打造下坪、白岩、高嵌坝组团国家民族村寨

国家民委非常重视少数民族特色村寨村镇的保护与建设，国家住建部也在积极开展全国传统村落的保护性建设，结合当下的乡村振兴和城乡融合发展，将白虎山区域的古村、古寨、古店子、古院落进行保护性修复，特别是积极打造山河村的下坪、白岩、高嵌坝组团，通过民族资金的申报建设国家级的土家民族民俗传统村寨，保护修复一批土家吊脚楼群，发展一批乡村旅游产业，建设美丽的山河乡村环境，让群众在发展中受益，在发展中体验幸福感、获得感。

（四）开发利用国家地质公园国家文物保护单位

白虎山区域有两个国家级的名片：七曜山国家地质公园和重庆冶锌遗址群国家文保单位，在一个村寨能有这样的殊荣，这本身就是一个奇迹，是上天眷顾白虎山周边民众的结果。如果不能利用之、转化之，那真是抱着金娃娃叫穷、拿着金饭碗挨饿。

七曜山国家地质公园位于重庆石柱，是国土资源部于 2018 年 2 月公布的第八批国家地质公园资格名单之一。它以侏罗山式褶皱构造为主体，以地貌景观为主要地质遗迹的综合性地质公园，园内分布有七曜山景区、金铃景区、马盘溪景区，以及才子洞、四方洞和大小锅圈地质遗迹保护区。其中马盘溪和大小锅圈地质遗迹保护区就在白虎山的北边，隔河相望。

重庆冶锌遗址群国家文保单位前面已经介绍，白虎山区域的古矿坑群就在白虎山西边的正对面，是一个庞大的洞穴群，从明清到民国再到当代都有开发遗址和遗迹。当下其保护利用可以结合溶洞洞穴、文化遗产和科普宣传进行整合开发利用。

（五）弘扬石柱盐路文化土家文化的系列人文精神

白虎是土家人的图腾，白虎山区域独特的自然和文化环境造就了人们与自然奋斗、拼搏的许多故事和遗产，积累了盐路文化、土司文化、土家文化的系列人文精神，简要归纳如下：

虎虎生威、白虎啸天、雄鹰冲天的土司白杆兵的搏击奋发精神；逢山开路、愚公移山的建设巴盐古道、建设羊子岩公路的开拓精神；遇水建渠、修大堰的当代红旗渠精神；苦干加巧干、冲出峡谷、与时俱进、开拓创新的新时代扶贫攻坚精神。如今，这些盐路土家文化精神是一笔非常宝贵的文化遗产和精神财富，值得盐路故地、石柱大地的各族儿女永续利用、世代传承。

◇参考文献◇

[1] 习近平. 决胜全面建成小康社会夺取新时代中国特色社会主义伟大胜利[M]. 北京：人民出版社，2017.

[2] 费孝通. 乡土中国[M]. 大连：外语教学与研究出版社，2013（03）.

[3] 编委会. 石柱县志[M]. 成都：四川辞书出版社，1994（04）.

[4] 王希恩主编. 当代中国民族问题解析[M]. 北京：民族出版社，2002.

[5]《石柱土家族自治县概况》编写组. 石柱土家族自治县概况[M]. 成都：四川民族出版社，2008.

[6] 李绍明. 川东酉水土家[M]. 成都：成都出版社，1993.

[7] 潘乃穆、潘乃和. 潘光旦文集第七卷[M]. 北京：北京大学出版社，2000.

[8] 李良品等. 重庆民族文化研究[M]. 重庆：重庆出版社，2010.

[9] 彭福荣等. 石柱土司文化研究[M]. 重庆：重庆出版社，2009.

[10] 田阡、王剑. 边城黄鹤：渝鄂边境三村土家族生活样态的人类学考察[M]. 北京：知识产权出版社，2015.

[11] 刘建平、秦成德. 龙河的记忆[M]. 重庆：重庆出版社，2014.

[12] 刘建平. 石柱地理[M]. 成都：四川人民出版社，2004.

[13] 庹继光，李缨，庹继华著. 土风巴韵：土家族传播研究[M]. 上海：复旦大学出版社，2016.

用城市有机更新为全域旅游赋能

——试论自贡“西秦会馆—桓侯宫—王爷庙盐业市井文化风貌区”的保护路径[①]

曹筝琪娜[②]

摘　要：我国城市现代化的地理外扩性发展和对文物建筑的保护规划，导致了许多老旧城区持续衰败，形成城市空心现象。本文以自贡“西秦会馆”“桓侯宫”“王爷庙”三个文物建筑及其周边民居建筑所构成的“西秦会馆—桓侯宫—王爷庙盐业市井文化风貌区”为例，探讨了进行城市有机更新的路径、方法和价值。尝试利用城市有机更新的理论和方法，寻找一种老旧城区的改造思路，通过对文化风貌区的保护性改造，以期将人文遗迹保护与人文活力保护并举，并进一步论证了城市有机更新为全域旅游赋能的可能性。

关键词：盐文化；风貌保护；城市有机更新；全域旅游

一、城市有机更新的意义

1. 城市有机更新理论的提出背景

中国改革开放以来，面对与发达国家相比发展欠账太多的情况，大部分城市都采用了边缘向外扩张的方式，以期快速地实现城市化和现代化。经过40年来的发展，大量城市的中心区域反而成为“发展洼地”，在经济、民生和景观风貌上与周围的“新”城市格格不入。于是旧城改造逐渐成为近年来城市规划与建设的重点关注对象，但是在旧城改造过程中，片面的追逐“新”、拆除“旧”，对不可再生的建筑遗产和文化风

① 基金项目：四川省哲学社会科学重点研究基地——四川轻化工大学中国盐文化研究中心2019年度资助项目“自贡桓侯宫艺术研究（项目编号：YWHY19-05）”。

② 作者简介：曹筝琪娜（1988—），女，四川自贡人，文学学士、艺术学硕士，成都画院（成都市美术馆）策展人、助理研究员，中国艺术人类学学会会员，四川省美协理论委员会委员、四川省评论家协会会员。主要研究方向为民间民俗及现当代视觉艺术研究、文化线路视域下的艺术人类学研究、美术馆策展学研究等。

貌造成了重大威胁，甚至是破坏。

老旧城区记录着历史文化、展现着地域风貌，但是普遍基础设施较差，在交通、消防、网络等诸多民生问题上已经远远不能适应现代城市生活，直接影响了居住在此的人们的整体生活水平。如何让老旧城区从过去过渡到未来，使之重新发展和繁荣，特别是如何在满足人们美好生活诉求的同时，留住城市文脉精神，成为摆在城市规划和管理者面前的难题。

“城市有机更新”理论就是在这样的情况下提出来的，这一理论认为“城市建设应该按照城市内在的秩序和规律，顺应城市的肌理，采用适当的规模，合理的尺度，依据改造的内容和要求，妥善处理目前和将来的关系，在可持续发展的基础上探求城市的更新发展，不断提高城市规划的质量，使得城市改造区的环境与城市整体环境相一致。主要包括对建筑物等客观存在实体的改造，以及对各种生态环境、空间环境、文化环境、视觉环境、游憩环境等的改造与延续”。

2. 老旧城区的有机更新可以解决保护与发展的矛盾

“城市有机更新”理论包括多个层面的意义，首先它将城市作为一个整体的有机体来看待，也就是城市的各个部分之间应该是彼此关联、和谐共生的关系，只有每一处都展现出自我的活力，这个整体才是一个有生命力的整体。同时，同生物体一样，城市的各个部分会在发展过程中自主更新，这种更新是不间断的，也是必要的，无论是新发展的部分，还是之前已经存在的部分，都应该顺应这种更新的过程。而作为更新过程中的部分，也应该遵从城市整体的原有基础与发展趋势，遵从城市的历史文化源流与现实发展规律。

可以说，这是一套“动态”发展的观点，遵从整体与局部、局部与局部、过去与未来之间的“延续”“平衡”与“共生”。在这一观点的指导下，针对老旧城区的改造，主张在坚持历史文化遗产保护的前提下，延续传统街区的建筑形式与艺术风貌，同时注重其与现代使用功能的安全与舒适共存。这种方式在传统的保护与拥抱现代化的发展之间，找到了一种平衡的可能，解决了保护与发展之间的矛盾。

3. 老旧城区的有机更新将为城市全域旅游赋能

随着我国旅游业的发展，人们早已不满足于单一的看景点式的观光旅游，从而从观光旅游发展为休闲旅游、再发展为体验旅游。这一发展过程证明了只有深化文旅融合，发展全域旅游，才能真正满足人们逐渐扩展的对旅游本质的期望。城市有机更新理论在老旧城区改造中的实践，实际上是在文化上对老旧城区历史传统的梳理，在空间上对老旧城区适应现代化发展的改造，这个过程不仅是对老旧城区的提档升级，更是一次文化的“加码”。而以梳理和打造文化风貌为方式所进行的改造，也将通过老旧城区的有机更新，为城市发展全域旅游提供条件。将旅游目的地从景点延伸到街区，从街区延伸到城市，极大地推动文化和旅游的深度融合，为城市的全域旅游发展赋能。

二、自贡盐业市井文化风貌区现状

1. 盐业生产、盐业运输与盐业市井文化共同构建盐都文化景观

四川省自贡市历史悠久，有文字记载的历史迄今已有1000多年，文物遗存具有重要的文化意义与历史价值。曾形成“烧盐煮卤缭绕，井架屹若云连”的宏伟规模，盐业生产和商贸一度非常繁荣。盐文化是自贡这座城市的文化之根，也是中国井盐文化的代表，在中国文化历史上有不可以取代的唯一性价值。

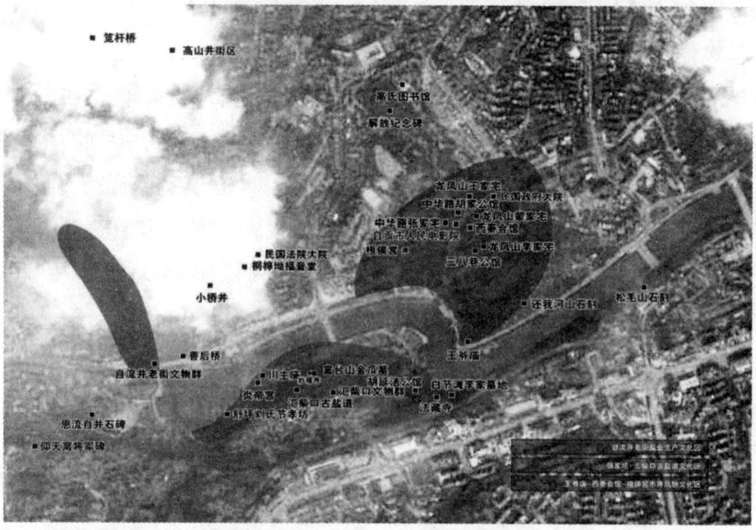

自流井三大盐业文化风貌区

而盐业生产、盐业运输与盐业市井生活相伴相生，构成了这座城市的基础文化风貌。井盐文物的完整性、综合性、连续性，在不同功能的城市区域之间有力地表现出自贡的地方文化特征。仅以自流井区为例，从不可移动文物的分部上就可以梳理出几类盐业文化风貌区，包括“自流井老街盐业生产文化风貌区”“张家沱—汇柴口盐业运输文化风貌区”和“西秦会馆—桓侯宫—王爷庙盐业市井文化风貌区”。

以“自流井盐场”为代表的“盐业生产文化风貌区”，目前通过对“自流井”“路边井”“宝隆井”“通灯井”“双盛井”等盐业生产遗迹的保护，“浮桥”“码头”等历史景观的恢复，以及对“自流井老街”项目文旅融合式街区的打造，已经逐渐形成规模。与在大安区打造的“老盐场1957”项目相互补充呼应，分别从古代盐业生产文化和近代盐业生产文化中，提取元素进行有机更新改造，成为自贡盐文化全域旅游的重要环节。

而以“张家沱—汇柴口古盐道”为代表的盐业运输文化风貌区，以古盐道为线索，沿途包括“炎帝宫”“川主庙”“胡延洁公馆”“法藏寺”“白节滩神道碑”等不可移动文物以及汇柴口的诸多民居。因这个片区远离近代城市发展重心，相对而言破坏小，改造需求也更小，且与自然风光融合较多。虽还未进行有效的有机更新改造，但作为

盐业运输的文化风貌景观比较单纯，文化风貌尚算协调。

而自流井区文物建筑最集中、文物建筑级别最高的“西秦会馆—桓侯宫—王爷庙盐业市井文化风貌区”，不仅有“西秦会馆”“桓侯宫”“王爷庙”三大文物保护建筑，还有“民国政府大院”“龙凤山王家宅”“中华路张家宅”“中华路胡家公馆”“三八巷公馆”“龙凤山蒙家宅”“龙凤山李家宅”等诸多具有文物价值的建筑遗存。但是这一片区从自贡建市前后就一直承担城市中心城区的功能，不同年代均有改建，文化风貌较为杂乱。同时该片区居住人口多，民生诉求高，急需对该区域的盐业市井文化进行重新梳理，对片区风貌和社区进行有机提升。

2. 三大文物保护建筑构建盐业市井文化风貌区

“西秦会馆”位于自流井区解放路东段，始建于清乾隆元年（1736），落成于清乾隆十六年（1751）。馆址原是清代陕西籍盐商修建的同乡会馆，因此命名西秦会馆，俗称陕西庙，1988 年被公布为全国重点文物保护单位。“桓侯宫”位于自流井区新街中华路路口，始建于清乾隆年间，清咸丰十年（1860）被焚毁，现存建筑为清同治四年（1865）在原址复建的。为屠夫帮会集资修建的行业会馆，因供奉屠夫行会祖师爷张飞而得名桓侯宫，俗称张爷庙，2013 年被公布为全国重点文物保护单位。“王爷庙”坐落在自流井区釜溪河畔，始建年代不详，但不晚于清同治年间，清光绪三十二年（1906）又新建成一座戏楼，现存建制不全，部分建筑在抗日战争时因修建市区公路而被拆除。该建筑为自贡本地盐商所建，其来历民间流传两个版本，一是“锁水”说，二为“斗富”说，1991 年被公布为省级文物保护单位。

西秦会馆—桓侯宫—王爷庙的地理位置互为犄角

这三处文物保护单位，两处为国家级、一处为省级，具有较高价值，且初建时分别为同乡会馆、行业会馆和本地盐商会馆，具有典型的盐业市井文化特征。三处建筑均规模宏大、艺术价值较高，且依山就势建造，与周围环境的关系各不相同，虽然建造年代相近，但各有艺术风格，在整体片区中是极有代表性意义的建筑点位。三处建筑在地理位置上互为犄角，中间又星罗棋布着一些有文物价值的民居建筑，形成了以盐业市井文化风貌为特征的一个较大片区。这个片区文化风貌成熟、地理位置集中，在城市有机更新方面具有较好的基础条件。

3. 盐业市井文化风貌区所面临的问题

自贡市曾经繁荣的自流井片区（釜溪河中段）井盐工业，已逐渐退出历史舞台，与之相关的生产、运输活动也正在消失，而以盐文化为基础的市井风貌事实上也在走向消亡。但是在“西秦会馆—桓侯宫—王爷庙盐业市井文化风貌区”中历史留下的诸多精品建筑还在，街区的基本布局还在，还可以从中依稀看到城市的历史脉络与精髓。面对正在消失的盐业市井文化的发生基础，如何既留住这座城市的历史文脉，又赋予这些街区新的文化价值与意义，使其能在未来持续发展、保持活态，是进行文化风貌管控与有机更新的重点方向。

“西秦会馆—桓侯宫—王爷庙盐业市井文化风貌区”与檀木林大街、滨江路相连，是自贡城市发展中“新”与“旧”的链接处。在近年来的城市发展的进程中，这一片老旧街区与周围的新建设街区之间已经形成脱节，造成城市风貌的断层，在经济与社会发展的版图下留下了空洞区域。居住在文物建筑周围的居民户数非常多，且多是平房和棚户，建筑互相牵连。民生问题与文物保护问题纠结在一起，文物自身的安全也受到威胁，居民对现代化改造的诉求也很高。旧的街区在人文方面虽然具有文物价值，但是对居民的生活存有很多制约和安全威胁，已经到了不改不行的地步。

“西秦会馆—桓侯宫—王爷庙盐业市井文化风貌区”曾经长期作为自贡的市中心区域，建筑建成的年代跨越清代、民国和中华人民共和国成立后至今的一两百年，建筑风格多样，文化风貌景观不统一。加上这一片区除了三大重点文物外，其他民居建筑都常年作为居民住宅或商铺使用，各个时期均有加建、改建，建筑风貌与建成初期相比发生了极大的变化。即使是重点文物，因为以前的文物保护工作主要重视文物建筑本体的保护，而忽略了文物建筑视域的保护。造成了目前这一片区部分重要文物已经被新的视觉风格侵入的现象，如周边的高楼建筑、商业广告等均在视觉上对文物的风貌景观形成了破坏。

三、自贡盐业市井文化风貌区有机更新的路径

1. 建设“点、线、面”结合的整体文化风貌体系

鉴于“西秦会馆—桓侯宫—王爷庙盐业市井文化风貌区”的文物建筑较多，在城

市有机更新的过程中，应严格按照《中华人民共和国文物保护法》等相关法律法规的要求，按照文物保护单位的保护等级划定文物保护区和建设控制地带，让城市有机更新与文物保护协同进展。

用三个重要的会馆文物建筑为支点、数个民居文物建筑为支撑，或大或小、星罗棋布地构筑起整个片区的文化骨骼，让文物保护成为城市有机更新的重要环节，并尽量扩大文物保护对有机更新的有利影响。以三大会馆建筑串联起的这一文化风貌区，有中华路、解放路、滨江路三条平行街道，中间又有许多小巷连接。但目前街道作为车行道常常拥堵，而原有在民居间穿行的小巷也基本因私搭乱建或杂物堆放而阻塞，成为动线无法进行小回环的“顺路”，失去了作为街区的交织特征。因此在构筑整体文化风貌体系的过程中，首先应在保留基本街区形态的情况下，对街道的车辆进行管控，利用周边非文化风貌区的街道合理规划绕行。同时对小巷内私搭乱建的建筑进行清理和合理拆除，对不具有文物价值的院墙进行开墙让道，对不具有文物价值的临街民居进行开洞设铺，增加小巷的步行空间和商业价值，通过街道串联文化景观。这个片区虽然都体现出盐业市井文化的特点，但其主要文物建筑的年代略有不同，形成了清代和民国两种风貌。因此在有机更新的过程中，可以以解放路为轴，划分为两个风貌片区进行更新改造，分别为清代民居市井风貌区和民国公馆市井风貌区。同时又通过三个清代会馆和数条街区进行串联，形成一个有机整体。

两种历史风格的市井风貌区的构想

2. 用对历史文化的深入研究作为城市有机更新的核心动力

（1）对文物建筑进行历史文化研究与真实性评估

研究与评估是整个城市有机更新工作的基础，也是核心动力。要想让“西秦会馆—桓侯宫—王爷庙盐业市井文化风貌区”承载得住“文化风貌”，对这一片区内建筑的历史及文化研究就需要做得深入细致。不仅是三大重点文物保护单位，还有周边的各类民居建筑，不仅要研究它们的历史文化，还要对现有保护条件进行评估，去伪存真、去糟存精，以利于在城市有机更新的具体工作中做出正确的判断。

特别是那些长期用于居民居住的、文物级别不高的部分建筑，在历史发展过程中经过了多次改建，目前所留存的状态与初建时已经发生了很大不同。因此在城市有机更新的过程中，除了对建筑本体进行研究与评估之外，还应该对其所处的历史文化环境，即自流井的历史演变、营造过程、格局变迁进行研究，分析各个历史时段对其的影响，对文物的具体年代开展真实性评估，使其更为清晰和详尽。

同时，我们应该看到，城市发展的历史过程也是真实性的一部分，文物的真实性也应包括文物营造初期所呈现的状态，以及历代的修建影响。但为保证文化风貌的统一，应依照对建筑及周围环境的年代风貌划定，从中剔除对文化风貌有破坏性的部分，保留与文化风貌相一致的部分。特别是如对文物本体的结构、构造、材料、功能进行的改造，以及对其周边环境进行的改造等，对建筑的历史真实性与风貌协调性产生不良影响的行为。

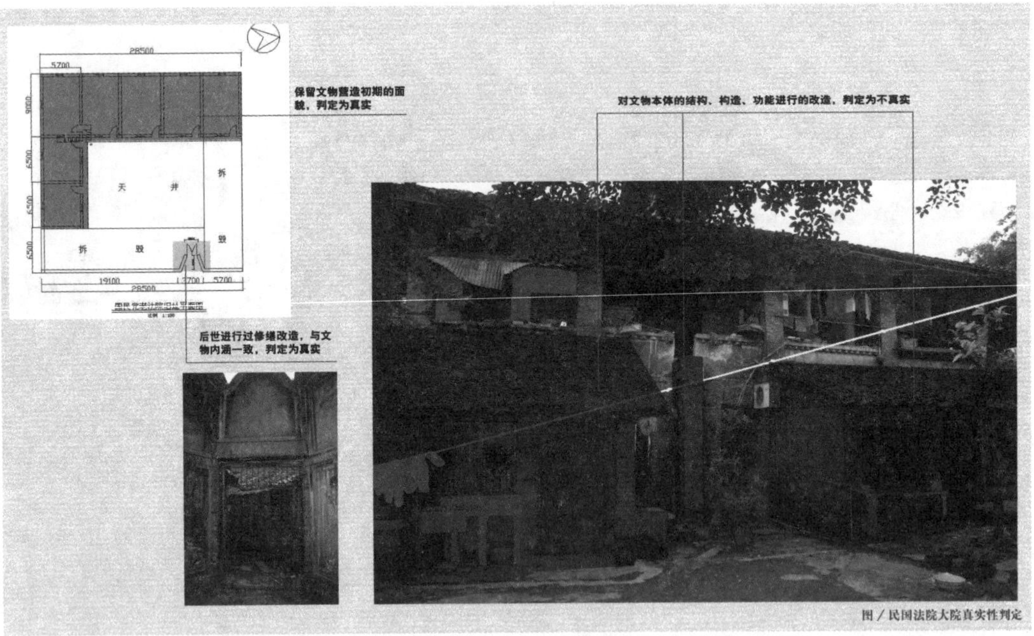

民国法院大院历史真实性判定

（2）划定不同级别的管控区域

在“西秦会馆—桓侯宫—王爷庙盐业市井文化风貌区”的有机更新过程中，应结合三个重点文物地标，划定核心保护范围、保护性开发范围和环境协调范围。核心保护范围按照文物法规相关要求为完全不可侵入范围，而保护性开发范围，以核心保护范围为中心，向外扩张，在这个区域可以进行一些保护性的拆建工作。

同时在对整个片区的文化风貌深入研究的基础上，为达到相关的环境和谐、视廊保护的要求，还应增设环境协调区。环境协调范围分为Ⅰ类和Ⅱ类，Ⅰ类建设控制地带主要为龙凤山和自贡彩灯公园两处山地，这些山地景观作为“西秦会馆—桓侯宫—王爷庙盐业市井文化风貌区”的背景山脉，包含丰富的历史文化内涵和重要的景观作用，规划管理措施与林业管理条例相一致，应严格控制区内的建设工程，保持现有的山林风貌。Ⅱ类建设控制地带则充分考虑不同角度的景观视域，对“西秦会馆—桓侯宫—王爷庙盐业市井文化风貌区”周边的新建建筑物高度及其色彩和造型提出相应建设和改造要求。

（3）保护性拆除与兴建

除了几个精华的民居建筑外，“西秦会馆—桓侯宫—王爷庙盐业市井文化风貌区”的民居大多为近一百年内无序自建且多次改建的，核心结构已经发生较大变化，不具文物价值。这些建筑多为木结构，在盐业生产鼎盛期受到空气中盐卤等化学物质的腐蚀，又伴随近几十年来大气质量的下降、酸雨等危害，已造成严重损害，不具备基本的保存条件。同时这些民居与重点文物建筑和精品民居建筑之间紧密相连，又均为木质，火灾隐患严重。为不影响部分精品文物建筑的安全，针对这部分建筑，可以采取保护性拆除的措施。而“西秦会馆—桓侯宫—王爷庙盐业市井文化风貌区”在消防、交通、停车等方面均存在明显问题，已经无法通过改造原有建筑解决。因此在不侵入文物保护区，不破坏片区文化风貌的前提下，可以通过保护性兴建来完成对整个片区的有机更新。

无论是拆还是建，都应该是在文物保护和风貌评估的前提下进行的，且都应该是小规模、小尺度的。这种有针对性的改造与更新，是城市细胞正常更替的过程，在未来也不会是固定的。因此这种小规模、小尺度的拆与建，将伴随着时间发展，缓慢而有力地进行，以保证“西秦会馆—桓侯宫—王爷庙盐业市井文化风貌区”的持续发展。

4. 用对艺术手法的尊重作为有机更新的品质保证

不同级别的文物管控区域内的建设和改造，在遵循基本的文物视觉保护原则之外，还应尊重原有街巷空间的肌理特征，对原有街区的整体视觉风貌进行保护，同时剔除那些在历史演化过程中自发性产生的，不符合片区艺术风格的内容。有意地将“西秦会馆—桓侯宫—王爷庙盐业市井文化风貌区”的艺术风格进行归纳整合、总结提炼，抽取艺术元素，为原有建筑空间的改造和更新提供视觉依据和艺术指导。

同时，为了提升“西秦会馆—桓侯宫—王爷庙盐业市井文化风貌区”的商业价值和旅游功能，激活街区生命力。可以通过统一视觉艺术风貌，将一些不具文物价值的零碎空间化零为整，整合为几个重要的承担实际价值的功能性空间。如风貌区历史文化陈列展示空间、社区中心、游客中心、商业空间等。在此过程中，根据实际情况的不同，亦可以在统一整个片区的视觉艺术特征的前提下，通过植入满足新需求的功能空间，如消防站、交通集散中心等，达到城市更新与文物保护协同进展的目的。

5. 用强有力的社区工作推动有机更新的“生态性”发展

目前历史街区的保护中，最常出现的问题就是大量外迁原住居民，这将难以保存街区原有的生活方式与生活情趣。不管是规划内还是规划外，改造后的社区如果与原有居民不再发生关系，将是改造的失效。无论是人去楼空的“重生”，还是迪士尼乐园化的“演绎”，都是对历史的贸然切断，而非有机更新。因此留住原住居民、培育街区活力，将是整个“西秦会馆—桓侯宫—王爷庙盐业市井文化风貌区”建设过程的最后一步，也将是街区未来发展的第一步。这一步不是物质的改造，而是人文的延续，只有制定切实可行的社区工作方案，搭建精细化管理平台，才能真正完成作为城市细胞街区的有机更新，真正完成文化风貌的景观塑造。

传承和培育“活态”的地域特色和生活场景，其中“活态”是关键，不仅要有烟火气息，更要有人文气息。在“西秦会馆—桓侯宫—王爷庙盐业市井文化风貌区”中就需要延续盐业市井的历史气息，也要培育这个气息面向未来的持续发展可能。在基础改造完成后的文化风貌区内，必须进行持续不断的、有文化内涵的小规模、渐进式、日常性的社区工作推动。通过细致而微的，如同毛细血管般的邻里关系，逐渐影响整个片区的人文风貌，完成对整个风貌片区的社会风气的历史凝结与有效更新，才能达到真正的社区“新生”。这样的“新生”将是生态性的，是动态的、可持续的。

而在基础设施更新与改造的过程中，所建立起的这种“生态性”街区，将是“西秦会馆—桓侯宫—王爷庙盐业市井文化风貌区”有机更新最有效的成果。从物质到精神的历史梳理与文化延续、从建筑到社区的实际改造与内容更新，将使人民群众真正体会到发展所带来的幸福感，将使生活其间的每一个人成为盐文化的守护者与传播者。而“人”是最美的风景，自贡盐业市井文化风貌区中的“人”也将成为自贡旅游最引人注目的一点。

四、结　语

与“更新”等同于“去旧”的传统逻辑不同，城市的有机更新所期盼的是新与旧、保护与发展的辩证统一，而这也是其能够给旅游赋能的关键。自贡的盐业生产正在逐渐退出城市的经济生活，但是千年盐业生产所留下的文化景观已经成为这个城市的一部分，是与城市血肉共生的关系。隔断这个关系，将让这座城市失去特色，成为千城一面中的一员。如何保留这个历史记忆，又适应新的发展，不仅是文化所需、旅游所需、历史所需，也是民生所需、城市所需、未来所需。只有通过“与旧为新”的生态性改造，才能让作为有机体的城市在动态中既保持旺盛的生命力，又能将其独一无二的盐文化“基因”传递下去，实现经济与社会双重意义上的可持续性发展。

◇参考文献◇

[1] 曹念，曹筝琪娜.《自贡市历史文化名城自流井中心城市文物保护（规划）建议书》[R]. 自贡，2016年.

[2] 吴良镛. 北京旧城与菊儿胡同[M]. 北京：中国建筑工业出版社，1994.

[3] 张晓婧. 有机更新理论及其思考[J]. 甘肃：农业科技与信息（现代园林）. 2007（11）.

[4] 伍江. 从历史风貌保护到城市有机更新[J]. 上海：上海城市规划. 2018（06）.

复兴“上古盐都”的战略思考

——宁厂古镇盐文化保护、城镇功能修复、旅游开发综合规划预研究

佘　平[①]

摘　要： 具有5000多年制盐历史的宁厂古镇，文化底蕴深厚，具备很大的旅游开发价值。但自20世纪末宁厂盐厂关闭后，百业凋敝，濒临灭绝。由主要产业（制盐）萎缩到最后消亡，导致人口大量散佚，以及行政管理、公共服务、生活服务等城镇功能完全丧失，最终沦为“空城”“死城”。循此逻辑，我们在探讨“宁厂盐文化资源开发与主题旅游”“盐业特色古镇、村落的保护利用与开发模式”等课题时，就不能简单地只盯着“盐文化资源”和“旅游开发”这两个主题，以及如何将二者联系起来；而应有更广阔的视角，循着城镇兴废的历史与现实成因、规律，重点从“城镇功能丧失与修复”的角度来思考问题，从“城镇功能修复”入手来解决问题，实现盐业古镇的全面复兴，进而实现盐文化活态保护与主题旅游开发的良性互动、发展。

关键词： 复兴；宁厂古镇；综合规划；预研究

宁厂古镇是重庆市首批国家级历史文化名镇，具有5000多年的盐业史，曾经有过“一泉流白玉，万里走黄金”的辉煌，巅峰时期人口过万，被誉为“上古盐都”。其灵秀的山水风光、深厚的文化底蕴、古朴的民风民俗，使其不仅具有巨大的历史文化价值，而且拥有优质和潜力无限的旅游开发价值。但自20世纪末宁厂盐厂关闭后，百业凋敝，人口散佚（目前不足200人），建筑朽毁，濒临灭绝。因盐而兴，因盐而衰，其实就是一个资源枯竭型小城镇的典型案例。亟须对其进行保护和适当的开发利用，使其恢复活力与生机，重现“上古盐都”的历史风采，实现历史文化价值向现实经济价值、社会价值的转化。

---

① 作者简介：佘平（1966—），男，重庆巫溪人，学士学位，重庆市作家协会会员，巫溪县民间文艺与民俗文化协会主席。主要从事巫盐文化、乡土建筑、民俗、地方志研究及在本土旅游开发中的应用。

一、发展目标与路径

1. 目标体系

总体目标就是复兴“上古盐都”——宁厂古镇，重现其历史风貌。具体地讲，就是要实现以下三个目标：

（1）恢复宁厂古镇的活力，即修复宁厂古镇的城镇功能。目前，宁厂古镇没有任何产业，城镇功能丧失，人口严重流失，常住人口不足 200 人，是名副其实的“死城”，学术界称之为“收缩型城镇”。因此，我们的首要目标，就是要将“死城”变为“活城”，恢复宁厂古镇的活力与生机，最直观表象就是要恢复到 2000~2500 人以上的常住人口。

（2）旅游经济得到很大的发展。宁厂古镇不具备发展农业、现代工业或其他产业的条件和基础，但得天独厚地拥有优质的巫盐文化旅游资源。故大力开发旅游产业，合理利用其优势资源，带动地方经济社会全面发展，具有重要的现实意义，也是其最重要的商业价值所在，故旅游产业一直都被确定为主要发展方向。但数十年来，发展思路不明确，投入严重不足，未能取得任何突破。游客稀少，仅有一两家民间“农家乐”在断断续续地维持经营。旅游业还处于规模小、档次低、文化内涵缺失、自生自灭的状态，且还在进一步恶化。

（3）传统文化得到有效保护。宁厂古镇系国家级历史文化名镇，是中国巫文化、盐文化的发源地之一，有着 5000 年的制盐历史，和“吴蜀之货，咸萃于此”的辉煌。巫文化、盐文化、乡土建筑文化、商业文化、民俗文化、移民文化等底蕴深厚，具有重大的文化价值，也是潜力巨大的优质人文旅游资源。但随着盐厂的关闭，人口迁徙，建筑年久失修，上述各文化因失去生产、生活传承，亦无专项文化保护措施，均陷入自然消亡的状况，甚至濒临灭绝的境地。故亟须对其进行有效的保护和传承，并在旅游开发中实现其商业价值。

上述三大目标，构成了复兴宁厂古镇的目标价值体系。它们是一个有机的系统，三大目标相互依存，相互促进。同时，彼此又有一定的矛盾（如文化保护与旅游开发之间），相互制约。可以分为两个步骤完成，第一步，复兴传统产业的城镇功能较完善的宜居的古典小镇；第二步，大力发展旅游产业，建成以巫盐文化为主要内涵的人文旅游景区。

2. 实现目标的路径

怎样对历史文化名镇、古村落进行有效的保护和开发利用，目前固有的模式就是开展大规模基础设施建设，打造“优质”旅游景点——修复或仿建历史建筑，完善通勤、食宿、娱乐、购物等配套设施，从而整体上大幅提升旅游产业的规模、档次和品质——然后吸引游客前来消费实现盈利。此路径通常见效快，但很难持续下去，也会对当地生态环境和历史文化造成较大的破坏。究其原因，其难点并不在文物、历史建筑的修复和旅游景区的打造与营销，而在于怎样使其具备持续的发展动力，避免因千篇一律，缺乏合适的商业业态，从而出现景区开业不久就关门大吉的结局；或者大拆大建，过度的旅游开发和商业行为对历史文化的巨大破坏，致使历史文化名镇被掏空内涵而沦为昙花一现的旅游商业集市。另一种模式为“隔离式”保护，或“断炊烟”保护，原住民大部分被政府动员迁走，或因失去生计和城镇基础设施老化、生活不便等主动迁走而成“空城”“死城”。以上模式均不可取，所以，复兴宁厂古镇应另辟蹊径。即通过城镇功能修复，达到完整地、“活态”地保存并展示其历史风貌和文化积淀，由此旅游开发、经济社会发展等目标就会自然而然地水到渠成。也就是说，发展宁厂的主题（盐文化）旅游产业，不应单纯地从盐文化资源利用和景区打造入手，而应从一步一个脚印的城镇功能修复入手。

宁厂盐文化最有效的保护方式是什么？是修复一批盐业遗址、历史建筑，兴建盐文化博物馆吗？不是。因为这些都是“死的标本”，没有任何生命力。

文化保护最有效的办法是恢复它的活力，恢复它自身的生命。即以日常的生产、生活形态，在现实社会中一代一代延续下去，成为市井生活的重要部分，成为“活的标本”。具体地说，就是要让传统形态的宁厂古镇，能够不完全依靠旅游业，不依靠现代工业、不依靠财政长期输血就能独自生存下去，自己养活 2000~2500 常住人口。而要恢复 2000~2500 常住人口，需提供 700~800 个就业岗位，其中一半以上为传统产业。若能做到这一点，宁厂的巫盐文化、建筑文化、民俗文化，就不是死的文物、遗迹、遗址、古董和传说，而是鲜活存在的一代一代延续下去的百姓生活！这种与现时代隔绝了近半个世纪的“原生态”生活，就是最绝佳的人文旅游资源！这一过程其实就是城镇功能的修复，即城镇最主要的两个功能——“产业聚合”和“人口聚集”的修复，通过“产业聚合”促进“人口聚集”，进而自然而然地实现盐文化的活态保护与传承。

这些需要恢复的本土或传统产业，其核心就是传统工艺的、作坊式的食盐生产及配套产业。但传统工艺制盐成本太高，完全恢复既不可能，也无必要，只需恢复 1~2 家传统制盐作坊，年产食盐 500—800 吨，提供 30 个就业岗位。如此构成了宁厂的核心产业圈，也是最吸引游客的人文旅游景点。宁厂旅游业就有了灵魂，有了持久的生命力和核心竞争力。

第二，采用传统材料、工艺，按原来的空间形态、建筑风貌对宁厂历史建筑、乡土民居进行保护性修缮，并适当新建一批市政基础设施、文化旅游设施等。这种维修和基础设施建设，不是一次性完成，而是有计划地逐步实施，每年修复 30~50 栋旧房屋，长久持续下去，可形成一个古建筑维修产业，为当地提供 30~50 个就业岗位。同时，主要以本地消费市场为产业支撑，恢复一大批本土的传统手工产业，如：特色食品加工（咸菜、泡菜、腊熏肉、酿酒、调味品、糖果点心等）、土特产加工贸易、竹木陶器、编织刺绣，等等。如此就构成了第二层产业圈，可提供 150~200 个就业岗位。

第三，恢复行政管理、公共服务与生活服务产业（这也是城镇功能的重要内容）。将宁厂镇的党、政机关迁回宁厂古镇，并恢复学校、医院、银行等公共服务机构，恢复粮油、百货商店、农贸市场、餐饮运输、电器修理等生活服务行业，由此可再提供

300 多个就业岗位。这些可构成宁厂的第三层产业圈。

恢复起这三层产业圈，就基本修复了宁厂古镇的城镇功能，可以独立地、原生态地生存下去，并进入良性发展轨道。

最后才是现代旅游产业圈，吃住行游购娱，又可提供 200 个就业岗位。如此宁厂古镇就能解决 700~800 人就业，养活 2500 人常住人口。其真实的（非表演、模拟的）、活态的巫盐文化、民间民俗文化等，不必劳神费力进行专门保护即可长期延续传承下去，宁厂人文旅游也就有了生存发展的根基和灵魂。概括地讲就是恢复传统产业，凝聚人气，传承文脉。

古镇的衰败过程，其实就是产业（人口）聚合、公共（生活）服务、社会治理等城镇功能丧失的过程。反之，古镇的复兴发展，就是产业（人口）聚合、公共（生活）服务、社会治理等城镇功能的修复过程。而最重要、最基础的即是产业聚合。

宁厂恢复以盐业为核心的传统手工产业，其实就是一个“产业化”过程，其最终目标是完全修复宁厂古镇的城镇功能。即从“恢复产业”→“聚集人口”→“聚市成邑”，逐渐恢复较完备的小城镇功能，也即“第二次城镇化”过程[①]（因为宁厂原来是城镇，后来衰败了，故现在是“第二次城镇化”）。而城镇化（完备的基础设施、公共服务与产业服务、消费市场）反过来又会促进产业化进一步发展壮大。同时，通过上述特色内涵的“产业化”和“再城镇化”，恢复了宁厂古镇传统的工商业态和传统市井社会生态，从而实现了对包括巫盐文化在内的宁厂古镇特色文化的“活态”保护与传承。而这种“活态”的（即生活状态存续的）巫盐文化、城镇空间和乡土历史建筑、民间民俗文化，本身就是富集的特色文化旅游资源，是发展现代旅游产业丰厚与坚实的基础。而现代旅游产业的植入和成长反过来又会厚实、稳固传统产业的基础，进一步促进特色内涵的“产业化”和“再城镇化”。最后形成良性循环，相互促进。“产业化”“城镇化”“活态”文化、人文旅游，四者有机地融合成充满活力的生命系统，自我生长发育，最终实现复兴“上古盐都”——宁厂古镇的目标。

3. 复兴后的宁厂古镇的城镇功能定位

在传统古镇内涵范围内，确定宁厂古镇的城镇功能定位。城镇功能即使其具备作为一个正常的小城镇的独立生存、自我发展、良性发展、持续发展的能力。包括产业聚合、人口聚集、公共服务、生活服务、城镇管理与社会治理、文化保护与传承、区域影响力辐射等城镇功能。在此基础上，赋予其旅游服务功能。

具体通过以下几个方面的表述，来进一步明确其城镇功能定位：

（1）以制盐业为核心的传统手工产业基地（产业聚合）。

（2）市政基础设施和公共服务基本完备，生活服务齐备，山水环境优美，市井生活浓郁，古朴逍遥，邻里和谐，生活小康，常住人口 2000~2500 人的宜居小城镇（人口聚集、公共服务、生活服务）。

① 佘平：《宁厂古镇盐文化保护与产业发展的路径》，《中国盐文化》第 9 辑，2017 年，第 148-153 页。

（3）国家历史文化名镇。巫文化、盐文化、乡土建筑文化、秦巴山地民俗文化传承、展示区。市级非物质文化遗产传习基地，市级文艺创作基地（文化保护与传承）。

（4）以巫盐文化为主要内涵的市级人文旅游 4A 级景区（远期达 5A 级）。长江三峡大宁河流域最重要的旅游节点。巫盐古道文化线路起点（旅游服务）。

（5）宁厂镇（建制镇）的行政中心（城镇管理与社会治理）。

（6）巫溪县后溪河区域（含宁厂镇、天星乡、长桂乡）商贸服务中心（区域影响力辐射）。

二、发展内容

1. 产业修复

（1）制盐业：恢复 1~2 家制盐作坊（盐灶房），塔炉灶制盐工艺，日产食盐 1~2 吨。

（2）传统手工产业：重点是传统食品（农产品）加工，以供应本地消费市场为主，部分通过旅游市场销售。如：酿酒、榨油、泡菜、腊肉、调味品（酱油、醋）、糖果（米花糖、芝麻糖、月饼等）、豆制品、粉条、面条、薯片等。以手工作坊形式，以传统工艺、货真价实为买点。还包括竹木加工、编织（竹编、草编）、石雕、木雕、造纸、烧陶（砖瓦、陶器）、刺绣、造船（柳叶舟）、打铁，以及古建筑维修产业等。

（3）生活服务产业：涵盖生活服务方方面面。包括粮油副食店、日杂五金店、百货商场、农贸市场、药店诊所、餐饮旅店、休闲娱乐（茶馆、麻将馆）、货运快递、美容理发、电器修理、养老保健、蔬菜基地等。

2. 完善城镇基础设施

新建污水处理厂及管网、垃圾收运、自来水、消防等设施和应急避险场所。对供电、电信、广播电视、市政（下水道、路灯）等设施进行升级改造。加强洪涝、地质灾害等的预防和治理。加强镇内山体绿化和水体保护等环境保护工作。

3. 恢复公共服务

恢复、完善学校教育、医疗卫生、公共文化（文化站、图书馆、健身场馆）、社会保障、公交、金融、邮政、电信、环卫等公共服务行业。

4. 恢复人口

努力创造就业岗位，开放落户条件，鼓励原住民回迁和新移民定居（只给定居者提供就业岗位），逐步恢复 2000~2500 人的常住人口。

5. 历史街区和传统建筑修复

整修复原接官亭、麻柳树、衡家涧、张家涧、沙湾、四道桥等街巷；对 4 道索桥、北岸公路混凝土堡坎进行风貌改造；复建盐场公署、龙君庙、吴王庙、城隍庙、宝源寺、接官亭、抗战阵亡将士纪念碑等历史建筑，改建泰山庙；修复或重建供销社大楼、盐厂厂部大楼、盐厂三车间、工会俱乐部、食品站等近现代典型建筑；修复或重建民居建筑，消除危房等安全隐患。

6. 文化保护与传承

新建宁厂大轰炸死难者纪念园、非遗传习基地、文艺创作基地和古董字画交易场所。修缮文保单位（文物点）、历史建筑（供销社大楼）。组建宁厂历史文化研究所（与盐文化博物馆合署），开展宁厂盐文化、巫文化、地方民俗、民间文艺（技艺）等基础（原始）资料的挖掘、整理、研究工作；加强对居民、机关干部和从业人员的历史文化普及教育；注重文化的活态化传承，复兴打鱼、游泳、泡茶馆、听评书、看把戏、小贩沿街叫卖、邻里串门聊天等原生态市井生活文化；指导历史文化在城镇修复和旅游开发中的应用；加强与相关学术机构、媒体和知名专家学者的联系，举办历史文化宣传和学术交流活动。组建各类民间文化体育社团，举办民间庙会祭祀、传统节庆、非遗传习、山歌、民乐、川剧、巫舞等民俗文化活动和民间文艺演出。

7. 社会管理与治理

恢复宁厂古镇的行政管理中心的城镇职能，将宁厂镇的党政机关及相关事业单位迁回宁厂古镇，带动城镇快速发展。加强党政机关的廉政勤政、机关作风、服务意识、工作效能等建设，树立良好形象，引领社会风尚；加强基层社会组织建设和社会治理创新，推行乡贤、乡绅参与基层社会治理，推进和睦家庭、和谐社区建设，重构传统社会秩序；强化关怀、互助和社区温暖，在新居民（定居的外籍工作人员、客商、移民、农民工）中，大力培植对宁厂古镇的亲近感、认同感、归属感，促进城镇的市民化进程；放宽对流动商贩、民间巫术、烟花爆竹、烧纸钱、熏腊肉等市井生活和民俗活动的限制，建设仁爱、宽容、和谐、文明、法制、平安古镇。

8. 传统社会形态重塑

传统社会形态是古镇最重要和最本质的内涵，古街巷、古建筑不过是其外表。传统社会形态包括生产力（传统产业），更包括生产关系和社会意识形态。重塑宁厂传统社会形态，重点在重塑传统的社会意识、宗教信仰、价值观念、伦理道德、乡规民约、邻里关系等，以及在此指导约束下的社会行为。尤其强调市井生活，它是充满浓郁生活气息、充满社会温情，生活节奏舒缓、生活态度闲适、淡泊名利、身心自由放松的状态，是个人之间、家庭之间私密空间相互适度嵌合、积极互动的人际氛围。传统街区、社区是个大家庭，有争吵、纠纷，更有复杂的血缘、姻亲关系，彼此关照、相互帮助（而在现代社区，邻里之间很陌生，很少争吵，也互不往来）。具体工作比较多，比如：订立家规、族规、乡规民约，培育乡贤、乡绅等民间道德模范，设立国学传习馆，开展诗书礼仪普及和公德良俗教化活动；部分修复家庭礼法制度，部分恢复宗祠、会馆活动，部分恢复宗教活动和社祭，恢复晨钟暮鼓夜更制度，逐渐修复形成淳朴、仁义、孝道、诚信、温良恭俭让的古朴民风。

9. 发展现代旅游产业

新建巫咸庙、盐文化博物馆、游客接待中心、盐水浴休闲娱乐场、家庭客栈等文旅设施；复建下关盐税哨卡、麻柳树渡口、四道桥便桥；整修女王寨、桃花寨、仙人洞及道路；新建旅游公厕和景区标识系统；培育旅游客源市场、旅游消费市场和旅游要素市场，开发旅游线路、旅游经营项目（产品）；举办旅游节庆、民俗表演、文艺演出；组织旅游从业者培训，开展旅游行业管理、旅游宣传和营销活动等。

三、范围与方式

1. 保护与开发范围

宁厂镇盐泉全社区（含仙人洞、桃花寨）、衡家涧社区，以及宁厂至大河的古盐道沿线传统聚落（观音阁、石灰窑、谭家墩、桃园子、猫儿滩、铁绿坝、下风坝），五溪沟和灵巫洞景区。

2. 发展方式

根据不同行业、不同性质和项目盈利能力，采取不同的运作方式。

（1）行政主导：即由政府财政负担建设和运行的项目，如：宁厂小学（育才小学）、宁厂卫生院、市政环卫、文旅基础设施（盐文化博物馆）等。

（2）市场运作：完全市场化运行，自主经营，自负盈亏。如：生活服务行业（百货店、服装店、菜市场、理发店、维修店等），部分公共服务行业（银行、供电、电信）、旅游开发项目（盐水浴、家庭客栈）等。

（3）半市场运作：由政府提供补贴，市场化经营。如：传统手工产业恢复、古建筑修缮、客货运输、文艺演出、非遗传承等。

（4）公益性活动：由政府投资（或资助）的，由民间组织负责开展（经营）的非营利性项目，如：文化基础研究、寺庙管理及庙会活动、晨钟暮鼓夜更活动、民俗庆典活动、民间社团活动等。

四、保护与开发原则

1. 系统耦合

宁厂古镇的复兴，其实就是“再城镇化”的过程，虽说城镇规模较小，但也是肝胆俱全，是一个复杂的系统工程。其产业恢复、城镇功能修复、文化保护、旅游开发等各子系统之间，存在着高度的关联性，相互依存，互为基础，也存在一定的冲突。

同时，承担各子系统建设的，是不同的部门、单位、经济主体，以及民居群众等，他们本身就有各自的不同利益和诉求。故在规划实施中，一定要综合平衡，密切协调，消除内耗，使各子系统相互契合，步调一致，形成内生合力。

2. 开放集成

宁厂古镇的保护、开发，是一个繁复工程，不是某个部门或单位能够独自完成的。所以应秉持开放的态度，摒弃“开发商独家运作”或政府直接经营的固有模式，借鉴互联网的理念，搭建一个完全开放的平台，欢迎各方力量参与，调动全社会的积极性。参与主体不仅包括政府及相关部门，还包括有实力的开发商（1~2 家）、众多的本土民间资本、文化保护（研究）机构、土著居民，及社会各界人士。根据各自的优势和特点，赋予各参与主体不同的职责和权利，将建设任务“分包”给最恰当的主体，充分发挥各自的优势和创造力。尤其应重视本土中小民间资本的力量，他们胸怀深厚的故乡情怀，更有积极性和责任心；他们拥有一定的资金，熟悉市场和乡土民风，经营灵活，适合承担恢复传统产业（兴办各手工作坊）这一最基础、最繁琐、最重要的任务，以及生活服务等经营项目；重大旅游项目（游客接待中心、盐水浴等）可通过招商引资交给外地有实力的开发商完成；文化保护、传承项目可培育本土专门机构或由民间协会、社区、文化（艺）工作者承担；政府主要负责总体规划、扶持政策、基础设施与公共服务，并协调各方面关系，将各子系统集成在一起。

3. 原样修复

维持原来的城镇空间形态、街巷肌理、建筑风貌、河岸线和天际线。除市政基础设施、重大文化旅游项目需拆迁外，70%以上的街巷空间和乡土建筑应予以保留，其中，核心街区可视范围内的建筑全部保留。被保留的街巷空间和乡土建筑应尽量按原来的材料、工艺、结构、式样进行修复或重建。北岸公路混凝土堡坎应做石堡坎装饰处理，几座现代索桥应原样重建或做仿古风貌处理。新建的基础设施、现代文旅项目等，应选址于城镇核心街区之外的偏僻处（隐蔽处），尽量采用传统材料、色彩、建筑元素、建筑风貌。不设置观景平台，禁止对河滩混凝土硬化，禁止使用外墙瓷砖、墙漆、铝合金门窗、玻璃幕墙、太阳能热水器、光伏板等现代建筑材料、器件。禁止使用现代城市园林景观表现手法（街心花园、庭院绿化）。建筑临街面不得出现西式风格装饰、塑胶金属管网电缆、钢结构部件、外挂空调等。地砖、护栏、电杆、路灯、标识牌（路牌）、垃圾箱、井盖、消防栓等市政设施，以及门牌、招牌、匾额、广告等也应尽量采用传统材质和风格，或作隐蔽处理，以求达到古镇整体风貌（古朴）的协调一致。除上述硬件设施应遵循原样修复原则外，生活状态、传统习俗、民间宗教信仰等传统社会形态，也应尽量遵循原样修复的原则。

4. 活态传承

传承是对文化最好的保护。传，即是传播、宣传，使大家知晓；承，即是承袭，延续其香火，使之后继有人。博物馆展示、文字（图片）记载等方式，只是保护了文化的“僵尸”，而不能延续文化的生命。故不宜采取该方式，而应尽量采取“活态”保护的方式——文化传承。即在现实的日常生产、生活中自然而然地予以应用，寓文化于生产、生活之中，在生活中延续文脉。让文化“活”在衣食住行之中，“活”在街头巷尾，“活”在现实的时空里。因为现实生活才是文化生长的土壤或文化的载体，失去了鲜活真实的生活，文化就会死去。所以要尽可能创造条件，维护文化生存的现实生活土壤，以此为立足点开展文化保护与传承，就会收到事半功倍的效果。恢复传统盐灶房和各种手工作坊；恢复晨钟暮鼓夜打更生活习俗；委托民间组织各种传统节庆与庙会活动；对传统民居的修复和使用给予补贴，在保证安全的前提下，鼓励居民使用煤炭、柴薪做饭取暖，放宽对烟花爆竹、烧纸钱、熏腊肉、巫术等民俗活动的限制；在经营性项目中，优先安排（扶持）巫溪烤鱼、巫溪泡菜、地方特色糕点等项目；扶持传统服饰、传统婚俗、五句子山歌、巫咸孝文、民间故事、民间舞蹈、刺绣、剪纸、雕刻、编制、扎花等非物质文化遗产生活化、半市场化传承活动。

5. 平衡关系

在复兴宁厂古镇的过程中，要注意处理好各类相互依存又相互矛盾的关系。

①人类活动与自然环境：人类活动依赖于自然环境，又对其造成一定的影响。如果对其影响、破坏超出了自然环境的承受范围，必定导致环境恶化甚至崩溃。故应该限制活动范围，控制活动强度，在人类活动与自然环境之间维持动态平衡。宁厂古镇空间狭窄，植被较差，暴雨、洪灾以及塌方、落石等地质灾害频繁，环境承载能力有限。故生产、生活、旅游开发等人类活动应限定其范围、方式和强度。城镇修复、新建基础设施、旅游设施要依山就势，尽量避免开挖山体、河床及对植被的破坏，禁止新建拦河堤坝、大型机械和爆破作业。常住人口规模应控制在 2000~3000 人范围内，并确定旅游接待人数上限。同时，开展山体人工绿化和地质灾害防治工作，新建污水处理和垃圾收运系统，维护人与自然的和谐平衡。

②保护与开发：文化保护为旅游开发夯实了人文底蕴，旅游开发帮助文化实现了经济价值，为文化的保护和传承提供了资金。但二者之间也存在着矛盾。首先，宁厂古镇原来为单纯的盐业工商城镇，今后要部分向旅游城镇转化，这不可避免地会对原有的城镇空间、产业形态、生活方式、社会意识、文化传统等产生巨大的冲击，甚至彻底颠覆原有的城镇形态和文化体系。其次，旅游开发需要土地空间，需要拆迁原来的建筑，导致某些文化遗存永久消失。即便利用原有的建筑，也需根据旅游经营的需要改变建筑原有的结构、功能、装饰等，造成原有文化积淀的流失或破坏。再次，在旅游开发中，为了个人（或单位）的商业利益和短期经济效益，公共的（无主人的）、无形的、潜在的文化价值常常被有意漠视，遭到故意（或无意）破坏，这种现象非常普遍（比如，在遍地都沉淀着历史文化信息的古街区施工，理应小心谨慎，文明施工，尽量减小对历史环境的破坏。但施工单位或民工为节省成本，或图方便，或赶进度、效率，野蛮施工，对历史环境造成无法修复的损坏）。另一方面，在文化保护区搞旅游

开发，不论在审批程序还是建设营运上都将受到很大的限制，影响到投资效益和项目进度。过度的文化保护，将使旅游开发寸步难行。所以应协调好二者的关系，维持二者的平衡。

③传统产业与旅游业；宁厂古镇的产业振兴主要包括两个方面，基于文化传承的传统手工产业和现代旅游产业。它们之间存在相互依存、相互促进的关系，也存在着相互竞争的矛盾。由于现代旅游业不论在影响力上，还是经济效益上，都远高于传统手工产业。当现代旅游业发展起来后，可能对传统手工产业造成挤压、挤出效应（比如本地手工制作的工艺品因成本高，竞争不赢工业化批量生产的价格低廉的旅游纪念品，导致手工作坊破产，市场上到处充斥着没有文化底蕴和地方特色的旅游纪念品）。故应对传统手工产业予以扶持，对旅游产业采取限制措施，限定旅游业最多不超过宁厂古镇全部产业（传统手工业+旅游业+公共与生活服务产业）的 40%，以维持二者的平衡。

④传统生活形态与现代生活；为维护宁厂古镇的“古朴”特色，应尽量保持传统的生产、生活形态（衣食住行）和民俗文化内涵。但人们一般都有追求现代城市生活的欲望和动力，且现代城市生活的传播力、影响力、引导力、诱惑力是十分强大的。随着人口的聚集，收入的提高，这一趋势将不可遏制。对宁厂古镇原有的传统社会形态造成巨大的破坏，使之失去固有的城镇特色和历史文化底蕴，从而丧失文化价值和旅游产业的核心竞争力。故需在宁厂古镇大力提倡、鼓励简单质朴、淡泊名利、舒缓悠闲、和谐宁静、乡情浓郁的传统生活方式，对现代生活方式、现代生活设施（手机、电脑、电器等）、时尚潮流等予以一定的抑制，使其与现时代总体保持约 30 年的时代差距。

另外，还需在政府、开发商与本地民间资本等投资参与主体之间，投资规模与经济效益之间寻求和保持适当的平衡。

6. 主题鲜明

振兴后的宁厂古镇，应主题鲜明，定位明晰。可以具体从城镇主题、文化主题、旅游主题三个层次展开。

（1）城镇主题：传统生活。现在的古镇，要么是一个空城、死城，基本没有人、没有产业活动、没有市井生活；或者过度旅游开发，商业气息过重，抛弃了传统生产、生活方式，故只剩躯壳，而没有传统生活内容。要么是“伪古镇”，为打造旅游景区而人造的假古镇，没有历史文化积淀和传统生产生活内容，故多为昙花一现，没有持久的生命力。而复兴宁厂古镇，必须坚定不移地确定“传统生活”这一主题，踏踏实实地做实这一主题。

（2）文化主题：既要凸显核心的文化主题，即盐文化、巫文化，又要展示文化的多样性、丰富性、融合性。文化根植于生产、生活之中，由于在宁厂大规模地恢复食盐生产经营已不可能（只能象征性地恢复 1~2 个盐灶），而在生活文化中，盐文化其实只占很小的内容，故欲将盐文化确立为主体文化，实在有些勉为其难。而巫文化又过于虚妄，所以应以盐文化、巫文化为核心、灵魂，以秦巴山地民俗文化（交织移民文化）为骨架血肉，从而厚实文化底蕴。

（3）旅游主题：应确定为“探寻历史人文，体验民俗风情”。宁厂的优势在于历史人文底蕴深厚，而山水自然风光并不特别突出，且地势狭窄，空间资源有限，气候条件也无优势，故不适宜主打观光旅游、休闲度假旅游，而应以人文体验旅游为主。

7. 层次丰富

在宁厂古镇的城镇修复过程中，要注重系统与时间、空间的层次性，塑造丰满立体的形象。在产业修复中，要分清核心产业（盐业）、次核心产业（传统手工产业）、外围产业（社会管理、公共与生活服务）及衍生产业（旅游业）的层次，突出核心产业及次核心产业的重要地位。在城镇建筑空间的修复中，要重视空间的层次性，在城镇平面分布上，建筑、聚落、街巷、山水环境，由里及外，逐次展开；在立体空间上，部分地段房屋建筑依山而建，层层叠叠，错落有致，形成立体景观。同时，需重视时间的层次性，在建筑结构、风貌和建筑年龄上，要体现出古代、近代、现代的不同层次，不能形成时间的一致性（所有建筑都是同一时间修建的）。因为在真实的古镇，其建筑是有着丰富的时间层次性的（有些建筑是清代及以前修建的，有些是20世纪二三十年代修的，有的是四十年代修的，有的是五十年代，有的是六七十年代修的……不同年代的建筑具有各自鲜明的特色和新旧层次感）。在传统社会形态的修复上，也应该展现出官方、社区、民间社团、居民家庭等不同层次的价值和作用。

8. 循序渐进

在古镇复兴的时序上，先做什么，再做什么，最后做什么，要依据事项的紧迫性、重要性、关联性、难易度、资金筹措等，统筹作出科学合理的安排，循序渐进。在产业恢复、人口聚集、城镇功能修复、文化保护、旅游开发等诸多工作中，应从恢复核心产业，即恢复盐灶作坊、传统手工产业入手，同时启动污水处理工程和生活服务业的修复，再逐步恢复公共服务（政府、学校、医院等）和传统社会形态修复。待人口聚集、城镇功能修复达到一定程度，具备一定基础后，再逐步启动现代旅游开发。

五、政策与措施

（1）建立一套统筹协调、规划实施机制。成立“宁厂古镇文化保护和旅游开发领导小组”，由县级领导挂帅，相关部门为成员单位。为了统一、高效、专职地保护和开发宁厂古镇（含巫盐古道），同时又不增加机构编制和财政负担，节省行政成本，对现行行政区划进行调整。将大河乡与宁厂镇合并，合并后仍称为“宁厂镇”，镇党政机关驻宁厂古镇（衡家洞）。合并后的区域分为两部分，一是“宁厂古镇文化保护与旅游开发区”（以下简称“开发区“），范围包括宁厂古镇七里半边街（盐泉社区、衡家涧社区）、宁厂至大河的古盐道（观音阁、石灰窑、谭家墩、桃园子、猫儿滩、铁绿坝、下风坝）、灵巫洞景区，以及仙人洞和桃花寨（由天星乡划入）、五溪沟（由城厢镇划入）。二是“农业农村工作区”，即除“开发区”之外的地域（村社）。

设立“宁厂古镇文化保护和旅游开发区管委会”，与合并后的宁厂镇人民政府合署办公，专职负责辖区内的文化保护、城镇修复和旅游开发。主要职能为：规划的编制与监督、制定并落实各项鼓励扶持政策、筹集保护开发资金、基础设施建设、组织开展文化保护和社会治理等工作。另外，在宁厂镇党委、政府内设立“农业农村工作委员会”，负责全镇各行政村（农业农村）的相关工作。可在大河场镇设立办事处，就近便民服务。

（2）制定与落实招商引资，鼓励产业与人口回流等优惠政策。建立一整套产业扶持政策和相关投资、营运、管理机制，调动各类参与主体的积极性。

在发展的不同阶段，制定不同的奖励扶持政策。在发展初期，主要任务是产业恢复，可根据具体项目的盈利状况，对场地租金进行不同程度的补贴，并将工商局的“小微企业扶持政策”、经信委的“产业发展扶持资金”“小企业创业园区扶持资金”等聚焦于宁厂古镇，大力扶持创办传统手工作坊。同时，为解决交通、生产生活物资供应不便等问题，可由政府补贴，提供低价货运和专线公交服务，以抵消运输成本的增加。在污水处理厂未建成运行前，适当降低环保排污标准；在投入运行后，适当减免部分核心产业的排污费用，促进传统产业快速恢复和持续发展。

由政府（或政府资助民间组织）设立宁厂古镇小微企业创业孵化器，帮助投资者遴选项目、办理手续、获取融资，争取优惠政策。协助开展宣传营销活动，解决经营活动中遇到各种的问题。

（3）通过多种渠道，筹集保护和开发建设资金。可通过县级财政预算资金、争取中央与重庆市相关项目资金、发行地方债、银行贷款、金融租赁、招商引资、BOT、TOT、PPP 等途径或模式筹措保护开发资金。尤其要积极引导本土中小民间资本，参与古镇的传统手工产业、生活服务行业的恢复，民居修复，以及投资家庭客栈、旅游餐饮等中小旅游经营项目。

（4）大力培育本土旅游要素市场，补齐旅游产业短板。发达的现代旅游产业，不仅有赖于便利的道路交通、景区建设、接待能力等基础设施，也离不开发达的旅游要素市场的强力支撑，而后者常常被忽视。比如：历史文化基础研究，文旅项目创意策划，景区（点）规划，景观（雕塑）、标志牌的设计、制作，古建筑设计、施工、修缮，旅游宣传（资料、画册、网页、动漫、专题片）、营销，旅游纪念品设计、生产、包装，文旅节目的创作、编排、演出，旅游互联网信息技术及平台，等等。大力发展本土旅游要素市场，不仅会促进本土文化创意产业的繁荣，更是为旅游产业提供了强大的技术服务支撑。

（5）为快速聚集人气，带动更多民众定居宁厂，凡财政供养的宁厂镇党政机关、事业单位及国企人员，一律要求定居宁厂古镇。凡在宁厂古镇经营的各类企业需要用工的，必须优先在宁厂古镇常住人口中招聘录用。加强人才引进，尤其本土人才培养。重点是文化保护，文化研究及策划、规划、设计等文化创意行业，文旅产业开发、经营、管理，古建筑修缮，传统手工技艺、民间文艺、非遗传承，群众文艺、社会组织管理等领域的人才。

（6）除积极争取中央、重庆市文化专项资金用于宁厂古镇文化保护、传承外，设立宁厂文化保护基金。其来资金源为：①按宁厂古镇重大文旅基建项目（游客接待中心、盐水浴、盐文化博物馆、龙君庙等）固定资产投资总额的3%征收；②按县级以上财政拨付的文化类项目资金的2%计提；③县财政按宁厂镇财政支出（含工资、津贴、办公等人头经费）的1%拨入配套资金；④社会捐赠。其用途主要是地方历史文化（巫、盐文化、民俗文化）的挖掘、整理和应用研究，文化宣传普及，县级文物和非遗项目保护（传承）、反映宁厂历史人文的文艺创作、作品展演、出版，庙会、祭祀、节庆活动，以及宁厂古镇传统社会形态重塑等。

六、规划时序

1. 第一个五年计划（1~5 年）

主要任务是恢复传统产业。恢复盐灶作坊 1~2 户，其他传统手工作坊 30 户，生活服务行业商户 20 户；修复 200 栋传统民居，新增常住人口 500 人；完成党政机关回迁，组建宁厂古镇保护和开发区管理机构，编制完成各项规划；完成宁厂小学回迁，完成巫咸艺术中学的筹建工作；组织开展巫、盐、民俗文化抢救性挖掘、整理工作和文化保护基础研究；完成新建盐文化博物馆，新建污水处理厂及管网系统，开工龙君庙复建工程。

2. 第二个五年计划（6~10 年）

主要任务是完善城镇的各项功能。完成城镇市政基础设施升级改造，完善公共服务体系和生活服务功能；发展传统手工作坊 20~30 户，生活服务行业商户 30~50 户；修复 200 栋传统民居，消除危房等安全隐患；新增常住人口 500 人；开办巫咸艺术中学，建成龙君庙、吴王庙、接官亭、抗战阵亡将士纪念碑、大轰炸死难者纪念园等，组织开展文化的“活态”保护、传承工作，开启社会治理与传统社会形态重塑工程；加大旅游开发力度，建成投运盐水浴休闲娱乐场、游客接待中心，复建麻柳树渡口、四道桥便桥，整修女王寨、桃花寨、仙人洞及道路，大力培育旅游客源市场、旅游要素市场等。

3. 远期规划（11~20 年）

主要任务是进一步完善城镇各项功能，重塑传统社会形态，全面发展旅游产业。发展和巩固传统手工产业，进一步完善城镇服务功能，完成全部街巷、历史建筑和民居修复，加强环境保护和地质灾害等预防与治理，新增常住人口1000人；对索桥、北岸公路混凝土堡坎进行风貌改造；复建城隍庙、宝源寺，新建非遗传习基地、文艺创作基地；复兴泡茶馆、听评书、邻里串门聊天等市井生活方式；组织历史文化研究、宣传和交流，举办民间庙会、传统节庆和文艺演出；培育乡贤、乡绅等民间道德模范，开展公德良俗教化活动，涵养"温良恭俭让"的古朴民风。新建巫咸庙、家庭客栈、旅游公厕和景区标识系统，开发旅游产品，举办旅游节，规范旅游行业经营行为，大力开展旅游宣传和营销活动等。

◇参考文献◇

[1] 曾凡英. 中国盐文化：9辑[J]. 北京：中国经济出版社，2017.

[2] 赵万民. 宁厂古镇[M]. 南京：东南大学出版社，2009.

[3] 牟宏. 逍遥巫溪[M]. 成都：四川出版集团，2010.

[4] 巫溪县盐厂. 巫盐史志[M]. 成都：四川出版集团，2010.

[5] 余学举. 巫溪县第三次全国文物普查成果专辑[M]. 北京：中国戏剧出版社，2012.

[6] 余平. 巫盐论丛[C]. 内部印刷，2018.

诺邓与乔后盐文化比较研究[1]

杨利莉[2]

摘　要： 诺邓和乔后作为云南迤西地区两个重要的产盐中心，在悠久的产盐历史进程中形成了丰富的盐文化。就二者盐文化而言，因地理位置相近原因有诸多共性；然而，基于二者盐源的不同以及国家对两地的盐务管理进程的区别，在盐文化上又呈现出各自的独特之处。

关键词： 诺邓井；乔后井；盐文化；异同；原因

云南一直是井盐的重要产地，“云南物产，锡、铜而外，当以盐为大宗”。[3]云南的盐井遍布三迤，而诺邓和乔后是迤西两个重要的产盐地区。诺邓作为千年的盐村，史载南诏时期就开始采盐[4]，到明清时期兴盛，近代以后开始衰落，今天仍然可以看到传统的制盐小作坊。相比较而言，乔后井则开采较晚，明代开采，清代开始兴盛，近代以后一度成为滇西地区的一个重要产盐中心，直至今天仍然产盐。可以说，诺邓和乔后都是因盐而兴的古村镇，在其后来的经济文化发展过程中与盐有着密切关系，并在历史发展进程中形成了各自的盐文化[5]。因二者地理相近原因，两处的盐文化有许多共性；但是，又因盐源和开采历史的不同及国家对其管控方式的差异，二者在盐文化方面也存在各自的特色。

一、诺邓和乔后盐井的历史演变

诺邓和乔后作为滇西地区两个重要的产盐中心，都具有较悠久的产盐历史，但其历史演变又有不同。从产盐的时间上来看，诺邓产盐比乔后早，诺邓现存有汉代开采

① 基金项目：本文为“云南省科学技术史研究”（项目编号：2018RD002）阶段性成果。

② 作者简介：杨利莉（1996—），女，云南大理人，云南大学历史与档案学院专门史（经济史）硕士研究生，研究方向：区域经济史。

③ 李春龙、江燕点校：《新纂云南通志·盐务考一》，昆明：云南人民出版社，2007年，第143页。

④ 目前在诺邓村还可以看到汉代开采的直井，只是史料并没有相关记载。

⑤ 学术界关于盐文化构成的表述较多，在此引用曾凡英教授的观点，即“盐文化研究对象就是以盐为切入点，研究人类社会发展演变中围绕盐而产生的各种会历史现象背后的文化内涵、文化现象和文化事象，即盐的物质文化、制度文化和精神文化，以解释和说明盐对人类社会的重大意义和作用。”参见曾凡英：《盐文化的内涵与特征》，《四川理工学院学报（社会科学版）》2006年第2期。

的盐井，即使从史料记载来看，诺邓产盐也不会晚于唐代；而乔后到明永乐年间才开始产盐。从盐井的兴衰上来看，诺邓盐井在明清时期处于开采兴旺的阶段，到近代以后逐渐衰落；而乔后井从清末才开始兴盛，近代以后更是进入其发展黄金期，到今天仍然是作为云南四大盐矿场地之一，为周边地区提供食盐。

1. 诺邓盐井

诺邓盐井开发的时间较早，最晚在唐代就已进行开采，《云南志》云："剑川有细诺邓井。"①细诺邓井就是诺邓井的前身，"细"在白语中又有"新"的意思，因此"细诺邓井"意为"新诺邓井"，说明诺邓最晚自唐代就开始产盐了。明代，诺邓井成为云龙五井之一，"五井盐井，一曰诺邓井，在提举司之左；二曰大井，在司西南十五里；三曰山井，在司西南二十五里；四曰师井，则去司百里；五曰顺荡井，则又去司百八十里。其泉皆卤，煮以为盐，今置司课之"。②明代正是诺邓盐井的兴盛时期。清代，诺邓井成为云龙八井之一，"云郡诸山环萃……八井相距，虽有远近之分，其卤脉皆沿江结成"。③近代以后，随着卤水的变淡，诺邓井的产额日益下降，"云龙井产卤，系分八井、石、诺、大、天、山、金泉、师、顺是也。卤淡灶困，屡经调剂补苴，尚能勉强供煎"。④到1996年，因卤水的消失，诺邓井被封，不再生产盐，现今只作为遗址参观。但当地人仍然有小规模的传统制盐。

2. 乔后盐井

乔后盐井又称为"桥后井"，明永乐二十年（1422）发现，"桥后井，在州南山凹一百六十里，旧名盐井坡。永乐二十年掘出，井周围五丈深一丈，居人取卤煮盐课，附弥沙井课内"。⑤ 明清时期乔后属于剑川州的管辖范畴，当时的乔后井也附属于剑川州的弥沙井课税内，作为弥沙井的子井出现。因此，弥沙井称之为大井，乔后井称之为小井。乔后井在开采之初，由当地的村民私煎私卖。到清道光末（约1840—1850）开凿了天财、地宝、联珠和长发四硐。清咸丰年间，杜文秀回民起义，听说乔后地区盐丰卤旺，开始兴建灶房，大规模开采盐。到清同治十二年（1873），乔后井又改为白盐井的子井，"乔后井，始自明代，属弥沙井区，清属丽江府剑川州地方。距省一千一百三十里。同治十二年，作为白盐井子井，以白盐井大使移驻。"⑥ 近代以后，乔后盐井开采兴旺，1946年，还成为迤西区盐场的公署治所。直到今天，乔后盐矿仍然进行盐业生产。

---

①〔唐〕樊绰撰，向达原校，木芹补注：《云南志补注》，昆明：云南人民出版社，1995年，第102页。

②〔明〕陈文修，李春龙、刘景毛校注：《景泰云南图经志书校注》，昆明：云南民族出版社，2002年，第281页。

③〔清〕陈希芳纂修，云龙县文史资料研究委员会、云龙县志编纂委员会：《雍正云龙州志·赋役》，1987年，第48页。

④ 李春龙、江燕点校：《新纂云南通志·盐务考三》，昆明：云南人民出版社，2007年，第209页。

⑤〔清〕王世贵修，〔清〕张伦纂：《康熙剑川州志·乡井》，民国间抄本，第6页。

⑥ 李春龙、江燕点校：《新纂云南通志·盐务考三》，昆明：云南人民出版社，2007年，第207页。

二、诺邓与乔后盐文化的比较

诺邓和乔后都是依托盐业生产而兴起的古村落，在其产盐的悠久历史中形成了各自的盐文化。这两个地区既是滇西地区的两个重要产盐中心，同时又在以白族为主要民族聚居地的大理地区，因此，二者的盐文化既有共同的基础，又有着其独特之处。

1. 盐文化的共性。

（1）制成的盐皆是筒盐。

云南井盐的品种主要有两种，即锅盐和筒盐。其中，锅盐行销最旺。而筒盐是将卤水煎成的盐沙和灶灰（或灶土）混合后，再筑成圆筒，筒盐的行销往往不如锅盐。

诺邓盐井和乔后盐井生产的都是筒盐，即“云龙井场各井均系筒盐，用蓝草装载”。[①] 诺邓井盐作为云龙井场五井之一，其生产的品种也是筒盐。

而“乔后井场各井均系筒盐，故无须包装，商脚承运亦须用骡马驮载，每驮平均能载盐十筒许”。[②]

从生产的盐的品种来看，诺邓盐井和乔后盐井都生产筒盐，而筒盐相比较锅盐更便于马帮运输和携带。

（2）都盛行龙神崇拜。

云南以产盐为大宗，而龙常常被人们视作是盐产生的源泉，因此在产盐的地区都信奉一种龙文化，并专门为龙王建庙祭祀，即“雍正二年，巡抚杨名时以盐课充溢，民食有赖，请准加各一井龙神封号，为普泽龙王，春、秋致祭。”[③]诺邓和乔后盐井也不例外，都有龙神崇拜。

在诺邓地区，村民十分崇信卤龙王，专门建有一座卤龙王庙，该遗迹至今还存在；此外，还在地下的盐井深处专门设有卤龙王的神坛，来供下井汲卤的盐工祭拜。诺邓地区在每年农历六月十三日还举行为期两天的龙王会，有接水、祭祀和唱戏等各种娱神活动。其中，在接水活动中还专门有“接水魂”的仪式，即去村寨北山的一处溪泉，象征性地取回一瓶“龙泉水”，倒入盐井之中，祈求卤脉兴旺。[④]龙王会也成为诺邓村民最隆重的节日之一。

---

① 云南省志编纂委员会办公室：《续云南通志长编 · 盐务二》，昆明：云南省志编纂委员会办公室，1985年，第1150页。

② 云南省志编纂委员会办公室：《续云南通志长编 · 盐务二》，昆明：云南省志编纂委员会办公室，1985年，第1150页。

③ 李春龙、江燕点校：《新纂云南通志 · 盐务考一》，昆明：云南人民出版社，2007年，第150页。

④ 李文笔、黄金鼎：《千年白族村——诺邓》，昆明：云南民族出版社，2004年，第23页。

乔后盐井亦如此。龙王是当地人们的一种信仰，并专门修建了龙王庙，即“矿（卤）龙王庙，在城南乔后井，光绪九年井大使赖继舜建”。[①]到清同治十二年（1873），杜文秀和贡生王勋臣、邑增广博士陈纪等承首募捐重修乔后井本主龙王庙。[②]直到今天，乔后地区仍然存在盐龙祠（盐龙祠位于今大理州洱源县乔后镇，距县城72公里）。“盐龙祠”是乔后盐矿旁边的一座寺庙，在盐龙祠堂的正殿中供奉着“盐公”和“盐母奶奶”，在正殿的旁边还有一个小房间，里面专门供奉着一尊“龙王”。由于当地村民认为龙的口水就是盐水，为祈求盐源不断，因而供奉龙王。

不管是龙王会还是龙王庙，都可以看出诺邓和乔后盐井当地人们对盐神的共同崇拜。

（3）盐井发现传说极为类似。

滇西盐井地区的人们除了信奉龙王以外，还常常把发现盐井的人或者动物视为盐神，在民间也流传着各种盐神传说。诺邓盐井和乔后盐井的发现也有相关的盐神传说。诺邓盐井发现的传说，据说是由村中的一牧羊人家去放牧时，羊群在青石崖底下舔石崖不肯离去，牧羊人觉得奇怪进行察看，只见青石崖底下的石洞中流着一小股水，牧羊人尝了一下，才知道是盐水。随后就有了盐的开发。[③]

乔后盐井传说也是由一位放牧的人发现的。据清代《光绪剑川州志》记载：“乔后井，原名北坡井。前明洪武四年，土人有陈姓者牧牛于村之北坡，山腰有泉一窪，牛至此辄饮之，留连不去，牧者异之。以告人，一掘而卤泉混混。今庙中像供骑牛者此物此志也。”[④]而当地人们为了纪念发现卤水的骑牛者，还专门修建了碘王庙，尊其为“碘王”。在当地，“盐”又称之为“碘”，因此，“碘王”也就是“盐王”。在碘王庙还专门有一副对联，即“厨中百味盐为首，美肴当思碘王功”[⑤]，道出了人们对碘王的崇敬和怀念之情。

从诺邓和乔后盐井有关盐的传说来看，都与牛羊等动物发现盐卤有关。

（4）都重视儒家文化的传播。

诺邓和乔后虽然都是以白族为主要民族的聚居地，但是，随着两地盐业经济的兴起，吸引了大量外来人口，同时也带来了儒家文化，有力地促进了当地的教育事业发展。

诺邓盐井在其兴盛的明清时期，就举办尊儒祀孔的活动，同时还开设学校来传播儒家文化，“雍正三年，知州陈希芳设传心、修翎二书院，更于天耳、诺邓、江外分设，训诲子弟，以广文治。”[⑥]

乔后盐井在清道光年间也设了桥川义学，史载桥川义学设在乔后，“道光二十二年

① 赵寅松：《大理丛书·方志篇》，昆明：云南民族出版社，2007年，第684页。
② 大理白族自治州委员会文史资料研究委员会：《大理州文史资料（第4辑）》，1987年，第166页。
③ 李文笔、黄金鼎：《千年白族村——诺邓》，昆明：云南民族出版社，2004年，第247-248页。
④ 杨世钰、赵寅松：《大理丛书·方志篇·光绪剑川志稿》，北京：民族出版社，2007年，第685页。
⑤ 云南省盐业总公司、自贡市盐业历史博物馆：《滇盐史论》，成都：四川人民出版社，1997年，第286页。
⑥〔清〕陈希芳纂修，云龙县文史资料研究委员会、云龙县志编纂委员会：《雍正云龙州志·学田》，1987年，第68-69页。

知县樊肇新设。”[①]除了桥川义学以外，在同治年间，还设敷文馆。

诺邓和乔后都通过设置学校来传播儒家文化，促进了当地教育事业的发展。

2. 盐文化的不同之处

（1）同为盐文化饮食代表，诺邓火腿和鹤庆火腿的制作过程差异较大。

诺邓盐井和乔后盐井都形成了与井盐文化有关的饮食，即诺邓火腿和鹤庆火腿，同为火腿，但二者的制作过程又不同。

在诺邓地区，流传着这样一句俗话：“云龙一大怪，火腿裹着泥巴卖。”这里指的就是诺邓火腿。在盐卤下沉淀的泥浆是制作火腿的一个重要原料，诺邓的火腿在腌制过程中都会在火腿表面均匀地涂抹一层诺邓盐卤水下沉淀的泥浆，这层泥浆可以使火腿保鲜，防虫的同时增加香味。至今，诺邓地区的人们在腌制火腿时仍然沿用此法。

相比较之下，鹤庆火腿虽然也是用乔后盐井产的盐腌制的，但其腌制方法并不是在其表面抹盐卤沉淀的泥浆，而是用竹签在火腿表面的骨肉上扎几个小孔，再撒上乔后井盐。

可以说，诺邓火腿和鹤庆火腿都比较有名，但相较而言，诺邓火腿主要因诺邓盐而出名，而鹤庆火腿则因其火腿的肉质和其独特的形状（即腿脚弯曲但外表圆整）而成名，其二者差异一目了然。

（2）有关盐的建筑遗存不同。

诺邓盐井地区至今还有保存较为完好的万寿宫。而万寿宫的修建则是与盐息息相关。明清时期，诺邓地区的盐业发展是最为兴盛的，盐业的发展也促进了商贸的发展，该时期在产盐地区还专门形成了集市，即“旧州街，初六、二十一日；关坪街，以朔望日为期；漕涧街，以辰戌日为期；天耳街，初二、十六日；师井街，初五、十九日；顺荡街，初八、二十四日”[②]。集市的兴起也从侧面反映出诺邓地区商品经济活跃。而这种活跃是得益于盐业经济的发展。正是盐业经济的发展，才使诺邓地区商业繁荣，商贾云集，货物众多，可谓是“万驮盐巴千石米，百货流通十土奇；行商坐贾交流密，铓铃时鸣驿到里”。[③]众多的商人聚集到诺邓地区进行贸易活动，为了给涌入的商人提供一个更加便利的贸易场所，才专门修建了会馆——万寿宫。来自各地的马帮和牛帮在此把盐运出去，又把粮食和其他的商品运进来。

然而，乔后盐井虽然也产盐，但因其地势狭窄，且商品经济发展缓慢，生产的盐主要是通过马帮运到沙溪地区进行集中销售，而沙溪地区则成为乔后盐的集散地和贸易地，故而亦因盐兴盛。但是，正因为这个原因，乔后反而无法留住商人，故而也失

---

① 周沆：《浪穹县志略·学校志》，台湾：成文出版社，1975年，第191页。

②〔清〕陈希芳纂修，云龙县文史资料研究委员会、云龙县志编纂委员会：《雍正云龙州志·场市》，1987年，第35页。

③ 李文笔、黄金鼎：《千年白族村——诺邓》，昆明：云南民族出版社，2004年，第4页。

去了修建万寿宫的基础。

三、诺邓与乔后盐文化存在异同之处的原因分析

诺邓和乔后二者都是因盐业经济而兴起的村庄，可以说，盐文化已经渗透在了两个村的经济、社会和文化之中。两个盐井的盐文化之所以有相同之处，主要是基于二者地理位置相近而形成的。而盐文化方面的差异，则是由于二者盐源的不同以及国家对其管理的差异造成的。

1. 地理位置相近，是盐文化存在共性的主要原因

诺邓和乔后在地理位置上相互接壤，因此二者的盐文化大多具有相同之处。首先，诺邓和乔后都把盐产品制成筒状，是因两地皆地势狭窄，交通不便，运输盐依靠的主要是畜力（即马帮）。而把盐产品制成筒状，是为了更加便于运输和携带。其次，两地都有龙神崇拜和盐神传说，一方面是因为二者生产的都是井盐，龙在井盐地区常常成为人们共同的信仰；另一方面，两地都位于白族地区的聚居地，白族地区普遍信仰龙王，龙是其财富的一种象征。而都有动物发现盐卤的传说，又与两处盐卤埋藏较浅，常常会有自然渗出卤水现象有关。最后，儒家文化在两个地区都有传播，都与盐业经济兴起而吸引了大量外来人口进入有关。而产盐地崇儒尚学，在云南是普遍的现象。①

2. 盐源的不同，是盐文化存在差异的重要原因

诺邓盐井和乔后盐井二者虽同属于井盐，但其盐源却不同。而盐源的不同，也导致二者的制盐工艺有所不同。即诺邓井作为云龙五井之一，主产卤水，“云龙井，出卤，每斤煎盐一两八九钱……取卤用木桶背负”②。诺邓井产卤水，其制盐工艺是“本场制盐，先由灶户取卤，用锅煎熬成砂，捞八盐孔之内，水分滤干，倒入臼内舂细，筑成圆筒，用炭火烧干”③。而灶户取卤一般是用竹龙，即“诺邓井，用竹龙十条，卤丁二十名，分昼夜两班，拉入卤仓，用天车绞入卤缸，背入灶房”④。

而乔后井既有卤又有矿，所以卤和矿同煎，以矿为主，“乔后井，出矿，色青黑，每斤煎盐八两……亦出卤，味咸，与矿同煎”⑤。其制盐工艺主要是“本场矿、卤兼产。

① 如黑盐井、白盐井地区也都兴建有孔庙，兴办过学校。

② 李春龙、江燕点校：《新纂云南通志·盐务考三》，昆明：云南人民出版社，2007年，第209页。

③ 云南省志编纂委员会办公室编校：《续云南通志长编·盐务一》，昆明：云南省志编纂委员会办公室，1985年，第1100页。

④ 云南省志编纂委员会办公室编校：《续云南通志长编·盐务一》，昆明：云南省志编纂委员会办公室，1985年，第1089页。

⑤ 李春龙、江燕点校：《新纂云南通志·盐务考三》，昆明：云南人民出版社，2007年，第209页。

其采矿法，用人力持五六斤重之水柄铁锤，进井硐内打击，至获矿后，仍用人力以竹筐背出，输送到灶。采卤用木龙拉汲出硐，更用木枧槽接引到灶”①。

由于诺邓井以产卤为主，乔后井以盐矿为主，这也导致了二者的开采状况有所不同，即诺邓井是汲卤煎盐，而乔后井则是凿硐取盐矿后泡卤水煎盐。即换言之，诺邓井正是因出卤，诺邓火腿的制作才可以将盐卤积淀的泥浆抹在火腿上，从而使腌制的火腿又香又鲜。

3. 国家对盐井管控的不同，是盐文化存在差异的又一因素

基于盐在云南社会经济发展中具有举足轻重的地位，因此国家非常重视对滇盐的管控。诺邓盐井和乔后盐井虽然同属于滇西地区的盐井，但国家对二者的管控却不同，正所谓“惟各井章制不一，时有变更”②。

诺邓盐井在唐时开发，唐时期盐井的开采分为南诏王室专用和百姓自煎两种，而诺邓盐井则属于百姓自煎，即由当地的人们自行开采食用。直到明洪武十六年（1383），明政府设了五井盐课提举司来管理五井，诺邓井才正式被纳入国家的盐政管理之中，并对其进行盐税的征收，“五井盐课提举司，在浪穹县西北三百里，洪武十六年建置。内有吏目厅。所属盐课司五：诺邓井盐课司、大井盐课司、山井盐课司、师井盐课司、顺荡井盐课司”③。其中，五井盐课提举司的治所便是在诺邓。到万历四十二年（1614），驻诺邓井的提举司机构被撤销。事实上，明代诺邓井有双层的盐务管理机构，除了五井提举司以外还有盐课司，而盐课司主要是专门负责征收盐税的。因此，明代诺邓井是云龙五井的管理中心，在云南盐井中具有重要地位。明代以后，政府对诺邓井的重视程度处于变动之中，特别到清代以后，由于有许多新盐井的开发，诺邓井的地位日趋下降，到清康熙年间，驻诺邓的盐务管理机构已经下降为盐务管理所，隶属于云龙井。

国家对乔后井的管控则与诺邓井相反。乔后井在明万历年间开始开发，在开发之初，由当地的人们自行开采，国家没有专门对乔后井进行课税征收，当时乔后井只是依附于弥沙井的小井，即“桥后井，去州西南一百四十里亦有卤泉，煮以为盐，附于弥沙井课之。”④清代，随着乔后井的兴旺，国家对其越来越重视。到清同治年间，作为白盐井的子井，还把白盐井大使移到乔后地区驻扎，设置盐官局管理。近代以后，乔后井成为迤西地区产额最多的盐井，史载“迤西区的盐场计有乔后，弥沙、啦鸡、云龙、白盐井等五场，各有大小不等的矿山和碛硐，采碛泡卤煮盐。五井规模及产量

① 云南省志编纂委员会办公室编校：《续云南通志长编·盐务一》，昆明：云南省志编纂委员会办公室，1985年，第1089页。

② 李春龙、江燕点校：《新纂云南通志·盐务考一》，昆明：云南人民出版社，2007年，第143页。

③〔明〕陈文修，李春龙、刘景毛校注：《景泰云南图经志书校注》，昆明：云南民族出版社，2002年，第80页。

④〔明〕陈文修，李春龙、刘景毛校注：《景泰云南图经志书校注》，昆明：云南民族出版社，2002年，第308页。

以乔后井最大；白盐井，啦鸡井次之；弥沙，云龙再次。”①

可见，国家对诺邓井的管控是呈逐渐下滑的趋势，反之，对乔后井的管控则是呈逐渐上升的趋势。正是国家对二者管控的不同，造成了二者在盐文化上的一些差异。

四、结　语

诺邓和乔后都因盐而兴，盐与两地的历史发展进程息息相关。二者同为滇西的重要盐井，在云南盐业史上有着重要地位。正是由于地理位置上和居民构成的相近，形成了盐文化的诸多共性。然而，又因盐源的差别和国家对其管控进程的不同，二者的盐文化又各有其独特性。就两地对盐文化的开发与利用而言，也有差别：诺邓于 2002 年被列为云南省历史文化名村，诺邓火腿还上了 2012 年中央电视台拍摄的纪录片《舌尖上的中国》，并有长达 6 分钟的介绍，从而使越来越多的人通过诺邓火腿了解诺邓盐井，进而促进了诺邓盐文化旅游。至今，盐文化旅游已然成为诺邓地区的一个标志性的招牌。而乔后井与之相比，虽然同样具有丰富的盐文化旅游资源，但因其开发程度低，有关盐的建筑遗存较少，宣传力度不大，再加上今天主要是成立盐矿公司来进行盐的生产。因此，盐文化旅游仍有待进一步推进。

◇参考文献◇

[1] 〔明〕陈文，修；李春龙，刘景毛，校注. 景泰云南图经志书校注[M]. 昆明：云南民族出版社，2002.

[2] 〔清〕陈希芳，纂修. 政协云龙县文史资料研究委员会、云龙县志编纂委员会，编. 雍正云龙州志[M]. 1987.

[3] 黄培林，钟长永. 滇盐史论[M]. 成都：四川人民出版社，1997.

[4] 李春龙，江燕，点校. 新纂云南通志[M]. 昆明：云南人民出版社，2007.

[5] 云南省志编纂委员会办公室. 续云南通志长编[M]. 昆明:云南省志编纂委员会办公室，1985.

[6] 李文笔，黄金鼎. 千年白族村——诺邓[M]. 昆明：云南民族出版社，2004.

[7] 舒瑜. 微盐大义：云南诺邓盐业的历史人类学考察[M]. 北京：世界图书北京出版公司，2010.

[8] 〔清〕王世贵，何基盛，等. 云南大理文史资料选辑地方志之八·康熙剑川州志[M]. 大理：大理白族自治州文化局，1982.

① 大理州委员会文史资料研究委员会:《大理州文史资料（第 1 辑）》, 1983 年，第 131 页。

[9] 朱霞. 云南诺邓井盐生产民俗研究[M]. 昆明：云南人民出版社，2009.
[10] 朱霞. 盐井与卤龙王：诺邓盐井的技术知识与民间信仰[J]. 广西民族学院学报（自然科学版），2004（2）.
[11] 曾凡英. 盐文化的内涵与特征[J]. 四川理工学院学报（社会科学版），2006（2）.
[12] 林文勋. 诺邓村：一个盐井村落的历史文化解读[J]. 盐业史研究，2014（4）.
[13] 赵小平，褚质丽. 云南盐文化及其传播[J]. 中国盐文化（第八辑），2015（8）.
[14] 贾磊. 乔后——盐马古道上的迤西重镇[J]. 中国盐业，2016（16）.